住房城乡建设部土建类学科专业"十三五"规划教材
高等学校城乡规划专业系列推荐教材

城市住房与政策

李 晴 编著

中国建筑工业出版社

图书在版编目（CIP）数据

城市住房与政策 / 李晴编著 . — 北京：中国建筑工业出版社，2021.9
住房城乡建设部土建类学科专业"十三五"规划教材
高等学校城乡规划专业系列推荐教材
ISBN 978-7-112-26588-6

Ⅰ.①城… Ⅱ.①李… Ⅲ.①城市—住房政策—中国—高等学校—教材 Ⅳ.① F299.233.1

中国版本图书馆 CIP 数据核字（2021）第 188855 号

本书是住房城乡建设部土建类学科专业"十三五"规划教材，全书系统地梳理了住房的基本属性、住房发展周期的影响因素和住房政策目标，解释住房市场的垄断特征、供求模型及其对住房市场价格的影响，阐述支持自有住房和租赁住房发展的基本政策性工具——住房援助、金融财政、行政管制和合作治理等基本内容及其绩效评价，论述保障性住房的概念、衡量指标、政策性工具、部分地区和国家保障性住房的政策比较以及我国保障性住房供给体系，最后分析我国住房政策演进不同阶段的基本政策取向、住房政策主要内容及其特征。本书可以作为全国高等学校城乡规划专业的教材，也可供城乡规划行业相关人员以及建筑学、风景园林和其他相关专业教学和实践参考。

为更好地支持相关课程的教学，我们向采用本书作为教材的教师提供教学课件，有需要者请与出版社联系，邮箱：jgcabpbeijing@163.com。

责任编辑：杨　虹　尤凯曦
责任校对：赵　菲

住房城乡建设部土建类学科专业"十三五"规划教材
高等学校城乡规划专业系列推荐教材
城市住房与政策
李　晴　编著

*

中国建筑工业出版社出版、发行（北京海淀三里河路 9 号）
各地新华书店、建筑书店经销
北京雅盈中佳图文设计公司制版
北京中科印刷有限公司印刷

*

开本：787 毫米 ×1092 毫米　1/16　印张：$21\frac{1}{4}$　字数：411 千字
2021 年 9 月第一版　　2021 年 9 月第一次印刷
定价：**56.00 元**（赠教师课件）
ISBN 978-7-112-26588-6
（38129）

版权所有　翻印必究
如有印装质量问题，可寄本社图书出版中心退换
（邮政编码 100037）

前言

住房是重要的民生性议题。对于自有住房的普通家庭来说，住房往往是他们最为重要的家庭财产，部分自有住房家庭可能还处在还贷压力之下，因而，相关的住房政策应该通过银行利息减免和个人税收激励，降低普通家庭还贷成本和住房持有成本；对于租赁住房的普通家庭来说，住房政策需要从供给侧和需求侧着手，扩大租赁住房的供给，降低租户的租赁成本，减轻生活压力。由于市场经济下住房价格相对比较昂贵，针对低收入家庭和中低收入家庭的可支付性住房供给不足，会出现"市场失灵"，需要政府干预，制定和实施保障性住房政策。然而，政府在干预住房市场时，不能简单地采取"见效快"的行政管制等政策性工具，市场供求关系会反过来影响住房供给。解决可支付性住房供给不足的问题需要从住房价格的影响因子着手，综合运用住房援助、金融财政、行政管制和合作治理等方面的多种政策性工具，依托市场激励机制，从而更为合理和高效地解决住房短缺的问题。同时，需要看到房地产业是我国的支柱性产业，住房的产业链很长，对国民经济和就业会产生重大的影响，所以需从系统性上考量住房政策的整体关联性效应，致力于整个社会的财富积累，促进国民经济稳定健康发展。此外，住房还具有重要的空间区位属性，住房政策需要考量住房与就业岗位、公共服务设施、户外环境、邻里关系和社会融合等诸多方面的关联。最后，作为承载人的社会活动和集体记忆的重要的社会化场所，住房是与家庭和社区成员形成亲密关系和情感关联的"家"，是人的"存在"根基和诗意栖居之所。面对如此众多的维度和内涵，要处理好住房问题非常不简单，城市规划对实现城市住房政策的目标责任重大。

本教材的章节按一种反向推理逻辑编排，首先从我国城市住房政策演变的几个阶段，理解不同时期的基本住房政策取向，包括当时主要的住房问题、住房政策内容及其特征（第5章），然后分析保障性住房的概念、衡量指标、政策性工具、部分地区和国家保障性住房的政策比较以及我国主要的保障性住房供给制度（第4章），再讨论为实现住房的可支付性而干预住房市场的政策性工具，包括住房援助、金融财税、行政管制和合作治理等基本内容（第3章），进而分析城市住房政策性工具有效运作的住房市场经济规律，包括住房市场的垄断特征、供求模型及其如何影响住房市场的价格（第2章），最后提出导论性的总结（第1章）。每一章的结尾处有思考题，读者可依循问题以思索答案的形式展开阅读，一些思考题可以直接在本章找到答案，另一些需要读者展开延伸思考。此外，为了方便阅读，每一章把新出现的重要概念和关键内容以蓝色的字体标示出来。本教材除第5章5.5节的主要内容由上海市徐汇区房管局的王丽丽女士负责之外，其他章节由本人编撰，并负责统稿。

目录

001 第 1 章 导论
005 1.1 城市住房的属性
012 1.2 城市住房发展周期的影响因素
027 1.3 城市住房制度与住房政策
036 1.4 我国城市住房制度
047 1.5 本书的主要内容

049 第 2 章 城市住房的市场经济理论
050 2.1 作为一项财产和一组权利束的住房
053 2.2 住房市场的垄断特征
057 2.3 住房供求模型与消费者选择理论
063 2.4 住房需求
071 2.5 住房供给
075 2.6 住房的供求调节
080 2.7 住房价格的特性与构成
087 2.8 市场失灵与政府失灵

091 第 3 章 城市住房政策相关工具
092 3.1 城市住房政策的一般性工具
097 3.2 自有住房政策性工具

111	3.3	租赁住房政策性工具
125	3.4	自有住房与租赁租房政策比较
129	3.5	土地供给

135	第 4 章	保障性住房政策
136	4.1	城市保障性住房的概念与理论依据
141	4.2	城市保障性住房的保障标准
149	4.3	保障性住房政策工具
156	4.4	保障性住房政策比较
183	4.5	我国保障性住房供给制度

227	第 5 章	中国城市住房政策演变
228	5.1	福利住房制度阶段（1949～1977 年）
248	5.2	双轨制住房供给阶段（1978～1997 年）
264	5.3	住房市场化阶段（1998～2006 年）
279	5.4	住房保障与市场调控并重阶段（2007 年至今）
295	5.5	老旧小区改造

311	附录　我国部分住房政策文件
326	参考文献
329	后记

第 1 章

导论

"衣、食、住、行"是人类最基本的需求，任何人想要生存，必需一处躲避风雨、危险或攻击的"遮蔽之所"（Shelter）。依据 Merriam-webster 的定义，"Shelter"还可以指无家可归者或受虐待者的收容所或庇护处，又可以引申为（政治）避难。由此可见，"遮蔽之所"具有丰富的含义。"住房"（House）是配置基本生活设施的"遮蔽之所"，包括给水排水、强弱电和厨房灶具等，按功能可划分为起居室、卧室、厨房、餐厅、卫生间和储藏室等。按 Merriam-webster 的定义，**住房**是为个体或家庭提供居住生活空间的住所（Dwelling），是承载人的社会活动和社会集体记忆的重要的社会化场所，是与形成家庭成员亲密关系、邻里互助合作和情感维持相关联的"家"（Home）。1948 年联合国《世界人权宣言》第二十五条规定："人人有权享受维持自我和家属健康和福利所需的基本生活水准的权利，包括食物、衣服、住房、医疗和必要的社会服务等；在遭受失业、疾病、残废、守寡、衰老或在其他不能控制的情况下丧失谋生能力时，有权享受保障。"这说明住房属于人人享有的基本人权。1965 年，联合国颁布《消除一切形式种族歧视国际公约》，第一次明确提出"住房权"。1981 年 4 月"城市住房问题国际研讨会"在伦敦召开，会上通过《住房人权宣言》，指出一个环境良好、适宜的住所是所有居民的基本人权。1991 年联合国经济、社会、文化权利委员会针对《国际经济、社会、文化权利公约》第 11 条第（1）款，发布第 4 号"一般性意见"，提出**"适足住房权"**（the Right to Adequate Housing）的概念，即适宜充足的住房权利，它不是满足低收入阶层的"慈善"行为，而是体现全社会伦理的一种"社会正义"，住房不仅是一处遮蔽住所或商品，还是家庭能够安全、和睦和有尊严（Dignity）地居住于某处的基本权利。"适足住房"意味着适足的隐私空间、适足的安全、适足的照明和通风、适足的基础设施、获得就业和基本服务设施的合适居住地点，以及获取这些权利所支付的费用合情合理。"适足住房权"包括以下权利。

（1）居住权的法律保障（Legal Security of Tunure）

居住权形式多样，包括租赁（公共或私人）住房、合作住房、自有住房、应急房屋、非正规住房等类型的住房及其所依附的土地的使用权利。不论何种形式，都应有一定程度的使用保障，得到法律保护，免遭强迫驱逐和其他威胁。

（2）服务、材料、公共设施和基础设施的可获得性

适足住房必须拥有卫生、安全、舒适和提供营养所必需配置的设备，包括获取自然资源和公共资源、安全饮用水、烹调、取暖和照明能源、卫生设备、洗涤设施、储藏、垃圾处理、排水设施和应急服务等。

（3）可支付性

与住房有关的个人或家庭开支应控制在一定的水平之下，与收入水平相称，不致于损害其他基本需求的获取。应为无力获得住房的人提供适当形式和水平的住房补助，按照可支付性的原则，采取适当措施，保护用户免受不合理的租金水平或提租行为的影响。

（4）宜居性（Habitability）

适足住房适合居住，拥有足够的空间，保护居住者免受严寒、潮湿、炙热、刮风下雨以及源自建筑结构和材料的危险、传染病媒介和其他健康威胁。依据流行病理论，住房作为环境因素与人的疾病密切关联，住房和生活条件的不适、不足与高死亡率相关联。

（5）可及性（Accessibility）

向一切有资格享有适足住房的人提供住房，充分考虑弱势人群适足住房资源的可获得性。

（6）居住地点（Location）

适足住房应处于适宜地点，便利获得多样化的就业选择、健康服务、学校、托儿所和其他社会设施。对于贫困家庭而言，上下班的时间及其交通费用是一项极大的开支。住房不应建在环境污染或者临近污染物之处。

（7）文化妥当（Cultural Adequancy）

住房的建造方式、建筑材料及其政策应适当地表达地方文化身份（Cultural Identity）和住房的多样性，住房领域现代化在确保配套适宜的现代技术设施的同时，不能以牺牲住房文化（Cultural Dimension）为代价。

联合国的"适足住房权"赋予住房权以丰富的内涵，不仅包括物质层面良好的物质设备和基础服务设施，满足安全和卫生等标准，经济层面负担得起的"房屋"，

还包含住房文化、"人"的内在尊严、不受歧视等。国家和政府有义务采取手段,保障公民这一基本权利。然而,尽管国际社会一再重申尊重"适足住房权"的重要性,但是世界各地仍然存在令人不安的巨大差异,一些面临严重资源限制的发展中国家尤为严重(图 1-1),一些经济较为发达的国家也存在住房不足的重大问题。2016 年 10 月 3 日,联合国副秘书长、人居署执行主任克洛斯(Joan Clos)在"世界人居日"发表致辞指出,全球现有超过 10 亿人口无法享有获得适足住房的基本权利,其中大部分居住在城市贫民窟,根据人居署的统计,公共住房在发展中国家和发达国家的所有住房类型中所占的比例不足 15%;联合国秘书长潘基文强调,确保人们有机会获得负担得起的适当住房,保障人人享有尊严和机会,推动可持续发展议程并造福全人类。

图 1-1　印度南部某聚居区
资料来源:作者拍摄,2018 年

尽管住房权是一项基本人权,是公民赖以生存和发展的基础,但是住房不是"公共物品"。根据公共经济学理论,社会物品分为公共物品和私人物品。**公共物品**指的是那些具有非排他性或者非竞争性的消费品,私人物品具有排他性和竞争性。萨缪尔森(Samuelson,1954)在《公共支出的纯理论》中提出,当某人消费某种物品或劳务时不会导致他人减少消费该种物品或劳务,这种物品或劳务就称作公共物品或公共劳务。与私人物品或劳务相比,公共物品或劳务具有显著不同的三个特征:效用的不可分割性、消费的非竞争性和受益的非排他性。与此相对,凡是可以由个别消费者所占有和享用,具有排他性和可分割性的物品就是私人物品;介于二者之间的物品称为准公共物品。在一定程度上,住房具有准公共物品的性质。由于信息不对称、价格垄断等原因会产生市场失灵,部分中低收入居民的住房支付能力不足,需要政府通过非市场化的方式进行住房资源配置。

1.1 城市住房的属性

与一般商品不同,住房是一种特殊的商品。哈斯曼和奎格利(Harsman、Quigley,1991)认为住房的独特性主要表现在五个方面:住房是一种复杂的商品,在生产、估价和供求双方的交易等方面都很复杂,购买者和开发商都必须基于大量信息,进行市场选择,以获取住房最大的使用价值和利润;住房具有空间的固定性,住户的频繁迁移既很昂贵也不方便,这意味着选择住房也同时是选择邻里关系、与工作地点的联系方式以及相应的诸如学校和购物中心等社区服务设施;住房很昂贵,住宅消费在家庭消费中占有很大的比重,住宅建设投资也是国家年度投资的主要部分;住房的使用寿命很长,在任何一段时期内,新建住房仅占存量住房的很小一部分,并且很容易受住房需求变化的影响;住房是现代社会中个人和家庭正常生活的必需品。从这些特征上看,住房在空间、经济和社会与政治等方面具有特殊属性。

1.1.1 城市住房的空间属性

住房产品是多样化的,每一处住房都有独特的区位、空间特征或不同的住房服务水平。住房的空间属性包括住房位置的不可移动性、使用的耐久性、区位性、异质性和环境外部性等几方面。

1. 不可移动性

指住房及其依附的土地不能被移动。这种内在性决定了住房的不动产属性,具体表现为:区位关系上的不可移动性,不同城市及同一城市不同区位的住房存量不可能通过市场交易来获得增减;自然地理位置上的不可移动性,住房总是处在某个特定交通、基础设施和邻里等环境之中。由于住房属于不动产,研究住房政策时,必须考虑不同区域之间住房市场的差异。

2. 耐久性

任何消费资料和生产资料都会在使用中遭受自然磨损和功能磨损,相对于其他商品,住房具有耐久性。住房一经建成,使用期限一般可达数十年乃至数百年。虽然住房伴随着时间流逝而折旧,但折旧的速率比较低。住房使用的耐久性具有三重含义:首先,业主会花钱维修或维护,可以降低住房物理特性折旧的速度;其次,新住房在所有住房总量中所占比例不会太高,一般70%~80%的家庭居住在至少已建成10年的住房里,在成熟的市场条件下,每年市场上都有一定数量的二手住房交易;住房耐久性还影响着住房供给相对缺乏弹性,市场被已建住房"主宰",价格变化只会导致供给量较小程度的变化。物业企业如果能够提供全面、细致的服务,对物业的公共部分及时进行维修和保养,能够延长住房的经济寿命,提高物业的投资价值。

3. 区位性

由于住房的不可移动性，每一个住房产品都有唯一的不可复制的位置。因此，购买住房是既买住房又买区位。区位与可达性相关联，会产生四个直接性的后果：区位不同，到达工作地点、商店和娱乐场所的交通条件及其便捷性不同；区位不同，可获得的公共服务设施供给不同；区位不同，环境质量不同，如因与交通干道和工厂毗邻程度不同带来的空气质量和噪声影响不同；区位不同，建筑风貌和邻里特征不同。因此，区位对住房价值有着重要的影响。在西方，有关住房投资最重要的有三点：第一是区位，第二是区位，第三仍然是区位。随着城市化和现代化的进程，住房的区位状况，特别是交通区位和社会经济区位，也会发生变化。

4. 异质性

住房位置的不可移动性和住房服务水平不同，决定了住房是一种差异化程度较高的产品。不同的建筑设计和室内外装修，如户型、功能分区、房间朝向、厨卫布局，以及地板、窗户、室内装修、材料选用等导致住房存在明显的差异。此外，住房的结构形式、施工质量、环境与配套、住房年代和权益、物业管理和服务的不同，也造成住房产品的多样性。甚至可以说，不存在完全相同的两套住房。

5. 环境外部性

环境外部性是指某住房的使用及其价值对周围住房的使用及其价值产生影响。如果住房开发与使用所发生的成本与收益不是由开发者或使用者承担，则构成外部成本或外部利益。外部性通常是间接、无形且长期的。外部性可以是正向的，当邻近住房的物业通过外墙粉刷和维修，使房屋外观大为改善时，或者邻里互信、互惠、友好、安全，住房的市场价值就会上升；同样，外部性也可以是负向的。由于外部成本与利益在住房开发和使用时未被计入其成本与收益之中，就整个社会而言，可能导致整体的低效率。

在制定城市保障性住房政策时，如果忽视住房的空间维度，可能会因为住房选址偏远，公共服务和就业岗位不足，导致居民出行时间成本增加，损害公共政策的有效性。反过来，城市规划在某些程度上可以通过改善交通的可达性，增添优质公共服务设施，从而改变某片区域原来不利的空间区位。

1.1.2 城市住房的经济属性

住房既是生活必需品，又是市场上的一种流通商品，是家庭重要的财产，与住房相关的产业会对国民经济产生重大影响。住房的经济属性表明，住房政策会影响住房市场运行，进而在一定程度上影响国民经济。

1. 昂贵的"商品"

作为一种重要的生活必需品，对于普通家庭而言，住房很昂贵，需要依靠一定的信贷支持，才能实现住房消费。因此，一般而言，住房支出占普通家庭总支出的比率相当大，发达国家中产家庭的住房支出一般超过 25%。

住房高成本有两方面引申含义：第一，一个普通家庭需要多年的存款加上借款，才可能支付一套住房，另一部分家庭只能选择租房；第二，大多数中等收入家庭通过购买房屋所有权积累财富，住房成为个人和家庭的重要资产，很多中等收入家庭最大的财富就是自己购买的住房。如：2005 年英国国家统计局报告显示，房地产资产占当年总资产的 59%。

2. 消费和投资的两重性

住房作为资产具有较为稳定的价值。随着城市经济不断发展，整体环境和配套设施持续改善，城市很多地段的区位价值增加，这些地段的住房价值随之提升，这种相对稳定和增值的资产属性促使住房成为重要的投资品。在通货膨胀的情况下，投资住房比投资其他资产更具保值功效，投入住房的资金增值速度能够抵消货币的贬值速度。引起住房增值的原因主要有两方面：一方面是自然增值，包括居民收入增加、人口增长、居住水平提高等有效需求增加引起市场价格上涨，在普遍的通货膨胀情况下住房可以保值增值，公共设施、环境美化等外部经济环境条件的改善也能导致住房增值；另一方面，通过追加投资产生住房增值，如室内外装修改造、更换或增加设备、应用新技术等。此外，住房增值还具有外部性，在某块土地上投入开发资本或劳动，不仅能使被开发的土地增值，邻近地段也会升值。当然，随着时间的推移，住房的价值在总体趋势中呈波浪式攀升，不排除在一段时期内随社会经济发展的变化而波动。当经济下滑，周围环境不断恶化，建筑功能滞后或建筑物使用年限变短时，住房价值会出现降低，甚至出现连续下降。

因此，住房具有消费和投资双重功能，住房可以作为抵押物，获得长期信贷；住房的所有权和使用权可以分离，以租赁方式作为住房经营手段。一宗房产可以完全用于家庭消费，也可以出租部分房间，还可以在房价高涨或家庭困难的情况下出售变现。与其他投资相比较，住房价值大，投资的流动性相对较差，交易双方在决策上持十分慎重的态度；住房的异质性使得投资者往往需要相当长的时间了解市场，寻找合适的买者。

3. 产权可分割性

住房财产权利包括占有权、使用权、收益权和处分权。从本质上说，交易是财产权利的转让。住房交易可以是针对一束权利整体，也可以是部分权利的集合体或某一独立权利。例如，以共有形式形成的所有权分割的方式大致可分为三类：分别共有、共同共有以及信托共有。"分别共有"指一项住房可分割为许多小单位，而每一共有人拥有其中一定单位，在分别共有的情况下，每一共有人可以独立处分其所拥有的部分。例如，单个家庭与政府分别拥有某套住房的部分产权，或者几个家庭共同购买了某幢住房，每一所有者可以在一定约束的前提下在市场上自行买卖、转让其所有权或使用权而不必征得其他共有人的同意。"共同共有"是指各共有人对共有的住房并没有属于其自己所有的部分，对共有住房的处分及其他权利的行使必须经过全体共有人同意。这种投资方式是由数人乃至数百人出资，投资于住房开发与兴建，并按各人所占有资本比例或事先的约定分配盈余或分摊损失。"信托共有"（基金式共有），属于企业组织中的股份有限公司，在证券市场中以共同基金的形式发行受益凭证，向大众募集资金进行住房投资，基金受益凭证的持有人为基金股东。

4. 多重子市场

住房市场可因大小、位置、质量和价格区分成许多子市场。依据房价高低，可以分为高中低不同价位的住房子市场，一般与购房者的支付能力相关联，这样也造成一定程度上的社会区隔。例如，2019 年上海市新建住宅销售均价约 3.3 万元 /m²。从区域均价看：内环线以内 11.0 万元 /m²，内外环线之间 5.6 万元 /m²，外环线以外 2.4 万元 /m²。剔除征收安置住房和共有产权保障住房等保障性住房后的市场化新建住宅的区域均价分别为：内环线以内 111307 元 /m²，内外环线之间 75796 元 /m²，外环线以外 40462 元 /m²（上海市统计局，2020）。如果将新建和存量二手住房结合起来看，2020 年上海市处于中心城区的静安区平均房价为 7.4 万元 /m²，而处于上海市外环之外的金山区平均房价只有 2.1 万元 /m²，相差近 3 倍多，区位造成巨大的价格差异（图 1-2）。同时，即便在同一区位，住房的品质、配套和新旧差异在房价上也反映出来。除收入以外，个人需求和偏好也会形成不同的子市场差异，一些家庭选择中心

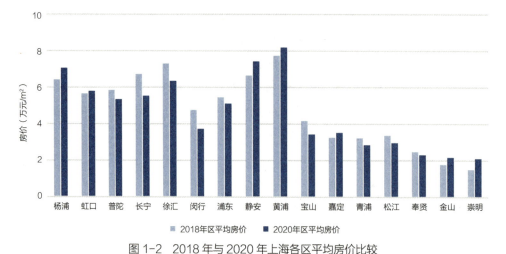

图 1-2　2018 年与 2020 年上海各区平均房价比较

资料来源：作者团队综合上海房产中介网房价信息绘制
（安居客网站 https://shanghai.anjuke.com/?pi=PZ-baidu-pc-all-biaoti），2020 年

区面积较小的住房，另一些家庭选择偏僻郊区面积较大的住房；一些家庭选择靠近高质量学校的学区房，另一些家庭选择靠近公园的住区；一些家庭寻找配备有现代化便利设施的新住房，另一些家庭寻找古色古香的老住房。

尽管住房市场被分割为众多子市场，但这些子市场是互相联系的。当三室户住房价格上升较快时，一些家庭便会转向二室户的住房市场。同理，当二手房价格上升时，一些家庭便会转向新住房市场。高中低不同价位的住房子市场之间会发生"过滤"现象。一般而言，同类住房子市场新的住房配套设施会更好，设计更为时尚，功能布局更合理，同样区位条件下价位会更高。因此，如果住房总需求不变，同类住房子市场新的住房出现后，旧的住房由于设施老化，功能不适应新的需求，价位会降低，进入下一级价位较低的住房子市场，这就是住房"过滤"现象。

5. 垄断市场

由于住房市场的特殊性、信息不对称和政府管制，住房市场具有一定的垄断性。住房市场存在着多种进入壁垒，如可开发土地的稀缺性、资金、规模和政策，导致住房市场的区域垄断格局。由于信息不对称，在住房市场上买者比卖者更有优势。土地市场分为使用权出让的土地一级市场和使用权转让的土地二级市场，我国政府垄断土地一级市场。

6. 产业支柱

住房生产具有很长的产业链，住房投资对钢铁、有色金属、建材、化工、机械、电力、石化、煤炭等重化工业，电器、家具等制造业以及金融、法律、设计、中介、咨询等服务业具有明显的产业带动关联作用，许多国家将以住房为主的房地产业作为国民经济发展的支柱产业。住房的建设、开发和销售能够提供就业机会，增加国民收入和政府税收。除了这些直接效益之外，住房开发过程中，建筑工人、开发商及新入住家庭的消费支出也间接地给当地社区带来经济效益。因此，一些国家在遇到经济危机之后，解决危机所采取的措施之一是保护和刺激住房产业的发展，尤其是保障性住房的建设，从而有助于带动经济走出困境。

多年来，美国房地产业所创造的产值占全美 GDP 的比例都超过 20%，如：2007 年住房建设和修缮占 GDP 的 5%，房租和自有房户的相关支出占 11%，购置家具、家用电器和其他家用开销占 7%。2008 年住房建设为美国经济创造了 490 万个工作岗位和 3680 亿美元收入，为联邦政府、州政府及地方政府带来 1420 亿美元的税收收入。据全美住房建设商协会估计，每开发 100 套住房，建设期能为地方政府带来 220 万美元的收入，销售之后这 100 套住房业主所支付的房产税及其他税费每年又能为地方政府带来 74.3 万美元的收入（施瓦兹，2012：4–5）。

住房对经济和资本市场影响深远，"十次危机九次地产"。即使在美欧等发达国家，住房对经济的影响也举足轻重，比如，1991年日本住房泡沫破裂后陷入"失去的二十年"，2008年由美国引发的次贷危机本质上是一次住房泡沫危机。

1.1.3 城市住房的社会与政治属性

住房是任何人所必需的基本庇护空间。因此，住房是基本的民生问题，涉及公民的基本生存条件、基本权益和发展机会。住房对于家庭不只是提供基本的住房面积和健康的居住环境，还能够提升居民的社区认同感和经济自立能力，个体拥有住房有助于家庭生活的稳定乃至全社会的安定。

1. 社会再生产

与关注经济的再生产不同，这里是指人的社会再生产，即新的一代不断出生、成长、获得教育、体验家庭和社区生活，成为合格的公民的连续过程。住房是人从出生到长大的主要生活空间载体，良好的住房及其户外环境，有助于培养个体基本的公民品质，支持社会有效运转和社会再生产。住房是家庭日常生活的最重要场所，是人们在工作或学业之后放松和消遣的私密性空间。作为个人地位和生活方式的标志，住房也承载了某种象征意义。住房的可支付性和不公平性等因素与健康、教育、犯罪率等社会问题直接相关联，或许再没有什么比无家可归者的境况更能说明住房对于个人和家庭的重要性。无家可归者承受着比常人更多的身心疾病、药物滥用或遭受袭击的折磨，无家可归的儿童更可能丧失受教育的机会。

2. 邻居效应

住房所内含的效用不仅取决于住房本身，还取决于邻近住房的总体特征。当某住房的外观变得更为美观或者邻里变得更为整洁安全，会对周围住房产生溢出效益，表现为住房市场价值的增加，这被称作**邻居效应**（Neighborhood Effect）。住房政策的目标之一就是让每个家庭拥有适合的房子和邻里环境。

坐落在优美环境中的住房能够有益于居民健康，相反，品质恶劣的居住条件会给人们带来许多困扰。例如，建筑质量存在问题的住房会危害人们的健康，儿童吸入含铅超标的涂料会导致严重的认知障碍和行为异常；潮湿、发霉及老鼠和蟑螂的侵扰，会诱发哮喘、过敏和其他呼吸性疾病；过冷或过热则会提高心血管疾病的发病率。当低收入家庭面临高昂的房租时，满足其他基本生活需求的资金就会变得匮乏。犯罪率高低在很大程度上也受到居住环境的影响，贫民区的居民比富人区更容易遭受抢劫、袭击和其他更严重的危险（施瓦兹，2012：2）。

在西方，一些居民还会在意邻居的种族和宗教背景，导致种族歧视和种族隔离。偏见（Prejudice）是对特定种族人群成员持否定的非理性态度；种族歧视（Racial Discrimination）是不同种族遭受差别对待的行为，遭受种族歧视的群体成员仅仅因为种族，不能享有某些权利和机会；居住隔离（Residential Segregation）是在某一地理区域内两个或多个群体在物质空间上的分离状况，一般可以依据种族、宗教、家庭结构和社会经济地位考察某些群体的隔离程度。如果在一座城市中，同一种族才能做邻居，那么这就是完全隔离，这时邻居中没有其他种族的成员；如果一座城市中每一户邻居都是异种的，在每一户邻居中都有某种族占一定比例的代表，那么这座城市是完全取消种族隔离的。

此外，维护良好、安全、开放性的公共空间有助于提升邻里效应，促进社会融合（图1-3）。

图1-3　美国诺克韦勒镇邻里中心广场不同季节的活动

资料来源：The America Institute of Architects，2018

3. 搬迁性社会成本

如果因为某种原因不得不举家搬迁，所产生的成本除了货币之外，还有离开"老邻里"所丧失的社会成本，包括与邻居、学校和朋友的社会交往关系，搬迁常常使得原有的社会和消费模式瓦解。只有当迁入的新住房获得更好住房服务的搬迁收益超过与支出关联的搬家成本时，一个家庭才能改善原来的住房状况。

4. 政治议题与政治竞选

许多国家政府把住房问题，特别是解决低收入者的住房问题当作重要的社会政治问题来看待，把公平分配住房作为政府执政基础。不少政治家把住房建设和住房投资看作拉动国家和地方经济发展、促进就业、扩大政绩和争取选票的重要工具。劳动力市场和住房市场有很密切的联系，缺乏政治和理想信念而仅仅用经济眼光来看待住房政策将会酿成大错。

住房消费和住房投资的两重性，以及住房经济和住房民生的两重性，使得制定住房政策较为复杂，需要避免顾此失彼，协调好两者的关系。此外，住房还能够传承和体现一定的文化观念，蕴涵一定的美学价值，漂亮和有品位的住房能够给周边的住房带来外部正效益；住房所代表的文化美学特征也能反映某一地区居民的生活方式，在一定程度上成为一个地区或城市的本土文化标志。

1.2 城市住房发展周期的影响因素

以住房为主的房地产业是整个国民经济体系的重要组成部分，伴随总体国民经济发展的规律性波动，住房发展也呈现出一定的规律性。住房发展周期是指以住房为主的房地产业整体经济活动随着时间变化而出现有规律的扩张和收缩过程。住房发展周期从属于整个房地产发展的周期。

住房发展周期首先受经济发展周期的影响，经济发展阶段对居民收入水平和住房供给有重要影响；其次，住房发展周期与人口数量（城镇化水平）、人口结构（适龄人口）和居民收入（经济发展）等因素有关，受市场供需关系的影响，首次置业的住房刚需和第二次置业的改善性住房需求，反映了住房的消费属性；再次，住房的投资或投机需求主要跟货币投放、低利率和土地供给有关，反映了住房的投资属性；银行利率和税收等金融财政政策对住房的生产和消费均有重大影响。衡量住房周期的指标包括住房销量、价格、土地购置、新开工和住房库存等，衡量住房市场泡沫化程度的指标包括房价收入比、租金回报率、空置率等。

1.2.1 经济发展周期

经济发展周期一般指经济活动沿着经济发展总体趋势所呈现的规律性的扩张和收缩交替或周期性的波动过程，可分为繁荣、衰退、萧条和复苏四个环节循环往复的波动形态。

受收入、成本、投资、技术进步和政策干预等诸多因素的共同作用，经济发展周期可分为长、中、短三种不同的周期理论。1939年，美籍奥地利人约瑟夫·阿洛伊斯·熊彼特（Joseph Alois Schumpeter）基于"创新理论"，综合前人的思想，提出同时存在长、中、短"三种周期"理论。熊彼特认为，所谓创新就是建立一种新的生产函数，把一种从来没有过的关于生产要素和生产条件的新组合引入生产体系，企业家的职能就是实现创新，引进新组合。在创新的影响下，经济周期的繁荣与衰退交替表现如下：创新初现—（为创新者）带来差别化利润—其他企业仿效—第一次创新浪潮—银行信用需求增加—经济步入繁荣；创新普及—超额利润消失—银行信用需求降低—经济收缩—经济步入衰退；然后直到新的创新初现，引发下一个周期。

"创新理论"将长、中、短三种周期理论结合在一起。长周期理论由苏联经济学家康德拉季耶夫于1926年提出，每个经济周期50～60年，从18世纪末期以来资本主义经济发展经历了三个长周期：1765～1842年的"产业革命时期"、1842～1897年的"蒸汽和钢铁时期"和1897年以后的"电气、化学和汽车时期"。每个长周期内有若干中等创新波动，形成若干中周期，即"尤格拉周期"，它是由法国经济学家克莱门·尤格拉（Clement Juglar）于1860年提出，认为资本主义经济存在着 9～10 年为一个周期的经济循环。每个中周期中还有小创新所引起的波动，形成若干个短周期，即"基钦周期"，它是由美国经济学家约瑟夫·基钦于 1923 年提出，他认为资本主义经济发展每隔 3～5 年约 40 个月就会出现一次有规律的上下波动。因此，一个"长波"大约包括有六个"中波"，一个中波大约包含有三个"短波"。

此外，美国经济学家、诺贝尔经济学奖得主库兹涅茨·西蒙（Kuznets Simon）1930 年出版了《生产和价格的长期运动》，他通过研究从 19 世纪至第二次世界大战以前美国经济的发展，发现许多生产部门尤其是基础工业部门平均每 20 年左右即呈现有规则的波动，被称为库兹涅茨经济周期。该周期主要以建筑业兴旺和衰落的周期性波动加以划分，所以也称为"建筑周期"。西蒙认为在剔除短周期和中周期变动之后，现代经济体系存在一种持续、不可逆转的变动，即"长期消长"。美国大移民时代的居民住房及其家用电器普及，在从"数量性扩张"向"追求消费质量"转变，以及城镇化带来的人口转移等两大因素互相作用下，促成经济周期波动。

与其他经济发展周期一样，以住房为主的房地产业也包含繁荣、衰退、萧条和复苏四个环节。

（1）复苏与增长：上一轮萧条使经济陷入长期低迷，投资、投机需求基本不存在，价格、租金低下，自住需求者逐渐入市。房价慢慢地开始回升，少数投机者入市，市场交易量增加，空置率下降，各种因素带动房价缓慢回升，市场充满乐观情绪，投资者信心饱满，市场预期良好，房地产投资转而旺盛。

（2）繁荣与投机：此环节比复苏环节短，房地产开发量激增、品种增多，投机者活跃，市场投机需求高于自住需求。政府开始出台政策限制炒房，投机热情继续旺盛，自住需求者基本退出市场，实际上已经是有价无市。进而新增投资数量下降，销售难度加大，交易量下降，空置率增加，市场出现悲观情绪，持币观望。

（3）危机与衰退：当投资和投机需求无法转换为消费需求，高房价将真正的自住需求者排斥出市场。仅靠投机资金支持预示着房地产周期的拐点将至，由盛转衰。交易量萎缩，房地产投资下降，市场悲观情绪加强。受一些突发利空消息或事件影响，房价急剧下降，炒家惊恐抛售，房地产价格暴跌，进而小开发商纷纷破产，部分在建工程烂尾，大量投机者被套牢，血本无归，房地产业失业人数激增。

（4）萧条与平稳：经过急速而又痛苦的危机爆发后，房地产周期进入持续时间相当长的萧条环节。萧条是一种严重的经济衰退，意味着经济崩溃。房价和租金持续下降，交易量锐减，空置率居高不下，大量房地产商破产。大萧条末期房地产泡沫挤出，市场正常需求缓慢增长，政府减少限制性干涉，市场波动开始平稳。房地产慢慢过渡到下一个复苏与增长周期。

伴随国民经济的发展以及城镇化和城市人口增长率的变化，许多国家的城市住房发展可以划分出四个阶段，即住房匮乏期、住房发展高速增长期、住房发展增速平缓或下降期以及住房发展增量放缓和结构分化期。

1. 住房匮乏期

由于工业化的快速推进，城市产业需要大量工人，外来流动人口在城市集聚。与此同时，住房发展相对滞后，造成较为严重的住房短缺。

许多西方发达国家，如英国、法国、德国、美国等，在工业化和城市化的进程中都经历过一定程度上的住房困难。18世纪30年代，英国由于产业革命早期所产生的城市化，伦敦出现大量的贫民窟，许多产业工人和低收入居民聚居于此，缺乏必要的卫生设备、医疗条件，当一个水井被污染，往往会产生严重的霍乱、疟疾等传染性疾病，造成相当数量的居民死亡。1872年，恩格斯在《论住房问题》一文中叙述道："一方面，大批农村劳动力在短时期内被吸引到新的工业中心大城市；另一方面，城市原来的布局已经不适合新的大工业生产条件及交通需求，街道被加宽，新的街道被开辟，铁路穿过市内。正当新的工人大量涌入城市的时候，工人住房却被大批拆除，于是就突然出现了工人及小商人和手工业者的住房短缺。"

20世纪30年代的经济大萧条时期，大量城市居民和产业工人失业，缺少收入来源，被迫搬离原来的住所，无家可归现象增多，城市中治安问题严重。经济大萧条以后，西方各国政府开始对住房市场进行干预，通过税收减免、货币政策、土地政策等，供给社会性住房，刺激私人部门开发，以解决住房严重短缺的问题。

2. 住房发展高速增长期

随着经济的高速增长，劳动力密集型的中低端制造业和资源性产业发展迅速，农村人口在乡村推力和城市拉力的作用下，持续向城市迁移，不同规模的城市人口均在扩张，城镇化率快速上升，居民收入水平快速提高，居民购房支付能力提升，居民首次置业需求旺盛。此时，住房开工量高速增长，住房销量和投资处于高增长期，房价随之上涨。

例如，美国第二次世界大战后经济高速增长，并叠加1946~1964年第一次婴儿潮的影响，住房开工数量大幅上升，从战前的年均不足50万套大幅上升至战后的年均100万套以上，到20世纪70年代住房开工量达到170万套/年的水平。之后，住房发展基本稳定下来，与人均GDP、城镇化水平的关联度不再明显，更多地受人口出生数量和适龄购房人口数量影响。

3. 住房发展增速平缓或下降期

这个阶段经济增速和城镇化率放缓，大部分居民的住房需求基本得到满足，住房增长转入平缓或者下降状态。住房开工量与经济增速以及城镇化水平的关联度下降，而与每年出生人口数量和适龄购房人口数量的关联度增强。随着住房基本需求趋于饱和，如城镇户均一套，即住房套数除以家庭户数的住房套户比为1.0左右，居民开始转向住房的成套率、人居环境和品质等改善性需求。

4. 住房发展增量放缓和结构分化期

随着城市住房套户比继续上升，成套率大为提高，城市化率处于55%～70%之间时，从全国整体上看住房发展增速变缓，但是部分大城市、特大城市仍然可能因为人口流入，面临严峻的住房压力，房价受居民收入和利率政策影响较大。由于产业集聚效应、创新创业活力和公共资源差异等因素的影响，人口从农村和三四线城市向大都市圈及其卫星城迁移，一些中小型城市人口增长放缓甚至净流出，而大都市圈人口的绝对值和在全国人口所占比重继续上升，集聚效应更加明显。大都市圈富集优质的学校、医院等公共资源，产业向高端制造业和现代服务业升级，更能为创业者提供思想交流的环境，为有才华的年轻人提供实现梦想的舞台。即便在城市化率超过70%后，全国人口也将继续向大都市圈集中，服务业占据主导地位，大都市圈持续存在住房压力。

以德国住房市场为例，第二次世界大战之后德国住房供给大致可分为四个阶段：1945～1960年从短缺到改善，第二次世界大战几乎摧毁了德国一半的住房存量，战争结束时，德国有6200万人口，1460万户家庭，却只有940万套房屋可供居住，此后住房建设快速发展；1961～1981年从改善到平衡，1978年德国的住房套户比达到了1.21，随后一直稳定在1以上，住房紧张问题得到极大缓解；1982～2005年从平衡到宽松，总量宽裕的时代到来；2006～2020年需求和价格的回升，家庭规模小型化和需求升级导致住房需求增加，2016年德国人口总数约8200万人，住房存量已超过4000万套，平均两人居住一套房。德国人口在1978年达8300万的人口顶峰后，人口持续负增长，基本保持在8000万～8200万人之间，但是1978～2009年间住房增加了1100万套，这说明在人口基本没有增长的情况下，住房存量增加了35%（任泽平等，2017：259）。德国在各个阶段制定并执行了严格的法律配套体系，建立了欧洲最发达和最规范的租赁市场。

我国目前正处于住房发展的第三个阶段，城市住房套户比超过1.0。未来我国人口迁移格局中，大都市圈人口将继续集聚，城市之间、地区之间的人口集聚态势将分化明显。2015～2019年间全国住房市场分化明显，一线城市和部分二线城市大量人口迁入，房价上涨明显；三至六线城市的房价总体平稳。

1.2.2 人口周期

除了经济发展周期外，住房发展周期也与居民住房需求密切相关，后者与城市居民的人口规模、增长率和人口结构相关。人口红利和城乡人口转移反过来能够提升经济潜在增长率，进而促进居民收入增加，带动居民住房需求的增长。当20～50岁之间的置业人群增加时，会带来购房需求和投资高增长。当人口红利消失和人口增长曲线的刘易斯拐点出现时，经济增速换挡，居民收入放缓，城镇住房饱和度上升，置业人群过了峰值，住房开发进入增速平缓或下降通道。从区域的角度来看，依据区位和资源禀赋，外来人口将继续往大都市区迁移聚集，大都市区的住房压力持续增大。从人口变化的角度看，结婚年龄推迟，不婚率和离婚率的提高，低生育率、寿命延长、人口老龄化和人口流动等，均导致家庭户规模不断缩小，在一定程度上促成了住房需求提升。

1978～2019年间，我国城镇化率从17.92%上升到60.60%，城镇人口从1.72亿人增加到8.48亿人，净增6.76亿人，其中20～50岁购房人群同步持续增加。同时，家庭小型化趋势也十分明显，1982年我国城乡平均每户家庭规模4.41人，2000年为3.44人，2010年消减为3.10人，2020年进一步减少至2.62人。家庭户规模的缩小对住房产品的类型和住房面积都提出了新的要求。从人口上看，尽管我国20～50岁的主力置业人群比例在2013年达峰值，但综合考虑城镇化进程、居民收入增长和家庭户均规模小型化、住房改善等因素，我国住房市场未来仍有较大发展空间，将逐步从高速转向中速、高质量发展。

下面展开分析美国、日本和我国人口增长阶段与住房发展的关系。

1. 美国的人口增长阶段与住房发展的关系

从美国人口增长情况来看，1940年以后全美大都市人口分布大体上分为三个阶段：1940年至1960年为第一个阶段，这一时期不同规模的城市人口数量都有不同程度增长，美国的制造业发展较快；1960年左右到1990年为第二阶段，这一时期美国城市的发展呈现明显的郊区化特征，不同规模的城市人口增长出现分化，中型城市人口比重下降，小型城市人口比重基本保持不变，100万人以上的城市人口比重继续上升；1990年以后至今为第三阶段，除了100万人以上的大城市人口还在继续增长以外，其他规模城市的人口比重均有不同程度的下降。

从置业人群来看，20～50岁是住房消费主力人群和购房适龄人群，所以新增的人口出生数量领先住房开工数量20年左右，这符合消费的生命周期。自住购房的需求主要来自于两个年龄段：20～34岁的青年人群为了结婚而产生首次置业需求；35～50岁人群为了提高生活品质而产生改善性需求。在20～50岁之间，随着年龄、受教育水平、劳动技能和收入水平的增长，拥有住房比例不断提高；到50岁左右，拥有住房的比例逐步稳定下来，65岁以后甚至出现下降，这可能与老年人将包括房屋在内的资产转让遗赠或者出售有关。美国相关研究显示，大多数美国人18岁进入大学，22岁开始工作，26岁为平均结婚年龄，大多数在30岁前有小孩；首次住房置业一般从20岁开始，35岁趋近高峰；随着小孩逐渐长大，35～42岁开始二次置业的高峰；部分50岁左右富裕的家庭在度假和旅游地进行第三次置业（图1-4、图1-5）。一个国家的婴儿出生往往呈现出一定的规律性，从而影响住房的开工建设量。如美国"二战"以后1945～1957年间出生人口数量快速增长，1957～1975年出生人口数量开始下降，从1957年的431万下跌到1975年的314万；随后1975～1990年间出现了显著的反弹，1990年回升到418万。与之相对应的是，

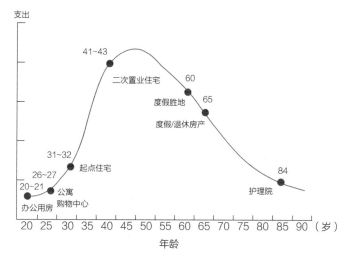

图 1-4 美国不同年龄段购房需求曲线

资料来源：U.S.Census Bureau，转引自：任泽平，等.房地产周期[M].北京：人民出版社，2017：58

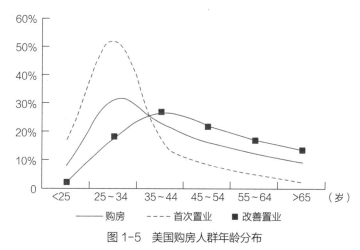

图 1-5 美国购房人群年龄分布

资料来源：Wind，转引自任泽平，等.房地产周期[M].北京：人民出版社，2017：57

"二战"结束 20 年后，1965～1977 年美国住房开工量快速增长，自 1977 年起逐步下行，在 1995 年到达底部，随后出现了明显的反弹。剔除金融危机的影响，人口出生数量和住房开工投资之间具有很强的相关性，20～50 岁年龄段人口规模上升时，住房开工量也同样逐步上升（任泽平等，2017：57-58）。

此外，不同代际群体对生活方式及其住房的形式有不同的偏好。依据美国 2015 年人口统计，1982～2000 年出生、年龄在 15～33 岁的美国人称为"千年一代"，占美国总人口的 26%；1946～1964 年出生、年龄在 51～69 岁的美国人称为"婴儿潮一代"，占美国总人口的 24%。"千年一代"的年轻人正走入工作岗位、建立家庭，2030 年"千年一代"将占据 75% 的美国劳动力市场，构成住房市场的主力军；"婴儿潮一代"逐渐退出劳动力市场，家庭规模缩减，空巢家庭增多（图 1-6）。这两代人对于居住、工作及娱乐的态度有着类似的特征,偏好在步行和混合使用的邻里生活。另外,美国传统家庭规模在减少,核心家庭比例由 1960 年的 72% 降至 2010 年的 51%(图 1-7),大于 18 岁的成年人的未婚比例由 15% 增加至 28%,离婚或分居的比例由 5% 增加至 14%,包括同居、单亲家庭、独身、空巢家庭、多代共居等非核心家庭类型比例大幅增加。与此同时,美国家庭平均人口数减少,由 1960 年的 3.33 人降至 2010 年的 2.58 人,人口减少所伴随的现象之一就是美国独立式住宅销量急剧降低,从 2003 年的约 130 万套下降至 2013 年的约 34 万套(图 1-8),十年内减少了约 3/4 的数量,更多的美国人选择了以混合邻里为主的非独立式住宅产品,同时自有住房率也随之下降(图 1-9)。

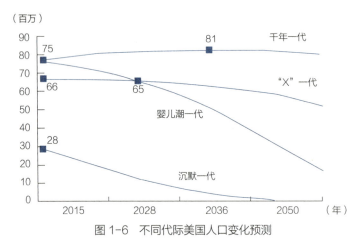

图 1-6　不同代际美国人口变化预测

资料来源:Pew Research Center,2016

注:"千年一代"是指出生于 1982~2000 年的美国人,相当于中国的 80 后到 00 后;"'X' 一代"指出生于 20 世纪 60 年代中期至 70 年代末的一代人;"婴儿潮一代"指出生于 1946~1964 年的美国人,相当于中国 80 后到 00 后父母一代;"沉默一代"指出生在"二战"期间的 1933~1946 年一代,如今逐渐跨入退休者行列。

图 1-7　1960~2010 年美国家庭人口规模的变化

资料来源:U.S. Census Bureau,2016

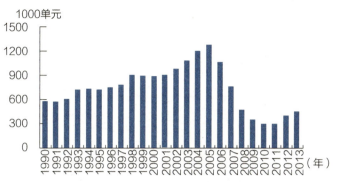

图1-8　1990～2013年美国独立式住宅销量比例变化

资料来源：U.S. Census Bureau，2016

图1-9　1990～2013年美国自有住房率比例变化

资料来源：U.S. Census Bureau，2016

从住房的空间属性看，据2012年至2013年美国建筑师协会对房主需求的调查，超过一半的受访者在住房选择上表示偏好拥有休闲设施和混合使用开发的住区。根据AIA2013年的调查，50%以上的美国人希望居住在短距离上班、可步行、娱乐和公交方便的地点（表1-1），"千年一代"和"婴儿潮一代"在这些选项上期望更高，"千年一代"中82%选择短距离上班或上学，76%希望居住在可步行的环境，71%选择临近购物/娱乐地点，57%选择公共交通便利地点，这反映出"千年一代"及其他代际群体对于职住混合开发项目的青睐（表1-1）。

不同代际对于邻里特征偏好的要求　　　　　　表1-1

	千年一代	"X"一代	婴儿潮一代
短距离上班或上学	82%	71%	67%
可步行性	76%	67%	67%
与家人/朋友的距离	69%	57%	60%

续表

	千年一代	"X"一代	婴儿潮一代
购物/娱乐的距离	71%	58%	67%
公共交通的便利度	57%	45%	50%

资料来源：American Institute of Architect，2018

2. 日本的人口增长阶段与住房发展的关系

第二次世界大战后，日本人口空间分布结构大体上经历了三个阶段的变化：第一个阶段是日本战后经济起飞到20世纪70年代中期，经济高速增长，城镇化水平迅速提高，主要都市圈的人口数量及其占全国人口的比重都有不同程度的提升，1960～1973年间日本人口出生数量进入了一轮上升周期，自1960年的160.6万上升至1973年的209.2万。第二个阶段是从20世纪70年代中期到90年代初，1973～1990年间出生人口数量年均下降5万人，年均下降幅度为3.1%。第一次石油危机之后，日本经济高速增长阶段结束，转而过渡到中速增长阶段，此时城镇化率已超过60%，之后近20年，主要都市圈人口数量及其占全国人口的比重上升的势头明显，但不同都市圈的人口增长趋势出现分化，东京都市圈的人口数量以及占全国人口的比重继续上升，第二大都市圈由于制造业转移，大量人口迁出这一区域，大阪人口占全日本人口的比重开始下降。第三个阶段是从20世纪90年代至今。这一时期，日本经济增速进一步降低，城市化率缓慢上升。与日本其他地区相比，日本人口继续向东京聚集，到21世纪初，东京都市圈以3.5%的土地，承载了26%的人口以及31%左右的产出。1920～2000年期间，日本非大都市人口比重从36.4%下降至17.9%。人口的不断聚集及其预期，一定程度上也放大了住房市场的波动。1985年之后，东京和大阪地区的土地价格升幅就明显高于日本其他地区。将人口出生数量与20年之后的住房开工量进行比较，可以发现20～49岁年龄段人口数量和同期的住房开工量，具有显著的正相关性（图1-10）（任泽平等，2017：63）。

3. 我国人口红利消失对住房的影响

中华人民共和国成立后我国已出现三次婴儿潮：1950～1957年，年均出生约2100万人，峰值2200万人；1962～1973年，年均出生近2600万人，峰值2900万人；1982～1991年，年均出生约2300万人，峰值2500万人。由于生育率大幅下降，出生率从20世纪80年代的约20‰降至2003～2015年的约12‰。2011～2013年我国住房新开工面积呈峰值，恰好与第二轮婴儿潮的改善性需求和第三轮婴儿潮的首次置业需求叠加对应，我国20～50岁的适龄购房人口长期上升趋势在2013年左右迎来拐点，为7.06亿。然而，由于计划生育政策的实施，我国的人口红利正在逐渐消失，自2010年开始，我国18～60岁的劳动力比例开始下降（图1-11），15岁以

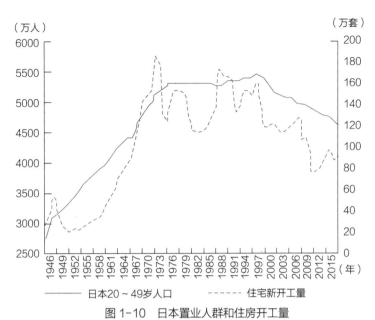

图 1-10 日本置业人群和住房开工量

资料来源：许伟（2013），转引自：任泽平，等.房地产周期[M].北京：人民出版社，2017：9

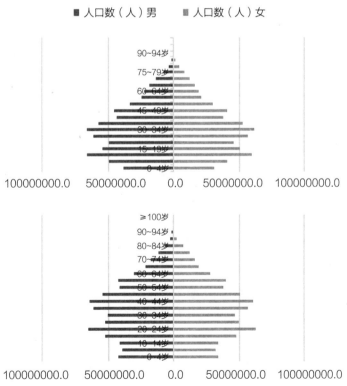

图 1-11 2000 年（上）和 2010 年（下）我国人口百岁图

资料来源：作者团队依据第五、第六次人口普查资料绘制

下的青少年比例逐步下降，由 20 世纪 70 年代的 42% 下降到 2019 年的 17.8%。当人口红利消失的时候，对于住房的需求就会下降。东部沿海城市和环渤海城市强大的集聚效应，会吸引大量人口流入，在一定程度上会抵消本地人口红利消失的负效应。但是，对于中西部的一些城市，人口红利的消失会导致住房需求明显减少，加之产业发展滞后、就业不足、人口流出以及出生率较低，长期来看，本地住房需求不足。

2014 年单独二孩放开，2016 年全面二孩放开，即便未来生育政策全面放开，由于抚养成本上升（高房价等）、生育观念转换以及生育能力下降等因素，出生人口大概率难以回升到第三轮婴儿潮的水平。综合人口出生数量和 20～50 岁适龄购房人口数量来看，2011～2013 年住房开工数量已接近增长的极限并转入平稳或下降通道，根据 2010 年第六次人口普查数据推算，预计到 2030 年 20～50 岁适龄购房人口将降至 5.69 亿左右。未来十年住房需求和投资增幅将明显下降，住房市场从数量扩张转入质量提升，居民对住房质量、成套率、人居环境等改善性需求提高，购房需求结构也从 20～35 岁的首次置业为主转变为 35～50 岁的改善性置业为主。随着我国家庭户规模小型化，可能导致更多的住房和更高的人均住房面积需求。

2015 年 5 月 13 日，国家卫生和计划生育委员会发布了《中国家庭发展报告（2015 年）》，该报告的统计数据显示我国家庭有如下特征。

1）家庭规模小型化、家庭类型多样化

两人家庭、三人家庭是主体，由两代人组成的核心家庭占六成以上；同时，单人家庭、空巢家庭、丁克家庭也在不断地涌现。在 20 世纪 50 年代之前，家庭户平均人数基本上保持在 5.3 人的水平。1949 年后，随着经济社会发展和人口变化，家庭户平均规模开始缩小。20 世纪 80 年代以来，家庭户平均规模缩小的趋势更加显著，1990 年缩减到 3.96 人，2010 年缩减到 3.10 人。根据国家统计局数据，2012 年居民家庭户的平均规模为 3.02 人。中国已是平均家庭规模较小的国家之一。家庭户规模小型化是社会、经济、文化、人口等多方面因素共同作用的结果。从人口变化的角度看，结婚年龄的推迟，不婚率和离婚率的提高，低生育率、寿命的延长、人口流动等，都导致家庭户规模的不断缩小。进入 21 世纪以来，中国 1 人户和 2 人户的微型家庭数量迅速增加。2000～2010 年，1 人户数量翻倍，2 人户数量增加 68%。2000 年这两类家庭户占全部家庭户的 1/4，到 2010 年已接近 40%，共计 1.6 亿户。在未来一个时期，微型家庭数量将继续保持快速增长的势头，平均家庭规模将会进一步缩小。导致家庭微型化的原因主要包括初婚年龄的推迟导致青年单人户增加，人口迁移和流动导致 1 人户和 2 人户的增加，老年夫妇家庭的增加导致 2 人户的增加。近年来，由夫妇二人组成的核心家庭比重大幅提高，占全国家庭的比例提高了 2 倍。

2）家庭养老和医养结合的需求较为强烈

老年人养老最强烈的需求是健康医疗，特别是对社会化需求比较强烈。我国

90%以上的老年人是在家庭中养老。随着老年人口的快速增长和老年人寿命的延长，家庭的养老需求已经进入迅速增长阶段，老年人生活照料需求也迅速上升。我国共有家庭4.3亿户左右，65岁以上老人的家庭已超过8800万户，占全国家庭户的比重超过20%。根据全国城乡失能老年人状况研究显示，2013年全国失能老年人数达3750万，2015年失能老年人数超过4000万人。截至2014年年底，中国60岁以上老年人口已达2.12亿，占总人口的15.5%。"空巢"老人，也就是子女离家后的老年人，占到老年人总数的一半。据预测，21世纪中叶老年人口数量将达到峰值，超过4亿，届时每3人中有一个老年人。

其他内容还包括家庭收入差距明显，收入最多的20%的家庭和收入最少的20%的家庭相差19倍左右；流动家庭和留守家庭已经成为家庭的常规模式，当前的流动家庭接近于20%。

人口老龄化问题加剧将对住房市场产生重大的影响。人口老龄化是指人口生育率降低和人均寿命延长，导致的总人口中年轻人口数量减少、年长人口数量增加，老年人口比例相应增长的现象。当一个国家或地区60岁以上老年人口占人口总数的10%，或65岁以上老年人口占人口总数的7%，就意味着这个国家或地区的人口处于老龄化社会。目前，日本是全球人口老龄化最严重的国家，65岁以上人口比例达到了27%，排名世界第一，而意大利为23%、德国为21%，位居第二和第三名。近年来，我国人口老龄化增速达到世界第一，2019年年末，60岁及以上人口超过2.5亿人，占18.1%，其中，65岁及以上人口超过1.7亿人，占12.6%。预计2030年，中国65岁以上人口占比将超过日本，成为全球人口老龄化程度最高的国家，2050年，社会将进入深度老龄化阶段，60岁以上人口占比超30%。

随着60岁以上的老年人在总人口中所占比例增加，家族功能发生变化，老年人不像过去那样依托血缘关系养老，而是主要依靠养老金、医疗和家庭护理等社会保障体系来维持。因此，需要尊重老年居住者的自立性及其决定权，尽量发挥出他们的能力，保障他们能享有与普通人完全一样的安全而舒适的生活。老年人居住模式大致有三种：养老院、老年人住宅和住区。从经济发达国家的情况看，居住在养老院和老年人住宅内的老年人大约只占5%，绝大多数60岁以上老年人居住在住区内，即形成所谓的居家养老。适合老年人的住房应满足以下要求：

（1）住宅的功能要好。对于使用轮椅的老年人住宅来说，需要确保轮椅的通行宽度和转向空间；家具、器具、设备需要设置在便于操作的位置。

（2）确保安全。地面要采用防滑材料，排除高低差，根据需要设置扶手；在色彩、照明上要能够唤起注意力；在使用家具、器具、设备时，即使操作错误也能够保证安全；在地震、火灾等紧急情况时，能够保证安全和避难需要。

（3）保持卫生。一般来说，老年人在室内停留时间较长，因此需要特别考虑日照、通风、采光、换气等问题。

（4）对于老年人也要在确保私密性的同时，不使他们产生孤独感。

（5）在设计时，要考虑降低住宅的维修、管理费用。

（6）对于与儿女夫妇同居的住宅要重视家庭关系和空间的专用性。

1.2.3 银行利率与货币发行

由于住房投资巨大，住房的开发和购置高度依赖银行信贷的支持，利率、首付比、信贷等政策影响居民住房购买的支付能力，也影响开发商的资金回笼和预期，对房市供求波动影响较大。因此，利率、流动性投放、信贷、抵押贷首付比、税收等金融政策既是各个国家进行宏观经济调控的主要工具之一，也是对住房市场短期波动影响显著的政策。

由于利率、抵押贷首付比、税收等短期变量引发波动，改变居民的支付能力和预期，可以使居民购房支出提前或推迟，呈现出一定程度的短周期变化特征。如果政策为刺激住房，下调利率和抵押贷首付比，将提高居民支付能力；如果政策为抑制住房，可以采取提高利率和抵押贷首付比操作，降低居民支付能力并延迟住房消费。在金融政策刺激下，一轮完整的住房"短周期"为：政策下调利率和抵押贷首付比，居民支付能力提高，住房销量回升，商品房去库存，供不应求，开发商资金回笼后购置土地，加快开工投资，房价上涨，商品房作为抵押物的价值上涨会放大居民、开发商和银行的贷款行为；当房价出现泡沫化，政策上调利率和抵押贷首付比，居民支付能力下降，住房销量回落，商品房库存增加，供过于求，开发商资金紧张放缓购置土地和开工投资进度，房价回落，商品房作为抵押物的价值缩水会减少居民、开发商和银行的贷款行为。在这个过程中，情绪加速器、抵押物信贷加速器等会放大短周期波动。因此，住房金融政策保持基本稳定是住房市场保持基本平稳的重要条件。

除银行利率外，货币发行量对房价也有重要影响。美国经济学家欧文·费雪1911年出版《货币的购买力：其决定因素及其与信贷、利息和危机的关系》，提出被后人命名的费雪交易方程式：

$$MV = PQ$$

M——货币供应（Money Supply），表示一定时期流通中货币的平均数量；

V——货币周转速率（Velocity of Money），表示一定时期单位货币的平均周转次数，即货币流通速度；

P——价格（Price），表示商品和劳务价格的加权平均数；

Q——经济产量（Economic Quantity），表示商品和劳务的交易数量。

PQ 表示社会的名义收入。

该方程式表示货币数量乘以货币使用次数等于名义收入。费雪认为，M 是一个由模型之外的因素决定的外生变量；V 由于由社会制度和习惯等因素决定，长期内比较稳定，视为常数；在充分就业条件下，Q 的相对产出水平保持固定比例，大体也是稳定的，可视为常数；因此，只有 P 和 M 的关系最重要，这样交易方程式就转化为货币数量论：价格水平变动源于货币数量的变动，当 M 变动时，P 作同比例的变动。货币量的增加必然引起商品价格的上涨。$MV=PQ$，货币供应增速持续超过名义 GDP 增速（生产活动所需要的资金融通），将推升资产价格。

住房具有很强的保值增值金融属性，是吸纳超发货币最重要的资产池。2000～2016 年，我国平方米、GDP、城镇居民可支配收入的名义增速年均分别为 16.1%、13.3%、11%，平均每年平方米名义增速分别超过 GDP、城镇居民可支配收入名义增速 2.8、5.1 个百分点。平方米名义增速超过 GDP 名义增速较高的年份，如 2009、2012 和 2015 年等，往往导致房价大涨（任泽平等，2017：27）。

1.2.4 土地供给

土地是影响住房供给的主要因素，充足稳定的土地供应量是住房市场供求平衡和平稳运行的重要基础。在我国土地国有的前提下，政府对土地供应的控制会影响住房价格的变化，土地供给计划还可能通过预期传导直接影响住房市场。

从政府把"毛地"转变为"熟地"，到开发商拿地、规划设计方案审批、开工，再到预售或竣工待售形成住房供给，存在 2 年左右的时滞。如果土地供给短期内过多，极易造成住房供给过剩，房价降低；反之，如果土地供给短期内过少，则形成供应不足，造成房价过快上涨。

1985 年港英政府出台"每年供地规模不超过 $50hm^2$"的政策规定，1985～1994 年间香港房价快速上涨；进入千禧年后，我国香港特别行政区政府颁布政策，规定"2002 年取消拍卖土地，暂停'勾地'一年，直至 2004 年 5 月再作土地拍卖"，两年停止供地计划加剧未来住房供给的短缺，2004～2011 年间住房价格大幅上涨。2008～2009 年，新增住房用地只有 $0.019hm^2$，2010 年香港仅有约 19800 个住房单位建成，不到 2000 年的 1/4，这导致 2011 年和 2012 年香港房价快速上涨（任泽平等，2017：18）。

我国内地城市土地属于国家所有，农村土地属于集体所有。宪法规定土地所有权不允许买卖交易。改革开放后，我国逐渐实行国有土地有偿使用制度，即土地所有权与土地使用权相分离，土地使用权实行出让、转让，并率先在深圳、上海等地试点，随后在全国推广，最终形成土地财政制度。1987 年 12 月"我国土地第一拍"在深圳落槌，以公开拍卖的方式有偿转让国有土地使用权，这直接促成了《中华人民共和国宪法修正案（1988 年）》删除土地不得出租的规定，同时增加了"土地使用权可以依照法律的规定转让"。

1987年12月1日，这是在中国土地历史上重要的一桩交易。拍卖当天，可容纳千人的深圳会堂座无虚席。时任国家体改委主任亲临现场，国务院外资领导小组副组长、中国人民银行副行长以及来自全国17个城市的市长、60多名中外记者前来观摩，香港方面则派出了一个由21人组成的"深圳第一次土地拍卖参观团"。全国一共来了二十多家开发商，都是国有大企业和香港地产商。当天下午4点拍卖正式开始。地块的起拍价是200万元，叫价幅度起始是5万元。从205万、210万元到250万元只花了不到3min时间，250万元后现场有几分沉静，没过一分钟，就有人开始应价，拍卖官直接把叫价幅度调整为50万元，价格几分钟内就到达350万元。为了缓和这种激进的情形，起拍价调回5万元的幅度。最后被深圳市房地产公司以总价525万元竞得8588m²宅地。其后，深房公司在不到一年的时间里，在这块土地上建造了东晓花园，以每平方米1650元的均价出售超过150套房源，不到一小时即售罄，开发商净赚400万元。次年4月12日，七届全国人大第一次会议修改了《中华人民共和国宪法》有关条例，土地流转的禁锢终于放开。（摘自"桂强芳：还原中国土地第一拍"，http：//finance.sina.com.cn/other/lejunews/2018-11-22/doc-ihnyuqhi8198878.shtml）

之后逐渐形成土地出让制度，出让方式先以协议出让为主，2002年规定经营性土地出让必须采取"招拍挂"的方式。然而，这种土地出让方式看似公开透明，实际上却不断推高地价，产生"地王"，助推房价持续上涨，土地财政成为"地王"频出和高房价背后的制度性因素。由于不同人口规模城市土地供给比例的差异限制性，2015～2016年一线和部分二线城市建设用地规模被严格控制，三四线城市土地供给偏多（图1-12），导致一二线城市高房价，三四线城市高库存。

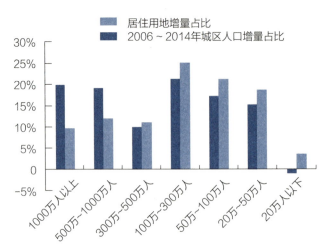

图1-12 2016年不同规模城市人口与土地增量占比
资料来源：Wind，转引自：任泽平，等. 房地产周期[M]. 2017：17

1.3 城市住房制度与住房政策

1.3.1 住房制度的概念与住房政策的目标

1. 住房制度和住房政策的基本概念

住房制度是指涉及住房供给和产权安排的法律法规和正式规则,政府在一定时期内为解决国民住房问题所制定的基本原则和方针,以及决定住房投资、供给、分配、消费以及金融财政等总的纲领和准则。**住房政策**是在既定的住房制度框架下,为实现住房目标,政府出面干预和解决住房问题的具体措施和办法(马光红等,2017:12)。然而,在实际情况中,住房政策与住房制度的区分并不一定那么明显,住房制度的内容可能被包含在某些关键的住房政策之中,并且在住房政策不断完善的过程中确立下来。从住房保障的角度来看,住房政策可视为改善住宅的数量、质量、价格及所有权和使用权而设计的措施。这些措施既可以是住房政策的一般原则和政策目标等,也可以是住宅市场各个领域中的具体政策,如住宅生产过程中的建房政策、住宅流通过程中的租金政策和房价政策、住房分配政策、住房金融改革等。住房政策从整体上看一般包括四个方面:目标、内容、结构和程序。所谓目标,就是住房政策意图实现的目的,包括住房政策究竟为谁服务以及如何服务;内容是与其他政策有明确区别的一套原则和行动,即住房政策由什么组成,范围如何界定以及与其他政策领域的相互影响;结构指行动者与机构之间所形成的一整套体系,共同决定住房政策的目标、内容及实施,焦点是住房政策制定和实施的机制,如国家与市场的关系、中央政府与地方政府及其他政策实施机构的关系;程序指住房政策制定、实施和成果评价的某种法定过程和方式。

从与住房市场的关系来看,住房政策是国家对住房市场的调节和干预,既包含更有效利用资源的市场平衡政策,还包括对住房资源的再分配政策,即国家以"社会公平"的名义对住房进行社会转移,以求全社会各个阶层都能合理地实现其住房权利。

哈斯曼和奎格利提出住房政策具有四个主要特征(Harman、Quigley,1991)。

首先,住房是占家庭收入很大比重的生活必需品,住房政策将影响所有居民,这意味着住房分配将是住房生产者和消费者以及政治家和政府官员共同关注的焦点。

其次,住房政策的改变是一个漫长的过程,尤其是针对使用期很长的各种住房补贴,长期占据政府预算的份额。

再次,住房政策与经济和社会政策密不可分。如宏观经济稳定、社会福利、公共健康、土地使用、经济发展和地区平衡政策等,这类政策的不当会对住房产出和住房政策产生不利影响。

最后,住房政策既难以设计又很难评价,一部分原因是住房政策的效果需经过较长时间之后才能看出，另一部分原因是不确定性因素长期存在（田东海，1998：6）。

由于住房产业在国民经济中的突出地位，事关国计民生和社会的长治久安，住房问题往往被放在十分重要的战略地位，通过制定和实施适应本国特点的住房制度和住房政策，引导住房产业发展，调整住房分配关系，使住房问题得到比较公平的解决。从政策制定的层级上讲，城市住房政策可以包括四个等级：国家级住房政策、省或者直辖市级住房政策、市级住房政策以及地方行政主管部门具体操作性的住房相关政策和规定。

目前，世界上大多数国家所采取的住房制度是市场化配置、货币化分配、社会化管理和公共住房保障相结合的住房制度，主要通过市场机制调节住房的生产、分配、交换和消费，决定住房资源的配置、分配与使用。住房投资建设由开发商自主进行；住房分配通过市场交换进行，居民根据其偏好和支付能力自由选择购房或租房居住；住房管理与政府和单位分离，由物业管理公司进行社会化、专业化管理；政府的作用主要体现在调控市场和对低收入者提供基本的住房社会保障等方面。

住房制度和住房政策的内容通常要受到政治和经济等多方面条件的制约，但是国家特定时期的住房问题是决定住房制度演变的主要因素。依据城市住房发展和居民总的需求变化，西方发达国家住房政策的演变大致经历了四个阶段。

（1）"一户一房"阶段

这个阶段处于工业化和城市化迅速发展的19世纪，以及第二次世界大战刚刚结束时期，住房的绝对数量不足，"一户一房"成为各国的住房政策目标。不少国家的政府规定了住房最低标准，尽可能多地提供适宜的住房。由于个人和企业能力有限，中央政府承担了解决住房困难的主要任务。例如，英国在19世纪中叶起，"过度拥挤"引起社会各界的广泛关注，保守党和工党在执政时期，颁布相应的法律法规，制定公共住房发展计划和建设计划，成立专门的管理机构管理和运营公共住房。直到20世纪70年代，随着住房短缺问题逐步得到解决，英国执政党才开始逐步减少对住房市场的干预和公共住房的供给。

（2）"一人一室"阶段

在住房严重不足现象大体缓解之后，提供更大面积的住房成为各国政府的住房政策目标，这一阶段的基本住房政策目标是"一人一室"。例如，美国居住在过分拥挤住房的家庭所占百分比从1950年的13.5%降到了1991年的2.9%；居住在"不合标准"住房中的城市家庭所占百分比1950年为21.9%，1991年降为7.3%。

（3）住房质量提升阶段

在满足基本需求后，各国把住房政策重点转移到如何提高现有住房的质量和舒适度上，各国政府对战后建造的大量低标准住房进行更新。

（4）住房总体水平提升阶段

这一阶段各国政府削减住房补贴，提高自住住房的比例，提高现有住房的总体水平。

住房保障制度是住房制度的一个子集，是基于住房消费公平的视角，为保障国民的居住权、生存权，对特定目标群体、低收入家庭和弱势群体所实行的住房补助和住房福利措施。如我国的廉租房制度、欧美国家所实行的公共住房制度、我国香港特别行政区实行的居者有其屋制度以及新加坡政府实行的组屋制度等。住房保障政策是为实现住房保障制度设定的目标所实行的具体措施和策略，如税收减免政策、公共住房土地供应政策、贷款优惠政策以及对低收入群体和家庭实行的货币化补贴政策等。

2. 住房政策的目标

从法律形式来说，住房政策包括住房法令、法案和住房计划。住房政策的基本目标是保障居住权，提高居住水平和居住质量，确保每一位公民能以自己承担得起的价格获得适足（Adequate）及合适（Appropriate）的住房。西方一些国家的法规规定了住房立法的宗旨。例如，美国在1949年《住房法》中规定立法的目的是"使每个美国家庭都有舒适的住房和适宜的居住环境"。英国保守党在1971年发布的白皮书中提出住房政策的目标为："价格适合每个家庭支付能力的适宜住房，自有和租赁的公平选择，以及公民承担和接受住房帮助的公平性。"住房计划是明确住房的建设数量和质量目标、贷款和利率限制，政府建造的公共住房计划、租金管理和对租户的租金补贴等。

住房政策目标分为供应目标和公平（分配）目标两类：供应目标是调节住房生产资源的分配，纠正市场缺陷，确保住房市场供给和需求在数量上和结构上平衡，维护住房市场运行秩序和购租住房者的利益；分配目标是运用再分配手段，确保社会住房产品的公平分配，尤其是保障低收入者和其他特殊阶层（如老年人、残疾人）的住房权利。政府的住房政策既需要关注住房的供应，又要确保各个社会阶层都能在合理的价格条件下得到满意的住房及居住环境。因此，一方面是为了政府要引导市场扩大供应量，满足居民的住房需求，逐步提高居住质量；另一方面又要注重住房的公平分配，通过对中低收入阶层的住房补助，缩小他们与高收入阶层在居住水平上的差距，达到基本的住房水准。

住房政策不仅保障廉价舒适住房的供应，还可以涉及与住房相关的其他方面。例如，19世纪末和20世纪初西方住房管制改革，规定住房建设中采光、通风、防火和卫生等方面的基本要求，一方面是为了防止传染性疾病的蔓延，减少反社会行为，另一方面也是为了改善居民的居住条件。1937年美国通过第一个公共住房法案时，国会希望为低收入者提供住房的同时，促进建筑行业的发展和就业人数的提升。

一个国家所处的经济发展阶段不同,所采取的住房政策目标也会有所差异。20世纪早期欧美国家处在快速城市化阶段,住房供给严重不足,卫生条件低下;第二次世界大战后,这些国家又面临严重的房荒和城市中心区贫民窟的问题,这段时期住房政策目标主要是缓解住房供应短缺,实现大规模城市更新。如今,欧美保障性住房政策扩大到更大范围,除了提供适当住房和提高普通家庭住房支付能力之外,还强调健康社区的发展、社会融合、提升低收入家庭的就业机会和经济自立能力等城市政策目标。

2001年澳大利亚新南威尔士州《住房法》的住房政策目标涵盖了与住房相关的十八项内容:

(1)最大限度地为新南威尔士州所有居民提供获得安全、适宜和可支付住房的机会;

(2)确保有住房需求的各阶层居民都能获得住房机会和住房援助;

(3)确保将公共住房发展为一种可行的和多样化的住房选择形式;

(4)确保公共住房和社区住房反映了普通居民的住房标准,并满足消费者持续的需要;

(5)最大限度地让公共住房和社区住房项目的租户有机会参与住房管理,参与公共和社区住房政策的制定;

(6)确保公共住房制度以住房需求最为迫切的居民为中心,确保他们能公平地分享可获得的公共住房;

(7)促进住在公共住房、社区住房或私人租赁住房的居民与拥有或正在购买住房的居民的住房援助水平(Assisstance)的公平;

(8)维持高效率的住房管理,确保所有住房服务有效供给;

(9)鼓励在已有和新的社区内进行社会混合和融合不同的住房形式;

(10)确保将"已经注册的社区住房"发展为新南威尔士州社会住房部门的一个可行和多样化的组成部分;

(11)支持向极低收入、低收入或中等收入的居民提供"已经注册的社区住房";

(12)向中低收入购房者提供援助;

(13)管理现有和未来的住房购买援助计划(包括住房基金计划下的贷款组合);

(14)为其他租赁和购房援助计划提供资金;

(15)鼓励制订灵活和创新的金融税收组合,支持中低收入人士拥有住房;

(16)确保设立适当的机制和论坛,让具有代表性的社区组织和非政府机构在参与住房政策制定中能够对住房政策作出实质性贡献;

(17)吸引外部投资兴建公共住房,提供居所和综合服务;

(18)向政府和非政府机构提供境内外的经营、技术和信息技术服务。

凯茨（Katz，2003）等人在评估1930年以来全美各州政府和地方政府住房项目的基础上，提出七个住房政策目标（转引自：施瓦兹，2012：6）：

（1）稳定并扩大优质住房的供给；

（2）让更多的人买得起住房；

（3）促进社区居民在种族和经济阶层上的多元；

（4）帮助家庭积累财富；

（5）增强家庭凝聚力；

（6）为居民提供基本的邻里服务；

（7）促进都市区的协调发展。

前两项涉及高质量、可支付性的保障住房，中间三项与家庭和社区经济相关，最后两项是关于社区基本服务和都市增长。

Green和Malpezzi总结了美国住房政策，认为包含九大目标：

（1）保证一定水平的住房质量；

（2）通过刺激新建活动和改造活动来增加住房的供给；

（3）稳定住房租金和资产价格；

（4）减少住房拥挤现象；

（5）鼓励住房自有；

（6）减少种族居住隔离和社会群体居住隔离；

（7）帮助和鼓励社区发展；

（8）鼓励居民储蓄和投资；

（9）稳定建设和市场周期。

前四项涉及保障住房、供给、租金、拥挤，中间三项涉及住房自有、居住隔离和社区发展，后两项是关于投资动机和市场周期的，由此可见住房政策目标内涵的多元性。

2006年英国政府颁布《规划政策声明3：住房目标》，提出住房政策的目标是保证每个人都有机会在其希望居住的社区内获得一套体面的住房，即"全民安居"的理念。同时，基于应对全球气候变化和发展"低碳经济"的构想，住房政策还与环境可持续、减少温室气体排放等目标相结合，具体如下：

（1）提供包括保障性住房和市场住房在内的多选择性高质量住房，满足社区的要求；

（2）扩大住房自有的机会，确保那些不能够支付市场价格住房的家庭，尤其是脆弱和有需求的家庭，能够享有高质量的住房；

（3）运用包括增加住房供给在内的各项措施，改善住房市场的可支付性；

（4）在包括城市和农村的所有地区，营造可持续的、包容性和混合型的社区（转引自：陈寒冰，2018：22）。

2008年英国政府颁布《住房与更新法》（*Housing and Regeneration Act*），将住房与社区更新关联起来，成立"家庭与社区部"（Homes and Communities Agency, HCA），主要负责管理社会住房、可持续性证书、房东与租客事务、建筑法规及流动住房以及与住房相关的其他事宜。HCA的工作目标为：

（1）改善住房的供应和质量；

（2）确保土地或基础设施得到开发或再开发；

（3）支持社区再生或发展，实现持续的福祉；

（4）促进可持续发展和高品质的设计（Good Design），满足居民的需求。

我国香港特别行政区政府的住房制度目标为：维持公平、稳定的社会环境，让私营物业市场持续健康地发展，同时为尚没有足够能力租住私营住房的社会群体，提供公共住房。在为中低收入家庭提供公屋的同时，政府强调减少对住房市场的干预，让住房市场持续、稳定、健康地发展。

政府的住房政策工具可以采用多种形式，既可以通过直接补贴或税收激励提供资助，也可以运用调控手段影响抵押贷款的供给以及某地区建设的住房类型、数量和成本。直接资助可通过专门的项目来实现，例如公共住房，或者一次性划拨给补助款，给予其更多的自主权；也可以给家庭提供租房券，帮助其在私人市场上租房。有些资助项目偏向特定的经济阶层和有特殊需求的家庭或个人（如老年人、无家可归者或残疾人等）；有些资助项目则着重于维护现有达到基本舒适标准的廉价住房，或新建更多的舒适型廉价住房。

由于存在市场失灵，政府还必须对住房市场进行宏观调控，实现稳定房价、维持供求平衡和房地产业与国民经济的协调发展等目标。

（1）稳定房价

保持住房价格的基本稳定是房地产市场宏观调控的目标之一。如果住房价格上涨过快，容易诱导公众形成不合理的价格预期，助长投机，促成房地产泡沫形成。住房价格上涨过快会产生挤出效应，压缩居民的其他正常支出，抑制消费需求。房价快速上涨还会导致房地产的虚假繁荣，妨碍资产的有效配置，出现社会福利受损。与此同时，房价大幅下跌会产生较大的负面影响。房地产是资金密集型产业，并具有融资杠杆的功能，房地产业与金融部门存在共生的关系，房地产开发贷款和购房抵押贷款占资金部门资产的比例较大，如果房价大幅下跌，就意味着金融部门的资产缩水，银行贷款质量恶化，银行面临巨大的坏账风险。房价大幅下跌使人们所持有的房地产市值大幅缩水，部分居民甚至成为"负资产者"，从而产生负财富效应，消费水平降低。资产价格下跌还会影响企业的资产负债表，降低企业融资借款能力，从而降低投资水平。

（2）供求平衡

由于住房的耐用消费品性质以及供给时滞，住房市场供求失衡容易使住房价格出现波动和震荡，对房地产业的发展和经济增长带来负面影响，因而实现住房供求平衡也是住房市场宏观调控的主要目标。住房供求平衡，包括短期平衡和长期平衡，由于住房建设周期较长，住房供给在短期内变化不大，所以在短期内政府对住房市场实行宏观调控，以需求调控为主，重点抑制投机需求。从长期来看，住房发展的根本目的是不断提高居民的住房消费水平，政府对住房市场实行宏观调控，应从供给入手，改善住房供应结构，不断满足市场需求，保障中低收入居民的住房需求。

（3）房地产业与国民经济的协调发展

当一个国家或地区经济增长达到一定水平后，人们对房地产的需求不断增长，由此带动房地产业的发展和繁荣，房地产业逐步成为国民经济的支柱产业，由于房地产业的产业链长，涉及面广，能直接或间接带动六十多个上下游产业的发展，一旦房地产业出现过热，房地产业通过其"后向关联效应"，拉动上游部门或行业过度增长，通过其"前向关联效应"，推动其下游部门或行业过度增长，而其他与房地产业关联度较低或者不相关联的产业的增长则受到阻碍，从而使经济结构扭曲。另一方面，如果房地产泡沫破灭或者其他原因导致房地产投资规模下降，那么这些相关产业将出现大量的产能闲置和资源浪费，阻碍经济增长。因此，政府应通过对房地产市场的宏观调控，使房地产业增长与经济增长相适应，与居民收入水平提高相适应，实现房地产业与国民经济的协调发展（高波等，2007：366-367）。

3. 住房政策的特性

依据住房政策的基本目标，住房政策应该具有效率性、公平性和社会政治性。

（1）住房政策的效率性

居住也是一种消费行为，同任何一种经济活动一样，必须关注效率。政府对住房市场所采取的政策需要提高稀缺资源的利用效率，通过对城市住房市场中的所有权形式、使用权保护、住房金融和住房价格等方面进行规范，提升住房资源的使用与配置效率，保证住房政策目标的实现。

由于住房价值高、使用周期长、投资建造费用不菲，又是居民的生活必需品，因此，一方面要依靠市场机制调节，提高资源配置效率，另一方面需要规范住房市场的运行秩序。同时，住房建设是城市建设的重要组成部分，住房的设计、建造、布局、外观，同整个城市规划、土地规划、市政设施、交通设施和人居环境的宜居性都有密切的联系，直接关系到城市建设的经济效益、社会效益和环境效益的统一。

（2）住房政策的公平性

在市场经济体制下，住房分配是由市场交换实现的，与居民收入分配密切相关。高收入者能够购买宽敞、舒适的住房，而一些低收入者只能租赁居住面积小、条件差、环境恶劣的危棚简屋,甚至还有小部分"无家可归者"。为了实现"适足住房权",以及出于对社会稳定和社会福利的考虑,政府必须重视低收入者的住房问题,相关的住房政策包括"廉租房""公共住房""低收入者住房""无家可归者"住房政策等。

(3)住房政策的社会政治性

住房问题不仅是个经济生活问题,而且也是重要的社会问题和政治问题。由于住房是人们的栖息场所,是生存资料、享受资料和发展资料,安居才能乐业。因此,住房问题关系到社会安定和政治稳定。同时,住房问题涉及人的社会权利,"居者有其屋""改善居住条件,提高居住质量"被历届联合国人居会议列为中心议题(田东海,1998:6-8)。

1.3.2 三种基本的住房制度

现代意义上的住房政策始于19世纪末20世纪初,与工业化和城市化密切相关,也与各国政治和社会制度的发展和变革相联系。从欧美资本主义国家的发展来看,随着农业人口(包括国外移民)和资本向城市集聚,城市人口迅速增加,普遍产生了以住房为突出矛盾的城市社会问题,由此催生了相应的住房政策(田东海,1998)。从社会、经济政策演进的普遍性来看,欧美各国的资本主义发展普遍经历了三个主要阶段:自由资本主义阶段,19世纪末达到顶峰,第一次世界大战及其后1929~1933年的经济萧条使其寿终正寝;福利资本主义阶段,第二次世界大战前兴起,并在战后成为主导,力图解决战后欧美各国普遍性住房短缺的问题,从"二战"至1960年代,无论是左翼政府还是右翼政府,都把公共住房当作解决住房需求的主要形式,大规模地建设公共住房,同时减免住房税,鼓励住房自有化;"后工业社会"阶段,自1970年代中期起发展至今,1973年石油危机导致各国政府削减公共支出,左翼和右翼政府之间的联盟解体,以英国撒切尔政府为代表的政府,强调住房政策以市场化供应为主,削减国家住房投资和住房建设量。除瑞典和荷兰等少数国家外,多数国家通过公共住房私有化、住房补贴由住房供应转向住房需求、对自有住房提供额外财政补贴等政策,减少公共住房数量,放松和取消房租管制,减少对低收入阶层的住房补贴(Balchin,1996)。从大多数欧洲工业化发达国家的情况来看,当住房短缺是主要的住房问题时,适宜的住房政策是政府在金融和住房供应上大规模国家干预,政府直接投资或补贴建设公共住房。随着全国性住房短缺缓解以至消失,大规模国家干预政策不再适宜,代之而起的是发挥市场机制的弹性和选择性,鼓励市场机制,政府只解决地区性和特殊阶层的住房需求(Kleinman,1996)。

由于各国市场经济模式不同,历史、文化的特点各异,各国住房制度模式也存在一定的差异。总体上,绝大部分国家是市场机制与政府干预调控、保障性住房政策相结合,但是依据各国的侧重点差异,借鉴安德森(Esping-Andersen,1990)的国家社会政策分析所提出的三种福利国家基本模型，住房制度大体上可以划分为三类：以市场机制为主的住房制度，包括美国、英国、加拿大、澳大利亚、新西兰、爱尔兰等国；社会民主福利国家住房制度，以瑞典为原型，包括斯堪的纳维亚的其他国家，通过建立全民性的福利系统，向全社会提供尽可能多的福利；以及介于两者之间的混合型住房制度，包括德国、意大利、奥地利、法国、韩国等国。下面举例对三类住房制度进行分述。

1. 美国住房制度

美国的住房制度主要采取市场机制配置住房资源，政府干预为辅。住房作为私人财产，主要由居民自主解决。同时，建立住房社会保障制度，政府干预包括住房信贷援助、住房信贷保险、购房减免课税、住房租金补贴和老人住房特殊政策等。早期国家投入一部分资金建造公共住房，向低收入阶层廉价出租和出售，公共住房所占比例很低，后期主要采取对低收入阶层进行房租补贴。

2. 瑞典住房制度

与福利国家政体相适应，其特征是公共住房占较大比例，政府的住房补贴面较宽，住房福利被视为公共福利的主要组成部分，但近年来也在不断调整之中。

瑞典住房制度特点如下。

1）住房建设机制：政府和合作社投资占重要地位

瑞典住房的建设者有政府、合作社和个人。一般来说，公寓等多户住房主要由政府住房公司建造，占总量的3/4，合作社建造的多户住房占总量的1/4；独户住宅的绝大多数由私人或私营建造公司建造。瑞典鼓励私人建房，在金融、财政方面给予大力扶持，包括长期贷款和利息补贴等，这样既减轻政府负担，又可充分调动私人资本对住房投资的积极性。

2）住房产权：4∶2∶4多元化状态

瑞典的住房所有权可分为三种：完全个人所有权、合作社所有权和租赁权。在瑞典全国住房总量中，属于完全个人所有的占42%，且大部分是独门独户的别墅式房屋。合作社所有的房屋大部分也是别墅式的，在瑞典全国住房总量中大约占15%。租赁房在瑞典住房中比例最大，占43%，大多数租赁房产权归属国营住房公司，这些公司一般隶属于地方政府。居民的租房权受法律保护，在没有特殊原因的情况下，房主不能撕毁租房契约，否则由法院进行裁决。

3）住房补贴：面向全社会

瑞典十分重视推行住房补贴政策，坚持普遍受益的原则，尽可能缩小国民在住房方面的差距。住房补贴分为两种：一种是面向全社会的，凡建房、买房、更新改造旧房，都可以享受政府的贴息贷款，一般占房价的20%～30%；房屋造价的70%还可申请抵押贷款，归还这部分贷款不计所得税。此外，还有专门针对低收入家庭以及多子女家庭、残疾人和退休老人的住房补贴。

3. 韩国住房制度

韩国住房制度的政策目标可概括为：扩大庶民住房的供给，扩大低廉的公共住房开发用地供给；改善住房金融制度；通过抑制住房投机的政策，稳定住房价格。为实现这一目标，韩国采取的住房政策主要有以下几项。

1）多元化的住房投资政策

韩国住房投资可分为两大类：公共部门投资与私营部门投资，公共部门投资远小于私营部门投资。

2）提供足够的建房用地

3）扩大小型住房开发建设的融资

4）不同收入阶层对应不同的住房供给政策

对最低收入阶层，政府负责以合理租金提供公共住房；对一般低收入阶层，政府提供各种补贴，刺激开发小套型的公寓；对中高收入家庭，靠自己的力量解决住房问题。

5）限制住房投机

韩国政府依靠制定法规，完善有关住房的税收体制，限制住房方面的投机活动。如对拥有多处住房者和超过一定规模以上者，由国税厅进行特别管理，强化让渡所得税的征收，以此控制房价过高上涨。

1.4 我国城市住房制度

1.4.1 我国住房制度的演进

从历史的角度来看，制度不是一成不变的，而是一个产生、发展和蜕变的过程，要达到制度的最优状态，就要进行制度变迁。制度变迁往往涉及两层含义：一是制度创新，探讨新制度如何适应新的需求；二是如何从旧制度过渡到新制度，也就是新旧制度的接轨问题。1949年后，我国住房制度的演变大体可以划分为三种制度、四个发展阶段，即：低租金的福利性住房制度、福利性住房与商品化住房双轨制度、商品住房为主导阶段以及商品房与保障房相结合的制度。

1. 低租金的福利性住房制度

从中华人民共和国成立至1978年改革开放，我国实行低租金的福利性住房制度。住房被视为福利品，不允许自由买卖，不存在商品住房交易市场。居民仅拥有房屋的使用权，所有权属于政府或单位。

这一时期我国中央政府、地方政府和企业投入了一定的资金进行房屋建设，但是在建国初期，国家贫穷落后，百废待兴。为了建设社会主义计划经济，加快重工业的发展，国家每年对住房的投资非常有限。通过不同政策的社会主义公有制改革，1960 年代中期，70% 以上的城市住房归国家所有，政府推行"低工资、低消费"。在生产上，住房建设由国家和单位"统包"下来，房屋的维修也由国家负责；在分配上，住房作为福利品分配给职工及其家庭使用，租金低廉，甚至不足以维持房屋的维修和维护。

这种制度在一定程度上反映了社会主义"人民当家作主"的优越性，但也导致住房建设投资资金无法回笼，住房投资严重不足，住房建设滞后，住房供给和住房需求之间存在巨大的缺口，居民生活条件长期得不到改善。1949 年，我国城市居民的人均居住面积约 $4.5m^2$，到 1978 年，城市居民的人均居住面积下降至不足 $3.8m^2$，城市住房严重短缺（图 1-13）。

2. 福利性住房和商品化住房双轨制度

1980 年代初，我国启动包括住房制度在内的经济制度改革，发展社会主义市场经济，推动住房的商品化和市场化，实行提高租金，公房出售和商品住房供给，土地使用从政府无偿划拨逐步改为有偿使用，土地使用权与所有权相分离的制度；住房商品属性被界定，住房具有商品性和福利性双重属性；住房投资主体多样化，通过金融机构的信贷，提高城镇居民的货币支付能力，逐步实现市场配置住房资源。这一阶段属于福利住房向商品住房的过渡时期，住房实物分配与市场化商品房供给共存。

1）住房商品化改革

最初的住房政策改革结合我国的财政制度改革，将住房投资的决策权逐渐下放到地方政府、国营单位和集体企业中。在此期间，大批的新建住房开始出现，旧房改造的项目也开始实施，长期缺乏投资造成的住房短缺现象得以缓解。

1980 年 6 月国务院通过《全国基本建设工作会议汇报提纲》，正式启动我国住房商品化改革。借鉴英国的公房出售制度，20 世纪 80 年代中期，我国政府在全国范围内实行住房出售制度，将原来政府、单位分配给职工的住房通过工龄补贴、折价的措施，出售给原有的租住家庭，大量的城市居民通过购买原来分配的住房拥有了房屋的产权。随着居民收入提高，房地产业不断推进，住房投资规模不断扩大，住房投资主体呈现多样化，我国政府允许城镇居民购买商品住房，并且通过金融机

图 1-13　上海市虹口区益丰里外观，平均每户建筑面积约 $25m^2$

资料来源：作者团队 Elis Belle 拍摄，2017 年

构的信贷支持，提高城镇居民的货币支付能力，由市场配置住房资源。

房改初期，由于居民收入有限，使得购房群体主要集中在华侨等少数高收入群体中。为了配合城市住房改革的顺利进行，国务院于1986年成立了住房改革领导小组。1988年颁布《关于在全国城镇分期分批推行住房制度改革的实施方案》，这是我国第一个关于房改的法规性文件。依据文件精神，在全国范围内实行"提高租金，逐步达到成本租金"的举措，标志着住房制度改革的全面推开。这一政策作为向住房商品化的过渡性目标，推进公房"以租养房"，通过提租达到租售结合和以租促售的目的。提租改革有助于甩掉长期背负在国家和企业身上的住房建设、维修和更新的负担，强化住房消费理念。1988年在试点城市基础上，第十四届全国人民代表大会上通过新的土地法，正式承认私人拥有土地使用权并且可以通过市场转让。

为了保障提租的顺利进行和不降低居民的实际可支配收入，政府采取将原建房资金、维修资金转化为住房补贴并转入工资的做法，将"暗补"转为"明贴"，随着部分试点城市提租改革的正式启动，补贴也随着转入工资而纳入了企业的成本和财政预算。然而，由于提高租金标准变为增加工资的压力，企业的负担越发加重；从改革的对象来看，改革倾向于住房存量的改革，覆盖面小，对于那些无房的家庭来说有欠公平；改革遇到既得利益者的抵制而难以深化。

与提租相比，旧公房出售无疑是现有存量住房分配由实物转向货币化的更为直接的途径。出售旧公房有利于提高住房自有化率、树立起居民的住房消费观念、盘活住房存量及确立和完善住房产权制度。1988年我国出现了出售旧公房的浪潮，这次旧公房出售发生在通货膨胀给提租补贴带来困难的背景之下，带有强烈的低价出售色彩，但是低价出售公房未能解决住房制度改革的一些根本性问题。

2）推广经济适用房

1991年6月国务院发布《关于继续积极稳妥地进行城镇住房制度改革的通知》，提出房改的目的在于"缓解居民住房困难，不断改善住房条件，正确引导消费，逐步实现住房商品化，发展房地产业"。

1992年邓小平视察深圳后，认为开发区的经验值得向全国推广，吹响了我国开发区热、房地产开发热的号角，海南等地区甚至出现严重泡沫。1993年政府宏观调控，收紧银根，1993年下半年开始住房热迅速降温。政府在总结过去改革的教训之后，从方式、目标和步骤等方面重新明确住房制度改革的核心内容。1994年国务院实施中央和地方分税制改革，地方税收大为减少，土地出让逐渐成为地方政府财政收入的重要增长来源。同年7月，国务院发布《关于深化城镇住房制度改革的决定》（国发〔1994〕43号），明确住房制度改革的目标：建立与市场经济体制相适应的新的城镇住房制度，住房供应体系以经济适用房为主导，要求"重点发展经济适用房，加快解决城镇住房困难居民的住房问题"。经济适用房是一种由"政府提供政策优惠，限定建设标准、购买对象和销售价格,具有保障性质的政策性商品房"。经济适用房只售不租的原则,在一定程度上实现了住房投资的资金回笼,促进住房建设良性循环,但是却使得房价、地价飙升。公房出售再次成为房改的重点,为了弥补资金不足,借鉴了新加坡住房政策经验,财政部等机构在1994年11月发布了《建立住房公积金制度的暂行规定》,之后公积金制度在全国得以全面推广。住房公积金制度的实行,对住房改革和住房市场的发展起到了促进作用。在房租方面,该决定提出"新房新租",即新建公有住房和空置的旧房租金标准可以高于同期住房的租金标准。1996年全国第四次房改会议上明确经济适用房以中低收入家庭为供给对象,为低收入家庭的住房提供制度性的安排。

住房公积金制度的推行旨在建立起全国统一的住房建设和消费基金,将改革的重点从现有存量住房转移到存量和增量住房并举上。住房公积金制度最显著的作用是转变由国家或集体一手包揽住房生产、建设的局面,在全面推行住房公积金制度的同时,多数地区和城市实施了侧重点各异的改革措施,主要表现如下:

(1)加大公有住房租金调整的幅度,要求做到租售并举;

(2)启动城镇住房市场,加快公房出售步伐,允许已购公房提前上市流通(转租或转售),打破户籍限制给予购房入户等优惠条件,转化空置商品房为安居房源等措施,对出售流通问题采取一些制约措施;

(3)以商业性金融来弥补住房政策性金融的不足,提供多种个人消费信贷工具;

(4)调整有关税费,进一步扩大降价空间,以刺激有效需求。

通过现有公房改革的稳步推进,城镇住房的商品化程度明显得到提高,打破了单一的公有制住房产权形式,以居民自有产权为主、多种产权形式并存的城镇住房制度已经形成,初步构建起住房新体制的基本框架。到1997年,我国城市居民的人均居住面积提升为$13.8m^2$。

3. 商品住房为主导阶段

1997年亚洲金融危机爆发,我国经济陷入严重的内需不足困境。为应对危机,我国政府采取一系列的措施来刺激内需,维持经济发展速度。1998年7月国务院发布《关于进一步深化城镇住房制度改革,加快住房建设的通知》,明确提出停止住房实物分配,逐步实现货币化住房分配,同时建立和完善以经济适用住房(即经济适用房、经适房)为主的多层次住房供应体系,发展住房金融,培养和规范住房交易市场。这一政策的确立标志着住房福利分配制度的终结,我国住房供应体系开始形成以市场化为主导的住房制度,住房政策改革进入一个全新的阶段。

1998年之后,住房市场快速恢复。从房地产开发商层面来看,面对迅速增长的住房需求,开发商选择投资利润高的中高收入阶层商品住房;从地方政府层面来看,为追求经济发展、土地财政和城市开发产生的巨大收益,地方政府主观上无意将更多稀缺的土地资源用于经济适用房的建设。加之经济适用房的建设、销售和管理上存在着种种问题，一些地方经济适用房发展滞后。这种现象促使中央政府作出政策调整，2003年6月国家发展改革委将经济适用房的供给对象由"中低收入家庭"变为"中等偏下收入家庭"。

2003年以后，我国房地产业进入迅速发展阶段。2003年8月国务院颁布《关于促进房地产市场持续健康发展的通知》，明确提出房地产业已经成为国民经济的支柱产业，这使得各级政府越发重视房地产业的发展。由此，房价上涨过快，住房供应结构不合理逐渐成为突出的问题，中央开始对房地产业进行宏观调控。2004年中央采取了"管严土地，看紧信贷"的政策，抑制住房开发。然而，这一时期的宏观调控缺乏对非理性需求的控制，加之住房投资/投机需求高，供求之间的矛盾越加严重，供求关系的失衡，使得房地产开发商不愿开发小户型住房，加上这一时期的投机炒作问题，房价开始大幅度上涨。2004年4月建设部颁发《经济适用住房管理办法》（建住房〔2004〕77号），将经济适用房明确界定为"是政府提供政策优惠，限定建设标准、供应对象和销售价格，具有保障性质的政策性商品住房"。2005年3月国务院办公厅下发《关于切实稳定住房价格的通知》（国八条），从减少住房需求和增加住房供给两个方面对住房市场进行调整，使得这一问题有所改善，但是2006年年初房价出现反弹。同年5月国务院常务会议出台促进房地产业健康发展的六条措施（国六条），加大了对闲置土地的管理力度，严格控制住房开发的信贷条件。国六条政策出台以后，各地方政府相继对住房市场进行调控，在改善住房供给与需求关系和抑制炒房方面起到了一定的作用。到2006年，我国城市居民的人均居住面积提升为23.8m^2。依据2002~2005年发布的《城镇房屋概况统计公报》，2002年城镇私有住宅建筑面积为56.83亿m^2，私有率72.82%；2003年城镇私有住宅面积就提升为71.44亿m^2，私有率升至80.17%；2005年城镇私有住宅面积提升为87.9亿m^2，私有率升至81.62%。与此同时，据人口普查数据的家庭住房来源计算，2000年城镇住房自有率为74.09%，2005年升至77.88%。

4. 商品房与保障房相结合的制度

由于城市商品房房价过高，保障性住房供给不足问题越来越突出。2007年8月国务院常务会议通过《国务院关于解决城市低收入家庭住房困难的若干意见》，指出住房问题是重要的民生问题，明确提出住房保障的重点是廉租住房（即廉租房），规范经济适用住房，指出经济适用住房属于政策性住房，购房人拥有有限产权，供应对象为城市"低收入住房困难家庭"。这一决议标志着政府住房调控思路的转变，由"调控市场"转变为"调控保障"。该建议要求政府完成保障性住房，对住房市场进行监督，并且清楚地划分市场和政府在住房供给上的边界。有限产权认购和60m^{2}限制建筑面积，在一定程度上抑制了高收入阶层购买经济适用房（赵民等，2009）。

2008年国际金融危机爆发，住房市场受到短暂冲击。其后，住房产业再次成为拉动经济增长的引擎，2009年降低首付比、利率等政策，刺激住房市场快速恢复并趋热，之后住房政策进行了一系列调控。考虑到我国住房市场的发展水平、不同子市场的住房供给情况和房价收入比等因素，2010年"新国十条"开始推行公共租赁住房（即公共租赁房、公租房），2011年3月中央政府"十二五"（2011～2015年）规划纲要提出重点发展公共租赁房，逐步使其成为保障性住房的主体，加快构建以政府为主提供基本保障、以市场为主满足多层次需求的住房供应体系，对城镇低收入住房困难家庭，实行廉租住房制度；对中等偏下收入住房困难家庭，实行公共租赁住房保障；对中高收入家庭，实行租赁与购买商品住房相结合的制度。到2016年，《国务院办公厅关于加快培育和发展住房租赁市场的若干意见》（国办发〔2016〕39号）明确在住房制度上，建立购租并举为主要方向，健全以市场配置为主、政府提供基本保障的住房租赁体系，推动实现城镇居民住有所居的目的。2017年10月十九大报告延续了这一思路，系统性提出"坚持房子是用来住的、不是用来炒的定位"，要求"加快建立多主体供给、多渠道保障、租购并举的住房制度，让全体人民住有所居"，并且提出在产权方面大力发展共有产权住房，成为"高端有市场、中端有支持、低端有保障"的重要组成。这样城市住房政策的基本价值取向转变为平衡产业政策和社会政策。

1.4.2 我国城市住房发展的现阶段特征

自1978年以来，在一系列政策的综合作用下，以住房为主的房地产市场快速发展，城镇多数家庭住房条件明显改善。在城镇住房改革和发展实践中，逐步探索建立了面向城镇中低收入住房困难家庭的住房保障制度，一大批城镇中低收入家庭和棚户区居民的住房困难问题逐步得到解决。在住房政策上，按照商品化、社会化的思路，逐步调整了城镇住房供应体系，从1998年的以经济适用住房为主，到2003年后的以普通商品住房为主，再到2007年以来的，以商品住房为主、与保障性住房相结合。与上述变化相适应，住房供应的主体从国家和单位，转变为以房地产开发企业为主；住房建设资金从主要依靠国家，转变为主要按市场方式筹集；住房消费从租住公有住房，转变为主要通过市场购买或者租赁住房。经过40年的发展，我国城市住房现阶段具有如下特征。

1. 自有住房率高

改革开放初期，绝大多数城镇居民租住单位或房屋管理部门的房屋，只有少数居民拥有自己的住房。1984年，城镇居民居住公房的比重为88.2%，而自有住房的比重仅有9.4%（国家统计局，2018）。人口多、住房面积小、三代同居一室是当时住房较为普遍的现象。改革开放以来，居住水平有了显著提高。随着棚户区改造和贫困地区危旧房改造项目的推进，许多居民家庭告别低矮、破旧、设施简陋的住房，迁入宽敞明亮、设施齐全的楼房，居住条件明显改善。到 2010 年城市居民自有住房率达到 78.9%，成为世界上住房自有化率非常高的国家之一，我国已经成为"住房自有社会"。从城镇住房供应量来看，1978 年之前年均竣工面积仅有 0.18 亿 m^2，2018 年则达到 9.3 亿 m^2，竣工商品住房套数 618 万套，竣工面积是 1978 年之前的 40 多倍。城镇住房商品化率从 1991 年的 20% 上升到 2019 年的 75%。1978～2018 年我国城镇住房存量从不到 14 亿 m^2 增至 276 亿 m^2，40 年间增长了近 40 倍，城镇从人均住房居住面积不足 $3.8m^2$ 增至人均住房建筑面积 $39m^2$，40 年间增长了约 10 倍（图 1-14、图 1-15）。从全国人口普查和小普查资料的房龄结构数据看，到 2018 年，有约 97%

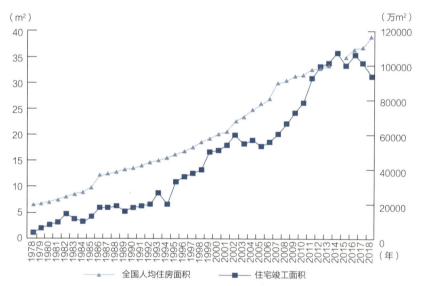

图 1-14　1978～2018 年我国城镇住房建设竣工面积与人均住房面积变化

资料来源：《中国统计年鉴》，2019 年

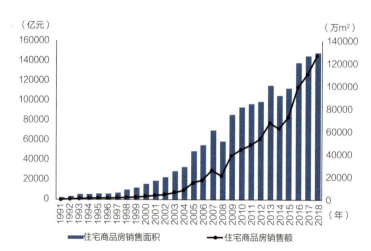

图 1-15　1991～2018 年我国住宅商品房销售面积与销售额变化趋势

资料来源：《中国房地产统计年鉴》，2019 年

的城镇住房为 1978 年以来建造，约 87% 为 1990 年以来建造，约 60% 为 2000 年以来建造。其中，1980～1997 年城镇人均住房建筑面积每年平均增加 $0.5m^2$，1998 年以来每年平均增加近 $1m^2$。

随着房改的深入，城镇居民逐渐接受从市场上购买的住房消费行为。1986 年全国商品住房销售只有 1835 万 m^2，其中个人购买只占 14%；1998 年商品住房销售面积 1.08 亿 m^2，其中个人购买比重为 72%；2003 年后商品住房销售中基本都是个人购买，年均销售商品住房面积达到 6 亿 m^2 以上。1995 年我国社科院抽样调查显示，城镇住房产权结构仍以公房为主，占到 57%（其中单位公房占到 46%，其他公房占到 11%），私房比率为 43%。根据《2005 年城镇房屋概况统计公报》，2005 年年底全国城镇房屋建筑面积 164.51 亿 m^2，其中住宅建筑面积 107.69 亿 m^2；全国城镇人均住宅建筑面积 $26.11m^2$；全国城镇户均住宅建筑面积 $83.2m^2$，户均成套住宅套数 0.85 套；全国城镇私有住宅建筑面积 87.9 亿 m^2，住宅私有率为 81.62%；全国城镇成套住宅建筑面积 86.84 亿 m^2，住宅成套率为 80.64%。

据西南财经大学中国家庭金融调查与研究中心的《中国家庭金融调查报告》（2015）数据表明：2015 年城市家庭自有住房率为 85.39%，城市户均拥有住房 1.22 套，11.88% 的城市家庭未拥有住房，69.05% 拥有一套住房，15.44% 拥有两套住房，3.63% 拥有三套及以上住房；城市人均建筑面积 $38.89m^2$，建筑面积小于 $90m^2$ 的中小户型商品房占比为 44.89%。13.49% 的城市户籍家庭为购买住房向银行贷款，其中：户主年龄在 30～40 岁之间的家庭贷款总额平均为家庭年收入的 11 倍，这个比例是所有年龄阶层中最高的，家庭负担最重，户主年龄在 40～50 岁之间的家庭贷款总额平均为家庭年收入的 5.88 倍。之所以出现这种差距可能是 40～50 岁的户主收入更高，同时买房更早，房价更为便宜。收入处于 25% 以下的家庭贷款总额平均为家庭年收入的 32 倍，收入处于 25%～50% 的家庭贷款总额平均为家庭年收入的 11.53 倍，这反映出低收入阶层所面临的住房可支付性更为严重，住房贷款是许多家庭的沉重负担，"房奴"是值得关注的一个现象。据《中国家庭财富调查报告》（2019）分析，从我国居民家庭财产结构来看，房产占七成，城镇居民家庭房产净值占家庭人均财富的 71.35%，显然，有很大一部分家庭都把自己的钱投进了房产中，在享受房子的居住属性的同时也能依靠房子的增值属性实现财产的保值。另外，注意两个概念不能混淆，住房自有率不等于住房私有率，住宅私有率 = 产权归私人所有的全部住宅面积或户数 / 产权归私人与公共所有的全部住宅面积或户数，住房自有率 = 自住自家房屋的住宅面积或户数 / 总的住宅面积或户数（租房 + 自住自家房 + 其他），住房自有率小于住房私有率。

我国城市居民高自有住房率还是在城市人口快速增加的前提下实现的，实属不易。改革开放前，我国城镇化进展缓慢，特别是在"文革"期间，基本处于停滞状态。

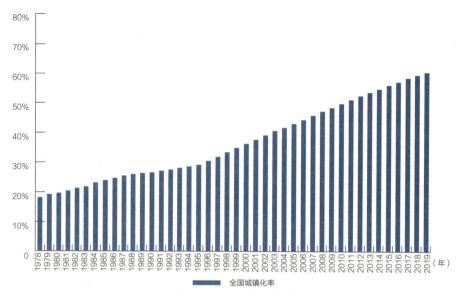

图 1-16　1978～2019 年我国城镇化率变化

资料来源：《中国统计年鉴》，2019 及 2020 年国家统计局数据

改革开放后，我国城镇化进程逐渐启动，城镇化率从 1978 年的 17.9% 增至 1997 年的 31.9%，2019 年年末城镇化率达 60.6%（国家统计局，2020）（图 1-16），这一时期城市居民住房条件同步大为改善。

2. 适应多层次需求的住房供应体系

1980 年 6 月我国启动住房改革，实行住房商品化政策。此时中央住房政策的主要任务是推动住房由福利性质向商品性质转化。1994 年 7 月国务院发布《关于深化城镇住房制度改革的决定》，成为第一个关于房改的法规性文件，该文件明确住房政策改革的目标是建设与市场经济体制相适应的新城镇住房制度，住房供应体系的任务是重点发展经济适用房。与福利制度下的公房分配不同，经济适用房的前提是住房商品化，是一种具有保障性质的政策性商品房。为了促进住房市场的发展，财政部等机构在 1994 年 11 月发布了《建立住房公积金制度的暂行规定》，全面推广公积金制度。

到 1998 年 7 月，国务院发布《关于进一步深化城镇住房制度改革，加快住房建设的通知》，第一次明确建立和完善以经济适用住房为主的多层次住房供应体系：最低收入家庭租赁由政府或单位提供的廉租住房，中低收入家庭购买经济适用住房，其他收入高的家庭购买、租赁市场价商品住房，就此宣告福利分房制度的终结和新的住房制度改革全面实施。但是经济适用房既是针对广大城市居民的具有福利性质的政策性住房，又是市场可以交易的商品房，定位的含糊导致实际操作产生一定的"混乱"，手中握有资源和有购买能力的群体更容易获得经济适用房。2003 年 6 月国家发改委将经济适用房的供给对象由"中低收入家庭"变为"中等偏下收入家庭"。

2007年8月，国务院常务会议颁布《国务院关于解决城市低收入家庭住房困难的若干意见》，进一步将经济适用住房界定为政策性住房，供应对象调整为城市"低收入住房困难家庭"，同时限定经济适用住房的住房面积和有限产权。在住房调控思路上，由调控市场转变为调控保障。

直到2011年3月，"十二五"规划纲要明确提出建构多层次需求的住房供应体系：对城镇低收入住房困难家庭，实行廉租住房制度；对中等偏下收入住房困难家庭，实行公共租赁住房保障；对中高收入家庭，实行租赁与购买商品住房相结合的制度。住房政策是以市场为主满足居民住房需求，政府主要提供基本保障，即廉租住房和公共租赁住房，且公共租赁住房将逐步成为保障性住房的主体。到2010年年底，全国城镇累计用实物保障方式解决了近2200万户、用发放廉租住房租赁补贴的方式解决了近400万户城镇中低收入家庭的住房困难。2017年10月十九大报告延续了这一思路，建设"高端有市场、中端有支持、低端有保障"。作为经济适用住房的延伸——共有产权住房，将成为这一政策的重要组成，通过建立多主体供给、多渠道保障、租购并举的住房制度，实现全体人民住有所居。

3. 房地产业发展迅速

我国住房困难的家庭户比例明显下降，1995~2015年人均住房建筑面积在$8m^2$以下的家庭户数占比从12.6%降至3.3%，人均$9~16m^2$的家庭户数占比从35.3%降至11.9%。高收入家庭的住房面积占比与其户数占比的比例趋于下降，与此同时，低收入家庭住房面积占比与其户数占比的比例也在趋于下降。根据人口普查资料中城镇家庭户住房"使用"情况的数据估算，1995~2015年全国城镇家庭户住房使用分布的基尼系数大致保持在0.3左右。

市场化改革给住房开发注入了广阔的资金来源，随着信贷金融市场的建立，来自国内银行的直接贷款与间接贷款（以期房的个人按揭贷款形式等）越来越成为房地产开发资金的主要来源。1986年全国城镇房地产投资总额仅101亿元，只占全社会固定资产投资的3.24%，而2009年全国城镇房地产投资额为3.6万亿元（其中商品住房投资额为2.56万亿元），占全社会固定资产投资的16.11%，成为拉动国民经济的重要力量（图1-17）。1978年房地产业年增加值仅为80亿元，对GDP的贡献只有2.19%；2009年房地产业年增加值为18655亿元，对GDP的贡献率上升到了5.48%。1986年全国房地产开发企业仅1991家，1999年达到21286家，到2008年已发展到87562家。在数以万计的房地产开发企业中，民营或股份制企业从1997年的30%发展到2009年的86%，国有企业从32%下降到5%，集体企业从16%下降到1.7%，港澳台和外资也分别从原来各自的10%左右下降到4.5%和2.6%。房地产业的快速发展还体现在从业人员数量的大量增加，1985年全国房地产业从业人数仅为36万人，占当时城镇就业人数的0.28%，到2009年发展为191万人，为城镇就

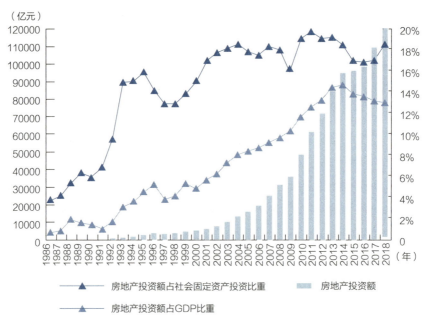

图 1-17　1986～2018 年我国房地产投资及其占社会固定资产投资和 GDP 比重
资料来源：国家统计局，2019 年

业人数的 1.5%，直接增加了 150 多万个城镇就业机会，拉动了建筑业、家具业等数以千万计的就业岗位。

4. 开发商寡占市场

目前我国住房供给制度有利于房产开发商的市场力量，根据《中华人民共和国土地管理法》和《中华人民共和国城市房地产管理法》的相关条款，房产开发商成为我国商品住房增量市场的唯一供给主体，任何个人、住房合作协会不具有获取城镇土地使用权并进行住房开发的权利；而拥有住房所有权、土地使用权的业主，也不具有对土地进行二次开发、重新开发的权利。我国住房供给制度屏蔽了其他住房供给主体对开发商的竞争，住房开发商依靠制度的锁定效应，可以在住房市场上进行价格合谋，在一定程度上形成"垄断定价"。商品住房市场属于区域性的寡占市场，开发商市场力量较为强大，在一定程度上可以左右住房价格。当然，政府对住房的市场售价可以进行干预。开发商寡占市场强化了目前商品住房市场存在着的一系列非均衡矛盾，包括产品供给结构的非均衡、市场结构的非均衡、商品住房价格和居民货币支付能力的非均衡等。

5. 总量放缓，区域分化

我国住房已告别高速增长阶段，步入住房缓增长时代，呈现出从数量扩张向质量提升、从高速增长向平稳或下降状态、从总量扩张向"总量放缓、区域分化"等方面的转变。

我国经济发展存在区域不平衡，东西部在劳动力就业、人口吸纳能力方面差异较大。东部沿海城市经济发展较快，金融贸易、工业、物流等行业发展迅速，加之具有丰富的教育资源，吸引了大量的流动人口、专业技术人才以及管理人才。大量的人口集聚在东部沿海城市，增加了对住房的需求。东部沿海城市，如上海、杭州、广州等，受到土地利用规划对于用途和供给的限制，城市住房用地供给不足。相对而言，中西部的一些城市，产业发展相对滞后，就业吸纳能力较弱，属于人口流出城市。2015年3月以来，在宽松的货币政策和税收政策的刺激下，国内一线城市和部分二线城市商品住房价格快速增长，供给和需求的矛盾突出；中西部的部分二线城市和中小城市又存在住房开发过度、住房供给过剩而需求不足，供大于求，开发商库存压力较大等问题。

由于大量人口迁入，一二线城市房价不是由当地居民收入水平决定的，而是由全国整体财富、富有阶层迁入、大都市圈房屋供应能力等决定的。三四线城市房价收入比较低，在人口增长停滞甚至迁出的情况下，面临较长期去库存压力。

我国正处于城市化的快速发展时期，大量乡村人口迁徙到城市，由于这些流动人口在受教育程度、就业技能等方面处于劣势，就业工作岗位不稳定、收入水平较低，在城市中居住问题较为突出（表1-2）。外来流动人口为了节约成本，往往选择住房质量较差、区位劣势的地点租住。尽管一些城市对有稳定就业的乡村人口给予与市民同等的住房租赁条件待遇，但是住房的可获得性以及等待时间仍然是一个困扰着外来务工人口的问题。

2000～2014年上海市不同等级家庭收入　　　　表1-2

年份	低收入户（元）	中低收入户（元）	中间收入户（元）	中高收入户（元）	高收入户（元）
2000年	6840	8815	10529	12892	19959
2005年	7851	11800	15668	21313	37722
2010年	14996	21780	27484	35120	62465
2014年	24317	34120	40799	52089	93901

资料来源：《上海统计年鉴》，2006、2019年

1.5 本书的主要内容

教材按下面内容顺序编排。第1章导论系统地梳理城市住房的各种属性和住房政策的目标，解释住房产业基本的发展周期；第2章分析影响城市住房政策有效运作的住房经济规律，包括供求模型和住房价格的特性，供需价格弹性如何影响住房产品；第3章讨论干预住房运作的政策性工具，分为自有住房和租赁住房两个层面，

基本政策性工具主要为住房援助、金融财税、行政管制和合作治理等；第 4 章论述保障性住房的标准、政策及其实施手段；第 5 章阐述我国城市住房政策演进的阶段性特征，理解不同阶段的基本政策取向和对城市空间形态的影响。

思考题：

1. 城市住房有何特殊的属性？这些属性对城市住房政策会产生什么样的影响？
2. 住房发展会有周期性的规律吗？为什么？
3. 什么是市场失灵和政府失灵？
4. 我国自有住房率很高的原因是什么？是好事还是坏事？

延伸阅读：

1. 田东海. 住房政策：国际经验借鉴和中国现实选择 [M]. 北京：清华大学出版社，1998.（第一章）
2. 任泽平，夏磊，熊柴. 房地产周期 [M]. 北京：人民出版社，2017.（第一章 ~ 第四章）

第 2 章

城市住房的市场经济理论

住房政策最为重要的关联要素之一是住房价格，如果能够将适宜区位、数量和质量以及一定服务水平的住房对应的房价收入比控制在较低水平，就能够保证整体国民经济运行平稳和个体住房的可支付性，满足一般家庭"适足住房"的需求。要理解如何控制房价，需要了解住房的市场特征和供需调节的基本经济学知识，本章主要涉及与住房相关的某些微观经济学理论知识。

2.1 作为一项财产和一组权利束的住房

2.1.1 住房作为一项财产

财产（Property）是一个复杂的法律概念。在大陆法国家（如法国、德国等），财产是指可以占为己有的物，即拥有货币价值的客体；在普通法国家（如英国、美国等），财产不仅指人们所拥有的物，还包括对于物的权利。美国学者荷菲尔德指出："财产是法律关系而不是物，只有拥有权利属性才能成为财产。"因财产的客观存在所产生的权利就是**产权**（Property Right），包括合法财产的所有权、占有权、支配权、使用权、收益权和处置权；财产是产权的客体，具有使用价值和稀缺性，是人们建立产权关系的客观基础。在市场经济条件下，产权具有经济实体性、可分离性、流动的独立性。财产之所以成为财产，通常必须具备以下条件。

1. 能够与主体相分离或相对分离

财产独立或相对独立于主体意志而存在，总是从属于个人或群体，并能够被人们所控制和利用。

2. 具有"有用性"

财产具有使用价值，没有使用价值的东西对人们是没有意义的，也就不可能成为财产。财产的有用性不仅体现在本身固有的属性和多种用途上，而且体现在财产可以为人们带来一定的经济利益或其他好处。

3. 稀缺性的资源

一种物品因为具有稀缺性的特征，人们才会对它建立起财产观念，从而形成财产权利关系，这种稀缺性及其稀缺程度对财产价值或价格具有一定的决定作用（黄少安，1995：55-66）。

从财产的外延来看，一种资源的特征是可以发生变化的，在某一时期是财产的资源在其他时期不一定是财产，在某一时期并非是财产的资源在其他时期也许能成为财产。一种资源是否是财产或能否成为财产，关键看其是否符合财产的基本条件。

财产不仅包括有实体形态的财产（有形财产），还包括无实体形态的财产（无形财产）；既包括动产，又包括不动产等。住房是不动产（Real Estate）的主要形式之一，符合财产定义的基本条件。

2.1.2 作为一组权利束的住房产权

住房不仅是作为财产的物，它还反映了物背后的人的关系，特别是产权关系。著名经济学家阿门·A. 阿尔钦将产权定义为：私有产权是给予人们对物品各种用途进行选择的权利，这种权利是排他性的（高波，2007：25）。应用到住房上，可以认为住房产权是指人们所拥有的对住房各种用途的排他性权利，它包含了一组权利束。

依据大陆法系的财产权，住房作为一组权利束，主要包括物权和债权。物权作为一个法律范畴，是指权利人所享有的直接支配其物并排除他人干涉的权利，它是特定社会人与人之间对物的占有关系在法律上的表现。物权的支配性和排他性均来自于物的归属，即法律将某物归属于某人支配，从而使其对物的利益享有独占的支配以及排他的权利。物权由自物权（即所有权）和他物权构成。

1. 住房的自物权

住房自物权或所有权是指住房所有者在法律允许的范围内，对其拥有的住房享有占有、使用、收益、处分以及排除他人干涉的权利，也即住房所有权人所拥有的权利是一种具有排他的使用权、独享的收益权和自由的转让权的完全权利。但是，在现实中住房所有权的行使是受到一定限制的。一般而言，住房自物权或所有权具有以下特征。

1）住房自物权是一种最充分的产权

住房自物权对住房享有占有、使用、收益、处分等权能，同时具有排除他人干涉的权利，在其他产权没有与所有权发生分离的情况下，住房自物权表现为一种完全权利。

2）住房自物权是一种绝对权利

住房自物权的权利主体是特定的自然人或法人，而义务主体是所有者以外的任何人，他们都承担了不侵犯住房自物权主体行使所有权的义务。住房自物权主体对其拥有的住房享有绝对权利，可以根据需要由自己占有、使用、收益、处分其住房，或委托他人占有、使用、收益、处分其住房。

3）住房自物权具有垄断性

同一宗住房只设定一项所有权（一物一权），不存在双重或多重所有权。一宗住房一旦设置了一项所有权并由特定的所有者拥有，就具有垄断性，其他所有者不可能通过重新设置产权的方法获得所有权，只可能通过产权转让获得住房自物权。当然，住房自物权的垄断性，并不排斥同一个住房自物权由若干个主体共有。

4）住房自物权是一种限制物权

尽管住房自物权是一种完全权利和绝对权利，但是这种所有权，在不同的情况下会受到相关法律法规的限制。

住房的自物权所体现的四项权益分别是住房占有权、住房使用权、住房收益权和住房处分权。住房占有权是指对住房的实际控制和支配，它是行使其他住房权利的基础；住房使用权是按照住房的特定功能及其用途加以利用的权利，非所有者的住房使用权是从住房所有权中派生出来的一项权利；住房收益权是基于使用经营住房所应取得经济利益的权利，住房收益权是与住房占有权和住房使用权等权能紧密相连的，是一种连带物权；住房处分权是指住房产权主体对其占有产权的出卖、出租、典当、抵押、赠予、继承等行使处置的权利。

2. 住房的他物权

所有的住房都立于某处土地之上，因此住房所有权自然包含之于某处土地的相关权利。从住房所有权中分离出来的地役权、永佃权、地上权，以及承包权、住房质押权和住房抵押权等是住房他物权。根据功能差别，又可划分为用益物权和担保物权。

用益物权是对他人所有的住房在一定范围内具有使用、收益的权利。对于土地而言，主要有地役权、永佃权和地上权；对于资本则有经营权、承包权和租赁权等。地役权是指以他人土地供自己方便使用的权利；永佃权是按一定期限向土地所有权人交付租金长期地或永久地使用的权利；地上权是以支付租金为代价，在他人土地上建筑房屋和其他附着物的权利，达到利用他人土地的目的。

担保物权包括住房质押权和住房抵押权。住房质押权又称信托质权，是罗马法最古老的物权担保制度，即当事人一方按照民法的方式将其物的所有权转移给债权人，债权人在债务清偿时返还原物；住房抵押权是指债权人对债务人或第三人不移转占有而供担保的住房，在债务人给付延迟时，债权人变卖担保物，以其卖得的价金进行清偿的权利，抵押权又叫契约质权，债权人对于债务人或第三人占有的住房，可以取得其债权的担保，但不能占有、使用其住房。

3. 住房的债权

住房的债权是发生在债务人与债权人之间的关系，包括与住房相关的合同之债、侵权之债等，如住房租赁权是住房债权的一种。

2007年《中华人民共和国物权法》正式实施，这部基本法律的颁布是为了维护国家基本经济制度，维护社会主义市场经济秩序，明确物的归属，发挥物的效用，保护权利人的物权。物权法是财产法，所称物，包括不动产和动产。所称物权，是指权利人依法对特定的物享有直接支配和排他的权利，包括所有权、用益物权和担保物权。国家、集体、私人的物权和其他权利人的物权受法律保护，任何单位和个人不得侵犯。所有权人对自己的不动产或者动产，依法享有占有、使用、收益和处分的权利。所有权人有权在自己的不动产或者动产上设立用益物权和担保物权。2020年5月，十三届全国人大三次会议表决通过了《中华人民共和国民法典》，自2021年1月1日起施行，《中华人民共和国物权法》同时废止。《民法典》分为七编，"物权编"排在第一编"总则"之后，重要性可见一斑。民法典的"物权编"延续了物权法的主要内容，进一步健全归属清晰、权责明确、保护严格、流转顺畅的现代产权，完善了物权制度。

随着社会经济的发展，住房的各项权能，从住房所有权中分离出来，成为独立的产权或形成不同产权的组合，住房产权的细分和组合使住房的产权结构十分复杂。住房及土地产权的分解、独立与组合及其规范化，是住房经济发展和住房市场运行规范化的前提和条件。清晰界定的产权是市场交易的前提，清晰的产权制度激励业主更好地维护房产。因此，政府介入住房市场的首要任务，就是利用法律和法规，创造住房和土地产权能够被清晰界定、转移和维护的市场环境（高波，2007：25–30）。

2.2 住房市场的垄断特征

住房具有不可移动性和异质性，因此，住房市场是非完全竞争的市场，具有某种垄断性的特征。市场内各种要素之间的内在联系方式及其特征构成某一特定地域的市场结构，市场结构可划分为不同类型。按照市场上某行业内部供给商的数量、产品差异化程度、产品供给开发商的市场势力、产品供给弹性和行业进出壁垒等，可以将市场结构划分为完全竞争市场、垄断竞争市场、寡头垄断市场和完全垄断市场四种类型。完全竞争市场竞争最为充分，完全垄断市场不存在竞争，垄断竞争市场和寡头垄断市场具有竞争但竞争又不充分。垄断竞争是指一个市场中有许多开发商生产和销售有差别的同种产品的市场组织，垄断竞争的市场条件有三点：第一，有大量的企业生产有差别的同种产品，这些产品彼此之间是非常接近的替代品，一方面市场上的每种产品之间存在差别，每种带有自身特点的产品都是唯一的，每个开发商对自己的产品价格都有一定的垄断力量，另一方面有差别的产品之间相互又是非常相似的替代品，市场中又具有竞争的因素；第二，同一类产品的生产企业数量非常多，以至于每个开发商都认为自己的行为对市场整体影响很小，不会引起竞争对手的注意和反应；第三，开发商的生产规模比较小，进入和退出一个生产集团比较容易。**寡头垄断**（Oligopoly）：又称寡头、寡占，是一种由少数卖方（寡头）主导的市场状态，其显著特点是少数几家开发商垄断某一行业的市场，这些开发商的产量占全行业总产量的比例很高，从而控制着该行业的产品供给。垄断会导致产量减少、资源浪费和技术上的低效率。

2.2.1 住房市场的寡头垄断

非完全竞争的住房市场具有下列特征（表2-1）：

（1）住房的买者和卖者对于住房市场上住房价值和趋势的看法通常不一致；

（2）住房财产交易超出一般公民所具备的法律知识和技术知识；

（3）每一住房是同其他住房相互分离和有差异的；

（4）土地位置不能迁移到属于其他市场的地理空间区域。

在存量住房市场中，交易双方主要为分散的家庭，因此存量住房市场内竞争多于垄断；在新建住房市场上，由于房地产企业开发的商品住房是市场供应的主要来源，如果同期在某一区域内市场新建住房较少，就容易形成区域性垄断，导致垄断多于竞争，形成寡头垄断。由于垄断会导致市场效率降低，需要政府进行一定程度上的市场干预。

完全竞争市场与非完全竞争的住房市场比较 表2-1

序号	特征	完全竞争市场	典型的房地产市场
1	买者和卖者数目	许多参与者，没有垄断竞争、寡头竞争或完全垄断	少数参与者，在"卖方市场"上由卖者控制产品供给
2	产品知识和交易成本	买者和卖者对产品都有高度的认知，交易成本低	买者和卖者对产品信息缺乏了解，交易是合法、复杂和费钱的
3	标准化	产品是相似和可互换的，不同卖者的产品没有差别	每套住房都不一样，没有完全相同的两套住房
4	移动性	产品可运输到更赚钱的市场	位置是固定的，住房不能移到别的更有利可图的位置，住房市场是地方性的

续表

序号	特征	完全竞争市场	典型的房地产市场
5	大小和购买次数	购买的项目是小的和相对便宜的，经常购买	房地产的购买是不频繁的，一所房屋是普通家庭最大的一笔投资
6	政府的作用	政府很少起作用	政府通过利用财政和金融工具及法规鼓励或抑制房地产业的发展
7	价格	价格由供给和需求的平滑移动来确定	价格受供给和需求相互作用的影响，买卖双方缺乏信息会扭曲价格

资料来源：高波，等. 现代房地产经济学导论 [M]. 南京：南京大学出版社，2007：84

2.2.2 住房市场势力

如果某住房项目的开发商能制定高于竞争水平（通常等于边际成本）的价格以从中得利，那么它就拥有市场势力。

假定住房市场的反需求函数为：$P=P(Q)$

则可以得出住房开发商的总收益为：$TR(Q)=P(Q) \cdot Q$

边际收益为：$MR(Q) = dTR(Q)/dQ = P+Q \cdot dP/dQ = P(1+dP/dQ \cdot Q/P)$

即：$MR = P(1-1/ed)$，$ed = -dQ/dP \cdot P/Q$

其中：Q 为某一住房市场的数量；P 为某一住房市场的价格；TR 为某一住房市场的总收益（Total Revenue）；MR 为某一住房市场的边际收益（Margin Revenue）；d 表示变化量；ed 为住房需求的价格弹性（Price Elasticity），它是指住房价格每变化一个百分点，相应的需求量变化数量。因为价格和需求量之间呈反向变化，所以 dQ/dP 总是为负。

在住房市场中，住房开发商会根据利润最大化原则选择边际收益等于边际成本来确定自己的开发数量：

$$MR = P(1-1/ed) = MC$$

因此，通过计算利润最大化的价格超过边际成本的程度，可以测量住房开发商市场势力的程度。这种测定垄断势力的方法是由经济学家阿巴·勒纳（Abba Lerner）在 1934 年首先使用的，被称为**勒纳的垄断势力度**（Lerner's Degree of Monopoly Power）。在住房市场区域寡头垄断情况下，价格高于边际成本的程度为：

$$L = (P-MC)/P = 1/ed$$

勒纳指数 L 的值总是在 0～1 之间，勒纳指数越大，垄断势力越大。住房市场因时间、地点不同，住房需求价格弹性和勒纳指数会有差异，但总的来说，住房的需求价格近期是缺乏弹性的；勒纳指数在 0.4～0.6 之间，表明住房开发商具有较强的市场势力。这就意味着，提高住房的价格所增加的收益会大于价格上涨导致销售量下降所减少的收益，住房开发商一般倾向于提高价格来增加自己的总收益（高波，2007：85-86）。

2.2.3 住房市场进入壁垒

住房市场存在多种进入壁垒，包括资金、规模经济、稀缺土地资源的先行占有、信息与偏好和政策等方面的壁垒，客观上导致住房市场的区域垄断格局。

1. 资金壁垒

住房开发是典型的资本密集型行业，在我国目前的土地招拍挂方式下，一个开发项目少则几亿元，多则几十亿元，甚至上百亿元。对于一个欲进入住房市场参与竞争的潜在开发商而言，基本条件是能筹措到足够的资本，满足住房开发项目所需的最低资本条件，因此，实力弱小的潜在开发商难以进入住房开发行业。

2. 规模经济壁垒

规模经济是指随着产量的增加，产品的平均成本不断下降的一种状态。由于住房开发存在规模经济，因而住房市场会产生进入壁垒。在住房市场需求相对有限时，少数几个开发商的有效开发规模就可以满足市场的需求。一般来说，拥有大规模的产量和销售量的开发商在原材料采购和产品的销售上可以获得价格折扣优势；而规模小的开发商就会在成本上处于竞争劣势。规模经济效应导致开发商的生产、经营成本存在差别，如果新进入的开发商的住房开发规模达不到规模经济的产出水平，住房开发和经营成本与在位开发商相比将处于不利的竞争地位。

3. 稀缺土地资源的先行占有壁垒

在位开发商对稀缺土地资源的先行垄断占有，控制某个区位住房开发必不可少的土地资源，导致潜在进入该地区的开发商难以获得或只能高成本获得土地，构成强大的进入壁垒。

4. 信息与偏好壁垒

住房开发商大量投放广告，一方面为消费者提供产品的信息，另一方面强化住房产品的定制化。通过广告，住房开发商可以影响消费者的偏好，确立自己的品牌和声誉，弱化产品的需求弹性，增强自己的市场力量。新进入的开发商为了在原有的市场格局中占有一定的市场份额，必须投入巨额的广告费用来改变消费者的习惯和偏好，对在位开发商而言不需要支付这部分额外的成本，从而形成对新进入开发商的绝对成本优势。

5. 政策壁垒

政府采用许可证的方式对开发商进入住房行业实行限制。如果政府认为必须满足政府的特定条件才可以进入住房行业，那么政府就会以颁发许可证的方式限制某些潜在的开发方式发生，从而形成政策壁垒（参见：高波，2007：89-90）。

2.3　住房供求模型与消费者选择理论

从所有权来看，住房市场体系分为使用权市场（租赁市场）和产权市场（所有权市场）；从住房来源看，可分为住房增量（Increment）市场和住房存量（Stock）市场；同时，住房还具有投资品和生活必需品的双重属性。住房市场是非完全竞争的，因此，市场的有效需求和有效供给不一致，尤其是针对低收入群体的有效需求，市场有效供给不足，所以需要分析住房市场的供求关系及其基本规律。

2.3.1　供求模型

供给是生产者在某一特定时期内，在所有价格水平上愿意而且能够出卖的商品量，包括之前市场的存货量和新增加的商品量；需求是指消费者在某一特定时期内，在各种可能的价格条件下愿意购买而且能购买到的某种商品数量。供求关系模型之中的供求曲线表示市场上商品价格是如何被决定的，并预测市场变化对均衡价格的影响。在住房的市场价格机制中，供求关系对价格的变动具有深层次的影响。

1. 市场需求曲线

市场需求曲线表示某一特定商品的价格与消费者购买的商品数量之间的关系。假设影响商品消费的其他因素保持不变，根据需求定律，价格的上升引起需求量的减少，因此，需求曲线的斜率为负。需求曲线随着居民收入、人口数量、替代产品价格的变化而移动。

1）居民收入

在经济学术语中，"正常"商品（"Normal" Good）定义为一种在收入和消费之间存在正相关关系的物品，居民收入的增加使得物品需求量增加。一般而言，居民收入的增加意味着一定价格的住房需求量会更大，使得一个正常物品的市场需求曲线向右移动。对于一个品质较差的住房而言，收入与需求存在负相关关系，收入的增加会减少此类物品的需求。

2）人口数量

人口数量的增加会使需求曲线向右移动，商品住房的价格可能会随之上升。

3）替代产品价格

社会住房或公共住房与商品住房之间具有部分替代性，社会住房数量的减少将导致消费者对商品住房的需求增加，需求曲线向右移动，商品住房的价格可能会随之上升。住房的租、售之间也具有一定的替代产品关系，出租房屋价格的上升，迫使一部分租户考虑买房，导致消费者对住房的需求增加，销售商品住房的价格随之上升。

2. 市场供给曲线

市场供给曲线表示某一特定商品价格与生产商供给的商品数量之间的关系。根据供给定律，其他条件相同时，价格上升会使供给量增加，因而供给曲线的斜率为正。影响供给曲线的变量主要是投入要素的价格和生产技术，任何一个变量发生变化，都会引起整条曲线移动。

1）投入要素的价格

用来生产某一住房的投入要素价格上升，会增加生产成本，从而使开发商在每一价格水平下的供给更少。如果地价上涨、劳动力价格上涨、生产住房的水泥钢筋和其他原材料的成本上升、银行贷款利率上升，则商品住房的供给曲线会向左移动。

2）生产技术

一项使生产成本下降的技术创新会使市场供给曲线向右移动。在同一价格水平下，因为生产技术创新，使得商品住房成本降低，开发商会增大供给量。例如，在20世纪50~60年代，美国利用预制装配技术手段，使得商品住房的开发时间大为缩短，成本迅速降低，在某种程度上刺激了郊区住房大规模地快速建造。著名的案例是"利维城"（Levittown），通过短时间内的预制装配生产技术，建造了大量"廉价"的郊区住房，获得商业的成功。"利维城"首先出现在纽约长岛，然后迅速扩散到宾夕法尼亚和新泽西等地。然而，"利维城"的建设也引发了一些争议：第一，预制装配住房的生产技术使得郊区化迅速扩展，助推了郊区蔓延；第二，预制装配住房制造出一个个类似的住房商品，"抹杀"了家的独特识别性；第三，"单调重复"的郊区化预制装配住房缺乏社区生活氛围。然而，针对这些问题，1967年哥伦比亚大学教授赫伯特·甘斯（Herbert Gans）为此作了专门性的社会学调查，发现相比城市，郊区生活产生了更好的家庭凝聚力和生活氛围。

3. 住房供求模型

住房市场的均衡一般指住房市场的总供给和总需求之间取得的均衡，在均衡价格下，开发商生产出消费者需要购买的商品数量，需求量（消费者）与供给量（生产者）相等。一旦市场达到均衡价格，价格就没有变化的倾向，因为商品既不存在短缺也不存在过剩。

在现实中，住房需求和住房供给两种力量是紧密联系在一起的。由图2-1可知，住房供给曲线与住房需求曲线相交后有一个交点E，E点的值（Q_0，P_0）就是两条曲线方程的解，即在E点处住房需求（Q_d）和住房供给（Q_s）相等，E点为市场供求平衡点。在价格发生变化时，需求量和供给量都会向E点运动，只有在E点上，价格才是稳定的。如果市场是一个理想的完全竞争市场，E点的价格P_0就是和住房价值相适应的价格。一般来说，需求增加的结果是均衡产量增加，均衡价格上升；供给增加的结果是均衡产量增加，但均衡价格下降。

从理论上说，住房市场总是会达到均衡状态的。当住房价格低于均衡价格水平时，存在短缺，供给量点B比需求量点E要少；在价格高于均衡价格水平下，存在

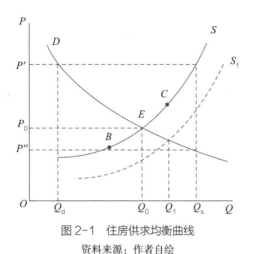

图 2-1 住房供求均衡曲线
资料来源：作者自绘

过剩，供给量点 C 超过了需求量点 E。如果某种原因导致了住房价格由 P_0 上升至 P'，这个价格对开发商是有利的，此时开发商愿意多向市场供应住房增加供给量。但对消费者来说，价格 P' 可能是太高了，在这个价格水平下，出现了供大于求的不均衡现象。于是住房市场出现大量空置住房，自然会有开发商愿意降价出售，使价格呈下降趋势。随着价格的下降，买主又会自然增多，使需求量产生上升趋势。但另一方面，住房价格下降对开发商来说，越来越不愿意多供应住房，这样价格逐渐下降直到平衡点 E 为止。显然，无论是提高还是降低价格，供给和需求都不平衡，在完全竞争的市场条件下，只有当供给和需求实现平衡时，价格才能稳定。然而，影响住房价格的因素很多，供求均衡状态在现实中是很少见的。正如 19 世纪末英国经济学家马歇尔指出的：均衡只是一种永远的趋势。

由于住房市场是不完全竞争的市场，当住房价格没有趋向平衡点 E 时，政府需要采取一定的住房政策对市场进行干预。假设其他因素不变，当住房价格远离平衡点 E 时，住房政策有两条路径：第一，从需求侧采取措施，消减或抑制投资/投机需求，减少住房市场总需求量，需求曲线将向左偏移，住房价格将降低，但是降低后的稳定价格可能仍远远高于均衡价格；因此，需要采取第二条路径，即从供给侧采取措施，增加住房开发土地的供给，打击闲置住房开发用地或住房建成以后的捂盘行为，从而提升总的供给量，供给曲线将向右偏移，住房价格将降低。那么，应该增加多少土地供给呢？这跟城市人口预测、城市规划空间布局和土地开发强度控制要求有关，可以依据某一时间点的城市户数以及住房存量与城市户数的均衡比值关系，计算出住房总需求量，再除以容积率，就可以得出大致的土地供给数量。然而，现实情况很复杂，住房实际上有许多细分的子市场，即使城市规划通过均衡点计算，建造出所需要的住房总量，还是会出现问题：一是所谓的均衡价格可能也远远高出低收入家庭的支付能力，这样依然会形成高空置率和低收入家庭住房不足的矛盾，需要政府补贴低收入家庭，形成有效的市场交易；二是涉及住房的空间属性，土地是稀缺品，大城市中心城区的住房供给有限，造成特定区位的可支付性住房供给不足。

4. 信息不对称

由于住房价格黏性（Sticky Price）、信息偏在（Partial Distribution）、交易成本等因素的影响，住房的交易价格往往偏离均衡价格。**价格黏性**是指商品的价格不容易随着需求的变动发生变动；市场信息偏在又称为**信息不对称**（Asymmetric Information），是指在市场经济活动中，一些个体拥有其他个体无法获得的信息，由此造成信息不对称。掌握信息比较充分的个体，往往处于比较有利的地位，而信息贫乏的人员，则处于比较不利的地位，一般而言，在房产交易中卖家比买家拥有更多关于交易物品的信息。信息不对称说明信息和资本、土地一样，是一种需要进行经济核算的基本要素。住房产权让渡方和买受方往往需要住房经纪机构的协助才能完成交易，因此，住房产权让渡需要较高的交易成本。由于信息不对称，住房市场价格不仅受供给和需求因素的影响，还受到非经济因素，如消费者的非理性预期、"羊群效应"等影响。

5. 消费者剩余

消费者剩余又称为消费者的净收益，指消费者为得到一定数量的某种商品愿意支付的数额与实际必须支付的数额之间的差额，它是一种"心理剩余"。以需求曲线来分析，需求曲线不仅表示价格与商品需求量之间的关系，也可以理解为在购买特定数量的商品时消费者愿意支付的最高价格。马歇尔从边际效用价值论演绎出消费者剩余的概念，消费者剩余达到最大的条件是边际效用等于边际支出。社会福利等于消费者剩余与生产者剩余之和，或者等于总消费效用与生产成本之差，因此消费者剩余不失为经济福利的一种好的衡量标准。

消费者剩余 = 买者愿意支付的最高价格 – 买者的实际支付价格；

生产者剩余 = 卖者得到的收入 – 卖者的实际成本；

总剩余 = 消费者剩余 + 生产者剩余 = 买者愿意支付的最高价格 – 卖者的实际成本。

效用函数可表述为：$U=u(x)$

其中：x 表示商品或服务，u 表示效用函数。由于边际效用递减，而消费者支付的价格等于最后一单位商品的效用，所以消费者得到了"剩余"。消费者总剩余可以用需求曲线下方、供给曲线上方和价格轴围成的三角形的面积表示。由消费者剩余可知：如果价格上升，则消费者剩余下降；反之，如果价格下降，则消费者剩余上升。处于垄断地位的企业为谋求垄断利润，必然造成较低产量和较高价格，使消费者剩余减少，并造成社会性损失。

市场经济是一种政府、开发商和消费者共同参与市场运行的经济体系，由于市场失灵的存在，政府的管制和干预是必要的。福利经济学认为，政府代表社会公共利益，其基本职能是实现社会福利最大化，根据消费者剩余理论，政府规制的目的是增加消费者剩余。因此，消费者利益应是政府规制政策的目标，在市场经济条件下，政府的效用函数目标应是在实现社会福利最大化前提下政府效用最大化，保护消费者剩余。

6. 帕累托最优（Pareto Optimality）

在市场经济中，价格机制对资源配置起到了至关重要的作用，它推动生产者不断降低价格、改善服务，将生产者剩余转化成消费者剩余。由市场的供求平衡形成均衡价格，能够引导社会资源的有效配置，实现帕累托最优状态。在这种状态下，生产者利润最大化的产品生产量组合恰好与消费者效用最大化的产品消费量组合相一致，因而使社会福利最大化。**帕累托最优**也称为帕累托效率（Pareto Efficiency），是指资源配置的一种理想状态，假定固有的一群人和可分配的资源，从一种配置状态到另一种配置状态的变化中，在没有使任何人境况变坏的前提下，使得至少一个人变得更好，这就是帕累托改进或帕累托最优化，帕累托最优的状态就是不可能再有更多的帕累托改进余地。帕累托最优是公平与效率的"理想王国"，所有消费者的效用同时得到最大化，帕累托改进是达到帕累托最优的路径和方法。如果一个经济体不是帕累托最优，则存在一些人可以在不使其他人的境况变坏的情况下使自己的境况变好的情形。因此，帕累托最优是评价一个经济体和政治方针的非常重要的标准。

2.3.2 消费者选择理论

消费者必须决定如何在大量的消费品中分配固定的预算，他们总是力图找到买得起且能使自己效用最大化的消费组合，因此，消费者选择时会考虑以下因素。

1. 边际效用（Marginal Utility）

边际效用是指其他投入固定不变时，连续地增加某一种投入，所新增的产出或收益反而会逐渐减少。因此，当某项活动的边际收益大于边际成本时，就应该继续提高这项活动的水平，直到这项活动的边际收益等于边际成本，这个规律为决策行为提供了一般性规则。运用边际效用规则时，需要估算固定成本（Fixed Cost）和包含时间在内的机会成本。

2. 无差异曲线

无差异曲线是用来表示消费者对可选择的消费品的主观偏好，它是建立在消费者的满足度或"效用"最大化与预算限制两个概念之上的。无差异曲线是根据消费者的偏好画出来的，其上每一点都代表消费者的满足程度相同，即效用相同，所以也叫效用无差异曲线。

解释无差异曲线概念的最简单的方法是作一条无差异曲线。曲线的斜率即边际替代率（Marginal Rate of Substitution，MRS），表示消费者愿意用一种物品替代另一种物品的比率，由于边际效用递减规律，无差异曲线凸向原点；离轴线焦点越远，无差异曲线变得更平坦，边际替代率降低；无差异曲线图由一系列的无差异曲线组成。

3. 预算线

预算限制（约束）可用预算线来表示。预算线（也叫消费可能性曲线）表示消费者在一定的收入和价格水平下，实际能消费的商品数量组合。消费者受到收入和价格的限制，只能得到预算线或之内的商品组合。住房预算线的斜率表示住房和其他物品之间的市场利弊权衡（Market Trade-off），即预算区域内所买得起的住房和其他物品的组合。

4. 效用最大化

受预算约束，消费者的目标是使效用最大化，消费者会选择买得起的，并能产生最大化效用的住房与其他物品的组合，形成消费者偏好。预算线与无差异曲线的切点为消费者效用最大化。为使效用最大化，消费者需要找到无差异曲线与预算线相切时住房和其他物品的组合，这意味着无差异曲线的斜率（边际替代率）与预算线的斜率（价格比率）相等。在其他任一组合中，边际替代率与价格比率都不相等，所以消费者可以重新分配其预算并提高其效用。

5. 价格与收入变化

价格变化会影响消费的效用最大化组合。依据需求法则，一种物品价格的上升会减少这种物品的消费，价格的下降会增加这种物品消费。价格的变化将会改变预算区域的形状及预算线的斜率。消费者会在新的预算区域内找到最高的一条无差异曲线，到达无差异曲线与新的预算线相切的那一点。消费者很可能会改变对两种物品的消费。

收入的变化也会影响消费的效用最大化组合。收入的增加会使预算线外移，给消费者提供更多预算内可选择的商品，消费者在新的预算区域内将找到最高的那条无差异曲线，找出无差异曲线与新预算线相切的那一点。如果收入增加会增多对一种物品的消费，这个物品被认为是"正常"（Normal）的。如果对某个物品的消费与收入负相关，收入的增加使消费减少，收入的减少使消费增加，这种物品被认为是"劣等"的。

2.3.3 生产者选择理论

隐含在消费者选择模型中的基本逻辑同样可运用到有关生产商对于投入选择的决策模型中。假设一个生产某一特定住房商品的开发商有两种投入：土地和购买其他生产要素的资本。等产量线表示可以生产一定数量的住房产品的土地与资本之间的不同组合，开发商的等产量线与消费者无差异曲线类似。为使产量最大，开发商找到等产量线与预算线相切处的劳动力与资本的组合，这意味着边际技术替代率等于价格比。假如生产预算已定，开发商的预算区域表示负担得起的资本和劳动力的组合。

受预算的限制，开发商的目的是使产量最大化。预算线的斜率为市场在两种投入之间的选择（资本价格与劳动力价格的比率），等产量线的斜率为两种投入的边际技术替代率，在总产出不变的情况下，一种投入可以用另外一种投入替代的比率相切的情况表示边际技术替代率与价格比率相等，即两种投入之间的技术选择等于市场选择。同样，土地和购买其他生产要素价格变化，将会改变预算区域的形状及预算线的斜率。

2.4 住房需求

住房需求是一定条件（时间、空间、价格）下人们有支付能力的住房购买（或租赁）能力，可分为自住性基本需求、改善性需求、投资性需求和投机性需求。满足住房需求的方式主要有以下几种：购买住房所有权或较长时期的使用权、自建住房、合作住房和租赁住房等。住房总是与其附着的土地共同构成房地产市场的要素，因此，住房需求包含居住建筑面积的需求和居住用地的需求。

住房是一种高价值的耐用消费品，普通家庭需要通过按揭或抵押贷款购买住房。所以，购买住房需求除了受房价、收入、消费者偏好、其他商品的价格等因素影响外，还受首期付款额度、银行贷款利率、住房税率等一系列因素影响。由于贷款买房每年需要缴纳的利息，即便是一次性付清也存在机会成本，因此，在微观经济学分析时，购买住房所有权或长期使用权的基本原理与租赁住房是一致的，只是前者更为复杂罢了。

2.4.1 住房需求量分析

市场上影响某种商品需求的因素一般有以下几种：商品价格、消费者收入、消费者偏好、其他商品的价格、人们对该商品和其他商品未来价格变化的预期，对于住房需求来说也是这样。

1. 消费者均衡

消费者均衡，是指消费者获得最大效用的消费组合。微观经济学证明消费者均衡点在无差异曲线与预算线的切点上。在市场上，消费者的选择是在既定收入和价格水平下，实现最大满足。

如图 2-2 所示，假设消费者所购买的商品分为两种：住房及住房以外的其他产品。无差异曲线用 U 表示，预算线用 C 表示，当消费者的收入全部用于支出时，购买这两种商品组合的方程式为：

$$P_xX + P_yY = M$$

其中：P_x 表示住房租金（或是银行利息），X 表示住房承租量；P_y 表示其他商品的价格，Y 表示其他商品购买量，M 表示消费者固定收入。

U_1、U_2 代表两条效用水平不同的无差异曲线，C 为预算线，E_0 点是无差异曲线 U_1 与预算线 C 的切点，即消费者均衡点，这一点代表现有收入和价格条件下的最大效用组合，也代表了消费者所能实现的最大效用。这时住房需求量为 X_0，其他商品需求量为 Y_0。图中 A 点尽管在 C 支出水平下能够达到，但消费者的消费预算没有完全实现；D 点尽管代表更高的效用水平，但此点的商品组合在 C 支出水平下无法实现；B 点代表的效用水平与 E_0 点相等，但 B 点代表的住房数量和其他商品数量超出了预算支出的购买水平，因此只有 E_0 点实现消费者均衡。在消费者的均衡点上，住房和其他商品的价格之比等于边际替代率，即等于两种商品的边际效用之比，用公式可以表示为：

$$P_x/P_y = MRS_{xy} = MU_x/MU_y$$

其中：MRS_{xy} 表示边际替代率，MU_x 表示住房边际变化，MU_y 表示其他商品的边际变化。

以上分析是建立在假定收入、价格和消费者偏好不变的基础上。如果消费者偏好不变，价格和收入发生变动，消费者的需求量也发生变动。

2. 住房需求曲线

某一居住水平之下，住房需求呈刚性，即人们总会想方设法节衣缩食自建、购

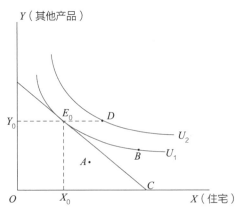

图 2-2　消费者均衡

资料来源：高波，等．现代房地产经济学导论 [M]．南京：南京大学出版社，2007：100

买或租赁一定的居住空间,以便安顿下来。因此,在基本居住需求未满足之前,住房需求的价格弹性很小,接近于完全无弹性。在基本需求满足之后,人们将追求更为舒适和更多面积的居住空间,这时需求通常受多种因素的影响而呈现出弹性。

住房需求曲线如图2-3所示,Q_b表示满足最基本需要的住房需求量;D_1表示满足基本需要的住房需求曲线;D_2表示基本需要满足后的住房需求曲线。D_1是垂直于横轴的曲线,它表明无论价格高低,人们对满足最低要求的住房需求量是没有弹性的,因此是任意住房价格的接受者。为保证一定的住房福利水平,对于这一部分居民,政府可以对住房价格进行管制,或建设公共住房以填补基本需求缺口。如果没有政府干预或者干预不足,部分低收入家庭就会选择区位较差、质量低劣或非正规住房获得基本的居住空间。D_2曲线符合正常的需求规律,即在收入等其他条件没有发生改变的情况下,随着价格的变化,人们对住房的需求量发生变化,表现为一条负斜率的曲线。

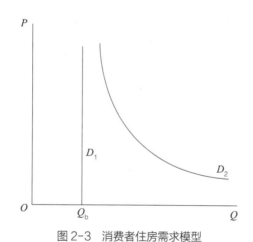

图2-3 消费者住房需求模型

资料来源:高波,等. 现代房地产经济学导论[M]. 南京:南京大学出版社,2007:101

3. 住房租金变化对住房需求的影响

如图2-4所示,在收入和其他商品价格稳定的条件下,如果住房租金上涨,则C_0旋转至C_1,从短期分析,由于住房是耐久消费品,消费者对住房的消费量在短期内仍将维持在X_0。但对其他商品的消费量减少。从长期分析,消费者将减少住房的消费至X_1,减少其他商品的消费至Y_1,无差异曲线改为U_1。根据上述分析,可以绘出一条价格消费曲线PCC,表示消费者在不同住房租金水平下的住房消费量,导出消费者在不同住房租金条件下的需求曲线。这说明两点:对于受到严格预算约束的低收入家庭,如果C_0预算线中E点是满足基本住房需求和基本生活消费品的均衡点,如果租金增加,相当于低收入家庭的收入减少,如果X_0是满足最低适足条件的住房需求,则这个低收入家庭没有足够的资金满足基本生活消费品的需求Y_0,或者反过

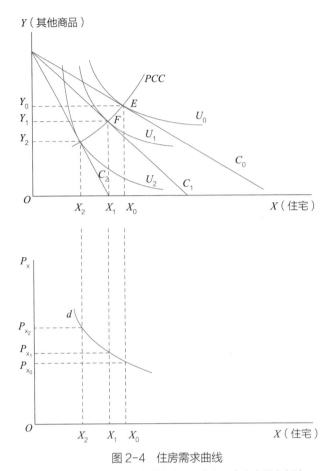

图 2-4 住房需求曲线

资料来源：高波，等.现代房地产经济学导论[M].南京：南京大学出版社，2007：101

来，为了活下去，不得不寻找低于最低适足条件的劣质住房 F 点；对于受到预算约束的中低收入家庭，租金上升将使他们不得不降低住房和基本生活消费品的水平，幸福感随之降低。因此，租金（房价）收入比的提高对中低收入家庭的基本住房需求和基本生活消费品的满足会产生很大的负面性影响。

4. 收入变化对住房需求的影响

如图 2-5 所示，在住房租金和其他商品价格稳定的条件下，如果收入增加，C_0 则平行外移至 C_1。从短期分析，由于住房是耐久消费品，消费者对住房消费量在短期内仍将维持在 X_0，但对其他商品的购买量则增加到 Y'，维持无差异曲线 U' 的满足水平。从长期分析，消费者将增加住房消费至 X_1，相对增加其他商品的消费量至 Y_1，以使无差异曲线由 U' 提高到 U_1。根据上述分析，可以画出一条收入消费曲线，表示消费者在不同收入下对商品的消费量，由此导出对住房的收入需求曲线。可见，随着收入增加，消费者的住房需求量逐渐增大；反之，随着收入减少，消费者的住房需求量逐渐减少。

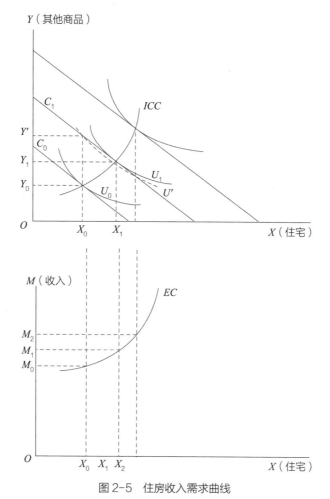

图 2-5 住房收入需求曲线

资料来源：高波，等. 现代房地产经济学导论 [M]. 南京：南京大学出版社，2007：103

2.4.2 住房用地的区位选择

住房在城市中所处的位置不同，价格不同。假定家庭收入固定为 M，住房和其他商品的消费将随着所处区位的变化而变化。假设包含单位土地价格的住房租金为 $r(d)$，$c(d)$ 为到中心商务区的通勤成本，二者都取决于到中心区的距离 d。其他商品价格为 P_g，消费量为 $g(d)$，住房消费量为 $h(d)$，则消费者面临的预算约束为：

$$M - c(d) = P_g g(d) + r(d) h(d)$$

如图 2-6 所示，设其他商品价格稳定在 P_g，在区位 d_1 租金为 $r(d_1)$。住房效用最大化发生在无差异曲线 U 与预算线 C_1 相切的地方，即 A 点。如果住户在另一个区位 d_2，要选择适当的租金使住户得到同样的效用水平，它必须与同一无差异曲线 U 相切，新的均衡将在 B 点实现。

对于任何区位的选择，都可用同样的分析方法，所有的选择都达到同样的效用水平 U。在位置 d_1 和 d_2，形成租金 $r(d_1)$、$r(d_2)$。如果有位置 d_3，d_4，……，d_n

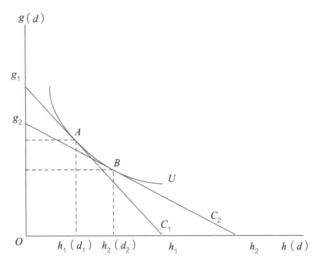

图 2-6　不同租金条件下住房需求与其他商品需求均衡分析
资料来源：高波，等．现代房地产经济学导论 [M]．南京．南京大学出版社，2007：104

可供消费者选择，那么将会得出租金 $r(d_3)$，$r(d_4)$，……，$r(d_n)$。这意味着对于不同位置的一系列租金，达成同样的效用，由此可以导出城市住房用地的招标租金函数。城市住房用地的招标租金函数，是在收入与其他商品价格一定的条件下，由一组对消费者产生相同效用的租金组成的，租金是区位的函数（高波，2007：99-105）。

2.4.3　住房投资及理财需求

除了住房消费外，还有一种住房的需求，是把住房作为投资或理财对象，通过拥有住房的方式，来使财产保值、增值。在发达国家，消费者以持有住房的方式进行投资或理财是一种较为普遍的行为。我国改革开放以来，近三十年的高速经济增长扩大了个人财富的积累，人们对住房的投资及理财需求也不断增强。

住房投资及理财的收入，主要来源于两个方面：一是住房用于出租的租金收入；二是住房买卖价格上涨带来的增值收益。从长期来看，住房买卖价格变化，租金水平也会发生相应变化，价格/租金会维持在一个比较合理的水平上。投资者在长期持有住房的条件下，租金收入是其真实的收入来源，会随着住房买卖价格的上涨而增加。

住房投机是住房投资的一种特殊形式，投机者购买住房的目的就是为了以后再出售，赚取买卖之间的差价。住房投机者，既不作为生产者，也不作为使用者，只是为了赚取价差而买卖住房。住房投机者把空间、时间、风险这三个要素联系在一起。首先，在住房市场低迷时，投机者通过购买住房可以激活住房市场；在住房市场高潮时，投机者通过卖出住房可抑制住房市场，因此，住房投机行为也具有稳定住房市场的作用。其次，由于住房经济的不确定性使投资住房具有风险，而投机者愿意承担风险，则使别人能避免风险。可见，住房投机者的知识和冒险性是有益于社会的，能够减少住房价格的波动和别人的风险。但是，住房投机者为追求高利润而发生的炒作行为，也常常给住房市场的价格稳定带来消极作用。对未来价格的预期是影响住房投机的重要因素，当价格上涨时，投资人纷纷投资住房，导致需求增加，并推动价格进一步上涨；相反，若市场价格下跌，投资人担心其拥有的住房贬值，纷纷抛售，从而加剧住房价格的下跌程度。所以，以投机为目的的住房需求曲线，不同于其他类型的需求曲线，它是一条自左下向右上倾斜的曲线。但由于住房的保值功能，在价格下降到一定程度时，投资者宁可选择持有住房，待机而行。此时，住房需求曲线向右移动（图2-7）。针对住房投机者的动机，在住房价格上涨较快时，就需要采取相应的住房政策抑制住房投机，通过金融和税收手段，增加投机者购房、持有和交易的成本，在行政管制上可禁止其购置新的住房以及规定购房后售出的限制条件（高波，2007：109-110）。

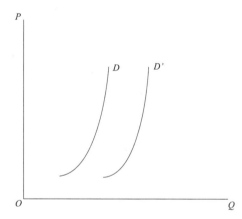

图 2-7　房地产投机需求曲线

资料来源：高波，等 . 现代房地产经济学导论 [M]. 南京：南京大学出版社，2007：110

2.4.4　住房的需求弹性

对住房的需求取决于家庭收入和住房价格。由于昂贵的搬迁成本，普通家庭一般把购买一套特定住房的消费选择，建立在长期预期收入的基础上。

住房需求弹性是衡量影响住房需求的诸因素发生变化之后，住房需求量变化程度的一个指标。影响住房需求的因素有住房价格、消费者的收入、其他商品价格等，相应地住房需求弹性亦分为住房需求价格弹性、住房需求收入弹性和住房需求交叉价格弹性。

1. 住房的需求价格弹性

住房的需求价格弹性用于衡量住房需求量随住房价格变化的敏感程度，以需求量变化的百分比除以商品价格变化的百分比表示。假设 P 表示价格，ΔP 表示价格的变动量，Q 表示需求量，ΔQ 表示需求的变动量，则住房需求价格弹性系数为：

$$E_d = (\Delta Q/Q) / (\Delta P/P)$$

住房需求价格弹性的大小，取决于以下因素。

1）替代品的数量和接近程度

在其他条件不变的情况下，某宗产品的可替代品越多，该产品的需求价格弹性就越大。如果市场房源充裕，某住房价格上涨，消费者会转而购买其他可替代的住房，因此，住房需求价格弹性较大，否则住房需求价格弹性较小。同时，住房的位置固定性、产品异质性，以及房屋在外形、尺寸、年代、风格、建筑标准上是各不相同的，对住房的价格弹性有一定的影响。

2）住房价格在消费者预算中所占比例的大小

住房价格或者租金在消费者支出中所占比例越高，需求的价格弹性越高。一般而言，住房是消费者支出中比较大的消费品，需求价格弹性相对较高。

3）选择住房时间的长短

一般来说，选择住房的时间越长，住房需求越有弹性。因为时间越长，消费者和开发商越容易找到替代品。

总体而言，住房的需求价格弹性较小，即住房需求量对价格和租金变化反应比较迟钝，这意味着即使售价提高很多，人们对它的需求也较少降低，特别是对那些位置敏感的住房；或者即使售价降低很多，人们对它的需求也较少增加，这是因为一宗住房的价值量较大，即使降价亦不足以刺激更多需求。国外许多经济学家都预测过住房需求对价格变动的敏感性。虽然由于所研究的住房市场因时间、地点不同而结果不同，但总体来说，住房需求相对缺乏弹性。对于一部分消费者，商品住房属于刚需，需求价格弹性变化小；对于另一部分消费者，商品住房属于投机需求，近期需求价格弹性变化大。

2. 住房的需求收入弹性

在影响住房需求量的其他因素和其他商品价格给定不变的条件下，消费者收入的变动会引起住房需求量的变动。住房的需求收入弹性是住房消费变动的百分比除以收入变动的百分比，表示消费者收入变动影响住房需求量变动的敏感程度。假设 M 表示消费者的收入，ΔM 表示消费者收入的变化，Q 表示住房的需求量，ΔQ 表示住房需求量的变化，住房的需求收入弹性系数为：

$$E_m = (\Delta Q/Q) / (\Delta M/M)$$

住房的需求收入弹性一般为相对较高的正值。这是因为个人可支配收入是决定住房需求的重要因素,收入的增加会直接导致住房需求的增加。从国外的研究结果看,达成三点共识:第一,需求收入弹性大约是 0.75,即收入增加 10% 导致住房消费大约增加 7.5%;第二,租户的收入弹性小于自住房主的收入弹性;第三,需求收入弹性随收入增加而增加。根据伊兰菲尔德特(1982)的研究,低收入家庭的弹性系数在 0.14 ~ 0.62 之间,高收入家庭的弹性系数在 0.72 ~ 1.10 之间;对可居住面积的需求缺乏收入弹性;对建筑质量的需求富有收入弹性;对邻近地区宜人环境和公共安全的需求富有收入弹性(高波,2007:110-112)。

2.5 住房供给

2.5.1 住房供给的影响因素

供给量是指在某一时期内生产者愿意向市场提供的产品和服务的数量;供给曲线是指产品供给量与该产品价格之间的一种关系,它反映了在不同价格水平下产品的供给量。对于住房来说,住房开发商愿意生产和出售多少住房受到多种因素的影响,价格是最具有决定性意义的因素。随着住房价格的波动,住房供给会发生相应的变化。

房产开发商的供给曲线是指与不同的销售价格相对应,开发商愿意生产和销售的产量。在完全竞争的条件下,短时期内开发商为了获取最大利润,生产产量的边际成本将恰好等于既定的市场价格。但是,由于住房市场与完全竞争的假设条件有一定差距,具有较强的垄断性,开发商是价格的设立者。根据需求的变化,开发商在确定其产量时,同时决定了市场价格,而不是按照市场价格去决定住房供给量。存量房产供给与新建房产供给有很大不同,其供应量取决于原用户的退租量、转让量。

整个房产市场的供给曲线是一条自左向右倾斜的正斜率曲线。由于住房开发的周期较长和住房市场信息不充分的特性,住房供给对住房价格变化表现出一定的时滞。

除价格之外,在一定时间内,住房供给的数量和质量还受到其他因素相互作用的影响,包括土地区位、经济发展水平、技术条件、经济制度和政策因素等。

1. 土地区位

对于非农用地来说,受气候等自然条件的限制要比农用地小得多,只要地表下层能提供一个坚固的建筑基础就行,而土地区位极为重要。城市土地区位是决定城市土地利用价值和地租或地价高低的关键。

2. 经济发展水平

在自然限制因素一定的条件下，住房供给受制于经济发展水平。随着城市经济的发展，人们对住房的需求增长，城市用地将向郊区扩展，或者通过再开发来实现更加集约的利用，提高容积率。此外，住房开发成本占住房市场价格的比值也影响住房供给数量。

3. 技术条件

技术进步可以降低土地利用成本，提高土地利用效益，扩大供给；技术进步还会改变城市不同种类住房供给的状况。例如，建筑设计的创新、建筑材料的改善和施工质量的提高，能够为人们提供更便利、更舒适、更美观的现代住房，从而扩大新的住房供给。

4. 经济制度与政策因素

经济制度和政策因素中许多因素直接或间接影响住房供给。城市土地产权制度、住房制度、城市发展政策、房地产业政策等，都将影响城市住房的供给。住房经济发展的实践表明，国家的财政政策、金融政策、投资政策、国民经济发展规划等，对住房投资总量和投资结构有一定的决定作用，并决定房地产业在整个国民经济中的地位以及与相关产业发展的关系。

除了住房价格和以上四种因素以外，风俗习惯、公众舆论、环保意识和社会需求等，对城市住房供给也有影响。由于城市住房开发具有"扩散效应"，某些土地的开发会对附近住房的价值和使用价值产生影响，从而引起住房供给的变化；人们对环境质量的关注，对土地资源保护的重视，以及对公园、绿地及公共娱乐场所的偏好等，都影响着城市某些特定用途的土地和建筑物的供给程度。

2.5.2 住房土地供给的一般条件

从住房所具备的特性来看，住房供给由土地供给、房产供给和基础设施供给三方面共同构成。

作为一种稀缺资源和财产，土地总是由一定的主体（个人或团体）所占有。因而土地供给是指某一市场上的一定时期内，与某一价格相对应的土地占有者愿意提供的土地数量。土地资源供给可分为土地的自然供给和经济供给。土地自然供给是指土地资源的自然存量，其数量是固定不变的，不受任何人为因素或社会因素的影响，人们只能改变土地的用途。因此，土地的自然供给是无弹性的。土地的经济供给是指土地在自然供给和自然条件允许的范围内，在一定的时间内针对某地区市场的土地供给数量，土地的经济供给是有弹性的。随着城市的发展，城郊农田转变为建设用地，从而增加城市土地的经济供给。

土地供给如图 2-8 所示，垂直线 L' 为土地自然供给曲线，S 为土地经济供给曲

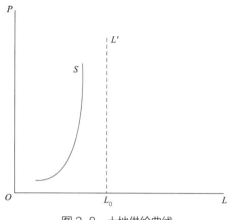

图 2-8　土地供给曲线

资料来源：高波，等．现代房地产经济学导论 [M]．南京：南京大学出版社，2007：115

线。影响土地经济供给的因素很多，雷利·巴洛维将其归纳为自然限制因素、经济因素（需求、价格、成本和竞争等）、制度因素（风俗习惯、政府活动、法律、公共舆论和财产权）和技术因素（与利用土地的能力有关）。制度对土地供给有决定性的影响，财产权规定了财产的占有、出租、抵押和合法转让。

土地资源占有主体不同，供给行为是不同的。从一般意义上说，土地占有者是否向市场提供土地，取决于持有土地的成本和潜在收益的比较，可由下面公式说明：

$$U_L = r + T_e + S - p$$

其中：U_L 为 L 个货币单位土地的使用成本，r 为利息率或抵押利率，T_e 为每年现行的财产税率，S 为每年 L 个货币单位土地的保险和其他服务成本，p 为土地价格上涨速率（潜在资本收益率）。

如果 $U_L > 0$，表明在一个阶段内占有某一单位土地要支付一定的净费用，因而占有者可能把土地投入市场；如果 $U_L < 0$，表明占有某一单位土地，没有提供任何土地改良而可获得潜在收益，因而没有动力把土地投入市场。

当然，是否向市场提供土地，并不完全依赖于 U_L 的大小，它还取决于相对其他因素如何影响占有土地所获得的机会成本。如果通货膨胀上升，或存在一个扭曲的税收制度，则可能促使人们出于投机的目的占有土地，而不是转让土地。影响土地供给的另一个因素是交易费用，如果买卖佣金和法律手续费太高，则土地转让和供给有可能减少。交易费用越高，占有者就越不可能把财产投入市场。与此同时，收益预期亦是土地供给的重要决定因素，土地未来的价格、用途、使用方式等方面存在不确定性，土地占有者要根据预期来决定如何处置土地。

此外，土地供给还受到政府城市规划条例或土地规划的限制，政府可以借助于城市规划或土地规划来调节土地供给，如限制建筑的用途、开发强度和设施配置等，这种规划限制将导致市场上土地供给下降，从而引起土地和住房价格上升。如图2-9所示，规划条例引起土地供给由 S 减少到 S'，开发成本由 P_1 上升到 P_1'，市场上土地交易量由 L_1 下降到 L_1'（高波，2007：113-116）。

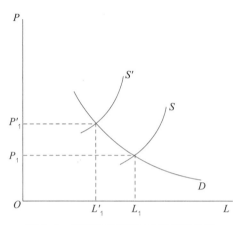

图2-9 受到规划限制的土地供给曲线

资料来源：高波，等. 现代房地产经济学导论[M]. 南京：南京大学出版社，2007：116

2.5.3 住房的供给弹性

住房供给的价格弹性是住房供给量对房产价格变动的敏感程度，可以供给量变化的百分比除以价格变化的百分比表示，供给弹性衡量生产者对价格变化的反应，计算出的弹性越大，生产者对价格变化的反应就越大。假设 Q 为供给量，ΔQ 为供给变动量，P 为价格，ΔP 为价格变动量；E_s 为供给弹性系数，则住房供给的价格弹性公式可表示如下：

$$E_s = (\Delta Q/Q) / (\Delta P/P)$$

一般认为，住房供给在短期内无价格弹性，而在长期内住房供给有价格弹性。从理论上看，长期内住房的供给价格弹性大于住房的需求价格弹性；从现实来看，住房供给价格弹性取决于住房供给的难易程度。对住房来说，无论是存量还是增量，短期供给价格弹性都是不足的。新的住房短期供给缺乏弹性，原因在于新建住房从决定开发到完工，需要一段相当长的时间，这段时间包括选址、准备法律文件、审批、购地、设计、施工、验收。一般来说，建造住宅需要两年左右的时间，在这段时间内，市场上的住房供给量较难改变，因此，近期供给的价格弹性不大。同样，可供出租的存量住房短期内对租金变化的反应也是迟钝的。但从长期来看，住房供给是有弹性的。不过，由于受城市规划土地资源的限制，住房长期供给弹性也不是很高。相对来说，那些容易得到政府部门批准的住房供给弹性比较高。

2.6 住房的供求调节

2.6.1 住房空置率

住房空置率的高低反映住房的供求关系,一般用住房空置量和住房空置率两个指标来反映住房市场状况。空置量是指某一时刻待出售或出租的空置房屋数量,可以用空房数(户、套或单元)表示,也可以用面积(m^2)表示。联合国住房调研指标中**住房空置率**的定义是:竣工而不使用的住房单元占总住房单元的百分比,即可供使用的全部存量住房中未使用部分所占的比重。其公式为:

$$住房空置率 = 住房空置量 / 全部住房存量$$

从长期看,住房市场供给与需求保持平衡协调时的空置率就是**自然空置率**。自然空置率可以作为未来住房增量的指示器,即实际空置率和自然空置率的差额是增量市场发展的晴雨表。如假设自然空置率为12%,在不同的实际空置率下,开发商会有不同的开发行为。当实际空置率与自然空置率相等时,市场处于均衡状态,开发商以正常速度开发项目;当实际空置率稍微大于自然空置率时,市场供给有点过量,开发商稍慢于正常速度开发项目;当实际空置率超过自然空置率两倍以上时,市场供给有点过量,开发商可能会停止项目开发;当实际空置率小于自然空置率时,市场需求大于供给,开发商会加快项目开发速度(表2-2)。

自然空置率的指示作用　　　　　　　　表2-2

实际空置率与自然空置率	结果	开发商行为
12%=12%	市场处于均衡	正常速度开发项目
15%>12%	市场供给有点过量	稍慢于正常速度开发项目
24%>12%	市场供给过度过量	停止开发项目
10%<12%	市场需求稍大于供给	稍快于正常速度开发项目
6%<12%	市场需求非常大	快速开发项目

资料来源:高波,等.现代房地产经济学导论[M].南京:南京大学出版社,2007:121-122

从我国商品房的空置率来看,2000~2003年,全国商品房空置面积逐年增加,2003年时达到1.28亿m^2,2004年该趋势出现了逆转,全国商品房空置面积为1.23亿m^2,比2003年下降了3.8%(图2-10)。空置面积的下降反映了我国住房的供给与需求趋于均衡,出现了供求基本平衡的局面。商品房竣工面积与销售面积之比由2002年的1.2:1下降到2004年的1.03:1,新房供求之间的差距持续下降,但是各年份空置时间1年以上的空置面积均在6000万m^2以上(高波,2007:121-122)。自2005年开始,商品房销售基本上高于商品房竣工面积,表明我国商品房的出售空置率持续下降(图2-11)。

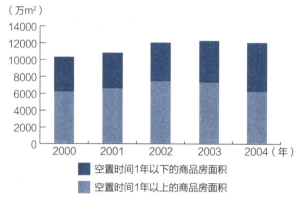

图 2-10　2000～2004 年我国商品房空置面积

资料来源：国家统计局. 国房景气指数报告 [R], 2005. 转引自：高波，等. 现代房地产经济学导论 [M]. 南京：南京大学出版社，2007：122

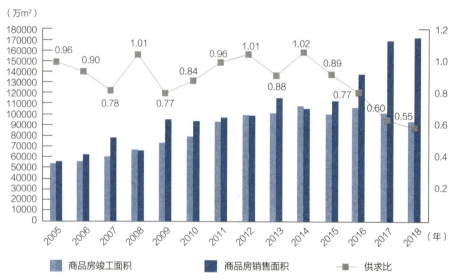

图 2-11　2005～2018 年商品住房竣工面积与销售面积之比

资料来源：《中国统计年鉴》，2010、2019 年

2.6.2　住房市场四象限模型

在住房市场运行中，住房需求与住房供给之间的均衡存在复杂的传导因素和机制，丹尼斯·迪帕斯奎尔和威廉·C.惠顿（Denise Dipasquale、William C.Wheaton，2002：9-12）提出了四象限模型，通过剖析住房资产市场和使用市场（或物业市场）的相互作用，综合描述住房市场均衡的实现过程。每一个象限（Quadrant）对应着一个方程式，反映的是在市场均衡状态下，住房的租金、价格、新开发建设量和存量之间互相依存的关系（图 2-12）。需要说明的是，这个模型只能表现某一时点的市场均衡状态，无法反映整个市场从不均衡逐渐调整到均衡的动态过程。

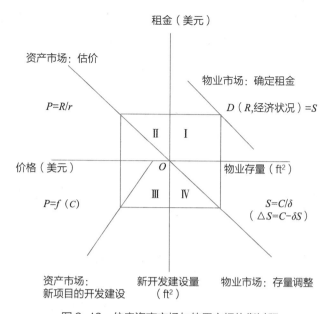

图2-12 住房资产市场与使用市场均衡过程

资料来源：丹尼斯·迪帕斯奎尔和威廉·C. 惠顿，2002. 转引自：高波，等. 现代房地产经济学导论[M]. 南京：南京大学出版社，2007：123

1. 住房供求的直接影响因素

1）影响住房需求的因素：价格和租金

在影响住房需求的因素中，除了销售价格之外，最重要的是反映住房资产收益能力的租金水平。对承租人来讲，使用住房的成本是获得房屋的使用权所需的开支，即租金。在住房市场上，现有住房空间的供给是一定的，新的住房来源于住房资产市场。住房市场的作用就是确定一个租金水平，使得住房使用需求等于住房供给。在其他因素保持不变的情况下，当家庭数量增加时，空间的使用需求上升，在供给固定的情况下，租金将会上涨。如果总的住房供给不足，又没有政府干预，部分低收入家庭将被迫选择更为拥挤和低劣住房的居住方式。

2）影响住房供给的因素：存量房和新建房

住房资产的新增供给主要来源于新项目的开发建设，取决于这些住房的资产价格和与之相关的重置成本或建造成本。从长远看，在住房资产市场上，住房市场的均衡价格应该等于包括土地成本在内的重置成本。然而，就短期来看，由于住房开发存在开发周期较长和时滞现象，影响住房供给的主要因素是存量房。在完全竞争的市场上，若住房需求突然增加，而住房新的供给又相对固定，就会导致物业价格上升。当住房价格高于住房开发成本时，就会出现新的住房开发项目。随着新项目逐步推向市场，需求逐渐得到满足，价格开始向重置成本回落。

2. 联结住房资产市场和物业市场的内在机制

在资产市场和物业市场之间有两个接合处。第一，住房物业市场上形成的租金水平是决定住房资产需求的关键因素。在获得一项资产时，投资者实际上是在购买当前或将来的收益流量，因此，物业市场上的租金变化会立即影响到资产市场上的所有权需求。第二，两个市场在开发或者建设部分也有接合点。如果新建设量增加且资产也随之增长，供给增加，而住房的需求变化不大，那么资产市场价格就会下降，而且会使物业市场上的租金随之下调。

3. 住房市场均衡的四象限模型分析

在图 2-12 中，按照逆时针方向对各象限进行解释是比较合适的，右侧的两个象限（第Ⅰ和第Ⅳ）代表空间使用的物业市场，左侧的两个象限（第Ⅱ和第Ⅲ）是对资产市场上的住房所有权进行分析。

1）第Ⅰ象限：短期租金形成机理

第Ⅰ象限有两个坐标轴：租金（每单位空间）和物业存量（也以空间的计量单位衡量）。曲线表明在特定的经济条件下，物业的需求数量如何取决于租金。如果不管租金如何变化，家庭或企业的物业需求数量不变（非弹性需求），那么曲线则会几乎变成一条完全垂直的直线；如果物业的需求量相对于租金的变化特别敏感，则曲线就会趋向更为水平。如果社会经济状况发生变化，则整个曲线就会移动。当家庭或企业对物业需求数量增加（经济增长）时，曲线会向右移动，表明在租金不变的情况下，物业需求会增加；当经济衰退时，曲线会向左移动，表明物业需求减少。

为了使物业需求量 D 和物业存量 S 达到平衡，必须确定适当的租金水平 R，使需求量等于存量。需求是租金 R 和经济状况的函数：$D(R, 经济状况)=S$。

物业市场上的存量供给由资产市场给定，因此，图 2-12 中横轴上某一数量的物业存量，向上画一条垂直线与需求曲线相交，然后从交点再画一条水平线与纵轴相交，按照这种方法可以找出对应的租金标准。

2）第Ⅱ象限：利用资本化率来确定住房资产价格

第Ⅱ象限代表资产市场的第一部分，有租金和价格（每单位空间）两个坐标轴。以原点作为起点的这条射线，其斜率代表住房**资产的资本化率**，即租金和价格的比值，即投资者愿意持有住房资产的期望收益率。一般说来，确定资本化率需要考虑四个方面的因素：经济活动中的长期利率、预期的租金上涨率、与租金收入相关的风险和政府对住房的税收政策。当射线以顺时针方向转动时，资本化率提高；逆时针方向转动时，资本化率降低。在这个象限中，资本化率被视为一种外生变量，它是根据利率和资本市场上各种资产（股票、债券、短期存款）的投资回报而定的。因此，该象限的目的是依据租金水平 R，利用资本化率 r 来确定住房资产的价格 P：$P=R/r$。

3）第Ⅲ象限：住房新开发建设量的确定

第Ⅲ象限是住房资产市场的一部分，这个象限对住房新资产的形成原因进行解释，曲线 $f(C)$ 代表住房的重置成本。假设新项目开发建设的重置成本是随着住房开发活动（C）的增多而增加，则这条曲线向左下方延伸。价格横轴的截距是保持一定规模的新开发量所要求的最低单位价格。假如开发成本几乎不受开发数量的影响，则这条射线会接近于垂直；如果建设过程中的瓶颈因素、稀缺土地和其他一些影响开发的因素致使供给非弹性变化，则这条射线将会变得较为水平。从第Ⅲ象限某个给定的住房资产价格，向下垂直画出一条直线，再从该直线与开发成本相交的这一点画出一条水平线与纵轴相交，由纵轴交点便可以确定在此价格水平下的新开发建设量：此时开发成本等于资产的价格。如果住房新的开发建设量低于这种平衡数量，物业存量不变的情况下，会导致新建住房的价格提升，开发商获取超额利润；反之，如果开发数量大于这个平衡数量，则开发商无利可图。因此，新的住房开发建设量 C，应该保持物业价格 P 等于（或大于）住房开发成本 $f(C)$ 的水平，即：$P=f(C)$。

4）第Ⅳ象限：住房存量的确定

在第Ⅳ象限，年度新开发建设量（增量）C，被转换成住房物业的长期存量。在一定时期内，存量变化 S 等于新建住房数量减去由于房屋拆除（折旧）导致的存量损失。如果折旧率以 δ 表示，则 $\Delta S = C - \delta S$。

以原点作为起点的这条射线代表每年的建设量正好实现某一个存量水平。在这种存量水平和相应的建设量上，折旧等于新竣工量，物业存量将不随时间发生变化。因此，$\Delta S=0$，$S=C/\delta$。

运用四象限模型，可以分析住房市场的供求均衡。先从某个住房存量值开始，在住房物业市场确定租金，然后通过住房资产市场转换成为住房物业价格。接着，这些住房资产价格可导致形成新的住房开发建设量；再转回到住房物业市场，这些新的住房开发建设量最终会形成新的住房存量水平。当存量的开始水平和结束水平相同时，住房物业市场和住房资产市场达到均衡状态。假如结束时的存量与开始时的存量之间有差异，那么四个变量（租金、价格、新开发建设量和存量）的值将并不处于完全的均衡状态。假如开始时的数值超过结束时的数值，租金、价格和新开发建设量必须增长以达到均衡。假如初始存量低于结束时的存量，租金、价格和新开发建设量必须减少，使其达到均衡。

在高速经济增长、快速城市化的现阶段，房地产业以住房新开发建设量为主导，住房存量不断扩大，住房市场成长迅速，住房产品升级较快，住房价格和租金持续上升。当社会经济发展和城市化达到相当高的水平时，住房新开发建设量将相对稳定，房地产业进入成熟阶段。在住房市场上住房的租金、价格、新开发建设量和存量等四个变量相互影响而趋向均衡（高波，2007：123-126）。

2.7 住房价格的特性与构成

2.7.1 住房价格的本质

住房价格可以由产权的内容和形式来确定，如：住房所有权价格、住房使用权价格、住房抵押权价格、住房抵押权价格、土地开发权价格等。

现代产权经济学认为，商品交易的本质不是物品的转移，而是一组权利的转让。因此，商品交易的前提就是存在一组明确界定的、专有的、可转让的和可实施的财产权。既然住房交易是住房产权的交易，交易价格就因交易中转让的权利种类、范围的不同，形成不同的产权价格。从本质上说，住房价格是一种产权价格，是住房权利的未来收益。以下对几种住房产权价格进行分析。

1. 住房所有权价格

住房不管是自住还是出租，对于房主来说，都可以通过住房租金或银行利息进行收益计算。如果出租住房，只要利用得当，会长期为住房所有者带来一笔稳固的收入流，即住房租金；对于自住家庭，如果是贷款购房，每年就需要支付一定的贷款利息，即使是自有资金购房，也存在机会成本。如果把这笔购房资金存入银行，就可以获得利息收入。如果住房所有者出卖其住房所有权，就意味着卖者把未来获取租金收益的权利让渡给买者。在理想状态下，这笔交易资金如果存入银行，其利息将与失去的租金额相等，因此，住房价格是资本化的租金加上本金，本质上不过是租金收益权的体现。

用公式表示为：$P=R/r$。

其中：P 是住房所有权价格，R 为每年租金纯收入，r 为住房基准贴现率。

2. 住房使用权价格

住房使用权价格是一定期限的租金，即使用者在未来一定期限内租金折现之和。

一般来说，在相同条件下住房使用权价格小于所有权价格。然而，如果期限 n 足够长，P 将趋平，住房使用权价格将越来越接近于住房所有权价格。然而即使如此，住房所有权价格还是有别于住房使用权价格。如图 2-13 所示，假设两宗住房的初始价值是相同的，其他限制因素条件不变，由于获得使用权的投资者最终要失去他的投资物，因此投资者的年租金纯收入在租约期前期应比所有者要高，以弥补投资资本。但在接近期终时，由于物业折旧，投资者的收入可能会迅速下降。相同的住房在两种产权方式下所提供的年收入不同，其价格增值幅度和趋势也不同。但是，购买使用权的投资者可以比购买所有权的投资者承担更少的风险。

3. 住房抵押权价格

住房所有权或使用权都可以用于抵押获得贷款。银行在借贷之前，必须确定住房抵押权的价格，即查定价格，也就是从正常价格中扣除各种风险后所可能得到的

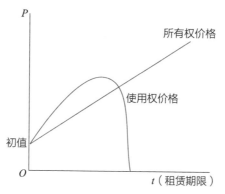

图 2-13 土地所有权与使用权价格关系

资料来源：高波，等.现代房地产经济学导论[M].南京：南京大学出版社，2007：135

价格。所谓正常价格是在公开市场上所能形成的市场价值货币额，也是将来如需要清偿债务而对住房进行处置时所能预计的最高价格。但由于住房经济活动存在种种风险，不一定能按正常价格处置，因而必须增加一定的风险因素。从本质上来看，住房抵押权价格是抵押物在未来出卖时可能获得收益的购买价格。

由此可见，任何产权转让的价格都取决于产权所能带来的收益。住房价格本质上是一种产权价格，由住房产权的收益能力所规定。但是，住房的供求关系也是住房价格的决定因素。从本质上说，由住房的供求关系所决定的房地产价格，与由住房产权的收益能力决定的住房价格是一致的。住房的供求关系对住房价格的影响仍然是通过租金量来起作用的，需求者支付价格取决于他支付租金的能力，而这种能力又是由他在交易中所获得的产权收益能力的大小决定的。供给者要求通过销售价格补偿生产过程中的各种支出（即生产成本等）并获得合理利润，以维持再生产过程。因此，供给者的销售价格是供给者按照产权收益能力的大小而确定的愿意出售的价格。

只有了解价格与需求、供给之间的关系，以及需求弹性和供给弹性的变化规律，才能有效地解决市场价格机制中存在的问题。

2.7.2　住房价格的特性

与其他产品价格相比，住房价格有其自身的特点，主要表现如下。

1. 住房价格的地域性

住房具有位置固定性和位置相对差异性，住房附属的土地级差地租影响土地价格和住房价格。不同的区位还影响着住房的供求状况，其他条件基本相同但位置不同的房产，必然会因供求状况的差异而形成差别价格。在位置好、需求旺盛、供应相对不足的地区，房价必然走俏，反之则疲软，甚至无人问津。住房的位置差异，使住房价格具有明显的区域性特点。住房在区域间不能流动，因而不存在产地和销售地的价格差异。

2. 住房价格的个别性

由于住房位置的差异和影响住房价格的其他因素各异，住房价格存在个别性。每一幢房屋的位置、地形、环境等因素千差万别，即使完全相同的两幢房屋，当它们位于不同的地块时，价格也会相应地出现差异。这种个别性使得房地产价格与其他标准化产品价格之间存在着相当大的差别，因而需要个别定价。

3. 住房价格具有较强的政策性

住房价格不仅受政府制定的国土空间规划、土地供应计划的影响，还受到住房政策、保障房建设等有关政策的影响。

4. 住房价格的趋升性

一般而言，住房价格具有明显的趋升性。随着土地及住房稀缺程度不断提高和对住房投资的增加，住房价格随着时间的推移逐渐上涨，当住房价格上涨幅度超过社会物价上涨幅度时，则产生住房增值。它表明同一宗住房所内含的社会实际购买力不可逆转增长的总趋势。住房增值一个重要的原因是土地增值。在住房有效使用期内，因维护、装修等因素，房产的价格会有所增加，但随着时间的推移，住房又会因物质磨损不断贬值，但是土地价格变动的总趋势是不断上升的。随着社会经济的发展，人们对土地的需求不断增加，而且由于交通、环境和配套设施的改善，使得土地的价值也不断增加。当然，住房价格的趋升性，是在住房价格周期波动过程中实现的。

1）住房价格趋升是一种长期趋势

住房价格上升不是直线式的，而是上下波动、螺旋式上升的。由于经济周期性的萧条或某种不确定性因素，短期内住房价格可能会维持原状或下降，但从长期来看，住房增值是一种不可逆转的长期趋势。

2）住房价格趋升是一种整体趋势

就整个区域住房市场整体而言，住房价格水平逐渐上升。这不排除某些特殊现象，由于社会经济条件的改变，如经济中心转移，码头、车站等交通设施搬迁，可能造成区域内某些地段或某一宗具体的住房发生退化或贬值；在个别城镇中，由各种因素所决定的地价会在较长时期之内平而不升，甚至降而不升。

3）住房价格趋升是相对于社会整个物价水平而言

住房价格是上涨的，即住房价格上升幅度高于整个社会物价上升幅度。住房价格的上涨是剔除通货膨胀因素之后的纯上涨，住房增值的基本标志是其年增长率大于同期消费品价格的增长率（图2-14）。如1984年我国全国商品房平均价为每平方米293元，1991年达802元，7年共约上涨2.74倍，同期零售物价指数仅上涨1.82倍（高波，2007：133-138）。2001～2008年，商品房销售价格指数和住房租赁价格指数大体呈逐年上升趋势，商品房销售价格指数基本高于同期消费物价总指数。

图 2-14　2001～2018 年商品房销售价格指数、住房租赁价格指数与消费物价总指数比较（上年同期 =100）

资料来源：《中国统计年鉴》，2009 年

2009 年后，由于住房价格受到严格限制，商品房销售价格指数相对处于较为平稳的状态。

2.7.3　住房价格的构成

从理论上来说，住房价格包括成本和利润，我国住房成本主要可分为土地出让金、住房建造价格、各种交易费用及银行贷款利息等部分，各类费用又可分为更为详细的开支项目（表 2-3）。开发商的利润千差万别，取决于住房市场的供求状况、住房的市场结构、开发商投资决策水平以及开发商本身的定价策略和管理能力等。

我国住房价格构成要素　　　　　　表 2-3

住房价格	生产过程	土地价格或土地出让金	农地转市地地价	耕地占用税
				土地补偿费
				安置补助费
				地上附着物及青苗补偿费
				土地开发费
				银行贷款利息
				管理费
				土地开发利润
			市地地价	拆迁安置费
				土地再开发费
				银行贷款利息
				管理费
				土地开发利润

续表

住房价格	生产过程	住房建造价格	勘察设计费
			建筑材料费
			建筑施工费
			管理费
			房屋建筑利润
			推销费（广告费）
	流通过程	住房销售成本	保险费
			管理费
			住房销售税
	资金成本	利息	银行贷款利息
	开发收益	利润	经营利润

资料来源：曹振良，等.住房经济学通论[M].北京：北京大学出版社，2003：352

1. 土地开发费用

一般来说，土地开发费用包括了以下多种支出。

1）征地补偿费

包括土地补偿费、育苗补偿费、集体财产补偿费、迁转人员安置费、农转非人员级差补贴、菜田基金、安置劳动力补偿、平地补助费和私人财产补偿费。

2）拆迁安置费

包括私房收购与补偿费、地上物补偿费、搬家费、拆房费、渣土清理费、临时设施费、周转房费、农户房屋原拆原建费、单位拆迁费、安置用房费。

3）七通一平费

即用于通路、通气、通暖、通信、通供水、通排水、修筑好通往开发场地的输电配电设施，以及场地平整的费用。

4）勘察设计费

5）拆迁征地管理费

6）土地出让金

视具体的城市和项目，每个地块的土地开发费用的组成可能会有所不同，对于较小的项目，土地出让金就涵盖了前五种费用；即便还存在其他土地开发费用，但是相比土地出让金，增加的其他费用相对较小。1998年以来，我国土地价格的变动反映住房需求的拉动作用。如图2-15所示，1998年一季度至2001年三季度，我国土地交易价格较为平稳。2001年四季度开始，土地交易价格开始攀升，其中居民住房用地交易价格在2002年四季度至2003年四季度，增长幅度在10%以上，2004年一季度增幅虽稍有回落，但2004年二季度以后各季度同比增长率又恢复到10%以

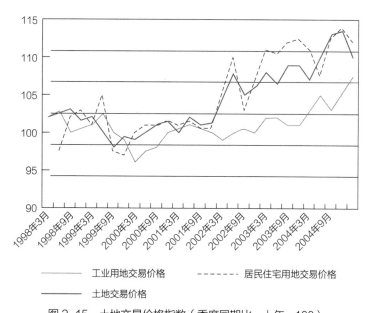

图 2-15 土地交易价格指数（季度同期比，上年 =100）

资料来源：中经网我国经济统计数据库，转引自：高波，等.现代房地产经济学导论[M].南京：南京大学出版社，2007：146

上，这种变化与同期房价上涨密切相关。

2. 住房开发费用

各城市住房开发费用大同小异，主要包括以下方面。

1）房屋建筑及安装费

2）附属工程费

3）室外工程费

包括开发区红线内外的给水、雨污水、电力、电信、热力、煤气、天然气、围墙、人防出入口等工程费。

4）公共建筑配套工程费

开发项目内配套建设的各种公共福利设施费用。

5）环卫绿化工程费

建筑成本虽然是住房价格的重要组成部分，但是相对于高房价地区的住房价格，建筑成本所占比例下降，甚至不到 30%，所以住房价格的涨跌可能与建筑成本不相一致。

住房行业属于资金密集型行业，住房的开发需要投入大量的资本，住房开发企业自有资金一般不到 30%，项目开发资金的主要来源是商业银行的抵押贷款、建筑承包商的垫付款、商品房预售收入等。

3. 各类交易费用

住房经济活动涉及多种税收和交易费用。目前，我国住房税收主要有以下几种：营业税、城市建设维护税、企业所得税、国家能源交通重点建设基金、住房税、印花税、契税等，这些都是由税务部门按规定统一征收。其他收费涉及经纪费、法律费用及登记、评估、调查等多方面的费用，税收和交易费用直接转嫁进入住房价格。税收和交易费用的存在，会影响住房市场的供给和需求，使房地产供给和需求曲线发生移动，税收和交易费用的变化会对消费者或者生产商的消费与供给行为产生激励或者抑制作用。

4.影响住房价格变化的其他主要因素

从长期来看，除了住房开发成本及供求关系等住房价格的决定因素外，还有一些影响住房价格的重要因素直接或间接地导致了住房价格的变化。

1）国土空间规划和土地供应计划

国土空间规划和土地供应计划控制着一个地区一定时期的土地供给量，规定了土地和房地产的用途，因而成为住房价格的重要决定因素。城市控制性详细规划确定的土地开发强度也影响土地价格，如土地开发的容积率等。城市土地供应计划是政府调控住房市场的重要工具。

2）住房政策和住房法规

住房政策也会对城市住房价格的形成产生重要影响。政府对住房市场的租金（价格）控制可以采取多种形式，如固定租金（价格）限制、最低租金（价格）限制等。此外，政府有关住房需求的政策也会导致住房价格变化，如政府对个人购买住房给予减税、补贴、贷款支持，都会导致需求增加，住房价格上升。法制因素也对住房价格有重大影响，诸如：土地使用分区管制、契约限制、所有权的条件（或形式），以及立法对住房所有权的保障等。

3）通货膨胀率、利率、汇率和股价

住房价格水平会受到通货膨胀率、利率、汇率和股价等众多经济因素的直接或间接影响，这些影响通常会在住房市场的供求状况之外发生作用，短期或长期使住房价格发生变动。

从理论上说，房价与利率负相关，即利率上升，房价会下降；利率下降，房价会上升。然而，利率与房价的关系是多种因素共同作用的结果，包括开发成本、住房投资成本、银行抵押贷款利息等。

在固定汇率（或钉住单一货币）制度下，本国货币升值或升值预期将吸引大量的外资流进，为保持币值的基本稳定，政府将被动地买进外币同时放出本国货币，即大幅度增加了流动性。同时，在财富效应作用下，居民的储蓄存款也大为增加，银行资金过剩。由于住房信贷领域有住房作抵押，住房贷款成为银行的优质资产，因而银行信贷资金大量进入房地产领域，致使住房泡沫膨胀。相反，货币贬值将可能导致银行"惜贷"，银行信贷收紧则加剧住房市场降温。

由于股市与楼市都是重要的投资场所，因此，在资本量一定的情况下，股票投资与住房投资是竞争的关系。如果其他条件不变，当资产相对收益发生变化时，还将产生资产的相互替代，即资金从相对收益低的资产转移到相对收益高的资产。如果说，资本投入会带来价格的上涨，则这就意味着房价与股价之间存在着此消彼长的关系。也就是说，当股价低迷时，就会有更多资金从股市抽出而投资到住房市场上，从而促进住房价格的上扬；当股价高涨时，也有一些人会抛售房产，将资金转移到股市，从而抑制了房价的上涨。

4）时滞、开发期与土地使用权出让期限

在住房价格的变化中，时间因素也发挥着独特的作用。如：从开发初期的房价到销售时的房价之间存在着时滞的影响，开发商可以利用控制开发进度，达到提升住房价格的目的。土地使用权出让期限变更也会带来住房价格的变化。

5）预期和心理因素

人们对未来住房价格的预期和各种心理因素将影响住房投资消费行为（高波，2007：138-143）。

就我国目前的情况来看，对于住房生产者而言，土地出让金在住房开发成本中占据相当大的比例，许多城市土地出让金占总成本的比例达到20%~30%。假设在一定时期住房开发的单位成本保持不变，土地出让金、银行利息率和交易税等因素会对住房总成本产生较大的直接性影响；对于住房消费者而言，家庭收入的变化、银行利息率和交易税等因素会对住房消费行为产生较大的直接性影响。这些生产性和消费性因素，加上迁入人口、货币超发、城市经济活力等因素一起对住房价格产生较大影响。

2.8 市场失灵与政府失灵

市场是一种经济调节的基本手段和有效率的运行机制，但是在市场调节过程中，也会出现市场失灵，因此，需要政府进行干预，制定和实施面向公众的公共性的住房政策；但是因为主客观因素的现实复杂性，也会出现政府公共政策失灵。

1. 市场失灵

资源有效配置是指使社会经济效率达到最大的资源配置，社会效率达到最大的必要条件之一是所有资源的边际社会收益与边际社会成本相等。如果在某个地方，资源的边际社会收益大于边际社会成本，这就意味着该处配置的资源太少，应当增加。反之，如果在某个地方资源的边际社会成本大于边际社会收益，这就意味着该处配置的资源过多，应该减少。由此可见，只有在边际收益和边际社会成本恰好相等时，资源配置才能达到最优状态。一般来说，市场机制本身只能保证资源配置的边际私人收益与边际私人成本相等，无法保证边际社会收益和边际社会成本相等。市场机制本身还存在各种各样的缺陷，正是这些缺陷造成了经济活动的边际社会收益和边际社会成本不一致，致使潜在的互利交换和生产不能得到实现，造成市场失灵。**市场失灵**是指市场本身不可克服的局限性，在资源配置的某些领域，完全依靠市场机制的作用，不能实现帕累托最优。市场机制实现资源配置的帕累托最优的基本条件是完全竞争市场，形成完全竞争市场需要具备四个条件：商品同质、开发商自由出入、交易双方人数众多和信息充分。住房市场显然不满足这四个条件，因此，在住房资源配置上市场很可能会失灵，无法实现人人住有所居的目标。总体来说，住房市场失灵产生于不完全竞争、外部性和信息垄断等原因。

1）有限竞争

由于土地资源稀缺、开发住房资金量大，在竞争过程中，小企业往往被淘汰，市场供应主体逐步向大的企业集中，后者具备定价和市场歧视的能力，形成垄断。垄断企业为获取超额垄断的利润，常常会不断提高住房的价格，甚至操纵物价，获取暴利，从而超出中低收入群体的可支付性。因此，具有垄断性特征的住房市场缺乏向中低收入居民提供宜居住房的激励机制。

由于住房产品的非同质和位置固定等属性，开发商主要是与类似住房开发产品且区位邻近的开发商之间发生竞争，与不同住房开发产品或项目所在区位较远的开发商之间的竞争较弱。因此，在住房市场上同类项目只有少数住房商进行竞争，形成了类似寡头垄断的区位市场结构。

2）外部性

住房问题具有外部性。例如，不适宜的住房材料和某些住房设施的使用，会造成环境污染；恶劣的居住条件会引发疾病传播、犯罪率上升和教育机会缺乏等社会问题；住房条件的恶化和部分居民住房的拥挤会给周边居民带来社会成本，导致高收入居民不断搬出和贫困者的搬入，进而引发社区衰落，这不仅影响周边居民的房产价值，社区衰落和居住隔离更会导致城市社会问题。

3）信息不对称

住房交易的过程复杂，客户与开发商之间、开发商与政府之间往往都会产生信息不对称，导致住房商品市场进一步走向不完全竞争。购房者是弱势主体，开发商则是强势主体。开发商对所开发楼盘的品质、环境、物业、交通及开发商资质等信息掌握清楚，而购房者对这些信息不全了解。信息不对称将会导致住房商品市场不规范、市场资源严重浪费、消费者利益受损、触发逆向选择和道德风险等问题。逆向选择是指市场交易的一方如果能够利用多于另一方的信息使自己受益而对方受损时，信息劣势的一方便难以顺利地作出买卖决策，于是价格便随之扭曲，并失去了平衡供求、促成交易的作用，进而导致市场效率的降低。

市场失灵会导致长期的住房短缺，特别是面向低收入居民的住房不足、住房的可支付性差及居住标准过低等后果，造成大部分低收入群体无力购买或租到适宜的住房。因此，政府应该介入住房资源的配置过程，通过宏观调控、供给保障性住房等手段，弥补市场缺陷，帮助中低收入群体达到住有其居的基本生活目标；建立统一、规范的住房信息披露制度，促进住房市场有序发展。

2. 政策失灵

由于市场失灵，必须借助政府这只看得见的手来进行弥补。但是政府的作用并不是代替市场机制，而是弥补市场机制的不足，解决市场机制解决不了的问题。然而，政府也不是万能的，在力图弥补市场失灵的过程中，政府干预行为本身的局限性会导致另一种非市场失灵——**政策失灵**（或政府失灵 Government Failure），即政府制定公共政策的调控行为，在实施过程中出现事与愿违的问题和结果，没有使社会资源配置状况变得更好，或者相对资源配置状况的改善而付出的实际代价过高，造成资源浪费，引起效率和社会福利的损失。在住房市场中，政府制定住房政策失灵的原因包括公共产品是完全垄断、政府信息不完备和政府"经济人"利益约束行为等，减少政策失灵的路径之一是强化合作治理。

1）公共产品市场是完全垄断市场

政府提供的公共产品是完全垄断的，缺乏竞争导致的低效率，常常使政府的干预、调控行为滞后，或者出现负效应，甚至出现相反的效果。从成本收益角度来看，只有政府干预收益超过其干预成本时才有干预必要，否则公共政策是低效的或无效的。由于政府处于垄断地位，其收益源于企业、居民提供的税收，支出属公共开支，运行的成本和收益是分离的，没有企业那样的硬预算约束，无需考虑谁是支付者，使得政府没有提高效率、降低成本的激励。

2）政府信息不完备

政府决策者能否理性了解住房市场上的多种信息，主要取决于政府对信息的数量及质量的掌握是否得力。从时间上看，政府干预住房市场存在着"悖论"：一方面，为了降低决策成本，必须减少决策次数，住房政策尽量减少变更，以保持政策的恒定性，减少不可预计性和不稳定性；另一方面，决策次数减少将引起信息累积时间延长，无法应对住房市场上的变化，出现一些过时信息，最终降低决策的有效性。在主观上，信息收集还可能面临"道德风险"，住房保障实施中享受对象的确定，可能会面临被核查者的刻意隐瞒，人为地增加信息不完备的风险，政府难以区分真正应该享受住房保障的人与不应该享受的人，进而把住房的保障福利给予那些真正需要帮助的人。

3）政府"经济人"利益约束行为

"经济人"假设告诉我们，人的行为的基本动机是趋利避害，追求尽可能多的利益。这一特点并不仅局限于个人决策，集体决策是否有效也会受到参与决策者利益的约束，政府同样也存在着"经济人"行为。与一般人不同，政府手中都掌握着或多或少的资源，政府官员在参与决策时即使不是代表某一利益集团，往往也会在一定程度上考虑个人的意愿、欲望和利益。尤其对住房这种相对供求不平衡的稀缺性商品，由于存在稀缺的"权利资源"，也存在着"寻租"的可能，导致严重的社会浪费。

思考题：

1. 了解住房市场的经济规律有何意义？
2. 为何说住房市场具有垄断特征？它对住房价格会产生什么样的影响？
3. 什么是住房市场的供求模型？供求模型对政府制定住房政策会有什么样的帮助？
4. 什么是住房的需求弹性和供给弹性？它们对住房市场和住房政策会产生什么样的影响？
5. 住房价格是由什么决定的？

延伸阅读：

1. （美）阿瑟·奥莎利文. 城市经济学 [M]. 周京奎，译. 北京：北京大学出版社，2015.（第十四章）
2. 高波，等. 现代房地产经济学导论 [M]. 南京：南京大学出版社，2007.（第四章~第五章）

第 3 章

城市住房政策相关工具

住房政策基本目标是保障公民的居住权，提高公民居住水平和居住质量。联合国"适足住房权"的内涵意味着住房政策应该指向综合性的目标，包括公民居住权的法律保障、住房的可支付性、宜居性、可及性、适宜地点、居住服务和基础设施的可获得性以及文化特征等内容。城市住房政策性"工具"（Instruments）是实现这些目标的具体措施和手段。

3.1 城市住房政策的一般性工具

珀林（Poling，1997）认为政府的行政管理可采取六种策略：无行动（Non-Action）、劝诫（Exhortation）、管制（Regulation）、税收（Taxation）、补贴（Subsidy）和直接供给（Provision）。格里恩和麦尔佩兹（Green、Malpezzi，2013）认为，政府可以通过五种手段实现住房政策的目标：产权归属的界定与实施、补贴或直接的公共住房供给、税收、金融、管制等。此外，政府与社会组织之间的合作治理（Governance）也是推进住房发展和保障性住房建设的重要政策性工具。因此，将"无行动"和"劝诫"去掉，综合起来，住房政策一般可包含四种基本的政策性工具：住房援助（补贴与直接供给）、金融财政（税收）、行政管制和合作治理。

3.1.1 住房援助

住房援助是指政府为住房困难的中低收入家庭直接提供公共住房或住房补贴。住房补贴分为面向住房供给侧的补贴和面向住房需求侧的补贴两大类，前者又被称为住房建设补贴，后者则被称为租房补贴。公共住房也是政府财政补贴的一种特殊形式，是政府运用财政投资，为符合条件的低收入家庭提供实物型的公共租赁住房的建设、改造和运行补贴。除此之外，住房供给侧补贴政策通过财政补贴，降低住房开发和流通过程中的开支等，鼓励市场为中低收入家庭建造更多的住房，对向低收入家庭出租私人住房的供应补贴。住房需求侧补贴包括以现金和租房券支付给租房者，以及对于购买自有住房家庭的津贴，帮助中低收入家庭在市场上租房（或购房）。租房补贴数额一般按一定住房标准的住房市场租金与家庭可支付租金的差额确定。有些住房补贴项目可偏向特定的阶层和有特殊需求的家庭或个人（如老年人、无家可归者或残疾人等）。住房援助属于政府财政政策的一种类型，因为与保障性住房的供给或消费直接相关联，所以单独作为一项政策性工具。

从整体看，尽管各种补贴在实际运用中往往并存，但各国的住房补贴政策都经历了由住房建设补贴向房租补贴的转变，即从"砖头"（补贴住房开发商）到"人头"（补贴住房需求者）的转移。实践表明，对存量住房直接进行房租补贴具有显著的优点。与新建公共住房相比，租金补贴是一项帮助贫困者获得既体面又支付得起的住房的更为经济的措施，补贴为大多数贫困家庭解决住房问题提供了有效的途径，承租者可以根据生活需要自由选择住房的位置和类型，有助于防止贫困家庭集中在特定的建筑物和聚居区内。

到2010年年底，我国政府用实物方式提供了近2200万户的保障性住房，用发放廉租住房租赁补贴的方式，解决了近400万户城镇中低收入家庭的住房困难。为了避免集中建设保障性住房可能产生的问题，住房政策逐渐向发放租赁补贴倾斜，增强低收入家庭在市场上承租住房的能力。

3.1.2 金融财政

金融政策既是各个国家进行宏观经济调控的主要工具，又显著地影响着住房市场走向，一些发达国家住房政策的核心就是住房金融政策。**金融政策**是政府或中央银行所采取的货币和信用政策的统称，主要包括三大政策：即货币政策、利率政策和汇率政策。货币政策是中央银行调整货币总需求的方针策略，稳定货币供应和金融秩序。利率政策是中央银行调整社会资本流通的手段，合理的存款利率政策有利于经营存贷业务的银行吸收储蓄存款，集聚社会资本；在一定程度上调节社会资本的流量和流向，从而导致产品结构、产业结构和整个经济结构的变化，刺激和约束企业的筹资行为，促进企业合理筹资，提高资本的使用效益。汇率政策对于国际贸易和国际资本的流动具有重要的影响。金融政策必须结合财政政策，以求创造有效需求，稳定物价，保持充分就业。

金融政策可从供给侧和需求侧两个方面对住房供给和需求进行调控。供给侧包括对银行贷款利率以及标准化债权融资、非标融资、股权融资等影响住房融资手段进行约束；需求侧的调控包括贷款首付比例、贷款利率、贷款额度、放款效率（放款、审批时间）、场外融资监管等。

住房的开发建设和购买消费都高度依赖银行信贷的支持，利率、首付比、差别化信贷等政策将影响居民的支付能力，也影响开发商的资金回笼和预期，对房市供求波动影响较大。"货币超发＋低首付比例＋低利率＋宽开发融资"的金融政策往往带来需求和供给快速释放，对刺激住房产业有立竿见影的效果；相反，"货币紧缩＋高首付比例＋高利率＋严开发融资"的金融政策将快速抑制住房产业的扩张。住房金融政策保持基本稳定是住房市场保持基本平稳的最重要条件。根据世界银行的报告（2007年），住房抵押贷款市场占发达国家国内生产总值（GDP）的比重达50%～100%；中等收入国家住房抵押债务总额占国内生产总值的20%～35%。国内外住房泡沫的形成很大程度上受低利率和充裕流动性的推动，住房泡沫破裂大多可归因于加息和流动性收紧。

货币政策可以对房地产市场进行有效调控，调节货币供应量，调整存款准备金率，将影响房地产市场的供给和需求；利用利率政策，降低房地产利率，可以刺激房地产开发商，增加供给，反之，房地产开发商减少供给；降低房地产抵押贷款利率，可以刺激房地产需求，反之，抑制房地产需求；通过信贷政策增加房地产开发贷款和房地产抵押贷款规模，可以提高房地产市场交易规模，反之，限制房地产交易规模。

与金融政策一样，财政政策也是国家干预经济，实现宏观经济目标的工具，财政政策的制定和执行，要与金融政策、产业政策、收入分配政策等其他经济政策协调。**财政**是政府"理财之政"，是一种以国家为主体的公共经济行为，政府集中一部分国民收入用于满足公共需要，以达到优化资源配置、公平分配以及稳定经济和发展的目标。财政包括财政收入和财政支出两个部分。收入主要来源于税收和国债。**税收**是国家最主要的一种财政收入形式，是以实现国家公共财政职能为目的，满足社会共同需要，基于政治权力和法律规定，由政府专门机构向经济单位和个人就其财产或特定行为，实施强制、无偿取得金钱或实物课征。税收通过两种途径影响整体经济：税收影响人们的收入；税收还能影响物品和生产要素，影响激励机制和行为方式。政府支出有两种形式：其一是政府购买，包括物品和劳务；其次是转移支付，是政府在社会保障支出、救济金、补贴等方面的支出。政府以此提供公共物品、经费和资金，引导资源的投资，弥补市场的失灵和缺陷，通过转移性支出，最终实现全社会资源配置的最优效率状态。政府购买支出、转移支付和税收变动具有乘数效应，即它们的变动对经济的变动具有倍增作用。财政政策是指政府变动税收和支出以便影响总需求进而影响就业和国民收入的政策。

变动税收是指改变税率和税收结构，变动支出是指改变政府对商品与劳务的购买支出以及转移支付。

税收激励是政府干预住房市场的重要政策性工具，通过新增税种、调整相关税率和减免税收等方式，政府可以限制或鼓励某些经济活动。涉及住房的税收政策主要针对交易环节，需求侧税收政策包括个人所得税、契税等税种的优惠、减免措施等，鼓励和刺激住房需求，或者运用相反的措施，抑制住房需求；供给侧包括营业税、土地增值税等税的征收和激励。流转税与所得税作为较为常见的税收政策性工具，主要目标是打击住房投机需求；物业税作为住房保有阶段较为重要的税种，在某些情况下可以用来调整住房消费需求。为建设低收入住房的企业提供税收减免，是鼓励保障性住房建设的常用手段之一。例如：运用税收杠杆，通过提高高档住房的税率，抑制其需求，或者降低普通商品房的税率，刺激其供求，从而改善房地产市场的供求结构；调整转移支付政策，加大对低收入者的转移支付，缩小收入贫富差距，保障低收入者的基本住房需求，健全住房保障体系。

与住房供需相关的减免税政策，主要包括对住房自有者的住房抵押贷款利息抵扣所得税、出租收入免征所得税以及对自有住房免征财产税。显然，减免税政策的最大受益者是住房自有者。大量统计数据表明，与房租补贴相比，减免税政策导致了包括欧洲福利国家和美国在内的许多国家政府更大的财政补贴，并加剧了租房户和购房户之间的不平等。随着20世纪80年代以来，欧美公共政策偏向于市场供应为主、政府干预为辅的转变，政府一方面以减少公共开支为由，削减出租房屋的支出，以更加严苛的审查制度，确定接受补贴的家庭；另一方面却迟迟不减少减免税补贴，从而导致了上述不平等现象。从国别来看，美国推行住房减免税政策在西方国家中比较突出，住房减免税额在住房政策费用总额中所占的比重近年大致为78%，英国、前联邦德国的住房减免税额在住房政策费用总额中所占的比例分别为61%和53%左右。

当房地产市场出现周期波动时，政府可以运用财政、货币政策的有效组合，实现其政策目标。完善的住房金融财政体系有助于提高住房自有率，推动住房市场的发展、就业和经济增长，加速财富积累，及维护社会和政治稳定。

3.1.3 行政管制

行政管制是指在住房市场中，政府可以颁布实施一系列管制政策，对住房生产和流通过程中的行为进行某些行政法规上的规定和限制，如租金管制、土地使用管制、地产市场的制度建设和住房产品类型的限制等，目的是提高特定居民群体（如中低收入群体）的住房支付能力，降低住房市场的不合理负面效应。

政府可以运用多种行政手段对房地产市场实行宏观调控。

1. 租金管制

租金管制政策是政府动用行政力量干预住房租赁市场，制定租赁住房租金的价格标准。租金管制可采用价格指导和价格管制两种形式。所谓价格指导，是指政府确定一个指导价格，由房地产开发商参照执行。价格管制分为最高限价和成本加成定价。最高限价是由政府确定的一个最高价格，所有房地产开发商定价不能超过这个指标；成本加成定价是政府根据房地产开发建设的平均成本，加上一个合理的利润来确定房地产的价格。

2. 土地使用管制

土地使用管制主要是指政府国土规划部门针对土地供应、土地使用、开发强度和住房建设过程中的相关政策进行变更，抑或是对相关政策的参数进行调整。作为住房生产过程中的必需性生产要素，土地供应量的规模是住房市场供求平衡和平稳运行的重要基础。城市空间规划对房地产市场调控直接具体，对房地产业的发展规模、时序和结构进行安排，决定着房地产开发的方向和深度。

3. 加强房地产市场的制度建设

健全信息披露制度，消除逆向选择和道德风险。政府确保房地产市场的信息公开透明合理，引导消费者的心理预期（高波等，2007：368-370）。

4. 住房产品类型的限制

通过对住房开发的产品类型进行规定，迫使市场生产中低收入阶层可以支付得起的住房。如：我国的"9070"的新建住房结构比例控制，要求中低价位、中小套型普通商品住房（含经济适用住房）和廉租住房的年度土地供应量不得低于居住用地供应总量的70%，套型建筑面积90m^2以下住房（含经济适用住房）面积所占比重，必须达到开发建设总面积的70%以上。

我国实行土地公有制，城市土地所有权归国家所有，政府作为土地供给者在土地一级市场上处于垄断地位，可以对土地使用权进行一定年限限定下的转让。通过土地政策，政府可以影响土地供给量，从而影响住房供给和调节住房市场。

3.1.4 合作治理

政府与市场私有化企业或NGO（非政府组织）等社会性组织合作，建设多样化的住房产品，如合作住房、社会住房、共享产权等，或者改善应急房屋和非正规住房等，拓展保障性住房的建设方式、住房数量和资金来源，形成合作治理。这种政府与市场、社会合作的运作方式，有助于减少政府失灵。在德国、瑞士、法国等地，"住房合作社"成为地方政府增加保障性住房房源的有效渠道，"住房合作社"的住房租金一般只覆盖实际建房和维护费用，比市场租金低20%。包容性区划（Inclusive Zoning）也是合作治理的一种重要方式，它是在房产开发商获得开发许可条件时，经与政府协商，所开发项目被要求提供一定比例的保障性住房，销售或者租赁给中低收入家庭。制定社区发展计划，发动社区居民参与，依托居民自身和 NGO 组织，改善住房质量和服务水准，促使社区发展更有活力，也可算作是一种促进住房发展的合作治理方式。

下面针对自有住房和租赁住房等两类住房，从供给侧和需求侧两方面对四种住房政策性工具展开分析。

3.2 自有住房政策性工具

鼓励自有住房是许多国家住房政策的基本目标。从个体层面来看，拥有安全稳定的居所是人类生存的刚性需求，作为一种稳定的大额固定资产，自有住房也有助于家庭财富积累；在社会层面来看，自有住房有助于培育居民社会责任感，增强社区邻里关系和促进社会稳定。我国城市自有住房率在 1980 年不足 20%，到 2019 年时，城市自有住房率已经超过 80%。

3.2.1 自有住房的住房援助工具

为了鼓励居民购买自有住房，政府可以采取多种住房援助的措施：对购房家庭给予一定额度的现款补贴或一次性赠款（Grant），相当于降低首付款和降低住房总价，采取此类政策的国家包括英国及西班牙；对购房家庭所需支付的银行利息进行补贴（Subsidy），相当于减少利息支出，采取此类政策的国家包括日本、韩国；依据购房者家庭收入水平对购房家庭予以不同程度的津贴（Allowance）补助，相当于减少利息支出，减少每月还贷支出，采取此类政策的国家包括德国和瑞典等。

自 20 世纪 70 年代末以来，我国住房政策从租赁型的福利住房向自有产权的商品住房转变，提倡"居者有其屋"，采取了多项住房援助和住房补贴的政策。1978 年国务院批转国家建委《关于加快城市住房建设的报告》，要求有条件的城市和工矿区可以试行"自建公助""分期付款"的办法，鼓励组织和个人集资建房。1980 年 4 月将公有住房出售与私人建房结合推行，对于私人建房，采取"民建公助""公建民助""互助自建"和"自筹自建"四种形式。1982 年国务院批准《关于出售住房试点工作座谈会情况的报告》，开始试行补贴出售政策，即由政府、单位、个人三者各负担 1/3 的"三三制"售房原则，售价确定仍然以土建成本价为标准，但公共设施建设费用、建筑税和能源交通费不计入成本。1982 年国务院进行"优惠售房"试点，对新建住房试行补贴出售，对原有住房折价出售，个人购买住房，一般支付售价的 1/3，其余 2/3 由建设单位补贴。

3.2.2 自有住房的金融财政工具

自有住房的金融财政工具可以从自有住房生产者和消费者的成本角度进行考

虑，通过增加或者减少生产者或消费者的成本，从而达到刺激或抑制市场住房开发建设的目的。

对于自有住房消费者，其成本包括住房购买成本和住房维护成本。不考虑税收时，自有住房所有者面临和出租房屋的房东同样的成本：购房资金成本、住房市场价格的升值或贬值及住房维护成本。如果自有住房所有者是从银行借钱购买，那么资金成本就是银行年抵押贷款的利息支出。如果是支付现金，资金成本就是把资金投资于住房而非存入银行所产生的机会成本。不论哪种情形，对于购房者，平均每年住房的资金成本都是市场利息率 i 与住房价值 V 的乘积。住房所有者也面临贬值成本（d 乘以 V）和维护成本（m 乘以 V），维护成本包括物业管理和房屋折旧成本。在世界上大部分国家，自有住房所有者的年持有成本还包括住房的房产税（t_1 乘以 V），这样自有住房所有者年持有成本 C_1 可表示为：

$$C_1 = V \cdot (i+d+m+t_1)$$

这个公式暂忽视自有住房所有者购买住房时的首付款和住房交易税构成的首付成本。如果住房升值了，d 就是一个负数，住房所有者的净成本很低。

由于房产增值还是贬值以及住房维护不是政府所能控制的，政府在住房金融财政政策的需求侧，可以通过对银行利率 i、房产税 t_1 以及首付款、住房交易税进行调整，调控住房交易市场。如降低贷款利息、首付款比例和交易税等措施，能够减少购房者的支付总款，因而可刺激房市。反之，则抑制住房市场。此外，支持住房抵押贷款机构的发展，让购房者较为容易地获得较低利息的贷款或降低需要支付的首付款，有助于提高自有住房率。

例如，实行更为严格的差别化住房信贷政策，国发〔2010〕10号要求对购买首套自住房且套型建筑面积在90m²以上的家庭（包括借款人、配偶及未成年子女，下同），贷款首付款比例不得低于30%；对贷款购买第二套住房的家庭，贷款首付款比例不得低于50%，贷款利率不得低于基准利率的1.1倍；对贷款购买第三套及以上住房的，贷款首付款比例和贷款利率应大幅度提高，具体由商业银行根据风险管理原则自主确定。这样通过提高购房家庭的第二套、第三套及以上住房的购买成本，可以抑制市场过热和投机行为。

与此类似，在住房供给侧，政府可以通过对银行利率 i、住房经营税等因素进行调控，支持或者抑制住房市场交易。

此外，政府还可以利用减免个人所得税和其他税收等激励措施，如购房者的住房抵押贷款利息抵扣需缴纳的所得税、出租收入免征所得税、对自有住房免征财产税以及减免开发商的营业税或与开发相关的其他税费等，调控住房市场。

住房抵押贷款是支持可支付性住房金融措施的重要组成部分，住房抵押贷款的机构包括银行和储蓄机构直接贷款系统、抵押贷款银行系统、二级抵押贷款市场等。

发达市场和新兴市场最常见的贷款是由银行和储蓄机构依靠储户存款向购房者直接发放贷款。银行和储蓄机构是占主导地位的住房金融部门，包括提供全方位金融服务的商业银行、服务于家庭的储蓄银行、建房互助协会及储蓄和贷款机构，储蓄和贷款机构可以发行债券和抵押证券。近年来，得益于中央银行为商业银行提供的流动性和存款保险，发达国家的金融自由化提高了商业银行在房贷市场的作用。

1. 住房抵押贷款银行

与储蓄型贷款机构不同，住房抵押贷款银行发放住房和商业贷款，资金源自向拥有长期资金渠道的机构投资者（如保险公司和退休基金）发行的证券，如公司债券。后者提供的住房和商业抵押贷款大多与该银行以住房抵押贷款作担保发行的公司债券相匹配，并提供长期固定利率低的房贷成本。

2. 国家住房银行

国家住房银行主要服务于无法获得商业金融机构贷款的群体，如低收入群体、无固定职业和收入的人群、银行网络不发达地区的农户等。有些国家住房银行类似于依赖存款资金的储蓄银行；有些类似特殊的专业银行，没有大额存款收集能力，依赖债券市场筹集资金。在一些国家，住房银行得到政府在税收、储蓄和公共财政方面的支持。

3. 住房公积金

许多新兴经济体采用住房公积金制度，通过向雇员强制性征收工资的一定比例作为储蓄，同时向雇主征收额外的比例作为雇员的储蓄，住房公积金中心管理这些长期累积的储蓄，支付低于市场收益的利率；雇员可以取出公积金账户中的存款作为购买住房的首期付款，还能从公积金中贷到低于市场利率的一定数额的抵押贷款，或者作为退休储蓄来使用。在商业银行缺位的市场，住房公积金成为提供长期抵押贷款的一种重要手段。

公积金制度首先出现在新加坡，该国的所有雇员都需要把一定收入交给中央公积金，这些资金用来投资国内和国际的多元化资产组合，建屋发展局负责住房开发、管理和融资。购房者可以向中央公积金借首期付款和贷款，同时建屋发展局向首次购房者和购买改善性住房的家庭提供由政府补贴的利率和住房抵押贷款。

1991年，我国住房公积金首先在上海试行，1995年推广到全国范围。公积金由公积金管理中心运作，中国人民银行规定利率，财政部与住房和城乡建设部在全国层面负责计划和监督。在地方政府财政方面，住建委制定公积金管理中心的政策。根据我国1999年颁布、2002年修订的《住房公积金管理条例》，住房公积金是指国家机关、国有企业、城镇集体企业、外商投资企业、城镇私营企业及其他城镇企业、事业单位及其在职职工缴存的长期住房储金。住房公积金实质是以住房公积金形式给职工增加了一部分住房工资，从而起到了促进住房分配的目的。职工个人缴存的住房公积金和职工所在单位为职工缴存的住房公积金属于职工个人所有。

住房公积金的定义包含以下五个方面的含义。

1）住房公积金只在城镇建立

农村不建立住房公积金制度。

2）只有在职职工才有住房公积金

无工作的城镇居民、离退休职工不实行住房公积金制度。

3）住房公积金由单位缴存和职工缴存两部分组成

一部分由职工所在单位缴存，另一部分由职工个人缴存。职工个人缴存部分由单位代扣后，连同单位缴存部分一并缴存到住房公积金个人账户内。职工和单位住房公积金的缴存比例均不得低于职工上一年度月平均工资的5%；有条件的城市，可以适当提高缴存比例。

4）住房公积金缴存的长期性

职工在职期间必须不间断地按规定缴存，除职工离退休或发生《住房公积金管理条例》规定的其他情形外，不得中止和中断。

5）住房公积金是专项住房储金

住房公积金是职工按规定存储起来的专项用于住房消费支出的个人住房储金，住房公积金具有积累性，即住房公积金不是职工工资的组成部分，不以现金形式发放，并且必须存入住房公积金管理中心在受委托银行开设的专户内，实行专户管理；住房公积金具有专用性，住房公积金实行专款专用，存储期间只能按规定用于购、建、大修自住住房，或交纳房租。职工只有在离退休、死亡、完全丧失劳动能力并与单位终止劳动关系或户口迁出原居住城市时，才可提取本人账户内的住房公积金。

贷款额度不得超出个人还款能力，用公式计算可表达为：（借款人月缴存额/借款人公积缴存比例＋借款人配偶公积金月缴存额/借款人配偶公积金缴存比例）×50%×12（月）×借款期限；借款人（含配偶）要具备偿还贷款本息后，月均收入不低于本市城乡居民最低生活保障的能力。

公积金贷款年限：最高年限为30年。借款人的年龄与申请贷款期限之和原则上不得超过其法定退休年龄后5年，即男职工可以贷到65岁，女职工可以贷到60岁。职工家庭（包括职工、配偶及未成年子女）贷款购买首套住房（包括商品住房、限价商品住房、定向安置经济适用住房、定向销售经济适用住房或私产住房），且所购住房建筑面积在90m^2（含90m^2）以下的，应支付不低于所购住房价款20%的首付款，贷款额度不高于所购住房价款的80%；所购住房建筑面积超过90m^{2}的，应支付不低于所购住房价款30%的首付款，贷款额度不高于所购住房价款的70%。职工家庭贷款购买第二套住房的，应支付不低于所购住房价款50%的首付款，贷款额度不高于所购住房价款的50%。

4. 二级抵押贷款市场和住房抵押贷款证券化

2008年金融危机前，二级抵押贷款市场模式在发达市场和新兴市场都非常受欢迎。二级市场设计将抵押贷款或抵押贷款支持的证券向第三方出售。传统的方式是贷款机构（如银行）和金融机构自身为住房贷款承担审批、发放、服务执行、信用风险管理和融资等一系列功能。经过几十年的金融创新，这些功能逐渐分离，由不同的专业机构承担，房贷中心及机构在贷款发放中起着重要的作用。美国次贷危机暴露了抵押贷款分拆的根本缺陷，目前已大大降低了二级市场份额和减小了经纪公司、按揭公司、投资银行、抵押贷款保险公司在住房融资市场的作用。

抵押贷款违约保险对住房金融体系的发展与完善具有重要的作用，其目的是保护贷款方和投资方免受因借款方违约造成的损失。它可以用来降低中低收入家庭购房的首付款额，并帮助这些家庭得到住房抵押贷款，同时有助于增强投资者的信心，加强住房抵押贷款和银行业务系统的信用风险管理。至今有超过20个国家已使用抵押贷款违约保险，这些项目大多数由政府出资支持。美国1934年开始采用抵押贷款违约保险，加拿大1954年开始使用该项目。在美国，该项目帮助购房者降低首付款，从20%减少到5%甚至零首付。

5. 储蓄补贴与赠款

依托自己的储蓄，居民可享受低息贷款，相当于对购房款进行补贴。储蓄补贴在美国和德国等国家的住房建设中起到过重要作用。

20世纪30年代末至70年代，美国互助储蓄银行是美国住房贷款的最重要来源。互助储蓄银行为家庭提供有存折的储蓄账户，达到一定数额的存款时，住房贷款得到联邦政府的全额担保。利用这些储蓄账户的资金，互助储蓄银行为当地社区的购房者提供为期30年的固定利率住房贷款。贷款的利率高于储蓄利率，而两者之间的差额就是互助储蓄银行的营业收入和利润的主要来源。如果在其市场范围内，房贷的需求超过储蓄账户的资金总量，互助储蓄银行则可向所在地区的住房贷款银行借取资金。

合同储蓄机构是澳大利亚、法国和德国住房金体系的重要组成部分，这些专门的合同储蓄机构依据与贷款捆绑的存款合同，以低于市场的固定利率向购房者发放按揭贷款，政府通过存款奖金和优惠税收给予这些特殊机构有力支持。

6. 税收补贴或免税

对购房家庭所需缴纳的税收进行补贴或免税，相当于减少购房支出，降低住房所有权的成本。税收补贴经常采取住房抵押利息扣除的形式，这项政策更有利于购买住房者，有助于提高自有住房率。

例如：按照美国联邦政府的税收政策，购房者可以从总收入中扣除抵押贷款的利息支付，从而每1美元的抵押贷款利息以边际税率的形式减少纳税者联邦赋税。

如果纳税者的边际税率为28%，那么每1美元的抵押贷款利息都会使赋税减少28美分。1998年，抵押扣除让美国联邦政府税收减少了600亿美元。抵押扣除降低住房的净成本，增加了住房消费。根据亨德肖特和希林（Hendershott、Shilling，1982）的研究，税收优惠对自有住房率提升的贡献率为1/4。

7. 住房抵押贷款援助或担保

为应对普通家庭从商业银行获取的住房贷款不足和利率过高的问题，政府可以进行干预担保，帮助普通家庭从商业银行获取所需要的贷款。

1929年经济大萧条爆发之前，美国多数放款人通常的贷款期限为2～11年，具体取决于放款人的类型，到期后就必须再贷款或还贷，贷款额不超过住房价值的60%，从而使得绝大部分借款人需要获得第二笔甚至第三笔贷款才足以购房。获取住房贷款的困难导致只有富人才买得起房子，如此一来，租房就成了美国最主要的居住形式。1937年7月联邦政府颁布《联邦住房贷款银行法案》，旨在加强储蓄、借贷以及储蓄银行在抵押贷款市场中的作用。根据该法案，美国共设立了12个地区住房贷款银行，为储蓄银行提供资金，帮助其发放住房抵押贷款。这些住房贷款银行由联邦住房贷款银行委员会统一监管。当住房抵押贷款的需求量超过储蓄银行存款总量时，该法案允许其向住房贷款银行借款。该法案不仅为地方银行提供额外资金，而且通过延长贷款期限或提高贷款的最高限额（Loan-to-Value ratio），降低借款人的贷款成本。罗斯福政府不仅让数百万户家庭摆脱了丧失抵押品赎回权的问题，而且从根本上改变了住房信贷体系，既降低了放款人的风险，又节省了借款人的成本。

1933年美国联邦政府颁布的《自有房户借贷法案》（*Home Owners' Loan Act*）旨在"帮助人们渡过丧失抵押品赎回权的难关"。该法案创立自有房户借贷公司（the Home Owners Loan Corporation，简称HOC），负责购买违约的抵押贷款或对其进行再贷款。该公司通过长期联邦债券来购买这些违约抵押贷款，而后以更优惠的贷款条件再次发放。它把贷款期限延长到15年，从而降低了月供。该公司还为自有房户提供资金，用于缴纳税款或支付其他必要的住房修缮费用；还通过提供低息贷款帮助一些家庭重新购回之前由于丧失抵押品赎回权而失去的住房。

在自有房户借贷公司成立1年零2周之后，罗斯福政府和国会又于1934年通过《全美住房法案》（*National Housing Act*），设立联邦住房管理局（Federal Housing Administration，简称FHA），旨在通过刺激住房建设降低失业率。联邦住房管理局也是住房信贷体系中一个重要的组成部分。联邦政府通过住房管理局为合格放款人发放的住房抵押贷款提供担保，有联邦住房管理局的担保，放款人就不必担心贷款违约。如果借款人不能按合同要求偿还贷款，联邦住房管理局有义务替借款人还清剩余欠款。

在很大程度上，正是由于联邦住房管理局的成立，以及它在抵押贷款市场推动的一系列变革，购买住房的成本才变得比租房更低。联邦住房管理局担保的抵押贷款振兴了房地产业，并使住房开工率上升到前所未有的水平。

2009年联邦政府住房税式支出总额达1817亿美元，其中84%（即1526亿美元）流向了自有房户。迄今为止，规模最大的税收减免是抵押贷款利息免交个人所得税，2009年这些减免额超过所有与住房相关的税收减免总额的50%，并且占自有房户税式支出的近2/3。自有房户的其他主要税式支出是住房出售所得的免缴资本利得税（占税式支出总额的19%）和减免房产税（占税式支出总额的9%）。

虽然抵押贷款利息和房产税减免对所有自有房户都适用，但是高收入自有房户从这些税收激励中的获益远多于低收入自有房户。不同收入群体在房贷利息和房产税减免上的获益程度是不同的，税收减免的数额随着家庭收入的增加而增加。由于边际税率随收入增加而增加，所以抵押贷款利息的免税收益随收入增加而增加；其次，住房的需求随收入增加而增加，富裕家庭支付更多的抵押贷款从而享有更多税收减免。最高收入群体获益最多。年收入超过75万美元的自有房户中有超过60%的人可以享受房贷利息减免，而年收入为5万~7.5万美元的自有房户该比例只有30%，年收入不高于3万美元的自有房户该比例则不到2%。

3.2.3 自有住房的行政管制工具

行政管制政策因为是强制性行为，因此往往短时间内见效快，能够抑制或刺激市场开发行为，控制开发节奏。

我国在控制房价快速上涨的过程中，采取多种行政管制政策，从供给侧和需求侧抑制过热的市场交易行为。如国办发〔2006〕37号文件规定自2006年6月1日起，凡新审批、新开工的商品住房建设，套型建筑面积90m²以下住房（含经济适用住房）面积所占比重，必须达到开发建设总面积的70%以上。保证中低价位、中小套型普通商品住房土地供应。各级城市人民政府要编制年度用地计划，科学确定住房开发土地供应规模。要优先保证中低价位、中小套型普通商品住房（含经济适用住房）和廉租住房的土地供应，其年度供应量不得低于居住用地供应总量的70%；土地的供应应在限套型、限房价的基础上，采取竞地价、竞房价的办法，以招标方式确定开发建设单位。继续停止别墅类住房开发项目土地供应，严格限制低密度、大套型住房土地供应。在需求侧，从2006年6月1日起，对购买住房不足5年转手交易的，销售时按其取得的售房收入全额征收营业税；个人购买普通住房超过5年（含5年）转手交易的，销售时免征营业税。对项目资本金比例达不到35%等贷款条件的住房企业，商业银行不得发放贷款。为抑制房价过快上涨，从2006年6月1日起，个人住房按揭贷款首付款比例不得低于30%。考虑到中低收入群众的住房需求，对购买自住住房且套型建筑面积90m²以下的仍执行首付款比例20%的规定。

同样，行政管制也可以激励市场交易。针对 2013 年以来住房市场的疲软状态，2015 年 3 月 30 日，中国人民银行、住房和城乡建设部、中国银行业监督管理委员会三部门联合发布《关于个人住房贷款政策有关问题的通知》，对拥有一套住房且相应购房贷款未结清的居民家庭购二套房，最低首付款比例调整为不低于 40%。使用住房公积金购买首套普通自住房，最低首付 20%；拥有一套住房并已结清贷款的家庭，再次申请住房公积金购房，最低首付 30%。而此前，二套房贷款执行首付款比例不低于 60%，贷款利率不低于基准利率的 1.1 倍。个人住房转让免征营业税的期限由购房超过 5 年（含 5 年）下调为超过 2 年（含 2 年）。个人将购买不足 2 年的住房对外销售的，全额征收营业税；个人将购买 2 年以上（含 2 年）的非普通住房对外销售的，按照其销售收入减去购买房屋的价款后的差额征收营业税；个人将购买 2 年以上（含 2 年）的普通住房对外销售的，免征营业税。这项政策力度远超市场预期，对已经显现疲态一年多的楼市而言，是一剂强心针，市场普遍称此新政为"3.30 新政"。

据"我爱我家"统计，全国 12 个城市近 1600 家门店和全国统一呼叫中心第二天的咨询量有 10% 左右的增加。链家地产的数据则表明，新政出台后首日，签约成交客户增多，其中主要为之前已经看好房子的刚需客户，实际成交价格保持平稳；部分区域 2~5 年房源增多，且这部分房源业主报价有一定的上涨，但涨幅不大，一般在 5% 以内。业内人士表示楼市新政对一线城市的市场预期影响较大、短期内购房人群增大，不少业主可能会惜售、抬价出售。

从效果来看，短期行政措施对房地产成交量和价格影响显著，2016 年一二线城市政府实行严厉的限购、限贷、限价、限土拍以来，商品房成交量和价格涨幅得到有效的控制；但是行政措施只是将住房需求强制性延后，不恰当的行政措施还会干扰消费者预期，因此住房政策还需要从全盘，尤其是供求关系的动态变化上进行整体性考虑。

3.2.4 自有住房的合作治理工具

为解决中低收入群体住房短缺的问题，近年来"合作治理"成为许多城市住房政策的探索策略之一，通过政府与私人企业和民间非营利组织之间签订协议，以税收优惠和抵押贷款担保等各种方式，鼓励不同主体参与住房供应，包括私人开发商、住房协会、住房合作社、居民自建和非营利机构等。

当前的合作治理与新自由主义思潮有关。1979 年撒切尔夫人领导的保守党政府上台后，英国公共住房政策开始转向鼓励住房自有，减少政府干预，增强私营部门和非营利性住房协会参与住房的供应和管理，地方政府逐渐退出住房投资者和管理者的角色，政府职责调整为推动住房建设和住房管理改革等。2005 年英国政府为民众提出三种分享式产权购房产品：公房出售，现有公房的住户以折扣价格购买公房的部分产权;新房出售,市民购买住房协会新建公房的部分产权;公开市场购房,在产权贷款机构的帮助下购买商品房。

住房合作社是另一种不断推广的为中低收入群体提供住房的经济组织,它具有以下特点。

1. 社员互助合作、自我管理

住房合作社独立承担民事法律责任,社员入社自愿,退社自由,内部实行民主管理,建造自住住房的目标将社员结成利益共同体。

2. 为社员提供住房

住房合作社的主要任务是为全体社员提供住房,出资人是全体社员,社员入社时可以一次性交齐建造住房所需的资金,也可以分期交付。

3. 社员一人一票

比较大的住房合作社雇佣专业人员负责住房建设和管理,在合作社的重大事项决策上,不以出资额比例分配投票数额,每个社员只有一票,这与股份公司的组织形式有很大的不同。

4. 租赁价格较低

住房合作社建造的住房不仅仅可以给自己的社员居住,也可以将富余的住房以较低的价格租赁给中低收入者。

改革开放后,"住房合作社"在我国兴起。1986年,我国第一个住房合作社是上海的"新欣住宅合作社"。这是上海玩具公司在有关部门支持下成立的,建房资金由合作社社员、企业、银行贷款各提供1/3。到1989年,新欣住宅合作社建成住房2.7万m^2,为144户职工提供了住房。1992年,国务院住房改革领导小组、建设部、国家税务局颁发《城镇住宅合作社管理暂行办法》,明确了住宅合作社是"由城市居民、职工为改善自身住房条件而自愿参加,不以盈利为目的的公益性合作经济组织,具有法人资格","实行独立核算、民主管理、自我服务";并规定了"合作住宅不得向社会出售、出租。"根据1996年《中国人类住区发展报告》的资料,当时中国有不同类型的住宅合作社5000多家。1999年,北京建造了合作住宅200多万m^2,为3万余户职工解决了住房问题。进入21世纪,由于经济适用住房供应量的增加,住房合作社获得土地日益困难,加上中国住房合作社成立之初就存在的一些先天性体制缺陷,使住房合作社的作用逐步式微。2003年,国务院《关于促进房地产市场持续健康发展的通知》提出,"集资、合作建房是经济适用住房建设的组成部分,其建设标准、参加对象和优惠政策,按照经济适用住房的有关规定执行。任何单位不得以集资、合作建房名义,变相搞实物分房或房地产开发经营。"为了限制以集资合作建房的名义变相搞实物分房或房地产开发经营,限制党政机关利用权力以集资合作建房为名搞福利分房、为机关干部谋取利益,造成社会分配的不公平,2006年建设部、监察部、国土资源部发布《关于制止违规集资合作建房的通知》，明确规定"一律停止审批党政机关集资合作建房项目。严禁党政机关利用职权或其影响，以任何名义、任何方式搞集资合作建房，超标准为本单位职工牟取住房利益"，"任何单位不得新征用或新购买土地搞集资合作建房"，从土地供应方面彻底限制了住房合作社的存在和发展。至此，中国住房合作社慢慢衰落了。国发〔2007〕24号文件提出单位集资合作建房只能由距离城区较远的独立工矿企业和住房困难户较多的企业，在符合城市规划的前提下，经城市人民政府批准，并利用自用土地组织实施。单位集资合作建房纳入当地经济适用住房供应计划，其建设标准、供应对象、产权关系等均按照经济适用住房的有关规定执行；各级国家机关一律不得搞单位集资合作建房；任何单位不得新征用或新购买土地搞集资合作建房；单位集资合作建房不得向非经济适用住房供应对象出售。

中国住房合作社的衰落，既有内在体制的先天不足，也有外部因素的制约。在住房合作社在中国产生之初，几乎所有的住房合作社都是由政府部门或者企业发起组织的，并不是社员自愿联合组织的互助合作经济组织，合作社的领导权和决策权由政府部门或企业派出在合作社工作的干部掌控，社员并不参与合作社的"民主管理"，只是向合作社交纳一部分资金，享有在一定时期内获得住房的权利。这种形式更近似于由某个组织发起的集资合作建房，很大程度上带有行政化的组织色彩，合作社仅是其名称（冯俊，2008：253-257）。

在欧洲，包括德国、奥地利和瑞士在内的德语系国家，近年来在大力推动住房合作项目的发展，使之成为在市场、社会住房之外解决住房问题的第三种途径。在过去的15年，柏林完成了100多个住房合作项目。2014年柏林市中大约1/6的新住宅是由当地社区组织自行操控完成的；法兰克福市政府规定在法兰克福的行政区域内所有新的城市规划需要提供15%的合作住房。下面对德国柏林施普雷费尔德住房合作社案例进行介绍。

德国柏林施普雷费尔德住房合作社（Spreefeld Housing Cooperative）项目位于柏林市中心施普雷（Spree）湖畔，占地7414m^2，包括三栋8层公寓楼共65套公寓及70个工作空间，居民150人。它是由一群志同道合的人组织、策划、建造和管理的共享社区，被称作"都市里的村庄"（Village in the City）（图3-1）。针对柏林住房紧张和社会形态多样化的现实，合作社的目标是通过组织新的共同生活的社区形态，以及与周边社区方便的结构性联系，实现可持续的生活方式，支持理想的"社会融合"，因此，住房合作社依托每位成员的自我责任意识和主动参与态度运作；反过来，每位成员获得可负担得起、可持续和社会构成多样化的住房，同时满足个人和集体生活的需求。

图 3-1　施普雷费尔德住房合作项目远眺
资料来源：https://fatkoehl.com/wohnenmixed-use/spreefeld-berlin/

施普雷费尔德住房合作项目原来坐落于一块没有基础设施的废弃木材市场，德国重新统一后，这片土地所有权归属联邦州政府。柏林市议会曾制定过一个再开发计划，支持社会住房和文化活动，沿施普雷河滨水地区修建开放性公共走廊。基于市议会的再开发计划，2007年年初，一个由12人发起的民间团体（包括1位建筑师）组建，打算在此建造合作社住房项目，之后更多的人加入进来。当消息传开后，有多达400位以上的柏林人想成为住房合作社的成员，经过筛选，最后合作社成员定为80名。要想成为住房合作社的成员，必须先写一份申请，然后参加面试，面试小组从现有会员选出，只有满足合作社价值理念的适合人选，才有资格成为合作社会员。符合入会资格的市民通过购买合作社股份获得会员资格，每一会员享有一套住房的使用权，土地和所有建筑物都归合作社所有。作为一种较为独特的住房所有权形式，住房合作社在德国是一个具有法律地位的实体，合作社以会员为基础，会员拥有权利选举合作社代表，以及决定哪些非会员可以住在合作社，这种组织形式与其他类型的住房所有权有所不同。

2009年，该合作社以"注册合作社"（Registered Co-op Association）的实体组织方式，以最高价格竞标获得施普雷费尔德项目的再开发地块；之后合作社委托三个不同的建筑设计公司，分别设计其中的每一栋公寓。在设计过程中，合作社的成员作为甲方，与建筑师共同确定每个楼层的平面功能布置。2012年4月2日项目开工，不到两年项目竣工，2014年2月14日成员入住。该项目总建筑面积1.0万 m^2，其中居住面积5485m^2、社区共用建筑面积达到1154m^2；总建设成本为1670万欧元（约1.32亿元人民币），其中购买土地250万欧元、项目建造1420万欧元，每平方米居住面积造价约2100欧元。尽管单位面积造价看起来较高，实际上该项目在操作时尽可能在设计和建造上降低住房生产成本，然而与此同时，住房合作社着眼于未来的可持续发展，在设计、能源效率和持久性方面的投资上是"高成本"的，以便尽可能地生态化，采用被动式住宅标准，通过热电联产单元、地热系统和光伏发电，产生自身的可再生能源；在建材上，只使用对环境无害的建筑材料，最大化合理运作木材，如木板外墙、木羊毛绝缘材料（Wooden Wool Insulate）、实木阳台等。住房合作社的另一个显著特点是没有汽车，如果居民需要一辆车，可以使用汽车共享系统。

施普雷费尔德住房合作社的居民包括会员和非会员。所有居民原则上都需要支付与单位面积单价相同的租金，与非会员的差别是，会员拥有居住权的保证，但是需要支付与个人居住面积相应的定金加上每月租金。原则上除两套小型公寓直接租赁给来自利比亚和乌克兰的难民，其他公寓每套至少有一名合作社成员住在里面，这名成员需负责每月的租金收取和其他工作等。除难民以外，施普雷费尔德合作住房项目内还有15名非会员，非会员只要支付每月的租金。依据非会员和难民们的支付能力，每月召开的全体会员大会讨论决定其租金；如果包括难民在内的租户没有支付能力，全体会员可以决定免费租赁给他们。

施普雷费尔德住房合作社的居民主要来自中产阶层、中下阶层以及少数身体残疾者；在家庭结构上，包括单身、单亲家庭、夫妻家庭、有小孩的核心家庭及其他家庭，单身人士和普通家庭约各占50%；在年龄结构上，中青年占主体，加上少数老人和20~25名儿童；居住人口多样化，多代人、多元文化、有钱和没钱的居民混居，折射出柏林社会的整体状况（图3-2）。

图 3-2　施普雷费尔德住房合作社居民户外活动
资料来源：https://fatkoehl.com/wohnenmixed-use/spreefeld-berlin/

3.2.5　自有住房政策的评价

1. 自有住房政策的基本路径

基于自有住房对家庭和社会的诸多益处，世界上大部分国家采取贷款优惠、税收减免、收入所得税抵扣抵押贷款利息等多种政策，鼓励居民购买自住住房，改善居民的生存环境，刺激经济发展。

为了提升自有住房率，可以从供给侧和需求侧制定相关住房政策。

在供给侧，如不考虑利润，房产开发商的成本可表达为：

$$TC=L+B+I+T$$

其中：TC 是住房开发的总成本，L 是土地成本，B 是建造成本（包含材料和劳动力费用），I 是银行贷款利息，T 是各种交易税费。如果住房政策导向是激励供给侧开发商的开发行为，可采用以下住房政策。

1）住房援助

对住房开发商开发的特定住房项目进行直接或间接补贴。如对于保障性住房，政府少收或者免收土地出让费，降低住房开发商的土地成本 L。

2）优惠性的金融财政政策

对面向中低收入家庭的住房开发产品提供方便的专门性银行贷款，采取不同的利率标准，降低开发商的银行贷款利息 I，少收或免收住房开发商的各种交易税费 T。

3）激励性的行政管制手段

对面向中低收入家庭的住房开发产品开"绿灯"，提供激励性的行政管制措施，使得市场上的住房产品结构合理化，满足不同家庭的居住需求。

4）鼓励合作治理

与社会私人部门和非政府组织合作，开发住房合作社涉及的类似住房产品，减少"中间商"及其所攫取的利润，降低住房价格，缓解或消除中低收入家庭的住房困境。

当然，如果市场过热，需要抑制开发商的投机行为，则可以在上述四类住房政策上采取相反的措施。从需求侧看，相关的住房政策手法类似，这里不再赘述。

在住房持有成本上，$C_1=V \cdot (i+d+m+t_1)$，每年平均资金成本包括抵押贷款市场利息（i 乘以 V）、住房贬值成本（d 乘以 V）、维护成本（m 乘以 V）和房产税（t_1 乘以 V）等，由此可见，减免贷款利息和税收，能够刺激消费者购买住房；反过来，也可采取针对部分群体增加贷款利息和税收的措施，抑制住房投资和投机行为。

2. 自有住房政策的绩效评价

假设不存在垄断竞争，在其他因素不变的前提下，从图 3-3（a）中可以发现：对于价格中等的住房子市场，需求曲线 D_1 和供给曲线 S_1 在点 A 达到初始平衡。从供给侧看，如果房产开发商获得一定的财政补贴、税收优惠或贷款低利率融资，相当于生产同样数量的住房生产成本降低，在追求更多利润的动机驱动下，住房生产产量增加，将超出点 A 处价格的住房市场需求，供给曲线向右移至 S_2，最终在点 B 达到新的平衡。由此，价格中等的住房数量增多，价格降低。在图 3-3（b）中，中等价格的住房子市场的数量和价格变化传导至价格较为便宜的住房子市场，由于价格中等的住房子市场住房数量增多，导致部分价格中等的住房"过滤"到价格较为便宜的住房子市场，导致价格较为便宜的住房子市场供给增加。与此同时，由于价格中等住房降价，部分价格便宜的住房子市场家庭可能抓住时机，提升家庭的居住水准，反过来造成价格便宜的住房子市场需求降低。因此，两者影响重叠，导致价

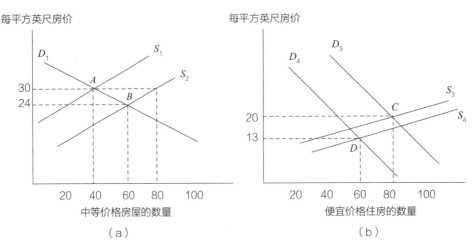

图 3-3 房产开发商获得补贴后对中等价格和便宜价格住房子市场的价格变化影响
（a）中等价格子市场；（b）便宜价格子市场
资料来源：作者自绘

格便宜住房子市场的市场均衡价格从点 C 移至点 D，住房数量和价格变化双双降低。从需求侧看，如果低收入家庭获得购房补贴、贷款低首付、税收优惠或低利率融资，依据需求曲线将向右移动，价格便宜的住房市场需求增加，价格便宜的住房价格上升；致使部分家庭进入价格中等住房市场，并进一步传递为价格中等的住房市场需求增加，价格中等的住房价格上升。如此看来，自有住房供给侧的相关激励政策总体上能够增加住房供给，降低住房价格；自有住房需求侧的相关激励政策总体上也能够增加住房供给，但是可能会刺激住房价格上涨。

当然，住房市场比较复杂，由于特定区域的住房市场并不是封闭的，各种内生性和外生性因素如人口数量、适龄人口规模、货币发行量和土地供给等都会影响住房的供需平衡，造成市场不同程度的波动。

3. 自有住房政策的优劣势

自有住房政策具有如下优势。

1）强化居住权

2）住户积极参与社区事务

一般而言，租房户很少参与社区的管理事务，拥有住房的人能够更为积极地参与社区的物业管理事务，业主会对物业公司的管理状况进行监督，甚至利用法律赋予的权能，替换物业管理公司。

3）减少承租人的外部性

补贴不鼓励租赁住房，减少承租人外部性的非效率。

4）增加住房价值

维护较好的住房能够增加住房本身的价值。

5）作为一种重要的社会保障

在人口老龄化的情况下，自有住房作为一种大额的固定资产具有一定的保值功能，可以成为一种养老保障的金融产品。

然而，自有住房政策也会带来某些劣势。

1）增加购房者负担

住房价格很高，对于中低收入群体，借贷购买住房会使部分人群成为"房奴"。

2）信息不对称

买卖双方信息不明晰，开发商具有更高的主动权。

3）市场效率降低

政府干预市场，导致市场效率不高。

4）增加流动性成本

住房所有权可能阻碍就近居住和工作流动，造成流动性陷阱。

5）补贴不公平

对于税收减免激励措施来说，最富裕家庭得到最大额补贴，造成更大的不平等。与住房供求相关的减免税政策主要包括对购房者的住房抵押贷款利息抵扣需交所得税的收入、出租收入免征所得税以及对自有住房免征财产税。显然，减免税政策的最大受益者是部分富裕的住房自有者，住房越贵、贷款越多，获得的减免税就越多。大量统计数据表明，与房租补贴相比，减免税政策导致了包括欧洲福利国家和美国在内的许多国家政府更大的财政支出，并加剧了租房户和购房户之间的不平等。20世纪80年代以来，欧美住房政策普遍转向市场供应为主、政府干预为辅，政府一方面以减少公共支出为由，大量削减住房支出；另一方面，却迟迟未减少减免税补贴，从而更加剧了上述不平等现象。另外，减免税虽然能鼓励住房自有化倾向，却无法直接刺激住房供应。

使得抵押扣除外部性内在化的一条建议是以税收信用替代抵押扣除，税收信用等于家庭抵押贷款成本的一个固定百分比。例如，如果税收信用是15%，每个家庭都会享受到15%的税收减免，和抵押成本相等。在税收信用政策下，所有纳税人都会享受到相同百分比的住房所有权补贴。第二条建议是规定能够削减的抵押贷款利息最高值，减少对最富裕家庭的补贴。

3.3 租赁住房政策性工具

由于购买住房的成本太高，致使部分家庭不得不选择租房；另外，短期住房需求或者因为各种原因而不愿买房的群体的存在，致使市场上存在一定比例的租赁住房需求。因此，需要制定相对应的住房政策，鼓励建造一定数量、符合居住水平基本要求的可支付性租赁住房。与自有住房政策性工具一样，政府也可以从住房援助、金融财政、行政管制和合作治理四个方面对租赁住房进行干预。

3.3.1 租赁住房的住房援助工具

在供给侧，租赁住房的住房援助包括政府直接建造公共住房、资助社会机构建造社会住房和为租赁住房提供者给予房租补贴。在需求侧，主要为租户提供房租补贴或发放住房优惠券。对于收入不足的家庭，政府同时以公共住房和房租补贴方式进行援助。

英国政府对中低收入的租房者提供住房援助，包括公共住房和房租补贴。首先，各城市制定了严格的程序对住房保障群体进行判定，依据包括收入、养老金、保险金、税收等各种账户记录，同时也考虑家庭人口数、家庭成员健康状况等指标，通过指标打分进行综合评定，最终确定住房保障的标准。其次，对于租住地方政府或住房协会提供的公共住房的中低收入家庭，政府根据租户具体情况，给予一定数额的房租补贴；符合住房保障条件的家庭租住私营机构提供的租赁房，相应比例的租金由当地政府相关机构直接支付给房屋出租人。

德国政府除了直接建设公共住房外，还通过资助私人企业、住房合作社或个人，促进私有租赁房的建设。私人或企业经过详细测算后，可与政府商定政府资助额度和限制期限（向低收入居民出租的期限）。政府资助额越高，限制期越长。在限制期内，社会住房按照不高于政府规定上限的租金水平，向符合条件的居民出租。限制期满后，产权人不再承担将其作为社会住房出租的义务，可在市场上自由出租。

法国政府的住房补贴包括针对消费者的社会补贴和针对生产者的经营补贴及投资补贴，其中消费者补贴占 80% 以上；税率优惠尽管也指向消费者，但是生产者税率优惠占 90% 以上；利率优惠主要面向生产者。2012 年，法国政府住房补贴超过 42 亿欧元，其中社会住房补贴达到 18 亿欧元、税率优惠约 17 亿欧元、利率优惠约 3 亿欧元。

美国政府提供的住房援助同样包括公共住房和房租补贴。根据 1998 年的预算成本，联邦政府对公共住房的费用支出包含 31 亿美元补贴，用来填补从承租人处收取的房租与运行成本之间的差额，以及 38 亿美元资本费用，用作维修、提高住房品质和推倒旧住房。近年来，联邦政府已经停止对新的公共住房进行投资，住房政策的侧重点转移到制定需求侧政策，发放住房优惠券。公共住房由地方住宅管理局管理，从承租人处收取的房租不超过其家庭收入的 30%。在大多数城市里，有很多人排队等候公共住房，联邦政府规定收入低于地区收入中值 50% 的"超低"收入家庭享有公共住房优先权。1998 年大约 140 万户家庭居住在公共住房里。

政府援助低收入家庭的另一条途径是直接把补助交给低收入家庭，让他们自己去选择合适的住房。在需求侧政策下，低收入家庭收到住房优惠券后，可以像食品优惠券计划一样，作出自己的消费选择。优惠券对公共住房有两点有利影响：第一，在某些情况下，优惠券可以作为现金的等价物使用，比起用于公共住房的等量支出，现金支付导致效用增加；第二，优惠券可用于租赁旧住房，租金比政府建造的新的租赁住房更加便宜。

公共租赁住房和房租补贴也是我国政府租赁住房援助的主要措施，针对不同收入群体，公共租赁住房可分为廉租房和公共租赁住房。廉租房主要采取货币补贴的形式，实物型为辅。依托住房补贴，住房困难的低收入家庭通常只需支付非常少的租金，就可以在市场上租赁到适宜的住房。目前，公共租赁住房已经从户籍人口扩展到非户籍的城市居民。

3.3.2 租赁住房的金融财政工具

为了鼓励市场提供出租住房，在供给侧，政府可为出租住房的开发商和所有者提供金融财政支持工具，如提供低息贷款、降低交易成本以及税收减免激励；在需求侧，政府可提供低息贷款和税收减免帮助租户。

建房合作社、住房金融公司和注册社会房地产机构是英国主要的可支付住房金融机构。建房合作社是英国最大的专门从事住房抵押贷款业务的专业化金融机构，一直受到英国政府的大力扶持。20 世纪 70 年代以前，商业银行被禁止提供住房抵押贷款服务，建房合作社所提供的房地产抵押贷款净额占市场总量的比例近 95%，处于绝对垄断优势地位。从 20 世纪 80 年代开始，商业银行开始进入住房抵押贷款市场，1992 年，建房合作社仍占 70% 左右的市场份额。住房金融公司于 1987 年成立，作为一个独立的非营利机构，住房金融公司主要通过发行债券或贷款的方式从私人资本市场获取资金，然后将这些资金以同样的利率和期限转贷给保障房供应者。2008 年 8 月至 2010 年 3 月期间，通过住房金融公司发行的债券占住房协会债券发行总量的 17.38%，债券利率相对较低。英国注册社会房地产机构的资金来源主要包括社会住房基金和私人资本，社会住房基金来自于家庭与社会管理局（HCA）的资助；近二十年来，私人资本成为注册社会房地产机构的主要资金来源，2009 ~ 2014 年间私人资本占总资金需求的 56.9%（熊衍仁等，2015）。

下面简述美国金融财政的主要支持性住房政策工具。

1. 低利率

1961 年，肯尼迪政府设立针对中等收入家庭的第 221（d）3 条款——低于市场利率项目。参与该项目的营利性和非营利性开发商向私人放贷商申请由联邦住房管理局担保的、低于市场利率（通常为 3%）的住房抵押贷款。低于市场利率的贷款让住房所有者降低房租成为可能，"若市场利率为 6.5%，那么利率为 3% 的贷款可以让房租减少 27%"。

低利率项目主要面向不符合申请公共住房要求的中等收入家庭的租赁补助，申请低利率项目的家庭最高收入不得超过地区收入中值。房租则取决于工程预算，包括利率为3%的抵押贷款偿还、运营支出（如保养费、设施使用和税费）以及住房所有者6%的利润。项目开发商有的来自营利性机构，有的来自非营利性机构。

低利率项目并不得人心，该项目给公众的印象是只有中等收入人群中最富裕的家庭才能负担该项目的房租；对于中等收入人群中收入更低的家庭而言，低利率贷款并不足以将房租降至他们所能负担的水平。1968年，约翰逊政府终止了第221（d）3条款，取而代之的是新利息补贴项目——第236条款。

2. 利息补贴

利息补贴通过降低借款人的负担，让中低收入家庭能够供得起房租。第236条款是1968年《国家住房法案》中的一部分，与第221（d）3条款相似，联邦政府并没有购买房贷，而是每年为开发商提供补贴，使得开发商只需偿还相当于利率为1%的抵押贷款，该补贴等于市场利率抵押贷款与利率为1%的贷款还款额之间的差额。

为了参与利息补贴项目，开发商必须向私人放贷商申请联邦住房管理局担保的住房抵押贷款（通常利率为7%），而联邦政府则会提供"降息"，帮助其支付绝大部分债务。由于第236条款提供的资助规模更大，它所资助的租赁住房房租比第221（d）3条款低，让收入更低的家庭也能负担得起。在第236条款中，房租的高低取决于利率为1%的贷款、运营费用（如设施、劳动力、维修费等）和住房所有者6%的利润。住户支付的房租取"基本房租"调整后收入的25%（后上升到30%）中的较大值。运营费用的增加可能导致房租上涨，但上调房租必须得到住房和城市发展部的批准。

所有收入不高于地区收入中值80%的家庭都具备申请项目的资格，联邦政府还为有限数量的低收入家庭提供额外、更多的房租补贴，称为"补充性房租"，用以填补住户调整后收入的25%（后上升到30%）与基本房租之间的差额。1974年颁布的《住房法案》授权住房和城市发展部发放房租补助款（Rental Assistance Payments，RAP），帮助低收入家庭支付基本房租，到20世纪80年代中期，大部分补充性房租和房租补助款都归入第8条款的租房券项目。到1983年里根政府终止该项目时，第236条款共计资助了超过85万套住房的建设或修缮。

3. 低收入住房税收补贴

在低收入住房税收补贴项目中，投资者可以连续10年获得税收补贴，但是该住房必须由低收入家庭居住至少15年。

与房地产业的其他税收减免政策不同，税收补贴不是自动发放的，而是由指定的州级行政部门（一般为州住房金融管理局）负责审批分配。各州的税收补贴总额取决于各州的总人口数量，2010年各州的税收补贴额为每人2美元，此后该数值每年将依据通货膨胀率进行调整。在每个州的税收补贴中，至少有10%必须分配给由非营利机构开发的住房。税收补贴的数额取决于项目的开发成本和低收入住户的比例。计算税收补贴时，首先需要计算项目的总开发成本，再减去土地成本及其他费用，最后得到的数值称为"合格基数"。其次，如果该项目开发的住房不完全是由低收入住户居住，那么需要将低收入住户的比例（或者其居住面积占项目总面积的比例）乘以"合格基数"，得到"资格基数"。最后，如果该项目位于"开发难度较大的地区"或"符合要求的人口普查区"，则可以在"资格基数"的基础上再乘以130%，相应地提高"资格基数"。"开发难度较大的地区"是指在都市区或非都市区中，房价与收入比值偏高的地段；"符合要求的人口普查区"是指在所有住户中，至少有50%的家庭收入不超过地区收入中值的60%，或者贫困率至少达到2%的地区。1987~2006年，在所有获得税收补贴的项目中，约有26%因为处于"开发难度较大的地区"或"符合要求的人口普查区"，享受130%的"资格基数"。最后得到的"资格基数"再乘以"补贴率"，就得到此后10年该项目每年可获得的税收补贴额。对于新建和重大修缮项目，为期10年的税收补贴总额是在"资格基数"现值70%的基础上计算出来的。

如果至少有20%的住房单元能够为收入不超过地区收入中值50%的住户承受，或者至少40%的住房单元可为收入不高于地区收入中值60%的住户承受，那么租赁住房的开发项目也有资格申请税收补贴。大多数开发商将税收补贴项目中的绝大多数住房提供给低收入住户，这样不仅可以最大限度地获得税收补贴，还能将部分房屋出租给较高收入住户。

根据项目中获得税收补贴的住房比例，补贴住房可征收的最高房租等于地区家庭收入中值的50%（或60%）乘以30%。需要注意的是，税收补贴项目的房租水平与联邦住房的其他项目不同。税收补贴项目中无论租户实际收入如何，需要缴纳的房租是相同的，部分租户有可能面临超过其收入30%的房租负担；在联邦住房的其他项目中，房租不超过其调整后收入的30%，不足部分由政府补贴。

住房开发商一般很少使用税收补贴，相反，他们通常将补贴"出售"给私人投资者，然后将所得的收益用于支付开发过程中的采购费、建造费以及其他支出，投资者获得税收补贴、其他税收收益（如折旧提成）、项目运行产生的现金流，以及最终出售住房的部分资本利得。虽然联邦法规要求，州住房金融管理局分配给非营利住房机构的税收补贴不低于总额的10%，但实际上非营利机构获得的补贴数额达到23%，以及住房开发总量的21%。但是最近几年，非营利机构开发的项目远远少于营利机构。低收入住房税收补贴项目也存在不足。1990年，作为美国规模最大的非营利住房开发机构之一的帕特里克·克兰西（Patrick Clancy, 1990）总裁指出，低收入住房税收补贴项目与其他税收机制一样效率极低，很大一部分补贴消耗在交易费用和投资者利润上，而没有用于实际住房建设，税收补贴项目极度官僚化，申请程序非常复杂，而且需要提交大量的报告予以说明。

4. 税收激励机制

美国联邦税法为住房投资提供了两种类型的税收激励机制。第一种类型是鼓励投资者购买为资助租赁住房的开发以及首次购房者的抵押贷款而发行的债券,投资者从这些债券中获得的利息可免交联邦个人所得税。政府可利用这些低利率债券,为低收入购房者和低收入租赁住房开发提供低于市场利率的贷款。第二种类型鼓励资本投资租赁住房。1987 年之前,与租赁住房投资相关的最重要的税收减免是折旧提成(Depreciation Allowance),后来被低收入住房税收补贴项目(Low Income Housing Tax Credit,LIHTC)所替代,政府运用资本投资的税收激励机制来调节私人资源,服务于公共目的——开发中低收入住房。1987 年之后,税收激励机制受政府和行政干预更少,所有合格的住房投资都可以获得税收优惠,无需递交申请,但是直接资助项目的资金往往受国会年度拨款额度限制,1987 年之前对投资者的税式支出不受此限制。

物业快速折旧(Rapid Depreciation)是美国联邦政府采纳的一种住房政策性工具,私人业主通过物业快速折旧,获得税收减免,即允许房东在房屋完全报废之前扣除住房的全部价值。快速折旧减少了房东赋税的现值,推迟纳税减少了净税收义务,因为房东能因延缓交税而获取利息。减免税收可以降低房东的成本,这种补偿又以低房租的形式转移给消费者。在充满竞争的环境中,所有房东都获得零利润,所以税收减少以低房租的形式转移给了租房者。

5. 发行债券和信托基金

鼓励对出租物业投资的方法之一是让银行给租赁住房提供信贷,但许多银行认为这种项目收益低、风险大。方法之二是利用资本市场对租赁住房投资项目融资。政府可以通过债券资本市场直接融资租赁项目,允许银行发行债券和证券支持租赁住房的建设(如英国的社会住房融资)。住房投资信托基金(Real Estate Investment Trust,REITs)是常用的出租住房融资手段。该基金从投资者手中筹集股本,然后用来购买、开发和管理物业,获取租金收入,并通过股息形式回馈给投资者。个人投资者可以通过购买住房投资信托基金的股票参与投资,股票可以在二级市场进行交易。

美国联邦政府虽然为超过 700 万户的低收入家庭提供了廉租房、租房券和公共租赁房等保障,然而,美国住房政策更多地体现在为中低收入家庭购买住房提供金融和税收支持方面。仅 2009 年,联邦住房管理局(Federal Housing Administration)对超过 80 万的购房人提供再融资帮助,加上贴息和税收减免等政策,共有约 380 万人受到"家庭支付能力重塑项目"的支持,补贴资金达到了 130 亿美元之多。

3.3.3 租赁住房的行政管制工具

租赁住房行政管制的重要工具之一是租金管制,即依托相关租赁法规,规定租赁双方的权利和责任范围，保障双方利益，稳定住房租赁市场，特别是对低档住房的租金加以限制，这是各国为解决低收入阶层住房问题的主要手段之一。

由于各国具体条件不一，该政策在实施过程中也有所差别。英国是最早实行租金管制政策的国家，英国政府采取的主要措施是，一方面由政府建造住房，建成的公共住房以低于市价的租金（约低40%）出租给居民；另一方面对私房出租采取限制政策，私房出租的价格由地方政府决定，租金价格限制在使出租者只能获得微利的幅度以内。美国的租金管制通常由地方政府以立法的形式规定，并通过投票方式进行调查，以决定是否由地方议会以立法方式控制房租。政府在出让土地给房地产开发商时，可以根据需要，让出一部分利益，同时在协议中商定房屋建成后必须低价出租的份额；或者政府在补贴和贷款时，在协议中商定房屋建成后必须低价出租的份额。第二次世界大战期间，美国联邦政府设计了一种可用于租金管理的国家系统。战后，纽约是唯一一座保留租金管理的城市。20世纪70年代，租金管理在许多城市重新出现，包括波士顿、剑桥、洛杉矶、华盛顿特区、奥尔巴尼、伯克莱和圣莫尼卡。根据美国住房和城市发展部（1991年）的报告，1991年全美200多个地区实施租金管理，10%以上的私人出租住房受到管理。联邦德国的公共住房也由政府管制，其租金按住房投资价格加上维修管理等费用，综合计算，租金标准由当地政府与投资商根据建房费用商定。瑞典的公共住房租金在全国没有统一的标准，由公共住房公司与房客联合会谈判商定，一般租金占纳税后普通家庭收入的25%左右，租金随物价和房屋维修费用变动而增减，因此房租需逐年商定，但年内基本保持不变。

2012年10月上海市政府颁布《关于本市保障性住房配建实施意见的通知》（沪府办〔2016〕61号），在第一条中规定：凡新出让土地、用于开发建设商品住宅的建设项目，均应按照不低于该建设项目住宅建筑总面积5%的比例，配建保障性住房；郊区有条件的区域，应进一步提高建设项目的配建比例。配建的保障性住房应无偿移交政府用于住房保障，并在建设用地使用权出让条件中予以明确。沪府办〔2016〕10号要求优化住房用地结构，增加商品住房用地的中小套型比例，中心城区不低于70%，郊区不低于60%（供需矛盾突出的郊区，供应比例提高到70%）；本市多层、小高层和高层建筑的中小套型住房建筑面积（最高）标准分别为90、95和100m²；本市商业聚集区、科技创新区、产业社区及其周边1000m范围内的新增商品住宅用地，在出让条件中，用于社会租赁的商品房比例不低于15%，满足人才需求，促进产城融合，逐步实现职住平衡。

沪府办发〔2016〕11号文件要求严格执行商品住房项目配建不少于5%的保障性住房政策。其中，外环以内配建房源一律作为公共租赁住房使用，不得上市转让，只租不售；产业类工业用地配套建设租赁房等生活服务设施的，其建筑面积占项目总建筑面积的比例从7%提高到不超过15%；利用轨道交通场站"上盖"，配建人才公寓（公共租赁住房）；鼓励符合条件的企业单位自建人才公寓（单位租赁房），向职工出租。

3.3.4 租赁住房的合作治理工具

为减少政府管制的外部性，政府与私人发展商或民间非营利组织签订协议，通过税收优惠和抵押贷款担保等多种方式，为营利性投资者和非营利性机构提供优惠政策，激励开发建设低租金的社会住房和其他保障性住房产品，如社会住宅、租金限定住房等。

1961年美国肯尼迪政府上台后，联邦政府开始着手资助公共住房之外的其他类型的住房。联邦政府非常关注那些收入高于公共住房申请水平，但又不足以在私人市场获得合适住房的家庭。20世纪60年代初至80年代初的近二十年间，联邦政府资助开发了100多万套由私有营利性和非营利性机构拥有的中低收入租赁住房。2009年，英国中央政府专门拨款资助地方政府建设"新政府住房"，地方政府要想获得"新政府住房"中央财政基金，需要像住房协会一样申请中央政府颁发的"投资伙伴"资格，且参照社会租赁住房的模式进行管理。具体来说，地方政府在申请该资金时，应满足以下要求：

（1）该资金必须用于新建住房而非改善存量住房质量，增加住房供应；

（2）地方政府同样需要通过审查，获得住房与社区署的"投资伙伴"资格；

（3）该资金资助的住房必须在地方政府拥有的土地上建设；

（4）该资金资助的住房应作为社会租赁住房，住房产权归地方政府所有，由地方政府或目前正与其合作的社会租赁机构进行管理；

（5）地方政府在申请时，必须考虑在增加保障性住房供应的同时，如何实现促进就业等目标；

（6）新建成的保障性住房必须满足新的设计与质量标准，至少达到可持续住房三类标准，达到可持续住房四类标准的项目优先考虑。

3.3.5 租赁住房政策的评价

1. 租赁住房供给激励政策的基本路径

如果没有政府的补贴，在供给侧，不管自有住房还是租赁住房，房产开发商的开发成本是一样的，即：

$$C_o = L+B+I+T$$

其中：C_o是住房开发的总成本，L是土地成本，B是建造成本（包含材料和劳动力费用），I是银行贷款及其利息成本，T是各种交易税费成本。

从持有成本上看，在竞争性市场上，房东获得的经济利润（正常会计利润）为零，年房租收入正好等于房东年成本支出。如果不考虑税收，房东须支出三类成本。

1）资金成本

如果房东借钱购买住房，资金成本就是年利息成本，等于市场利率 i 与住房价格或价值 V 的乘积。如果房东是用自己的钱购买住房，资金成本就是把钱投资于住房而不是存在银行获取利息所带来的机会成本。

2）增值或贬值

如果住房的市场价值每年上升 d 的比值，每年的增值成本就是 $-d$ 乘以 V；相反，住房的市场价值就是贬值成本，就是 d 乘以 V。

3）维护成本

如果每年用于物业管理和贬值的成本支出占住房市场价值的比值为 m，每年的维护成本就是 m 乘以 V。租赁房的年持有成本 C_r 可表示如下：

$$C_r = V \cdot (i - d + m)$$

支持租赁住房的基本政策路径就是降低开发商的建设总成本，以及房东和租户的年成本支出。为了鼓励市场提供出租住房，政府可为出租住房的开发商和所有者提供金融财政支持工具，如降低土地成本、贷款利息、交易成本以及税收减免激励和补贴。

在供给侧，政府最为基本的住房政策是为中低收入租赁者发放住房补贴。

2. 消费者住房补贴政策的绩效评价

1975 年奥尔斯（Ohls）提出过一个住房市场模型，研究消费者补贴对住房市场的影响，他把现有住房划分为 60 个质量等级，高收入家庭居住质量最高的住房，低收入家庭居住质量最低的住房，政府向质量等级为 5 的最贫困家庭提供 50% 的住房补贴。补贴项目引起市场如下变化：

（1）最贫困家庭的住房条件升级，质量等级从 5 变为 8；普通优惠券的接受者住房条件质量等级从 8 升级到 11。

（2）由此增加普通质量住房的需求，刺激更高质量等级的住房建设。

（3）为适应市场需求的转变，住房从较高质量等级向下过滤到普通质量市场的速度加快，从普通质量市场再向下过滤的速度放慢（阿瑟·奥莎利文，2015：399）。

总体上，在一个较为成熟的住房市场，需求侧的住房消费者补贴有利于市场的积极回应，面对新增需求，供给侧会建造更多的普通质量住房。

3. 公共住房政策的绩效评价

1）公共住房与现金补贴政策的比较

公共住房项目使低收入家庭的住房消费增加，住房成本减少。然而，如果低收入家庭接受现金而非居住在受补贴的公共住房里，政府建造和维护一套公寓的成本，可以直接支付给该家庭，接受者的预算线向上移动，家庭往往会选择市场可获得的住房而不是公共住房,从而在给定的无差异曲线前提下,获得更高的效用水平。因此,家庭一般会更倾向于选择现金,因为现金提供更多的消费选择,允许家庭选择新预算线上的其他任意点,持有现金会使家庭状况变得更好。如果公共政策的目的是增加家庭的效用,支付现金优于提供公共住房。

2) 公共住房犯罪现象

在美国,公共住房项目面临着许多问题,包括高毒品滥用率和高犯罪率。1998年美国芝加哥市三个公共住房项目内的暴力犯罪发生率是整个中心城市总犯罪率的1.86 ~ 3.81 倍,原因包括三个方面:第一,公共住房内的居民相对较贫困,芝加哥中心城市的中等家庭的年收入为22000美元,公共住房内中等家庭年收入为5000美元,而低收入家庭的犯罪率较高;第二,许多公共住房已经被废弃,成为吸食毒品者和歹徒的集散地;第三,公共住房高耸的建筑楼群也容易导致犯罪发生。如果贫困家庭密集区的犯罪率较高,一种减少犯罪的建议是以低层建筑取代高层建筑。

3) 公共住房的市场效应

图 3-4 显示了公共住房的短期和长期市场效应。假设低租金的住房市场需求与供给达到初始均衡点 B,短期内私人部门住房的供给完全无弹性,不管价格如何变化,住房供给均为 M。如果地方住房管理当局建造 N 套新的公共住房,私人住房的需求曲线向左移动 N 单位,N 户住在公共住房的家庭离开私人住房市场。当低收入家庭搬进公共住房时,腾空住房引起私人住房的过度供给,使住房价格从 2500 元降到 1500 元(点 C)。因此,短期内所有住房消费者从公共住房项目中获益:一些家庭住进有补贴的公共住房,另一些家庭租赁较低价格的私人住房。

随着时间的推移,公共住房引起了私人租赁住房市场价格下降,降低了租赁住房的盈利能力,所以只有极少的低质量住房供给,供给的变化表现如下。

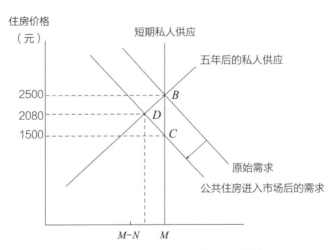

图 3-4 公共住房的短期和长期市场效应

资料来源:阿瑟·奥莎利文. 城市经济学 [M]. 周京奎,译. 北京:北京大学出版社,2015:391

（1）新建私人住房数量减少

由于对低质量旧住房的需求数量减少，私人开发商建造新住房的动机减弱。供给弹性越大，私人住房退出量越大，市场价格净降低额越少。

（2）退出率上升

对低质量住房需求的减少降低了私人低质量住房保留在市场的动机，可能低质量住房价格的下降会导致其利润为负，更多私人住房退出低质量住子市场，退出租赁或转向其他用途或选择放弃，如果选择放弃，就无需缴纳银行利息、房屋维护成本和房产税。

（3）向下过滤减缓

当低质量住房相对于中等质量住房来说价格下降，盈利能力降低，中等质量子市场的私人业主将在较长时期内把其住房维持在此子市场内。当低质量住房数量减少，市场价格将会上升。如价格从1500元升至2080元，在点D形成新的均衡。少量住房向下过滤到更低质量的住房子市场（阿瑟·奥莎利文，2015：393）。

总之，在其他因素不变的前提下，公共住房长期的市场效应是使私人租赁住房提供者建造更少的住房、减缓过滤过程和增加退出率。

4. 租金管理的市场效应

1）租金管理的影响群体

从租金管理的市场效应看，短期内租金管理不影响住房供给，只是每月把一定的原租金从房东手中转移到房客手中。长期来看，住房供给取决于出租价格。当租金下降时，部分原来的出租住房转移到更有利的用途上，或被拆除。当出租住房的价格下降时，市场沿长期供给曲线向下移动。供给对租金管制的反映取决于长期供给弹性，供给弹性越大，住房供给的减少量越大。这样，租金管制导致住房短缺，大量租房者被迫追逐过少的出租住房。有人从租金管理中获益，也有人因之受损。与出租相关的人口可以分为四个群体：

（1）原住户：落实租金管理政策时，一些家庭住在租金管理的住房，成为租金管理的受益者，支付较低的价格。

（2）成功的搜寻者：租金管理政策落实后，一些人迁入租金管理住房，总成本等于租金数额加上搜寻时间的机会成本。

（3）搬迁的家庭：当住房转换用途或被拆除时，一些租户被迫搬迁，由于住房数量减少，要搬迁的家庭是受损者。

（4）房东：租金管理使每套住房的年租金收入减少，住房市场价值与其获取收入的潜力相联系，租金管理计划会导致城市出租住房市场价值下降。

2）租金管理住房的完好概率

作为耐用品，所有住房都会出现物理性折旧，为了把住房服务维护在一定的水平上，房东必须花钱进行日常维护和维修。租金管理不鼓励例行维护，所以房屋折旧得更快。房东削减他们在维修和维护上的花费，因而房屋耗损，所提供的服务水平下降，房屋贬值。在租金管理计划下，承租人最终可能得到的收益与他们所支付的租金相等。

兰德公司研究了租金管理在纽约市产生的影响（1970年），得出结论：租金管理使供出租住房的质量降低、数量减少。1960～1967年间，"完好的"住房数量增加了24%，"失修的"住房数量增加了44%，"折旧的"住房数量增加了37%。衡量租金管理影响的一种方法是，处于租金管理下的住房完好概率（Probability of Housing Being Good）的数值。例如，如果不受管理住房的完好概率为0.90，但受管理住房的完好概率只有0.85，那么租金管理使完好概率降低0.05。对于纽约曼哈顿建于1947年以前的住房来说，租金管理使完好概率大约降低了0.09（从0.63降到0.54），新建筑完好概率的降低幅度较小；对于建于1947～1960年之间的建筑来说，租金管理使完好概率大约降低了0.04（从0.89降到0.85）；对于建于1960～1968年的建筑来说，租金管理使完好概率大约降低了0.01（从0.98降到0.97）。

3）租金管理的市场效应

如图3-5所示，在市场达到初始均衡E时实行租金管理，短期内由于管理租金降低，需求曲线由DD增加至D_1D_1，此时供给价格弹性较小，市场新建住房供给继续增加，假设E_1为虚拟均衡点，租金为r_1；但是长期看，供给价格弹性较大，新建住房减少，部分旧住房退出市场，供给减少，供给曲线由SS减少到S_1S_1，假设E_2为虚拟均衡点，租金为r_2，但是r为实际租金，租金管制引起的市场变化如下。

（1）供需缺口增大

随着时间的推移和通胀的趋势，需求不断上升，市场均衡的租金也不断上涨，虚拟新均衡点为E_1；但由于租金管理，供给不发生变化，达不到虚拟均衡点，导致租赁房的供需缺口（q_1-q）。

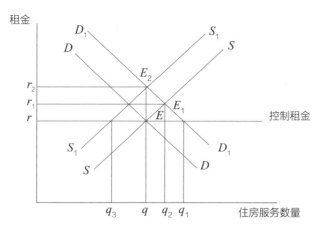

图3-5 租金管理的市场效应

资料来源：作者绘制

（2）需求转移

市场供应不足导致需求转向其他细分市场。例如，低收入家庭转向公共住房，增加对公共住房的需求；收入较高的家庭增加对产权房的需求。同时，当通胀加剧、供需缺口增大时，还会导致许多家庭流离失所。德克·W. 艾利（Dirk W.Early）和埃德加·O. 奥尔森（Edgar O.Olsen）1998 年的研究结果表明：租金控制确实会导致非租金控制市场住房空置率的降低和租金的上涨，从而加剧无家可归问题；但另一方面，租金控制可以降低控制范围内的租金，缓解无家可归问题。

（3）收入转移、邻里退化

在租金管制政策下，当物价上涨时，业主取得的租金收入名义上固定不变，实际收入由于通胀因素而下降；对租户而言，名义工资和实际收入都随通胀上涨，所以收入从业主向租户转移。

同时，由于房屋维修养护成本的提高，业主维修、养护房屋的能力和动力降低，房屋本身的质量、所在区域的品质也因此降低，最终这些房屋所在的邻里退化。

（4）租赁供给减少

租金管制打击租赁房的投资，一些房东将出售原租赁住房，迫使部分家庭转向购买产权住房，租金控制市场住房供给减少。据奥尔森研究，纽约市 1968 年的租金管制，导致住房消费量减少 4.4% 左右，非住房消费增加 9.9% 左右，租户的户均收益是 213 美元，全市 126 万户家庭总共收益额近 2.70 亿美元。而当年由于租金控制减少的收益所导致的业主承担的总成本是 5.14 亿美元，加上租金控制的管理成本 0.07 亿美元，总浪费达 2.51 亿美元。

（5）其他的负面影响

租金管制还导致存量住房低效使用。由于租金低廉，许多小家庭消费面积较大的住房，一些较高收入的家庭也从中收益。租金管制会引发许多非法行为：如收取钥匙金、附加费、家具和设备费等诸如此类的非法收费，增加了业主的总收入，虽然名义上没有突破租金管制，但加大了业主对承租人的控制。这些负面影响在 20 世纪初叶和中叶的英国也曾发生过。

租金管制还会阻碍劳动力的流动。有些家庭为了居住在租金管制的住房内，上下班的通勤费增加，这样降低了整个地区的经济效率。另外，在安全廉租的住房与就业机会之间，很多家庭往往选择前者，因此租金管制限制了劳动力的流动，一定程度上助长了失业。

4）租金管理的供给效应

为了减少租金管理的供给负面效应，一些城市采取如下应对措施。

（1）租金调整

大部分租金管理法允许租金定期上涨，它根据某些价格指数，例如消费价格指数（CP）允许有适当的上涨。租金调整削弱了租金管理的作用，降低了租金管理对房东的消极影响。

（2）新住房免除租金管理

大多数租金管理法免除对新建住房的租金管理。如果新住房被免除管理，它就不受租金管理的影响。旧住房的市场退出，会导致新建出租房的需求增加，进而传导给供给。但是如果投资者担心新建住房将来会变为租金管理房，就会抑制投资新住房。

（3）限制转换

一些城市限制出租住房转换为其他功能。如果这种做法成功，就限定了出租住房转换为其他用途，租金管理的供给影响就会减少。

（4）新住房补贴

公共政策鼓励建设新住房，以弥补租金管理所造成的住房损失。如：多伦多市为住房建造商提供低息建筑贷款。

（5）闲置房解除管理

一些城市租赁期内租金是固定的，但是当新房客搬入住房时，租金可以变化。这项规定削弱了租金管理的作用，增加了房东的租金收入，还会强化房客长期租住的动机。

5. 租赁住房政策的优劣势

充满活力的住房租赁行业具有以下优势：

（1）租赁市场能给年轻人和付不起首付款的贫困家庭提供适当的住房；

（2）租赁市场对发展活跃的转售市场和灵活的劳动力市场起到积极的支撑作用；

（3）发达的租赁市场给家庭资产投资提供了更多的选择，出租房屋可以作为投资，租金用来补充其他收入来源，租金还可以成为养老金的替代品；

（4）负担得起的租赁房有利于家庭积累首付款，从而促进住房抵押贷款市场发展，提高住房资产的价值，促进二手房市场的流动性。

三个因素促使某些家庭不得不或倾向于选择租房。

1）收入不足

没有足够的收入支付抵押贷款，这里的收入不足不仅仅是指绝对的低收入，也指相对收入，即住户只能在他们所偏好的城市区位（交通区位、便利设施或偏好的生活方式群体等）支付得起住房租赁价格。

2）流动性

住房交易成本很大，需要或者喜欢四处"迁徙"的人会选择租房而不是买房，或者这些人宁愿将资金用于其他项目。

3）不喜欢清理的人

酒店式公寓对于这一部分人群相当具有吸引力。

这三个因素之中，可支付性是最为重要的影响因素，因此，租赁住房政策应该积极拓展租赁住房的开发建设，满足租赁家庭的住房需求。

在什么状况下一个家庭买房和租房是无差异的？家庭买房面临银行利息率、货币贬值率及维护等成本，在相同的预算约束下，当租房成本 C_r 与购房成本 C_o 没有区别时，即：$C_r=C_o$，租房的年成本支出与购房的年成本支出相等，买房和租房没有差异。

租赁住房政策的劣势主要是租房成本通常较高。

1）承租人外部性（Renter Externality）

承租人导致所租住房的贬值率相对较高，因为承租人对住房没有长期利害关系，缺乏每天维护住房的动机。只要承租人没有因为一些小问题（例如管道漏水）而觉得不方便，就可能不会及时通知房东，导致小问题可能变成大问题。当承租人不能从对住房的细心维护中直接获益时，外部性就产生了。相反，住房所有者能从日常维护中获得全部收益，所以他更有可能马上把漏水的管道修好，避免对住房造成长期损害。如果承租人使房东不能完全掌握住房状况的信息，住房就会存在高维护成本和高贬值率，可以说承租人外部性提高了住房财产的市场租金。

2）出租住房是一项风险较高的投资

出租住房存在较高的违约风险，出租方往往需支付较高的房产贷款利息率。

在一些发达国家，租赁住房融资项目已开展多年，租赁住房大多针对中低收入的人群，租赁住房制度较为完善。相反，在许多新兴经济体中，租赁住房市场相对比较落后且资金不足。这些国家一般都存在规模很大的非正式租赁市场，房东大多不是公司，而是个人及一小部分私人租赁公司。

3.4 自有住房与租赁租房政策比较

既然自有住房和租赁住房各有优缺点，那么住房政策不能非此即彼，有失"偏颇"，太高的住房自有化率并不意味着是最好的住房政策结果。最为关键的是，保证住有所居，提高全体城市居民获得符合"适足性"标准住房的可能性。因此，不是一个国家的经济发展水平越高，住房自有化率就越高，住房自有化率的高低与经济发展水平没有直接的正相关关系。

住房援助、金融财政、行政管制和合作治理等四种政策性工具均有助于支持和促进自有住房和租赁住房发展的作用。比如从广义的补贴来看，需求侧补贴有两种类型。直接补贴可以是一次性的，包括对购房者进行直接补助或贷款援助，对于租赁住房者，支付补助金或贷款，用于帮助支付租赁住房的前期费用；直接补贴也可以是持续性的，包括向购房者提供的补贴贷款、抵押救济付款和对租赁住房者的租赁援助。间接补贴包括一次性免除资本收益税，以及持续性地对购房者的抵押贷款利息税收减免和对租赁住房者通过租赁信用获得税收减免。

从表 3-1 可以看出，自有住房在居住权、社会参与、社会保障和外部性等方面相对占优，租赁住房在可支付性和市场效率等方面相对占优。因此，在权衡是偏向自有住房还是租赁住房政策时，关键是分析社会当时的住房需要及其主要矛盾。当住房供给处于绝对短缺时，政府需要运用四种政策性工具，制定激励性的住房生产和住房消费政策，动用多方资源，促进不同产权住房的开发建设，尤其是自有住房的开发建设，满足大多数居民的居住诉求。当住房户数比提高，直至超过 1.0，居民住房面积、品质和设施配置等条件得到大幅改善，住房的存量相对宽松，大部分城市居民的住房需求基本得到满足，此时住房政策需要着重解决少数中低收入家庭的住房问题，更多地关注租赁住房的开发建设及其可支付性。

自有住房与租赁住房的住房属性特征比较 表 3-1

序号	因素	自有住房	租赁住房	备注
1	居住权	++	+	自有住房具有居住权，租赁住房需要法律保障
2	可支付性	+	++	借贷购买住房会使部分中低收入群体成为"房奴"；租赁市场能给年轻人和付不起首付款的贫困家庭提供适当的住房
3	市场效率	−	+	政府干预市场，导致市场效率不高；住房所有权可能阻碍就近居住和工作流动，造成流动性陷阱；租赁住房有助于灵活的劳动力市场
4	社区参与	+	−	租房户很少参与社区的管理事务
5	社会保障	+		自有住房可成为一种养老保障的金融产品
6	外部性	+	−	自有住房所有者对住房的维护较好，能够增加住房本身的价值；承租人导致租赁住房的贬值率相对较高

资料来源：作者绘制

从欧洲的情况看，第二次世界大战结束时意大利、比利时、英国、荷兰、奥地利、瑞典等国家的住房自有化率在 28%～40% 之间，之后呈现出上涨趋势。由于各个国家经济发展水平、社会福利、住房政策及其他因素的差异，到 2009 年时，这些国家的住房自有化率差距变大。意大利的住房自有化率最高，约 80%，比利时接近 78%，英国约 70%，荷兰、奥地利、瑞典为 55% 左右，德国最低，约 40%，这意味着荷兰、奥地利、瑞典等国家超过 40% 的居民选择租房，德国甚至达到 60% 的居民租房。整个欧盟 28 国 2010 年以来住房自有化率稳定在 70% 左右（其中无贷款住房 47%，有贷款住房 23%），即平均 30% 左右的欧盟居民租房（其中 16% 为私有租赁市场，10% 为社会住房），北欧和西欧居民租房比例较高，东欧和南欧居民租房比例较低，东欧租赁住房的居民比例为 19%。北欧和西欧居民租房比例较高的原因与这些国家较为完善的养老、医疗、救助、失业和住房保障制度密切相关，如果居民租金支出超过家庭可支配收入的 30%，这些居民将被界定为住房支付能力有限或者居住困难群体，可以获得当地政府的住房补贴或者租住公共住房或社会住房。这些社会保障制度为国民提供了安全保障网。较为完善的住房保障制度、健全的住房法律法规体系和较为稳定的住房市场，为居民解决居住问题提供了保障，拥有住房产权和租赁住房的家庭都能够安居乐业，由此解决了大部分居民住房的后顾之忧。从美国的情形来看，大约 1/3 的家庭选择租房居住。相反，一般而言，经济欠发达国家的住房自有化率相对较高。

从住房法律的层面进行分析，欧美国家具有较为完善的住房法律体系。为了保持住房产业健康、稳定、可持续发展，政府在不同时期制定符合当时经济和社会发展条件的住房法律，例如《住房法》和《住房租赁法》。通过完善的法律体系来约束住房市场各主体的行为，如对房屋出租人进行规制，房屋租赁契约签订后，房屋出租人不得随意提高租金，不得在租客支付能力不足时，随意中止合同或者强迫承租人搬离租住的房屋；另外，契约签订后，年度房租提高额不得超过《住房法》所确定的涨幅范围。这些住房法律法规保障了租户的权益，许多家庭可以在住房租赁市场获得稳定的住房服务。从住房资产市场和使用权市场来分析，市场供给、需求稳定，资产市场投机需求度较低，住房租售比合理，租金水平反映了租赁市场的真实需求，也反映了经济基本面对住房的真实需求。因此，居民对拥有住房产权并没有特殊的偏好。当然，这并不意味着这些国家就完全解决了住房问题，在人口流入的大都市，部分群体同样面临着住房的可支付问题。

尽管如此，在租赁住房市场上，从 1984 年和 1998 年看，欧洲社会住房所占的比例不断减少，而营利性住房不断增多。1984 年，德国社会住房占所有住房的比例为 76.80%，荷兰为 74.20%、英国为 54.80%、法国为 50.50%，到 1998 年时分别下降为：德国 58.9%、荷兰 41.30%、英国 26.4%、法国 16.30%，这反映出新自由主义政策对住房投资和管理所产生的巨大影响（熊衍仁，2016：45）。

租赁住房是我国解决中低收入群体、外来务工人员和新就业人员等群体住房问题的重要途径，然而，我国住房租赁市场的发展远远滞后于住房销售市场。首先，租赁房屋来源单一，据国家统计局第六次人口普查数据显示，截至 2010 年年底，我国有 25.4% 的城市家庭选择租房，其中 89.7% 的可出租房屋来自私人出租住房，廉租住房占所有住房总量的比例为 2.6%，占可出租房屋的比例为 10.3%（表 3-2）。由于我国幅员辽阔，不同区域的出租住房占比差异较大。上海市常住人口家庭的租房比例较高，达到 38.3%，其中廉租住房占所有可出租房屋的比例为 4.5%；北京市居民的租房比例同样较高，达到 37.2%，其中廉租住房占所有可出租房屋的比例为 4.3%；东北辽宁省的租房比例相对较低，为 13.0%，其中廉租住房占所有可出租房屋的比例为 8.1%。其次，承租人自身权益得不到保障，在没有法律约束的条件下，承租人普遍受到房东随意解除合同、随意收取高租金的困扰。因此，急需制定相关的法律规范，保护租户的基本权益和租赁市场的稳定性。

表 3-2

我国全国和部分地区按住房房源的套数和比例分布

地区	合计（万套）	租赁（廉租） 数量（万套）	租赁（廉租） 比例（%）	租赁（其他） 数量（万套）	租赁（其他） 比例（%）	自建住房 数量（万套）	自建住房 比例（%）	购买商品房 数量（万套）	购买商品房 比例（%）	购买二手房 数量（万套）	购买二手房 比例（%）	购买经济适用房 数量（万套）	购买经济适用房 比例（%）	购买公有住房 数量（万套）	购买公有住房 比例（%）	其他 数量（万套）	其他 比例（%）
全国	1241.66	32.98	2.66	286.92	23.11	203.96	16.43	323.13	26.02	61.81	4.98	62.73	5.05	214.79	17.30	55.33	4.46
北京	52.45	0.84	1.61	18.66	35.57	2.91	5.55	10.61	20.24	1.82	3.47	3.20	6.09	11.29	21.52	3.12	5.94
辽宁	77.60	0.82	1.06	9.27	11.95	6.56	8.45	27.00	34.79	6.63	8.55	5.07	6.53	20.33	26.20	1.92	2.47
上海	61.46	1.05	1.71	22.48	36.58	2.53	4.12	17.91	29.14	4.60	7.48	0.18	0.29	11.34	18.45	1.38	2.24
江苏	89.12	1.55	1.74	17.30	19.41	18.77	21.06	26.60	29.84	4.61	5.17	6.34	7.12	10.95	12.28	3.01	3.37
浙江	69.52	0.99	1.42	27.26	39.21	13.12	18.87	14.06	20.22	4.39	6.31	1.20	1.72	5.28	7.60	3.23	4.65
安徽	34.08	0.61	1.78	5.64	16.56	6.39	18.76	9.47	27.80	1.56	4.57	2.26	6.63	6.35	18.63	1.80	5.27
福建	37.42	1.86	4.97	13.25	35.40	7.44	19.89	6.76	18.06	1.39	3.71	0.94	2.50	2.73	7.29	3.06	8.18
江西	20.53	0.48	2.35	3.09	15.06	4.15	20.19	5.58	27.20	0.76	3.68	0.52	2.54	5.01	24.39	0.94	4.59
山东	87.09	1.51	1.73	9.22	10.59	23.35	26.81	25.05	28.76	3.66	4.20	4.55	5.22	15.58	17.89	4.18	4.79
河南	52.86	0.95	1.79	6.92	13.10	14.28	27.02	13.42	25.39	1.79	3.39	3.03	5.74	10.34	19.56	2.13	4.02
湖北	51.52	1.21	2.35	8.54	16.57	11.22	21.79	12.21	23.69	1.83	3.55	2.00	3.88	12.34	23.94	2.17	4.21
广东	150.11	10.27	6.84	63.24	42.13	29.34	19.55	31.14	20.75	4.32	2.88	2.05	1.36	9.05	6.03	0.70	0.46

资料来源：2010 年第六次人口普查

3.5 土地供给

住房是附着在土地之上的地面建筑物，土地供应量直接决定了住房的供给数量。土地是一种不可再生的自然资源，具有固定性、有限性和非同质性等自然属性，土地在短期内供给无弹性。我国城市土地一级市场由政府垄断，因此，土地供给是我国政府对住房市场进行调整的重要的政策性工具之一。

3.5.1 我国城镇土地供给制度演进

中华人民共和国成立后，我国实行社会主义公有制。然而直到1982年《中华人民共和国宪法》颁布，才明确我国土地社会主义公有制的形式，分为城市市区的全民所有制和农村的劳动群众集体所有制。国家为了公共利益，可以依照法律规定对土地实行征收或者征用并给予补偿。任何组织或者个人不得侵占、买卖或者以其他形式非法转让土地，国家对于土地具有垄断地位。我国实行土地用途管制制度，国家编制国土空间规划，规定土地用途，将土地分为农用地、建设用地和未利用地。严格限制农用地转为建设用地，控制建设用地总量和城镇开发边界，对耕地实行特殊保护。

20世纪80年代，随着深圳市开始实行土地有偿使用制度，将土地市场引入市场经济，我国其他主要城市如上海、天津、广州、厦门等也学习借鉴香港特别行政区和深圳市的土地批租制度，按照市场规律，调整土地资源的供给。土地有偿使用制度改革的推进，使得城市大量存量土地资源价值显化，土地出让变成了土地财政，成为政府财政收入和城市建设资金的重要来源，从而缓解了政府资金压力，加快了城市基础设施建设，促进了城市经济快速发展（图3-6）。然而，与此同时，有限的土地供给直接限制了住房的供给量，使得我国主要城市住房处于供不应求的状态，

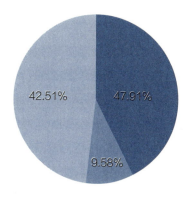

图3-6　2015年土地和税收成本占商品房售价的比例
资料来源：《中国统计年鉴》，2016年

一线城市土地价格持续抬升,在成本增高的持续影响下,北京、上海、广州、深圳等地的住房价格居高不下,直接影响了居民住房的可支付性。

中华人民共和国成立后,我国土地制度的演进大致可分为三个阶段。

1. 私有制向公有制转变阶段(1949~1986年)

1949~1982年中央政府大力推行土地公有制政策,最终形成城镇土地公有制和农村土地集体所有制。1986年我国颁布第一部《中华人民共和国土地管理法》,在1982年宪法的基础上,再次强调我国土地所有制的形式分为全民所有制和农村集体所有制。任何单位的开发建设都必须使用国有土地,只有通过政府征地,属于农村集体所有制的农用地才能转为城市建设用地。城镇土地使用实行国家行政划拨,土地使用的无偿、无期限可以消除土地投机,但也在一定程度上造成土地闲置、浪费和无效利用,土地本身的价值没有反映出来,土地资源配置效率低下,制约了城市经济发展和住房建设。

2. 城镇土地有偿使用制度建立阶段(1987~1996年)

1978年改革开放以后,土地在市场经济中开始发挥越来越重要的作用。深圳市作为我国早期改革试点经济特区的先行者,城市建设征地需要支付大量资金,在财政拮据的情况下,市政府尝试借鉴香港特别行政区土地使用权和所有权相分离以及有偿使用土地的办法,通过出让城市土地使用权,解决城市建设资金短缺问题。1987年12月1日,深圳市政府通过拍卖方式,在我国内地第一次尝试性地出让了第一块国有土地使用权,有偿出让城市建设用地(马光红等,2017:79)。随着城市有偿出让土地使用权规模的扩大,1988年《中华人民共和国土地管理法》修改议案中正式规定:"国家依法实行国有土地有偿使用制度。"国家作为土地所有者,通过有偿的方式将土地租赁给使用者。为了进一步改革城镇国有土地使用制度,合理开发、利用、经营土地,加强土地管理,促进城市建设和经济发展,1990年国务院令颁布《中华人民共和国城镇国有土地使用权出让和转让暂行条例》,第十二条规定,土地使用权出让最高年限按用途确定:居住用地七十年;工业用地五十年;教育、科技、文化、卫生、体育用地五十年;商业、旅游、娱乐用地四十年;综合或者其他用地五十年。其他条款规定土地使用权出让采取协议、招标和拍卖的方式;收取的土地使用权出让金列入财政预算,作为专项基金管理,主要用于城市建设和土地开发。1994年颁布的《中华人民共和国城市房地产管理法》,确定国有土地使用权采取有偿出让和无偿划拨两种方式。土地使用权出让可以采取拍卖、招标或者双方协议的方式,商业、旅游、娱乐和豪华住宅用地,有条件的必须采取拍卖、招标方式;没有条件,不能采取拍卖、招标方式的,可以采取双方协议的方式,但是出让土地使用权的出让金不得低于按国家规定所确定的最低价。土地使用权划拨,是指县级以上人民政府依法批准,在土地使用者缴纳补偿、安置等费用后将该幅土地交付其使用,或者将土地使用权无偿交付给土地使用者使用的行为，主要服务于城市基础设施用地和公益事业用地，国家重点扶持的能源、交通、水利等项目用地等。国家采取税收等方面的优惠措施，鼓励和扶持房地产开发企业开发建设居民住宅。

土地有偿使用制度的建立不仅改变了土地的出让方式，对土地市场也产生了巨大的影响。20世纪80年代后期，为了减少协议出让行为造成的土地市场不透明、土地资源流失等问题，进一步规范土地使用权出让行为，部分沿海发达城市如上海、广州、深圳等地逐渐采用招标、拍卖、挂牌等方式出让国有土地使用权。自20世纪90年代起，随着土地出让方式的改变，住房市场进入快速发展时期，出现大量私人开发商，对土地的需求大大增加，土地出让成为扩大政府财政收入的重要来源。1994年我国开始实行分税制改革，改变了中央和地方政府的财权分配方式，其中土地出让收益划归地方所有。地方政府为改善自身的财政状况，逐步确立以招标、拍卖、挂牌的方式出让土地，预算外收入的土地出让金逐渐成为政府财政的重要来源。

3. 土地储备制度建立及其完善阶段（1996年至今）

随着房地产业的发展，土地有偿使用制度的建立，我国逐步形成土地市场，提高了城镇土地的集约利用程度，加快了土地要素的流通速率，改善了土地的闲置情况和投资环境，促进了危旧房改造等城市建设，为住房行业的发展奠定了坚实的基础和良好的制度环境。

出于公共利益的需要，美国和许多欧洲国家将土地征购储备制度称为"土地银行"，我国称之为土地储备制度，它是在法律规范下，由城市政府委托相应的机构按照一定的法律程序，运用市场机制，依照国土空间规划，通过征收、回购、换地和到期回收等方式，从土地使用者手中将土地集中和国有化，在完成旧房拆迁、土地平整等系列前期工作之后，最终实现直接供应"熟地"。土地储备制度能够实行对土地有效供给和管控，垄断城市一级土地要素市场，控制城市住房和城市其他开发建设活动。

1996年，上海市成立了我国第一家土地储备机构——土地发展中心，土地发展中心受市政府委托履行城市土地的收购、整理、出让等管理职能。随后杭州、厦门、南京等城市也先后成立土地储备机构。2001年《国务院关于加强国有土地资产管理的通知》中明确要求，"有条件的地方政府试行收购储备制度"。自此，土地储备制度在全国逐步建立起来，许多城市纷纷成立土地储备机构，开展土地储备工作。2002年国务院出台《招标拍卖挂牌出让国有土地使用权规定》，正式实施土地"招拍挂"制度。"招拍挂"出让主要是针对商业、旅游、娱乐和商品住房等四类经营性土地，完全实行市场出让，引入市场竞争机制，提高土地交易的透明度。2006~2007年间，国务院又相继出台系列相关实施规定，进一步规范、细化"招拍挂"出让制度，大大提高了实施的可操作性，土地市场机制逐步形成，即经营性土地通过招标、拍卖、挂牌等市场化方式有偿取得；廉租房、经济适用房等土地，采取划拨方式供应建设用地。

实行土地储备制度以后,将土地多头直接进入市场的无序供应机制改变为政府主导下的统一收购集中、统一平整储备、统一出让供地,体现出政府在土地市场上的主导性,通过征收、回购、收回交换等方式,将出让土地完全纳入政府供应总量控制的范畴中,加强政府在土地一级市场的垄断地位,同时也增强政府在住房领域的宏观调控职能,根据住房市场的需求、房价波动来供给土地,制定土地供给政策,有效治理土地市场混乱状况,促进实现效率优先、兼顾公平的目标。针对部分热点城市住房供需矛盾较大、住房价格上涨过快等问题,国家开始优化土地供应结构,增加普通商品住房和保障性住房土地供应。如2006年5月提出:保证中低价位、中小套型普通商品住房土地供应。各级城市人民政府要编制年度用地计划,科学确定房地产开发土地供应规模;优先保证中低价位、中小套型普通商品住房(含经济适用住房)和廉租住房的土地供应,其年度供应量不得低于居住用地供应总量的70%;停止别墅类房地产开发项目土地供应,严格限制低密度、大套型住房土地供应(马光红等,2017:84-86)。

3.5.2 土地财政

土地储备制度建立以后,我国政府将相当数量的土地资源集中在储备库里,通过控制土地一级市场来出让土地使用权。开发商在竞标投标后获得"熟地",在一定程度上缓解了拆迁矛盾,缩短了开发周期,降低了开发风险;从城市政府层面来看,各级政府意识到"土地储备"与"经营城市"之间存在密不可分的关系,政府垄断土地供给,可以通过出让国有土地使用权获得大量的土地收益,实现所谓的"以地生财"。

土地财政是指地方政府通过"经营土地"获得的收入,包括以出让土地所有权为条件的土地出让金收入、与土地出让相关的各种税费收入、以土地抵押为融资手段获得的债务收入。土地财政的形成过程可概括为:在分税制改革后,中央上收财权,把大量外部性事权留在地方,地方政府事权多财权少,在中央允许和土地收储制度下,地方政府开始经营城市土地,政府对农地征收的国家垄断和对土地变更的用途管制是土地财政的基础。在地方政府"GDP锦标赛"激励下,受益于快速城镇化带来的爆发式增长,最终形成地方政府土地财政的独特现象。

我国实行分税制改革之前,中央政府对地方政府一直实行放权让利的财政包干制度,用以调节中央政府和地方政府之间的财政预算分配关系。随着中央政府财政收入占GDP和中央预算收入占全部预算收入的比重逐年下降,中央政府的财政负担日益增加。为了摆脱财政困难的状况,中央政府于1994年开始推行分税制改革,把全部的消费税和75%的增值税归入中央财政收入;2002年之后,又将所得税改为中央地方共享。分税制改革的直接结果使中央与地方财政收入之间的分配比例发生急剧变化，地方财政收入占全国总财政收入的比重由 1993 年的 78% 迅速下降到 1994 年的 44.3%，造成地方政府巨大的财政收支缺口。地方政府依靠自有财政收入和上级政府的转移支付难以满足本级政府的财政支出，迫使地方政府开始依靠预算外收入来平衡支出。在土地征用市场和土地一级市场上，地方政府无论是作为土地征用市场的需求侧还是土地一级市场的供给侧都处于垄断地位，政府是集体土地征用的唯一需求侧，也是城市建设用地的唯一供给主体，这种双重垄断特征使城市政府在经营土地中获得相应的垄断利润。2005 年房地产企业土地购置费用约为 2900 亿元；2010 年房地产企业土地购置费用升至约 1.0 万亿元，5 年时间增加了 2 倍多；到 2018 年房地产企业土地购置费用继续升至约 3.6 万亿元，增加了 1.6 倍（表 3-3）。

2005～2018 年我国主要城市房地产企业历年土地购置费用　　表 3-3

年份	房地产企业土地购置费用（亿元）	年份	房地产企业土地购置费用（亿元）
2005 年	2904.37	2012 年	12100.15
2006 年	3814.49	2013 年	13501.73
2007 年	4873.25	2014 年	17458.53
2008 年	5995.62	2015 年	17675.44
2009 年	6023.71	2016 年	18788.68
2010 年	9999.92	2017 年	23169.47
2011 年	11527.25	2018 年	36387.01

资料来源：《中国统计年鉴》，2017～2019 年

土地财政与住房市场景气程度具有较强的相关性。自我国实行土地有偿使用制度以来，土地使用权出让金收入持续快速增长。虽然受宏观调控政策和宏观经济环境的影响，土地使用权出让金收入呈现小范围内波动，但依然保持整体向上增长趋势，同时住房市场景气程度的差异导致地区土地财政收入的差异。2004 年全国土地使用权出让金收入总额为 6412.18 亿元，受国内住房投资过热的影响，住房市场呈现过快增长趋势；2005 年中央政府为抑制住房投资过热，实行紧缩的土地政策，这一年的土地使用权出让金减至 588.82 亿元；2007 年政策稍微宽松，土地使用权出让金又涨至 1.22 万亿元；2008 年受金融危机的影响，住房市场萧条，土地使用权出让金收入明显降低；随着中央政府 4 万亿元救市政策的推出，2009 年住房行业全面回暖，全国土地使用权出让金收入再次创造历史新高，达到 1.59 万亿元；2014 年全国国有土地使用权出让金收入已经超过 42606 亿元，同比增长 3.2%。1999～2015 年，国有土地出让金从 514 亿元激增至 3.25 万亿元，增长为 63.2 倍，占地方财政本级收入的比例从 9.2% 增

加至 39.2%；土地使用权出让金收入作为地方政府预算外财政收入的重要来源，已经成为政府的"第二财政"。然而，由于土地属于稀缺资源，具有不可再生的特性，地方政府这种"以地生财"的短期行为必然导致"寅吃卯粮"的现象出现。由于外部因素影响以及自身的周期变动，土地市场波动较大，"以地生财"从长期来看也难以为继（马光红等，2017：96-100）。高房价、高地价的情况也进一步加剧了开发商囤积土地推迟开发等行为。一方面，囤积土地能增加土地储备，防止地价上涨造成开发成本上升；另一方面，住房市场上土地供应减少会刺激房价上升。在我国土地二级市场不健全的情况下，土地增值也成为住房开发企业一个重要的收入来源。

土地财政在调动地方积极性、推动经济增长和完善城市公共基础设施等方面具有积极的作用。地方政府通过低成本征收农业用地，低价格转让工业用地，高价格出让商、住用地，一方面刺激投资，另一方面获得高额土地出让金弥补财政缺口。巨额的土地出让收入用于征地和拆迁补偿、土地开发、城市建设、基础设施建设，成为我国经济发展的一个内生逻辑。

土地财政也带来了一些问题，例如：推高房价，容易形成资产泡沫；增加地方政府债务风险；地价房价大涨扩大收入差距；抬高实体经济成本，"开工厂不如炒房子"，诱发产业空心化风险。因此，我国需要重新调整土地财政，建立和完善与事权相匹配的地方财政体制；减少地方政府对土地财政的依赖，扩展消费税、房产税等稳定、持续的地方性主体税，保证为地方政府提供公共产品的长期稳定税源。另外，地方政府需要从"投资型政府"向"服务型政府"转变，增加就业、创新、环保等考核权重；明确农村土地产权，保护农村集体对土地的占有权、使用权和收益权，完善土地的征地范围、征地程序和补偿机制等制度建设；建立规范的地方债制度。

思考题：

1. 政府干预住房市场时可以运用哪些政策性工具？这些工具各有什么优缺点？
2. 如何运用自有住房的政策性工具抑制高房价？为什么？
3. 如何运用租赁住房的政策性工具推动我国租赁住房市场的快速发展？为什么？
4. 什么是土地财政？土地出让金很高是市场条件下产生的结果吗？政府对土地出让金进行干预会产生什么样的后果？如何促进实现住房市场的帕累托最优？

延伸阅读：

1. 高波,等.现代房地产经济学导论[M].南京：南京大学出版社,2007.（第十一章）
2. 熊衍仁,沈綵文.国外住房发展报告[M].北京：中国建筑工业出版社,2015.（第二部分）

第 4 章

保障性住房政策

4.1 城市保障性住房的概念与理论依据

4.1.1 城市保障性住房的概念

"保障性住房"相对应的英文词是"Affordable Housing",即"可支付住房",它是指人们依托自己的收入水平,在政府直接或间接的支持下,能够购买或租赁的可支付性住房,以满足中低等收入家庭的住房需求。保障性住房是政府直接干预住房建设和住房供给的一种政策手段,通常在政府资助下由公共部门主导规划与管理、公共部门或者私营开发商参与建设、面向中低收入家庭的住房项目,保障性住房的一般支持对象是家庭收入中值(Median)以下的家庭。保障性住房政策的核心是政府对难以支付住房市场价格的家庭给予一定程度的资助,确保其获得适足的居住水平。保障性住房的优惠政策可以在一定程度上帮助消除贫困,保障低收入群体的利益,使得城市社会经济政策与福利改革目标相结合。20世纪90年代以来,欧美保障性住房政策实施重点从新建住房供应或提高贫困家庭的住房支付能力,逐步转向保护和利用存量低价租赁住房,改善中低收入家庭的购房能力,扩大低收入家庭的住房和社区选择范围,以及强调公平住房和公平住房贷款立法等。

"保障性住房"的概念在不同国家、不同时期具有不同的内涵,反映了不同制度和经济发展水平下人们对住房的基本要求。2006年英国社区与地方政府部在《保障性住房供应》报告中提出:保障性住房制度应当确保所有合法的家庭以其能够支付的成本满足其住房需求。保障性住房有多种形式,至少包含以下三类。

1. 公共住房

公共住房一般指由政府建造、所有、管理和维护以及收取低额租金的住房。典型代表有我国香港的公屋、我国内地的廉租房和公租房、新加坡的组屋、英国的议会住房（Council Housing）、加拿大的公共住房项目和美国的公共住房等。公共住房有时也可纳入社会住房的范畴之中。

在公共住房私有化思潮下，一段时间某些国家的租户可以折扣价购买其居住的公共住房，如针对公共住房租户的"购买权"（Right to Buy）计划。英国和中国都有公共住房私有化的一段时期。

2. 社会住房

社会住房一般是非营利性机构（如注册社会住房租赁机构）或合作性住房组织持有、出租和管理的住房，租金价格较低。加拿大接近2/3的存量保障性住房由非营利性或合作性住房组织所提供，非营利性的住房协会（Housing Associations）是主要的社会租赁住房供应者。住房协会通常会获得地方政府或住房公司（Housing Corporaion）的资助，同时受到合同约束，向目标群体出租住房，遵守相关的租赁标准，并负责管理。居民一般需要向地方政府和经注册的社会住房租赁机构申请并登记在册，才能够获得社会租赁住房，租金一般根据资产价值、当地收入水平和资产规模来计算，低于市场租金水平。特殊的时期，租户也可以折扣价购买其居住的社会住房单元，如针对社会住房租户的"获取权"（Right to Acquire）计划等。

3. 中价住房（Intermediate Housing）

中价住房是介于社会住房与市场住房之间，价格高于社会租赁住房、低于市场住房的保障性住房，包括打折出售、股权共享、共有产权住房和其他类型的低价出售或者租赁的住房。

中间价格租赁住房（Intermediate Rented Homes）：指租金高于社会住房但低于私人住房的保障性住房。

打折出售住房（Discounted Sale Homes）：与市场价格相比，购房者能够享受一定价格折扣的住房。

股权共享住房（Shared Equity Homes）：购房者与贷款发放者共同购买住房，以出资额界定产权份额，购房者不向贷款发放者支付利息，但在房屋出售或贷款到期时将房屋增值部分按照产权份额分配，作为报酬付给贷款发放者；或者多方共同拥有某一房产的权益，如资产负债安排（Equity Loan Arrangement）或者共享产权租约（Shared Ownership Lease）。

共有产权（Shared Ownership）住房：无力一次性购买住房的居民，可以先购买一部分产权，待经济能力提高后，再买下剩余产权，从而获得住房所有权；或者租户从经注册的社会住房租赁机构购买该住房的一部分初始权益，租赁机构保留剩余部分权益并收取相应租金，租户可以增购该住房的权益（称为"Staircasing"），且可以最终买断并拥有该住房（称为"Staircase Out"），相关资金将被循环用于提供更多保障性住房（陈寒冰，2018：12）。

4.1.2 城市保障性住房的理论依据

1. 国家干预理论

1929年至1933年之间，美国爆发经济大萧条（The Great Depression），并波及整个资本主义世界。在此次危机中，美国工业产值大幅度滑落，失业率大幅度提高，人民生活水平急剧下降。根据传统古典经济学理论的观点，实行自由主义市场的资本主义经济制度具有内在的调节机制，"供给能创造出自己的需求"，经济方式长期背离均衡是不可能的。然而，面对大萧条，传统古典经济学理论无法解释其原因和提出应对策略。在此背景下，1936年凯恩斯出版了划时代的著作——《就业、利息和货币通论》，他认为："在自由资本主义的情况下，就业倾向于均衡只是少数的偶然现象，而小于充分就业的非均衡经常存在，解决萧条的唯一办法就是通过国家干预，增加有效需求来解决就业问题。"政府干预经济的重点是干预总需求，包括干预再生产和国民收入分配及其他相关的领域，为此他提出了一整套以需求为核心的经济政策和措施。国家可以通过改变财税体系和限定利率等办法来刺激居民的消费倾向，加大财政支出，发展社会公共福利事业，提高社会保障水平，以此来刺激居民的有效需求。经济危机之后，美国以及欧洲发达国家，特别是经济上比较富裕的北欧国家，普遍实行社会福利制度，包括失业救济、免费教育、医疗保险、住房保障等较为宽泛的福利制度。

第二次世界大战期间，英国、德国、法国等国家大量民宅被炸毁、破坏，新住房供给非常有限，因此战争结束后，欧洲多数国家为解决国民住房短缺问题，不得不实行一系列住房保障制度，通过货币政策、税收政策、土地政策，如供给侧补贴、税收减免、公共住房供给或者需求侧发放住房补贴、住房券以及降低房产税等措施，缓解住房困难问题。美国虽然远离"二战"主战场，没有遭到战争破坏，但是"二战"结束后，大量的退伍军人回到美国本土，面临再就业的问题，在购买或租赁市场上缺乏相应的支付能力。在此背景下，美国政府也实行大规模的经济和住房干预政策，20世纪50年代颁布《退伍军人住房保障法》，通过财政政策和贷款优惠政策，刺激开发商或鼓励非营利组织开发、供给面向退伍军人的住房，并通过延长购房抵押贷款的年限以及购房补贴、银行利息的所得税扣减计划，提高退伍军人的货币支付能力。欧美国家20世纪50~60年代的经济繁荣，为其政府实行高福利政策提供了坚实的经济基础，特别是西欧、北欧等经济发达国家，社会福利被执政党和政府作为重要的政策来实施。20世纪70年代，西欧、北欧等经济发达国家的社会保障支出占本国GDP的比重较高，瑞典和丹麦分别为 33% 和 24.5%，荷兰为 31.45%，法国为 26%，前联邦德国为 23%。

2001 年诺贝尔经济学奖获得者约瑟夫·斯蒂格利茨认为市场机制不能解决外部性、垄断、公共物品和收入分配等问题，这四项职能应该由政府来完成。政府在资源配置上的效率不比市场差，因为政府所颁布的政策具有强制性，可以在征税权、禁止权、处罚权和节省交易费用等方面发挥其优势。住房的特殊性决定了政府应该在住房市场上发挥其干预的职能，政府干预住房市场的效果在于对供给和需求的影响。政府在干预住房市场时，需慎重选择政府工具，发挥政府纠正市场失灵、弥补市场不足、实现资源最优化配置和社会公平的作用。

2. 福利国家理论

20 世纪 20 年代盛行于英国的福利经济学主要代表人物是阿瑟·S. 庇古。1912 年庇古出版《财富和福利》，1920 年又将其扩展为《福利经济学》，为福利国家理论和实践奠定了基础。庇古认为，福利是指个人获得的某种效用或满足程度，它们来自对财物、知识、情感、欲望的占有和满足，可分为社会福利和经济福利；在国民收入一定的情况下，收入再分配政策可以扩大这个国家整体的经济福利，因为通过收入再分配，低收入家庭得到的效用增加要大于富人效用的损失，社会总效用会增加；收入再分配的基本形式是政府向富人征税，补贴给低收入家庭，补贴的方法有：建立各种社会服务设施、提供养老金、免费教育、失业保险、医疗保险、房屋供给等。

1942 年，英国牛津大学教授贝弗里奇发表了一份关于"社会保险及有关服务"的报告，即著名的"贝弗里奇报告"。该报告强调，政府有统一管理社会保障性住房的供给等福利的义务，政府通过国民收入再分配手段获得经济资源，然后政府需要把这些资源用于社会保险和社会救助。社会救助主要是针对贫困居民在特殊情况下的需求，如住房救济等。1949 年，英国学者托马斯·马歇尔在"公民权利与社会阶级"的演讲中，第一次提出公民权利论，即任何一个国家的公民都有不被国家所遗忘而过上一种文明生活的权利，国家也有责任为本国公民提供这些福利保障。

英国福利经济学家尼古拉斯·巴尔（Nicholas Barr）将传统经济学理论与福利国家结合起来，提出福利国家经济学的概念。他认为救助贫困、收入和财富的再分配是福利国家政策的主要目标之一。对于住房保障，巴尔认为国家没有必要分配住房，也没有必要建造公共住房，而应该调节市场价格和收入，实现社会公平。

从社会福利理论的视角来看，居住是人类的基本需求，住房首先是一种居民赖以生存的必需品，其次才是一种财富积累和保值增值的投资品。住房政策与福利国家体系相关联，与政府的收入再分配、提升社会福利等社会公平性目标有关。住房作为一种生活必需品，对于无法在市场上获得适足住房的家庭，保障其基本居住条件应当作为政府社会福利的一部分。住房问题不仅影响个体福祉，还会引发一系列社会问题，这是很多国家政府干预住房市场的直接原因（陈寒冰，2018：15–18）。

3. 城市治理理论

城市治理理论认为现代城市公共事务的最佳管理模式不是集中管理，而是多元、多样和网络型的管理。这种由各级政府、机构、社会组织和个人共同管理城市事务的多层次的权利和利益协调诸多方式的总和就是城市治理。

城市治理是国家治理体系和治理能力现代化的重要内容，涉及政府和利益相关者决定如何规划和管理城市社区，如何对社会和物质资源以及政治权力进行分配。城市治理影响本地服务的数量、质量以及提供服务的效率，在塑造城市社区的物质和社会特征方面起着关键作用。城市治理倡导多元化、多方利益主体广泛参与的管理模式。从城市管理到城市治理，政府不再是实施社会管理功能的唯一主导力量，非政府组织、非营利组织、社区组织、公民自组织以及私营机构将与政府一起，共同承担起社会服务与公共物品的供应和管理责任。良好的城市治理对城市的社会形态、文化特色、经济发展模式、城市安全和环境生态的优劣具有重要影响，能够促进包容、安全、韧性和可持续发展的美丽家园建设，极大地提升城市品质，实现社区健康生活空间的共建、共治、共享。

城市治理理论运用到住房供给上的一个例子是德国、瑞士、法国等地推出的"住房合作社"，成为地方政府增加保障性住房房源的有效渠道。"住房合作社"建成的住房，租金只覆盖实际建房费用，比市场租金低，可在一定程度上缓解中低收入群体的住房可支付问题。

4. 新公共管理理论

新公共管理理论将公共管理视为一种强调责任制、产出导向和绩效评估的机制，将政策的制定和实施进行分离，采用私营部门的管理、技术、工具，引入市场化机制，以导入竞争为特征的公共部门管理新途径，寻求一种效率高、成本低、质量高和应变能力强的公共管理模式。新公共管理反思长期实行的福利制度弊端，认为政府既是政策的制定者，又是政策的具体实施者，往往注重政策的实施过程，忽视政策的实施效果，从而导致公共政策实施的低效率和实施过程冗长的诟病。新公共管理倡导"小政府，大社会"的理念，弱化政府的干预，通过放权和纳入社会资本，利用社会资本的高效率来提供公共服务。

新公共管理理论最早由胡德（Christopher Hood, 1991）在《一种普适性的公共管理》一文中提出，他将英国、美国、新西兰等国实行的政府再造运动称为新公共管理运动。传统的行政管理模式认为政府的主要职能是收税和提供公共服务；新公共管理认为政府在提供社会服务方面并不具有优势，而应该着重考虑制度政策的制定，把公共住房和公共设施等提供社会服务的责任交由私营部门或者非营利机构实施。

英国是最早实行公共服务民营化的国家之一。随着20世纪70年代世界石油危机的爆发及人口老龄化问题的加重，20世纪80年代英国经济出现严重的滞涨，政府在实行福利计划和公共服务方面存在较严重的财政困难,福利制度难以为继。为了缩减政府公共支出和投资,撒切尔政府提出政府服务绩效的理念,通过分权、放松管制、纳入私营部门、绩效合同等措施,改革政府管理。撒切尔政府所实行的政府再造改革中,影响最为广泛的政策之一就是实行公共住房的出售制度,通过税费减免、信贷支持和售价优惠的政策,把大量的英国公共住房出售给原有的租赁住户,从而降低国家和地方政府在公共住房领域的投资,缩减政府财政支出。公房出售制度明显提高了英国居民的住房自有化率。同时,在公共住房领域,政府通过纳入民营资本,投资兴建新的社会住房,利用民营企业的资本和管理的高效率,提高公共住房的运作绩效。借鉴英国公共服务民营化的经验,美国、新西兰、澳大利亚等国家纷纷进行政府公共管理的改革。虽然政府在社会保障、社会公平、医疗、住房、环境保护和公共基础设施方面承担着不可推卸的责任,但是通过放权将一部分职能社会化,可以实现政府和社会资本双赢的目的。

4.2 城市保障性住房的保障标准

4.2.1 城市住房保障性的衡量指标

城市住房保障性的主要衡量指标包括住房负担能力、住房质量、住房拥挤程度以及住房区位和住房邻里环境等。

1. 住房负担能力

衡量住房负担能力最广泛使用的指标是住房成本负担,即住房支出占收入的百分比。一般而言,如果某一家庭将税前收入的 30% 以上支付各种住房费用,则被视为承担过高的住房成本;如果住房成本占收入的比例达到 30%~50%,称为中度住房成本负担;如果住房成本占收入的比例超过 50%,称为严重住房成本负担。

低收入家庭往往容易面临住房成本可负担性的问题,这些家庭收入较低,市场针对这部分家庭供给的住房数量较少;一般而言,低收入的家庭越穷,市场上可负担性的住房供应量就越少。

自有住房的负担问题比出租住房更加复杂,出租住房租户的负担能力可以简单地通过租金(包括水、电费等总的住房费用)与收入的比率来体现;自有住房家庭还需考虑抵押贷款利息的税收优惠、房产税以及潜在的住房增值等因素。此外,自有住房户不仅要考虑当前的收入,还要考虑将来收入增长的可能性。一般家庭通常会在一个地方居住很长时间,如果其收入的涨幅超过住房支出,则很可能愿意在短期内负担较高的住房成本。

20 世纪 80 年代以来,美国住房和城市发展部定期向国会提供关于"最迫切群体住房需求"(Worst-Class Housing Needs)的报告。所谓最迫切住房需求群体,是指存在严重住房成本负担或严重住房质量问题的极低收入租房户（一般是收入低于地区中位数收入 50% 的租户）。从 20 世纪 80 年代至 90 年代末，最低住房需求的家庭及个人在申请公共住房、租房券以及其他联邦政府资助项目时享有优先权。

住房负担能力问题远比住房质量和拥挤问题严重，2000 年代中期，美国只有不到 2% 的家庭的住房存在质量问题，不到 4% 的家庭面临过度拥挤问题，但却有超过 16% 的家庭将收入的一半甚至更多花在与住房有关的费用上，其中包括 24% 的租房户；2007 年全美超过 30% 的自有房户和超过 45% 的租房户将收入的 30% 以上花费在住房上。相比住房支出与家庭收入的百分比，更重要的是分析低收入家庭在支付了住房费用之后，是否有足够的收入购买其他生活必需品，是否会导致家庭生活质量下降（施瓦兹，2012：33）。

2. 住房质量

住房政策的主要目标之一是提高住房质量，消除不达标的住房。住房质量包括坚固的建筑结构、安全可靠的建筑材料和基本配置完善的配套设施，如果住房给水排水系统和厨房设备不完善、存在构造上的问题（如墙体开裂、屋顶漏水、石灰脱落）和共用区域（楼梯间、走廊）存在缺陷或者电力系统不安全等，则说明存在住房质量问题。

美国住房和城市发展部（HUD）将住房质量问题定义为：如果住房配管、供暖、走道、维修、电力设施和厨房设施等方面存在至少一项缺陷，这套住房就"不合格"。1940 年，美国有 45% 的家庭住房没有完备的配管系统，尤其是在农村和南部地区；1960 年这个比例下降到 17%，到 2007 年不到 0.5%，全美住房条件得到极大改善（施瓦兹，2012：26–27）。

3. 住房拥挤程度

与质量问题一样，住房拥挤程度的衡量也很重要，过度拥挤和肮脏的环境会威胁到居民的公共卫生和人身安全。2003 年英国副首相办公室发布了一项研究报告——"过度拥挤对卫生和教育的影响：证据和文献评估"，这项研究关注于过度拥挤与身心健康、儿童成长、发展和教育以及人身安全和事故的关联。如果平均每个房间的居住人数超过 1.5 人，过度拥挤与儿童致死率、儿童支气管炎、5 岁以下儿童脑膜炎球菌以及阅读和数学能力密切相关；如果平均每个房间的居住人数超过 1.5 人，过度拥挤与呼吸环境、胃癌致死率和精神病密切相关；如果平均每间卧室的居住人数超过 2 人，过度拥挤与幽门螺杆菌感染和学生在校表现密切相关；过度拥挤还与脑膜炎和精神疾病密切相关。

住房拥挤的衡量比较复杂。不同时代、不同国家和地区，住房拥挤程度的衡量标准不同。住房拥挤最通常的衡量指标是一套住房内平均每个房间的居住人数，此外，其他衡量指标还包括一套住房内总的居住人数、人均使用/居住面积及其随家庭人口构成、家庭结构和居住地点所产生的调整。1891年，英国政府对拥挤进行了首次规定，如果一户家庭的住房平均每个房间居住人数超过2人（1~10岁的孩子按0.5计，1岁以下的孩子不计），则被视为过度拥挤。1985年的《住房法》规定了最低房间数量与人数、房间最低使用面积与人数的关系，如1个房间住2人、2个房间住3人、3个房间住5人，2人住110ft²、1.5人住90~110ft²、1人住70~90ft²，如果没有满足这些最低要求，则被认为是住房过度拥挤。

美国住房和城市发展部2007年委托的一项住房调查研究，定义了以下四个住房过度拥挤（Overcrowding）的衡量指标：平均每个房间的居住人数（Persons-Per-Room，PPR）超过1人、平均每个卧室的居住人数（Persons-Per-Bed，PPB）超过2人、人均住房使用面积约$15m^2/165ft^2$（Unit Square Footage-Per-Person，USFPP）以及结合每个房间的平均居住人数和人均住房使用面积的综合测量。平均每个房间的居住人数（PPR）超过1.5人，可以认为是非常拥挤。同样，2间卧室6人会比2间卧室4人更为拥挤。USFPP衡量数值的原理是，基于2005年的统计，按照家庭人均住房使用面积计算出来的过度拥挤率数值与按照PPR标准所得出的住房过度拥挤率相等，这个数值经计算为$15m^2$。

1940年，占美国家庭总数20%的家庭每间房间居住至少1人，且有9%的家庭每间房间居住人数超过1.5人；到1980年，过度拥挤率约下降了一半，只占美国家庭总数的4.5%，非常拥挤率下降了60%（施瓦兹，2012：31）。按照PPR的标准，1985年美国家庭住房过度拥挤率只有2.82%，非常拥挤率为0.82%；2005年过度拥挤率进一步下降至2.41%，非常拥挤率为0.63%。按照PPB的标准，1985年美国家庭住房过度拥挤率为3.25%，2005年降至2.65%。按照USFPP的标准，1985年美国家庭住房过度拥挤率为3.00%，2005年降至2.44%。然而，如果结合PPR和USFPP，1985年美国家庭住房过度拥挤率只有1.10%，2005年降至0.90%。住房过度拥挤率之所以降低是因为按照一种标准属于住房过度拥挤，但是按照另一种标准却不属于住房过度拥挤。当然，这只是美国的标准，不同国家和地区会有所差异。

2016年4月至2019年3月期间，英国政府对居民住房过度拥挤状况进行了全面分析。判定住房过度拥挤的标准是：基于年龄、性别和家庭成员关系的差异，如果一个家庭的卧室数量比所需要的数量少，那么这个家庭就是住房过度拥挤。下列家庭成员需要一间独立的卧室：已婚或同居的夫妇、21岁或以上的人、10~20岁之间性别相同的2个孩子、10岁以下的2个异性孩子等，如果他们没有独立的卧室，则被视为住房过度拥挤。按照这个标准,3%的英格兰家庭属于住房过度拥挤。其中，白人住房过度拥挤最低，只有2%；孟加拉国裔最高，达到24%，其次，巴基斯坦裔为18%，非洲黑人为16%，阿拉伯人为15%，华人为4%。

我国自改革开放以来，家庭规模逐渐变小，人均住房面积大幅增加，住房拥挤显著下降，2019年我国城镇人均住房建筑面积达到39m^2。然而，在上海、北京等一线城市，由于外来流动人口数量较大，仍然面临一定的拥挤问题。一些低收入个体和家庭住房负担能力不足，保障性住房供给较为缺乏，加之中心区房价昂贵，致使一些城市小区出现群租现象，一套商品房被分割出租给多户家庭。此外，部分区位较好的城市旧住宅小区及城中村也存在一定程度上的住房拥挤。

4. 住房区位和邻里环境

住房保障还与住房区位和邻里环境相关。尽管某些国家的中低收入家庭享有一定水准的人均居住面积，但住房所在区位偏僻，离就业岗位和公共服务设施太远，或者处于洪涝、地震断裂带、有毒有害废气地等不安全地区，造成不合理的住房问题。另外，住房的户外物质环境、社会治安、邻里关系等邻里环境也是保障性住房需要考量的内容。高犯罪率、高分贝噪声、破败和废弃的建筑物、大量的垃圾等邻里环境特征，最容易导致人们对周围环境的不满意。

1990年美国的一份研究表明：居住在中心城区集合式住宅区的家庭对邻里环境的不满意程度最高，其中16.8%的黑人低收入家庭认为邻里环境质量很低，其中36.1%想搬迁；居住在郊区独立式住宅区的黑人家庭中，只有3.3%认为邻里环境质量低，其中13.6%想搬迁；居住在中心城市集合式住宅区的低收入白人家庭中，11.2%认为邻里环境质量低，22.3%想搬迁；居住在郊区独立式住宅区的白人家庭中，只有3.4%认为邻里环境质量低，10.0%想搬迁。邻居环境不满意度随种族和收入的变化而变化：一般而言，黑人的不满意度比白人高，低收入家庭的不满意度比高收入家庭高。

4.2.2 城市保障性住房的保障对象

保障性住房政策的受益群体涉及住房的可支付性和家庭住房支付能力的界定。

1. 基于收入标准的保障对象

保障性住房政策主要面向中低收入家庭，收入是考量保障对象最重要的指标。中低收入家庭可细分为中低收入家庭、低收入家庭和贫困家庭，因此，不同保障性住房项目依性质和规模不同可有所侧重。

家庭收入是指家庭成员在一定期限内拥有的全部可支配收入，包括扣除缴纳的个人所得税以及个人缴纳的社会保障支出后的工薪收入、经营性净收入、财产性收入和转移性收入等；家庭财产是指家庭成员拥有的全部存款、房产、车辆、有价证券等财产。依据家庭年收入在当地平均家庭可支配收入（或家庭收入中位数）的一定比例，可划分出不同的家庭收入等级，随家庭规模大小有所调整。例如，中等收入家庭是指家庭年收入为本地区平均家庭可支配收入80%~120%的家庭，家庭年收入为本地区平均家庭可支配收入80%以下的家庭可被划分为中低收入家庭，其中，家庭年收入为本地区平均家庭可支配收入 50% 以下的家庭又可被划分为低收入家庭，家庭年收入不超过地区平均家庭可支配收入 30% 的为贫困家庭。

根据国家统计局对城镇家庭收入的分组方法，我国将城镇家庭按户人均可支配收入由低到高排序，分别按 10%、10%、20%、20%、20%、10%、10% 的比例划分，相对应于最低收入户、低收入户、中等偏下收入户、中等收入户、中等偏上收入户、高收入户和最高收入户七个组别。家庭收入最低的 10% ~ 20% 的最低收入家庭、低收入家庭为保障性住房的主要保障对象，但是没有住房的白领也可以申请公共租赁房。因此，可以基于各地区平均家庭可支配收入均值的一定比例来确定家庭收入等级，据此确定保障性住房政策的目标人群和保障范围方便易行。民政部、国家发改委等部门 2008 年颁布《城市低收入家庭认定办法》，定义城市低收入家庭为家庭成员人均收入和家庭财产状况符合当地人民政府规定的低收入标准的城市居民家庭。城市低收入家庭收入标准实行动态管理，每年公布一次。城市低收入家庭收入标准主要包括家庭收入和家庭财产两项指标，根据当地经济和社会发展水平，统筹考虑居民人均可支配收入、最低生活保障标准、最低工资标准以及住房保障和其他社会救助的关系，以满足城市居民基本生活需求为原则，按照不同救助项目需求和家庭支付能力确定。

美国保障性住房政策的目标人群是收入不高于本地家庭收入中位数 80% 的家庭。自 20 世纪 70 年代开始，美国对保障性住房的目标人群作了进一步细分。

1）第八条款的家庭收入划分

（1）低收入（Low Income）家庭：家庭年收入不超过地区家庭收入中位数的 80%，随家庭规模大小有所调整。

（2）极低收入（Very Low Income）家庭：家庭年收入不超过地区家庭收入中位数的 50%，随家庭规模大小有所调整。

（3）超低收入（Extremely Low Income）家庭：家庭年收入不超过地区家庭收入中位数的 30%，随家庭规模大小有所调整。

2）社区发展街区基金项目的家庭收入划分

20 世纪 80 年代开始，在实施社区发展街区基金项目（Community Development Block Grant）时，美国政府对该基金资助保障性住房目标群体的收入标准调整如下：

（1）中低等收入家庭：家庭年收入不超过地区家庭收入中位数的 80% ~ 90%，随家庭规模大小有所调整。

（2）普通收入家庭：家庭年收入不超过地区家庭收入中位数的 80%，随家庭规模大小有所调整。

（3）极低收入家庭：家庭年收入不超过地区家庭收入中位数的 30%，随家庭规模大小有所调整。

3）联邦住房可支付性数据系统

2008年以来，美国住房和城市发展部在联邦住房可支付性数据系统（Housing Afford Ability Data System）中，采用七个等级的收入划分标准：

（1）超低收入家庭：家庭年收入不超过地区收入中位数的30%。

（2）极低收入家庭：家庭年收入高于地区收入中位数的30%，但不超过50%。

（3）低收入家庭：家庭年收入高于地区收入中位数的50%，但不超过60%。

（4）普通收入家庭：家庭年收入高于地区收入中位数的60%，但不超过80%。

（5）高收入家庭：家庭年收入高于地区收入中位数的80%，但不超过100%。

（6）极高收入家庭：家庭年收入高于地区收入中位数的100%，但不超过120%。

（7）超高收入家庭：家庭年收入高于地区收入中位数的120%。

2. 基于其他标准的保障对象

除了收入标准外，一些国家或地区在确定保障性住房的供应对象时，会对申请者的居民身份、当地居住年限、家庭财产、已经享受的其他政府资助、以往申请和租住公屋的诚信记录等进行综合考察。以我国香港地区为例，申请政府公屋的家庭必须符合以下条件：

（1）申请人必须年满18岁；

（2）申请人及其家庭成员必须现居于香港并拥有香港入境权；

（3）申请人家庭每月收入和资产净值不高于政策规定的限额；

（4）申请人及其家庭成员在香港并无拥有任何住房物业；

（5）申请家庭至少有一半成员在香港住满七年，而且所有成员仍在香港居住。

英国保障性住房政策的目标群体还包括弱势群体、关键部门职员、首次购房者等特殊人群。其中，关键部门职员定义为：在重要一线岗位工作的公共部门职员，特别是医疗、教育和社区安全部门。这些公职人员的薪水往往不能支付市场价格的住房，所以政府需要为他们提供保障性住房，保证这些岗位人员的基本稳定生活，为高质量的医院、学校、治安等服务供给夯实基础。为此，英国政府制定了关键部门就业人员生活资助计划（Key Worker Living Programme），由住房协会提供住房资助，保障这类人群获得合适的中价住房。区域住房委员会（Reginal Housing Board）批准的需要资助的公共部门职员也归入此保障类型（陈寒冰，2018：25-26）。

4.2.3 城市保障性住房的基本保障标准

20世纪90年代，联合国人居署（UN-HABITAT）提出住房指标体系（Housing Indicators Programme，HIP），目标是鼓励各国持久地将住房问题纳入国家政策议事日程之中。这些指标可以衡量整个住房市场的健康状况，每个指标都应该有一个与之相关的目标和策略，为住房市场是否良好运转建立一套诊断方法。例如，某些指标可能显示住房市场土地供应不足，导致住房短缺和价格上涨；偏离标准基准可能表明存在如租金控制等扭曲市场的住房政策。该项目推广的10项住房指标包括：

H1：房价收入比（Price to Income Ratio），房价中值与家庭收入中值的比值，是住房市场健康状况的主要指标。

H2：房租收入比（Rent to Income Ratio），房租中位数与租户收入中位数的比值，低于20%通常意味着租金控制到位。

H3：人均建筑面积（Floor Area per Person），与GDP或城市住房产品高度相关的住房消费指标。

H4：永久性构筑物（Permanent Structures），用永久性材料建造的构筑物在整个建筑中所占百分比，这是衡量最贫困的社区的指标。

H5：未获授权的房屋（Unauthorised Housing），"不符合"（Not in Compliance）现行法规的现有住房百分比，衡量非正式部门的规模。

H6：土地开发乘数（Land Development Multiplier），城市边缘已开发地块的土地价格中值与未开发土地价格中值之比。

H7：基础设施支出（Infrastructure Expenditure），人均基础设施服务年度支出总额，可以衡量某个社区的财富。

H8：抵押贷款与信贷比率（Mortgage to Credit Ratio），抵押贷款占所有贷款的比率，在国家层面上衡量住房产业发展的情况。

H9：住房生产（Housing Production），每1000人生产的净住房数量，是衡量住房行业繁荣、萧条或活力的主要指标。

H10：住房投资（Housing Investment），住房投资占城市生产总值的比值，衡量房地产业在当地经济中的重要性。

保障性住房资助幅度应当综合考虑家庭的支付能力与政府的财力，补充家庭住房支付能力与支付成本之间的差值。目前，最常用的住房可支付性测度是成本收入比例法（Cost-to-Income Ratio Approach），如果一个家庭住房支出超过其收入的一定比例，如30%或25%，就可认为该家庭住房可支付性存在问题。但是成本收入比例法不能反映支付一定比例的住房成本后，是否还有余钱支撑家庭的基本生活开支，所以还有其他的界定方法，如剩余收入法（Residual Income Approach）。

1. 成本收入比例法

针对购房者和租房者，可以采用不同的住房可支付性指标，计算住房成本与家庭收入之间的比例。对自有住房市场，采用房价收入比（PIR）或者住房可支付性指数（Housing Affordability Index，HAI）来计算家庭的支付能力；对于租房者，可以用租金收入比（RIR）来计算其家庭住房负担。

1）房价收入比

房价收入比是指购买一套中等价格住房的总价与家庭年收入中位数（或平均值）的比例。当一套中等价格住房的房价收入比处于 3.0~6.0 时，一般被认为是可支付的。

房价收入比可用于一个地区或城市的住房市场可支付性评价，一般采用地区住房价格中位数与家庭收入中位数的比例。2009 年澳大利亚、加拿大、爱尔兰、新西兰、英国和美国等六个国家的一项比较研究显示，澳大利亚的房价收入比中位数达到 6.8，加拿大、爱尔兰只有 3.7，美国房价收入比中位数最低，只有 2.9（表 4-1）。

2009 年六个国家住房可支付性比例分布　　　　　表 4-1

国家	房价中位数与收入中位数之比					总计	全国中位数
	≤ 3.0	3.1~4.0	4.1~5.0	5.1~6.0	> 6.0		
澳大利亚	0	0	1	8	14	23	6.8
加拿大	5	13	5	2	3	28	3.7
爱尔兰	0	3	2	0	0	5	3.7
新西兰	0	0	3	2	3	8	5.7
英国	0	0	14	11	8	33	5.1
美国	98	58	8	4	7	175	2.9
总计	103	74	33	27	35	272	

资料来源：6th Annual Demographia International Housing Affordability Survey，2010

2）住房可支付性指数

住房可支付性指数（HAI）最早由美国房地产商协会（National Association of Realtors，NAR）于 1981 年提出，其值为家庭收入中位数占通过住房贷款购买住房所需的家庭收入的百分比。如果 HAI 值为 100%，则认为收入中位数的家庭刚好有足够的收入通过贷款获得一套中等价格的住房；如果 HAI 值超过 100%，被认为是有支付能力的；低于 100%，则认为住房支付能力不足。一般说来，假定 20% 的首付款、30 年按揭期限，计算购买一套中等价位住房所需的月还贷额 R 占当地家庭收入中位数 M 的比例，如果每月还贷款 R 不超过中位数家庭收入 M 的 30%，这样的住房市场是可以支付的，HAI 的公式可表述为：

$$HAI = 0.3M/R$$

3）租金收入比

对于租房者来说，可支付性是指租房家庭是否有能力支付房租。租赁住房的可支付性测度一般采用租金收入比，即每月住房成本（房租加上每月的水、电、燃气费用等）占家庭月可支配收入的比例。如果租赁一套中等价格的住房，租金收入比小于或等于 30%，则一般认为住房租赁是可支付的。其基本假设是低收入家庭通常将收入的 1/3 用于购买食品，1/3 支付住房开支，剩下的 1/3 用于衣服、教育、医疗卫生和交通等其他支出；如果租金支付超出了低收入家庭收入的 1/3，则将挤迫低收入家庭收入在基本生活上的开支，因此该租金收入比就会被认为不具有可支付性。早期租金收入比多采用 25% 的标准，即租房者将收入的 1/4、相当于一个星期的工资用于房租及相关费用，现在一般采用 30% 的标准。如果家庭每月租房成本占月收入的 30% 以上，就认为面临可支付性不足的问题，需要政府的资助；政府资助额度一般相当于租房成本与月收入 30% 之间的差额。

2. 剩余收入法

住房是人们生活的必需品，如果住房支出过大，影响低收入家庭在食品、服装和医疗等方面必要的非住房需求，那么就可认为该低收入家庭面临住房可支付性的问题。

Stone 认为"一个家庭在支付了住房开支之后，没有足够的资源来满足最低标准的非住房需求"即为"住房贫困"（Shelter Poverty）。Bramley 认为可以利用贫困线标准来界定剩余收入法所指的最低非住房需求。如果一个家庭在支付了住房费用之后剩余的收入不足贫困线的 2/3，即可以认为该家庭面临住房的可支付性问题，这种状况被定义为"住房引致贫困"（Housing Induced Poverty）（陈寒冰，2018：27-29）。

3. 住房保障居住标准

保障性住房应该安全、卫生和舒适。安全和卫生是居住的最基本要求；舒适水平是一个不断完善的标准，可分为室内环境和室外环境。室内环境是指户型好，卧室、厨房、卫生间、起居室等功能空间齐全，布局合理，满足私密性和最低设计规范要求，符合家庭人口的数量和结构需求；室外环境要求公建配套良好。1958 年国际住房和城市规划联合会（International Federation of Housing and Town Planning）联合提出欧洲国家的住房及其房间最小居住面积标准建议，要求每套住房应至少有一间 $11.3m^2$ 的房间，每个卧室的面积至少为 $8.0m^2$。1991 年提出三口之家 2 间卧室的最小居住面积为 $46m^2$，约合建筑面积 $60m^2$；四口之家 2 间卧室的最小居住面积为 $51m^2$，约合建筑面积 $66m^2$；四口之家 4 间卧室的最小居住面积为 $55m^2$，约合建筑面积 $72m^2$。日本标准要稍低，主卧使用面积为不低于 $10m^2$，次卧不低于 $7.5m^2$，最低居住标准中三口之家的套内建筑面积为 $39m^2$，折合使用面积约 $35m^2$，人均使用面积约 $11.7m^2$。

4.3 保障性住房政策工具

住房政策可分为扶持性政策和非扶持性政策两大类。扶持性政策主要是对低收入家庭给予住房保障；非扶持性政策的作用是促进市场的运作、弥补市场失灵以及保证市场的公平和效率。要构建一个扶持性的住房保障市场，需要以住房体系的整体表现作为目标，致力于积累财富、鼓励投资、创造就业、促进经济稳定健康成长。一个好的住房政策体系应当有助于达成这些目标，让每一个家庭获得大于或等于社会可接受的最低住房标准水平。保障性住房政策除了帮助低收入家庭实现"住有所居"的目标，还应与广泛的社区融合发展等目标相关联，保障性住房政策是住房整体体系的一部分。

20世纪早期，当住房严重短缺时，欧美国家的政府采取大规模的国家干预政策，政府直接投资或补贴建设公共住房，实施租金管制。20世纪70年代中期以来，随着全国性住房短缺问题得到缓解甚至消失，大规模国家干预政策不再适宜，欧美政府转而主要采取以市场供给为主、国家投资建设住房为辅的住房政策，鼓励运用市场机制解决居民的居住问题，改善居民的居住状况，政府只解决部分阶层的住房需求，政策重点从补贴住房供给转向补贴住房需求。同时，减免住房税，鼓励私有住房建设。当然，也有瑞典和荷兰等少数国家例外（姚玲珍，2003）。

政府通过承担"提供住房最后的保障"的角色，保证无法获得最低标准居所的家庭拥有适宜的住房。住房援助（补贴）、行政管制、金融财政和合作治理等四种基本的住房政策性工具同样适用于保障性住房建设。尽管从各国或地区住房政策经验看，保障性住房政策重点逐渐由供给侧转向需求侧，但很少有哪个国家或地区只依靠某一政策工具解决其保障性住房问题。相反，应当强调需求侧和供给侧互为补充的综合性保障性住房政策模式，通过税收、土地、规划等手段鼓励营利或非营利性组织兴建和修缮面向低收入群体的保障性住房。同时，政府应促进低收入家庭的就业，提升低收入家庭的经济独立性与自力更生（Self-Sufficiency）的能力。

4.3.1 住房援助

住房援助是政府以直接或者间接的方式，改善住房状况、降低贫困家庭的住房成本。住房援助分为需求侧补贴与供给侧补贴两种方式。住房供给补贴主要包括低租金的公共住房建设和运行维护补贴，以及未出租给低收入家庭的私有住房供给补贴；住房需求补贴包括以现金方式支付给租房者的房租补贴和对于购买自有住房家庭的税收减免。从整体上看，尽管两种补贴在实际运作中往往并存，但许多国家的住房补贴政策都经历了从供给侧增量住房建设转向需求侧存量住房补贴的过程，即从"补砖头"（补贴住房开发商）到"补人头"（补贴住房需求者）的转移，尽管各国在具体的补贴方式上存在着一定的差别（表4-2）。

美国、德国及英国保障性住房供给侧补贴方案　　　　　　　　表 4-2

项目	美国	德国	英国
方案种类	低租金公共住房、房租补贴	房租补贴	地方政府公告
对象	地方政府房管部门	私营非盈利、微利组织和个体房主	地方政府房管部门
补贴形式	建造费用（美国100%）、改造更新、日常维修管理补贴，税收补贴	利率补贴	利率补贴、部分维修管理补贴、住房津贴
租户房租占成本租金的比例	32%或更低	初租时为60%，12年后补贴减少、房租增加	55%～60%
其他补贴	福利补贴	家庭补助	减免部分房租

资料来源：徐强．住房制度的国际比较：补贴、金融、自由化 [J]. 1993（8）：28

哈劳通过分析以英国、前联邦德国、荷兰、丹麦和美国为代表的欧美工业化国家公共住房政策，提出了公共住房供应的三种模式，即补充型、大量型和工人合作型。

补充型公共住房供应模式是通过小规模公共住房供应计划，对以开发商为主的住房市场进行补充，帮助无力在市场购买住房的低收入阶层等困难群体获得租赁住房。

大量型公共住房供应模式是指采取大规模公共住房的供应方式，供应对象不仅仅面向低收入家庭，也包含中产阶级和所谓"值得尊重的"技术工人阶层。如第一次世界大战刚结束后的社会和经济恢复时期和第二次世界大战结束到20世纪70年代中期这段时期，英国、荷兰和欧洲其他国家大规模建设公共住房。20世纪70年代，公共住房占全英住房总量的32%。

工人合作型公共住房供应模式是社会改良主义者提出的、有组织的工人阶层互助性的住房供应方式，是把住房作为非商品的尝试。

前两种模式是西方国家主要的公共住房供应方式。不同国家在不同时期可能采取不同的公共住房供应模式，或在同一时期同时采用其中的两至三种模式。如英国在20世纪80年代以前工党执政时期，主要采用以地方政府为主的大量型公共住房供应模式；在保守党执政时期，多采用补充型公共住房供应模式；美国则是补充型公共住房供应模式的代表，除20世纪30年代的特殊情况外，美国均采用以私有住房为主体、公共住房起补充作用的补充型公共住房供应模式。美国公共住房占全社会住房总量的比例也是欧美工业化国家中最低的，1977～1987年公共住房年开工量占全部住房开工量的比例处于0.1～1.6之间。其他诸如法国、德国和丹麦等国的公共住房供应模式更趋于多种模式的均衡，公共住房比例居于最多的瑞典、英国、荷兰与最少的美国之间。自20世纪80年代以来，随着欧洲工业化国家福利政策的变化以及住房短缺问题的解决，大量型公共住房供应模式日渐式微，针对失业者等少数社会贫困阶层的补充型公共住房成为主导供应模式。与此同时，新的民间住房合作组织的"合作型"供应方式也有复兴的势头。

由于公共住房的需求总是大于供给，通常公共住房的分配采取轮候分配的制度。例如，英国的公共住房配给体系由严密繁杂的资格标准和程序组成，配给政策从早期"先来先服务"的简单体系，发展为以"分数"为标准对住房需求进行评价的排队体系。如拥挤户、病人或残疾人、居住在低于最低居住标准住房中的住户和军人等可以加分，按申请名单的等候时间长短加分等。此外，公共住房的管理者有权力对特殊情况自行决定加分（田东海，1998：212）（图4-1）。

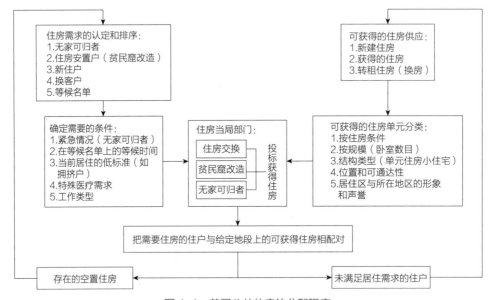

图4-1 英国公共住房的分配程序

资料来源：Bourne L., 1981. 转引自：田东海. 住房政策：国际经验借鉴和中国现实选择[M]. 北京：清华大学出版社，1998

实践表明，对存量住房租金进行补贴具有显著的优点。租金补贴不仅能帮助低收入者获得既体面又支付得起的住房，低收入者还可以根据生活需要，自由选择住房的位置和类型，提高家庭自主选择住房的能力，有助于防止贫困家庭集中于特定区域内，消除贫困的集中化，鼓励不同收入家庭在一起混居等。2009年美国近710万户低收入家庭获得过某种形式的租房资助。其中，租房券作为最大的项目，提供了220万套住房；获得联邦政府工程补助的私有住房次之，共有180万套；排在第三的是公共住房，共有120万套；余下的190万套住房绝大部分获得过第236条款的低收入住房税收补贴。这种税收补贴向私营开发商和非营利开发商提供税收激励，鼓励私营开发商和非营利开发商开发或修缮保障性住房，建造不同收入群体在一起居住的混居社区模式。由此可见，在享受政府不同方式补贴的所有低收入家庭中，只有不到17%居住在公共住房内。这些政策通过改善住房机会的方式，有助于减少社会隔离、改善低收入家庭的生活环境，以及为低收入人群提供更多的就业机会。

4.3.2 租金管制与行政管制

租金管制是指通过立法对各类房租，特别是对出租给低收入者的住房租金加以限制。

英国是实行租金管制政策最早的国家之一。为解决住房问题，英国将政府投资建造的公共住房以低于市价的租金（约低40%）出租给居民；其次，英国政府对私人房屋出租采取限制政策，私房出租的价格由地方政府决定，租金价格限制在出租者获取微利的范围之内。美国政府的租金管制政策通常由地方政府以立法形式规定。此外，美国政府在出让土地或者在开发许可上，可与开发商以协议形式确定房屋建成后必须低价出租的房产份额，同时出让一部分利益予以补偿。前联邦德国公共住房的租金按住房投资加上维修管理等费用综合计算，租金标准由当地政府与承建者根据住房建造费用商定。瑞典的公共住房租金在全国没有统一的标准，由公共住房公司与房客联合会谈判商定，一般租金占纳税后普通家庭收入的25%左右，租金随物价和房屋维修费用的变动而增减，房租需逐年商定。

2012年10月上海市政府颁布《关于本市保障性住房配建实施意见的通知》（沪府办〔2012〕61号），第一条规定：凡新出让土地、用于开发建设商品住宅的建设项目，均应按照不低于该建设项目住宅建筑总面积5%的比例，配建保障性住房；郊区有条件的区域，应进一步提高建设项目的配建比例。配建的保障性住房应无偿移交政府用于住房保障，并在建设用地使用权出让条件中予以明确。沪府办〔2016〕10号文件要求优化住房用地结构，增加商品住房用地的中小套型比例，中心城区不低于70%，郊区不低于60%，供需矛盾突出的郊区，供应比例提高到70%；本市多层、小高层和高层建筑的中小套型住房建筑面积（最高）标准分别为90、95和100m²；本市商业聚集区、科技创新区、产业社区及其周边1000m范围内的新增商品住宅用地，在出让条件中，用于社会租赁的商品房比例不低于15%，满足人才需求，促进产城融合，逐步实现职住平衡。

4.3.3 金融财税创新

政府部门不仅可以采取政府主导的财政拨款、发行地方政府债券和政府担保专项基金，如通过设置国民住房基金，为建设和购买中小型住房的消费者提供支援，还应该通过创新财税、金融等方面的制度，实施各种优惠政策来激励和引导市场，鼓励各类社会投资主体参与保障性住房建设与运营，达到市场化运作的合理风险收益水平。

从国际经验看，由于法律和财政制度的完善，保障性住房通常都得到政府某种形式的财政资助，并纳入财政预算安排。第二次世界大战之后，欧美许多国家的保障性住房金融政策大致可以分为四个阶段：

第一阶段，战争结束后，政府大规模直接干预和财政投资，刺激住房建设、缓解住房短缺；

第二阶段，20 世纪 60 年代，政府补贴主要用于低质量的存量住房更新和改造工程；

第三阶段，20 世纪 70 年代中期开始，政府由直接干预、社会目标导向的保障性住房政策，转向依靠市场力量，注重政府补贴的住房供给质量和效率；

第四阶段，20 世纪 90 年代以来，住房的可支付性和可获得性问题重新引起政府的重视。

在前两个阶段，保障性住房金融政策以政府直接干预和深度管制、住房金融市场机制尚不发达为特点，税收优惠以及一般性补贴是这一时期政府干预住房金融的主要手段；后两个阶段，保障性住房金融体系随着整体金融市场机制的完善而变化，商业金融资本被引入保障性住房建设领域，政府的住房金融政策从一般性财政补贴逐渐走向目标性的、以需求侧补贴为主的补贴政策，在保障性住房供给上主张通过政府补贴手段鼓励商业资本的运作。

在保障性住房上，英国政府通过年度财政预算、政府专门基金计划、中央政府和地方政府的各类住房补贴政策以及政府对购房政策中利率税率的调控等手段，为保障性住房的供应和消费提供资金保障。英国保障性住房最初的主要资本来源是中央政府的保障性住房基金，通过补贴保障性住房建造商，保证保障性住房的低租金水平，通常只有市场租金的一半。20 世纪 70 年代，保障性住房金融政策的主要目标是应对通货膨胀和保持宏观经济稳定。80 年代则是通过住房私有化和减少政府管制，缩减政府在保障性住房上的公共开支。一方面，通过住房津贴等手段帮助家庭提高支付能力，对于极低收入家庭来说，如果其收入低于收入补助计划，可以获得相当于全部租金的住房津贴额度；对于其他家庭来说，其住房津贴额度随收入增加递减。另一方面，在社会住房的建设和运营上，融资手段也向多元化发展，以求降低政府的公共财政投入。最大特点是住房协会作为一种非公共部门，可以借助资本市场上的融资来获得社会住房的建设和运营基金。

美国先后采用一般性联邦财政拨款、税收优惠、住房补贴、开发贷款利率补贴等多种形式，为保障性住房的建设、供应和维护提供金融支持，包括直接投资建设保障性住房、对私营低收入租赁住房的补贴、对租户的租金补贴以及资助中低收入自有住房的补贴项目。1993 年美国总审计署发布了一份住房金融报告，总结了联邦政府针对保障性住房供应的金融与财政支持手段，包括六种类型：公共住房的资本拨款，以弥补其运营成本与租户实际可支付租金之间的差额；面向低收入租户的租金补贴（租房券项目）；面向私营开发商或房东的补贴或税收减免，以降低其建设和运营成本，从而降低租金；通过完善资本市场，扩展私营开发商或房东获得私营融资的机会；鉴于低收入家庭的信用能力有限，联邦政府为帮助低收入家庭在购买商品房时获取贷款，建立了相应的为住房抵押贷款提供担保的机构，即 1934 年成立的联邦住房局（FHA），其为低收入家庭的住房抵押贷款提供"低费保证"（贷款金额的 0.5%），以及 1944 年成立的退伍军人局（VA），为退伍军人提供免费购房保险；联邦政府还另外对符合条件的中低收入家庭购房提供利息补贴。

改革开放以来，我国住房金融全面发展，初步形成了以银行等金融机构为主体，住房公积金等为支持，资本市场、政府预算外收入（土地出让金）等为补充的住房金融体系，涵盖商业银行、保险公司、担保机构、证券公司、住房公积金管理中心等多类型的机构。为筹集住房建设资金，增加城镇职工住房消费积累，1999 年中国出台《住房公积金管理条例》。2002 年国家修订该条例，使住房公积金管理进一步规范化、制度化，为解决城镇职工住房问题发挥了重要作用。部分城市还开展了住房储蓄银行的尝试。全国性住房金融机构正逐步探索，2014 年国家开发银行成立专门机构，实行单独核算，采取市场化方式发行住宅金融专项债券，向邮储等金融机构和其他投资者筹资，鼓励商业银行、社保基金、保险机构等积极参与，重点用于支持棚改及城市基础设施等相关工程建设。住房金融体系的发展和完善，拓宽了住宅建设资金渠道，银行贷款、信托基金、资本市场筹集、资产证券化等融资方式蓬勃发展，为房地产开发企业提供了有效的资金保障，通过规范政府融资平台、强化财政支持等方式，有效推动了保障性安居工程的大规模建设。

4.3.4 合作治理

政府与私人发展商和民间非营利组织合作，为私人发展商和民间非营利组织提供税收和银行利率的减免，降低私人发展商和民间非营利组织开发和持有保障性住房的成本，增加保障性住房的数量。

目前，英国三类保障性住房都是基于政府与私有非营利组织合作。社会租赁住房和可支付租赁住房主要是由地方政府和私有注册机构持有、出租和管理的低租金住房；中价住房介于社会租赁住房与市场化住房之间，又可分为共享权益住房和低价出售住房或中价租赁的低成本住房。经过数年的探索，美国逐步确立了政府有限责任与间接干预、强调市场机制和家庭意愿、需求侧补贴与供给侧补贴相结合的保障性住房政策模式。20 世纪 70 年代，美国政府不再强调公共住房项目只能面向贫困家庭，而是把防止贫困集中和促进多收入群体的居住融合作为目标。通过向营利性或非营利性机构提供利率优惠、财政补贴或税收优惠，鼓励机构参与低收入出租房供应,这一类出租房占全部联邦政府出租房数量的42%。资助的住房单元一般只需要在一定期限(通常是20年)内保持廉价和租赁给低收入家庭,超过期限后可以转为市场住房。

在合作治理上,政府还可以制定社区发展计划,为满足旧住区新的住房功能、能源节约和环境保护的要求,对现有存量住房进行维护与改造,同时考量可负担性、就业、社会和运维方面的综合内容,激发社区活力。例如,德国柏林黑勒斯多夫区(Hellersdorf)大板住宅楼就是旧住区改造的佳作,该住区的改造模式有以下几个特点:规划全过程居民参与;根据住区不同的环境、地貌和居民构成,创造具有特色的邻里文化;提供多样化住宅,满足不同居民的需求;营建社区中心,形成完善的功能片区;改善居住环境,完善配套设施,开展社区活动,提高生活质量;满足雨水利用、绿化等生态要求(熊衍仁等,2015)。目前我国大量老旧小区的改造提倡居民和非政府组织的参与,综合改善居民的居住生活条件,也可以看作合作治理的一种方法,有利于老旧小区在物质环境、社会、文化、经济和社会治理等多个维度的可持续发展。

4.4 保障性住房政策比较

4.4.1 中国香港公屋计划

我国香港公共住房项目称为"租住公屋计划",始于第二次世界大战后住房短缺的大背景。1953年的圣诞之夜大火,一夜之间将九龙石峡寮屋区烧成灰烬,5万多名居民无家可归,流落街头,因此港英政府不得不开始制定公共住房计划。1954年,香港屋宇建设委员会正式成立,后来改为香港房屋委员会,是香港住房政策的决策机构,负责公屋建造。由此,港英政府开始推行公共房屋计划,为中低收入居民提供适当的房屋,同时推动棚户区的更新。公屋建设一开始主要由港英政府出资,或者由港英政府提供土地资助公屋发展。1973年成立房屋委员会后,政府改为免费拨地及贷款的形式提供资助。

1. 成本租金标准

香港的公共租赁住房采取成本租金标准,公屋租金的计算包括物业税和管理费。政府为公共租赁住房提供土地,免除地价,给房屋委员会注资,使得租金比较低,从而保障租住在公屋的低收入群体的基本生活水平。租金是以面积来计算的,一般同一幢楼房内的所有住房,不论楼层、户型与朝向,租金单价都是相同的,任何人不得随意调整。

2007年6月,香港立法会通过《2007年房屋(修订)条例草案》,该条例采取新的公屋租金调整框架,取代《房屋条例》(第283章)所定的法定租金,改为根据公屋租户家庭收入的变动来调整租金。在新租金调整机制下，公屋租金标准每两年审定一次，上调租金的幅度不得超过10%。依据审定的租金标准，房屋委员会每年进行两次定租工作，厘定新落成公屋的租金。

2. 轮候制分配

香港租赁公屋的分配采取轮候制，由房屋委员会下属的执行机关房屋署负责接受申请、排定次序并办理轮候手续。房屋委员会设有轮候公屋登记册，房屋署依照申请书公屋轮候册的先后次序、申请人所选择的地区或非老龄人口的单身申请者配额，以及申请者的分数依次办理。租住公屋平均轮候时间一般为三年左右。

1）保障对象的资格审查

香港公屋的保障对象是中低收入家庭。

2）租住公屋的分配标准

依据家庭规模，分配不同户型和面积的住房单元。如：屋内面积20m²左右，可配给两人或三人家庭；屋内面积30m²左右，可配给三人或四人家庭。房屋署依据编配时公屋的供求情况，灵活编配。

3）租住公屋的退出机制

早期公屋政策设计了严格的退出机制，要求收入超过法定标准的家庭退出政府提供的公屋。近年来住房政策发生了较大的调整，对收入提高后的家庭征收较高租金，其目的是通过梯度租金的方式，减少对中高收入家庭的住房资助额度，并最终鼓励其迁出公屋单元。与此对应的是，对于经济困难而无法支付公屋租金的贫困家庭，政府允许其申请租金援助深度补贴。

3. 租金援助与资源分配

1987年以后，香港公共住房政策发生了一些变化，以促进资源更合理地分配。考虑到公屋租户的收入和支付能力在生命周期不同阶段会发生变化，租户家庭收入会随着子女的长大而提高，子女搬出去以后又会下降。政府允许租户在经济状况好的时候多交纳租金，收入下降的时候恢复为平常租金水平，这比令租户在收入提高后搬离公屋对其更有好处。主要政策如下。

1）公屋租户资助（Housing Subsidy Policy）

公屋租户资助政策是最早规范和确保住房资源有效合理分配的政策，1987年4月开始实施，该政策规定：在公屋居住十年或以上的住户，需要每两年申报家庭收入，决定能否继续享受住房补贴。如果不申报则需要交纳双倍租金及其他费用；申报家庭收入超过规定限额的住户，需要根据情况缴纳1.5倍或2倍的净额租金。房屋委员会每年审定收入限额标准。

收入较高的租户在缴纳高租金后，如果家庭收入连续三个月下降至低于有关的收入标准，可以向政府申请重新调低租金。此外，如果租户所有家庭成员均年满六十岁或以上,或全家领取综合社会保障援助金、持合租租约,可申请豁免家庭收入申报。

2) 租金援助计划 (Rent Assistance Scheme)

租金援助计划与公屋租户资助政策相辅相成,主要通过减少租金,对暂时有经济困难的贫困租户提供额外的深度补贴,如 1/4 或 1/2 的租金减免。

该政策自 1992 年推出,曾先后修订申请资格。从 2007 年 8 月开始,房屋委员会进一步放宽申请资格,让更多租户获得援助。申请资格主要包括以下四个方面:

(1) 家庭总收入及租赁收入比。

如果家庭收入低于申请公屋收入标准的 50%,或租金收入比高于 25%,或家庭收入为规定限额的 50% ~ 70% 但租金收入比超过 15%,可申请减免一半租金;对长者家庭来说,如果家庭收入低于规定收入限额的 70% 或租金收入比超过 18.5%,也可以申请减免一半租金。

(2) 户主及该住户单元内的所有家庭成员在香港没有住房物业。

(3) 现居住面积不超过政策规定的最高标准。

(4) 申请人家庭没有领取包括租金津贴在内的综合社会保障援助金。

3) 维护公屋资源的合理分配

实施全面资格审查制度,要求新的公屋租户实行收入和资产方面的全面审核,限制受拆迁影响但经济条件较好的家庭进入。1996 年 4 月通过维护资源合理分配政策,严格审查公屋租户是否符合保障标准,促使富裕家庭搬出公屋,使公屋资源不至于浪费,向最有需求的家庭供应。

该政策要求租住公屋的住户必须通过收入和资产审查,以保持符合政府公屋资助的资格。三类家庭可以申请豁免收入与财产申报,包括长者家庭(即所有成员均为六十岁或者以上)、全家领取综合社会保障援助金的住户以及持合租租约共住一单元的住户。

维护公屋资源合理分配政策的实施推动了政府公共住房资源向有需要的家庭流转。1998 年 4 月至 2003 年 3 月,3 万多个公共租赁住房单元从富裕住户处收回并重新分配。

4. 租者置其屋计划

香港的公共住房政策也经历了和英国"购买权"计划类似的私有化过程。租者置其屋计划于 1997 年推出,计划十年内有 25 万个租户家庭,可以折扣价的方式购买现居公屋。为避免大量公屋的廉价出售影响私营部门的住房价格,租者置其屋计划采取分期实施的原则。

根据租者置其屋计划的有关政策规定,公屋租户需要符合一定条件才能够申请购买所租住的住房:

（1）购买人须为户主或租约上认可的租户家庭成员，并且租约上所有确认的家庭成员必须列入同一份认购申请书；

（2）购买人须年满十八岁；

（3）购买人及租约上认可的家庭成员的配偶须填报同一份认购申请书；

（4）购买人及租约上认可的家庭成员没有违反现居住屋邨单位租约的任何条款；

（5）如果购买人及家庭成员存在违反租约或公屋有关政策并被扣分，且房屋署已发出迁出通知书并终止有关租约，则无权认购公屋；

（6）由一个核心家庭组成而获配两个租住单元的家庭，只能选择同时认购或继续租住两个单元；租住两个或以上单元的家庭，最多只可由同一个购买人购买两个单元，其余租住公屋则需退还给房屋委员会。

租者置其屋计划的主要内容，是向有购房能力的公屋租户提供以折扣价购买所租住的公屋机会。1998 年～2004 年 3 月共推出了五期租者置其屋计划，约有 30 个公屋项目的住房被纳入该计划向租户出租。以 1998 年租者置其屋一期计划为例，该计划推出的公屋房龄一般在 5～12 年，售价相当于市场评估价的 30%，对最早购买的租户还提供额外的折扣优惠。参与租者置其屋计划的公屋租户还能够获房屋委员会提供的住房贷款担保，银行提供低于正常住房贷款的利率。房委会提供对住房维修基金的一次性补贴（相当于每户补贴 14000 港元），以解除购房者对所购公屋未来维修成本的顾虑。第一期租者置其屋计划推出后，有 74% 的租户购买了其所居住的公屋，而后几期则有六至七成的租户选择在第一年购买所租住的公屋。政府相关部门称"这项计划为公屋租户打开了机会之门，否则他们负担不起购买私有住房，无法拥有属于自己的住房，这项计划也帮助降低了房屋委员会的运营成本。"实际上，经济条件更好的租户会更主动地购买公屋来获得更多优惠，经济困难的租户则没有能力购买而只能继续租住公屋，甚至还需要通过申请政府额外的援助来支付租金（陈寒冰，2018：91-96）。

4.4.2 德国保障性住房

德国的《宪法》和《住房建设法》明确规定保障性住房是联邦政府首要的政策目标之一，联邦政府始终把房地产业看作属于国家社会福利体系的一个重要组成部门。德国的《住房建设法》《住房补助金法》《住房租赁法》和《私人住房补助金法》分别为社会保障住房供给、中低收入家庭的房租补贴、租赁市场的规范和私有住房补助提供法律框架，被称为德国住房政策的"四大支柱"。

德国房价收入比低，房价保持长期稳定。1970～1981 年间属于上升期，房价累计升幅约 23%；1982～1996 年间为下降期，累计降幅约 30%；1997～2007 年间微幅波动，房价基本保持稳定；2008～2015 年间又复归上升，房价累计升幅约

10%。从整体上看，1970～2015年间，德国新建住房名义价格指数增加90%，扣除通货膨胀的影响，其实际价格下跌11.3%，实际房价收入比下跌62%。20世纪80年代以来，德国的房价收入比持续走低。德国的实际住房价格并没有与实际人均GDP保持一样的变化方向，打破了住房价格与人均可支配收入增长的正相关关系。

德国租赁市场规范发达，政府大力推动廉价住房和福利性公共住房建设。德国法律规定政府需要为经济收入低、孩子太多或因民族、宗教等情况找不到房子的家庭提供公共住房。1951～1956年德国建成住房310万套，其中公共住房180万套。即使20世纪80年代，德国住房问题基本得到解决，政府也一直在建设高质量福利房。与瑞士、瑞典等北欧国家类似，德国鼓励公共租赁住房与营利性租赁住房进行竞争。德国住房自有率低，仅超过40%，一半多的家庭依靠租房。住房供给充足稳定，租赁市场规范发达。经过战后重建，到1978年，德国平均每户家庭有1.21套住房。德国住房政策特征如下。

1. 社会保障住房供给

第二次世界大战后，德国住房建设可分为三个阶段：第一阶段，对新建住房进行扶持，增大供给，提供无利息住房建设贷款，促进住房建设，对私人建房进行税费优惠。第二阶段，对家庭购房进行扶持，提高居民购买力。20世纪60年代，租赁权利放开，租金增长，这一时期住房政策主要对租金进行规范和限制。20世纪90年代在家庭小型化的趋势下，开始补贴私人住房，1996～2005年自用住房补贴高达110亿欧元，成为德国政府支出最多的补助项目之一。第三阶段，针对在市场上买不起房、需要支持的群体，强调利用存量房屋解决住房问题，同时对老旧住房进行改造。

德国的住房市场具有较为稳定的投资回报率，长期稳定在4%～5%之间，对于追求长期稳定投资回报的投资者具有足够的吸引力。与其他投资工具相比，住房投资回报率具有一定的比较优势。住房投资以房租收益为主，基本稳定在4.5%的水平上，其中房租回报率约为4%，房价增值约为0.5%。

德国的自有住房拥有率远远低于其他国家的部分原因是：私人的住房投资回报率相对比较可观，使供给相对宽裕；私人在租赁住房上的税收优惠政策进一步刺激了住房供给。从整体来看，德国住房租赁是一个供需平衡的市场，承租人付得起房租，出租人也可以获得正常的回报。

2. 房贷支持

德国实行"先存后贷"合同储蓄模式和房贷固定利率机制，为稳定购房者预期和房价水平提供制度保障。德国对住房储蓄业务实行严格的分业管理，购房者不会受到国家宏观调控政策特别是货币政策变动的影响，也不受通货膨胀、利率变动的影响。第一，德国居民要得到住房储蓄银行的购房贷款，必须在该银行存足相应款项，一般是存款额达到合同金额的 50% 以后，住房储蓄银行才把合同金额付给储户。第二，存贷利率固定不变。存贷款利率分别是 3% 和 5%，抵押贷款固定利率期限平均为 11 年半。这种长期固定的房贷利率，对房贷市场起到了重要的稳定器作用。

3. 租金管制

德国拥有欧洲最大的租赁市场，90% 的租赁户家庭在市场上自由租房，另外 10% 是租用社会住房或廉租房，受政策性住房法律调节。德国出台了《住房租赁法》和《经济犯罪法》，用来保护租客利益和遏制投资投机性需求。《住房租赁法》规定房租涨幅不能超过合理租金的 20%，否则房东就构成违法行为，房客可以向法庭起诉；如果超过 50%，就构成犯罪，房东甚至要被判刑。合理租金的界定标准非常严格，是由当地房屋管理部门与房客协会、中介组织沟通协商，定期给出不同类型、不同地理位置房屋的合理租价水平，这是法庭判定房租是否合理的重要依据。

4. 住房合作社

德国独具特色的住房合作社金融制度是房价的稳定器。德国的住房合作社拥有 210 万栋住房，为约 500 万德国人提供居住服务。住房合作社的主要目的是解决社员的住房问题。合作社成员需先储蓄后贷款，当储蓄额占贷款额的比重达到 40%～50% 时，方能贷款。政府为合作社发放无息建房贷款，额度通常占建房费用的 60%～70%，有时高达 90%，期限一般为 20 年左右。

5. 法律保证

德国对住房承租者的保护主要体现在以下几部法律和政策上。

1)《住房租赁法》

该法律主要就租房合同的制定、履行、租金水平及涨幅进行约定，并对解约程序进行了严格规范。

2) 租金管制制度

当一个家庭房屋出租时，租金是可以自由协商的，但之后就要对租金进行管制。长期以来，政府规定房东若想提高租金须经过房客同意，若不同意，可以诉讼，不能强行提高租金。

3) 房租补贴政策

政府根据家庭人口、收入、房租给予居民房租补贴，确保每个家庭有足够的租房支付能力，86% 的德国人可以享受不同额度的租房补贴。

6. 遏制投机性需求

德国联邦银行的首要目标是保持物价稳定，其次才是经济增长，所以德国长期实行稳健的货币政策，通货膨胀水平长期维持在较低水平，CPI 涨幅基本控制在 2% 以内。德国先后出台多项严厉遏制住房投资投机性需求和开发商获取暴利行为的政策。在住房交易中，需支付的税费主要包括：过户费3%、评估费5%、资本利得税2.5%，整体大约10%。若住房持有超过10年，不需支付资本利得税；若未满10年出售，需缴纳的应税资本利得为"房屋出售价格—取得房屋成本价格—可抵扣的修缮成本价格"，并严格按照个人所得税累计税率进行征税。德国法律还严格规定住房开发商的定价行为，按照《经济犯罪法》规定，如果开发商制定的房价超过合理房价的20%，购房者就可以向法庭起诉；如果超过50%，就定性为"获取暴利"，开发商将面临高额罚款和最高三年徒刑的严厉惩罚。

7. 人口和城镇化

由于受人口自然增长率持续负增长和移民放缓的影响，德国人口规模扩张受到了很大限制，长期稳定保持在8000万左右。源于第二次世界大战后的婴儿潮顶峰出现在1968年，该年的总生育率达到5.6，然后快速下滑到1973年的1.4，近年来德国死亡人数高于新生儿数，老龄化程度日益加深。

此外，德国家庭小型化趋势显著，家庭规模扩张速度明显。从1960到2010年，50年内德国的人口数增加11.76%、家庭数量增加107.09%，平均家庭人口数由3.76减少到2.03，户均减少1.73人。家庭规模小型化的主要原因是：第二次世界大战后婴儿潮的下一代受教育年限和结婚年龄延长，年轻单身家庭数目增加较快；离异家庭增加；平均寿命延长，老龄人口增长等。

家庭小型化影响人们的购房和租房选择：第一，虽然家庭数量增加，但并未形成有效的购房需求，因为没有生活负担、不用考虑子女教育问题，单身家庭中72.3%的人会选择租房；第二，大多数人30岁之后才考虑买房，老龄人口的住房拥有率最高，30岁以下的家庭住房拥有率不到10%；第三，德国居民收入差距较大，中低收入家庭需要申请住房补贴，才能保证一定水平的生活水准。

德国的城镇化已经基本结束，其城市体系呈多核心均衡发展，具有多核心化、分散化、特色化、均衡化的特点。据2006年德国官方数据显示，德国有11个城市群，人口占比71.98%，GDP占比73.14%。由于高附加值和技术密集型的汽车、电子、机械制造和化工以及金融业等产业布局差异化，德国城市之间可以均衡化发展。柏林和汉堡的人口分别只有340万和180万。2004年，德国有82个10万人口以上的行政区，70%的人口分布在2000～10000人的小型城镇里。合理的城市布局，使大多数德国居民分散在众多中小城市里，不会出现超大型城市的集聚效应，有利于大城市房价涨幅长期保持在合理区间（任泽平等，2017：259-276）。

4.4.3 英国保障性住房

英国公共租赁住房又称为"议会公共住房"（Council Housing），它是在中央财政补贴资助下，由地方政府进行投资和管理，出租给目标家庭的低租金租赁住房。

1. 大规模的公共住房建设时期

英国公共住房可分为三个时期。地方政府参与建设保障性住房始于1919年的《住房与城镇规划法》，它以立法形式确立了中央政府提供财政补贴，地方政府负责公共住房的投资、建设与管理的模式。第二次世界大战后，英国面临严重的住房短缺问题，1945~1974年的30年间英国政府进行了大规模的公共住房建设，到20世纪70年代，公共住房占全英房屋总量的32%。英国公共住房政策的主要特点包括以下方面。

1）中央政府补贴公共住房

1945年上台的工党政府，通过设置"一般需求"住房建设补贴，鼓励地方政府参与住房建设。

2）地方政府负责规划、投资和管理公共住房

隶属于地方政府的地方住房管理局是公共住房的主要负责部门，因此公共住房又称为议会住房，以区别于后来由住房协会提供的社会住房。

3）私营建筑公司负责公共住房建设

地方政府不直接参与工程建设。

4）中低收入家庭为公共住房供应对象

除贫困阶层之外，其他中低收入家庭也是公共住房供应对象，第二次世界大战后工党政府为解决当时普遍存在的住房短缺，取消了公共住房只能面向工人阶层的限制性规定。

5）公共住房分配采取积分制

《住房法》要求公共住房的分配必须依据"合理偏好"原则，优先分配给最需要的人群，如无家可归者、住房条件差或住房过度拥挤的家庭等，各个地方政府有权根据当地特点制定积分标准，一般考虑以下因素：

（1）是否居住在公共住房项目所在的行政区域；

（2）是否享受政府津贴及是否有工作；

（3）是否有良好的租房记录；

（4）申请等候时间（陈寒冰，2018：85-86）。

2. 社会住房模式转型时期

英国公共住房政策转型以1979年撒切尔夫人领导的保守党政府上台为标志，在新自由主义政策理念的推动下，英国住房开始转向鼓励住房自有、减少政府干预、增强私营部门参与等政策。英国在1980年和1988年两次修订《住房法》，中央政府从鼓励地方政府投资建设公共住房，转向鼓励私营部门和非营利性住房协会参与住房的供应和管理，地方政府逐渐退出住房投资者和管理者的角色，政府职责调整为推动住房建设和住房管理改革，提供信息和建议等，实现英国公共住房体系向社会

住房体系的转型。《住房法》最具代表性的公共住房政策是"购买权"（RTB）和"自愿大规模产权转移"，这两项政策通过将地方政府拥有的存量公共住房向租户出售，或是向地方住房协会转移产权和管理权，压缩政府公共住房的规模，提高住房自有率，促进非公共部门参与住房供应，推动英国公共住房部门的社会化。

1）"购买权"政策

"购买权"政策允许租户以明显的折扣价格，购买已经租住至少三年的公共住房。1980年英国《住房法》规定：公共住房可以按照比市场价格低30%的水平出售给租户；并且，租户每租住一年可以享受一个百分点的额外折扣，最高折扣可以达到50%。实际操作中，居住年限超过30年的租户最高可以享受到市场房价的四折优惠。1988年，新的"购买权"政策进一步扩大了房价折扣优惠的比例。例如，对公寓租户来说，每租住一年可以享受两个百分点的额外折扣；对于租住20年以上的家庭，最高折扣幅度达到70%。

"购买权"计划让许多家庭获得了"千载难逢"的机会，以极优惠价格从租房者变为自有住房所有者，实现了政府提高住房自有率和增加居民资产性财富的政策性目标。截至1994年，超过160万套的公共住房被出售给租户，约占全部公共住房存量的1/4。此外，"购买权"政策使得一部分中产阶级留在公共住房社区，促进了社区产权结构的多元化以及不同收入阶层的混居，保留了社区原有的社会网络关系，在一定程度上缓解了公共住房内容易出现的贫困集聚问题。

但是，"购买权"政策也产生了一定的负面性。首先，被出售的住房单元通常处在区位较好的社区，购买住房的家庭经济条件相对较好，这导致没有被出售的住房及无力购买公共住房的贫困家庭，更明显地集中于某些公共住房项目，造成剩下的公共住房租户贫困率越来越高，这些租户需要依靠政府住房津贴支付租金；其次，"购买权"政策提高住房自有率的同时，也导致租赁住房存量供给下降，减少了面向中低收入家庭的租赁住房有效供给，特别是由于大量质量和区位较好的公共住房被出售，对于依赖公共住房的贫困家庭来说，居住选择地受到更大的限制。换句话说，政府低价出售公共住房，向一部分家庭转移财产，同时也意味着降低了政府资助贫困家庭的可用资源。

2）自愿大规模产权转移

另一个重要政策是地方政府向非营利的住房协会转移公共住房的产权和管理权，住房协会逐渐成为拥有和管理公共住房的主要机构。1988年《住房法》提出"租户选择"条款，即让公共住房租户拥有选择新的住房管理机构的权利，但这一政策并未得到租户的普遍欢迎。相比之下，地方政府的"自愿大规模产权转移"政策比较顺利，政府将拥有的公共住房转移给地方住房协会，促进公共住房的社会化管理。

3. 住房社会治理时期

2005年,英国政府提出一项新的分享式产权购房计划,提供三种分享式产权购房产品供市民选择:一是公房出售,现有公房的租户以折扣价购买公房的部分产权;二是新房出售,市民购买住房协会新建公房的部分产权;三是公开市场购房,在产权贷款机构的帮助下购买商品房。宽松的住房金融环境,大大刺激了居民的购房热情,促进了住房自有率的提高,减轻了政府的经济负担(熊衍仁等,2015)。

2008年,随着华尔街金融危机影响范围扩大,英国政府将保障性住房建设纳入2009年全国经济刺激计划中,希望通过资助地方政府建设"新政府住房",刺激投资和经济增长。"新政府住房"政策与我国政府当年投资保障性住房建设类似。英国中央财政预算2009年专门拨款1亿英镑,作为国家保障性住房项目的特殊预算,资助地方政府建设"新政府住房"。与第二次世界大战后英国政府的公共住房操作不同,要想获得"新政府住房"中央财政基金,地方政府要像社会住房协会一样申请中央政府颁发的"投资伙伴"资格,且需参照社会租赁住房的模式进行管理,"新政府住房"政策鼓励地方政府与社会租赁机构合作管理新建的政府住房(陈寒冰,2018:87-89)。

4. 英国保障性住房结构

英国保障性住房分为三类,依据不同人群的收入,提供不同类型的住房保障。

1)社会租赁住房(Social Rented Housing)

主要由地方政府(Local Authorities)和私有注册机构(Private Registered Providers,PRP)持有、出租和管理的低租金住房,租金标准符合国家租金规定,且只租给符合承租资格的家庭。

2)可支付租赁住房(Affordable Rented Housing)

主要由地方政府或具有社会租赁住房资格的私有注册机构持有、出租和管理的低租金住房,租金标准高于社会租赁住房,但不能高于当地市场租金的80%(不含水、电、气费)。

3)中价住房(Intermediate Housing)

介于社会租赁住房与市场化住房之间,分为共享权益住房(Shared Equity)和低价出售住房(Low Cost Housing for Sale)或中价租赁的低成本住房,是一种半市场化的住房,租金或价格介于政府持有住房与市场住房之间。

总体来看,社会租赁住房的数量和比例在减少,但是可支付租赁住房和中价住房的数量和比例在增加。以英格兰为例,2001年社会租赁住房27090套,占保障性住房总量的81.7%;到2013年,社会租赁住房下降至17620套,占保障性住房的比例为41.1%;可支付租赁住房上升6960套,占保障性住房的16.2%;中价可支付住房上升至18290套,占保障性住房的42.7%(表4-3)。

表 4-3

2001—2013 年英格兰保障性住房类型和数量变化

住房类别\年份	2000—2001年	2001—2002年	2002—2003年	2003—2004年	2004—2005年	2005—2006年	2006—2007年	2007—2008年	2008—2009年	2009—2010年	2010—2011年	2011—2012年	2012—2013年
社会租赁住房（套）	27090	26810	23960	22660	21670	23630	24670	29640	30900	33180	38950	37680	17620
可支付租赁住房（套）	—	—	—	—	—	—	—	—	—	—	—	930	6960
中价可支付住房（套）	6070	6210	8970	15410	15800	22350	19630	23530	24600	24800	21530	19490	18290
其中：中价租赁房（套）	—	—	—	280	1510	1680	1200	1110	1710	2560	4520	3240	2100
可支付产权房（套）	6070	6210	8970	15120	14280	20680	18430	22420	22900	22240	17010	16250	16190
总计	33160	33020	32930	38070	37470	45980	44300	53170	55500	57980	60480	58100	42870

资料来源：https：//www.gov.uk/（转引自：熊衍仁，沈绿文. 国外住房发展报告 [M]. 北京：中国建筑工业出版社，2015）

4.4.4 美国保障性住房

美国保障性住房政策主要包括公共住房政策、住房优惠券政策和金融财政政策。公共住房具有较长的历史，住房政策经过多次反思和调整；住房优惠券是面向美国低收入群体的住房补贴计划，采取租金凭单和住房优惠券两种形式；金融财政政策涵盖复杂的金融机构及其激励措施。

1.美国公共租赁住房项目的演变

1）美国公共住房政策的初步建立（1934～1948年）

美国最早的公共租赁住房建设始于罗斯福新政期间。1934年《国家住房法》规定联邦政府的公共工程部负责资助低收入家庭的小型住房开发项目，建设2.5万套住房。1937年颁布《联邦住房法》正式确立公共租赁住房作为一项独立且长期的联邦住房政策，提供廉价租赁住房，创造就业和帮助消除贫困。联邦住房管理局（Federal Housing Administration）取代公共工程部负责公共住房建设。实施之初，公共租赁住房项目进展缓慢，特别是在第二次世界大战时期受到严重影响（施瓦兹，2012：143-144）。到战争结束为止，联邦住房管理局为16.8万套公共住房提供了90%的资助，地方政府资助了其余的10%。

2）公共租赁住房的发展（1949～1964年）

1949年修订的《联邦住房法》标志着美国公共租赁住房项目进入新的发展期，这一时期的公共租赁住房政策被上升为帮助低收入家庭应对战后"房荒"和推动城市更新的重要手段。联邦政府计划在六年内新建80万套低租金公共住房，相当于当时预测的全国住房总需求的10%。然而，政策实施过程中遇到诸多现实问题。首先，受到政治争议和朝鲜战争的影响，公共住房项目没有获得足够的国会拨款，到1959年只建设了20万套住房，相当于计划建设量的1/4；其次，由于富人社区的抵制，许多公共住房项目只能分布在低收入人群集中的城市中心区，加剧了美国城市中的居住隔离和贫困聚集，在一定程度上削弱了公共住房政策的成效。然而，直到20世纪60年代，联邦保障性公共租赁住房是美国唯一的面向低收入居民的住房政策。

3）公共租赁住房的鼎盛阶段（1965～1973年）

公共住房项目的推出和全面实施提高了美国公众对住房问题的意识，也刺激了私人企业投资低价住房。20世纪50～60年代，公共租赁住房的建设基本保持稳定和增长的态势，并在1967年达到最高峰，年新建公共租赁住房9.1万套。此后，受越南战争影响，1971年全年公共住房新开工数量只有3.8万套，仅为1967年的1/3。

与此同时，美国政府开始采用间接补贴手段的新的住房援助政策，为开发商提供低于市场利率的贷款，吸引私人部门建设低收入家庭的住房。此外，公共住房的租金设置方式也发生变化，低收入家庭租户支付收入的一定比例（如30%）作为租金，联邦政府支付运营成本与租金之间的差额。随着需求侧补贴的推行，加上公共住房实施和管理过程中出现的诸多问题,公共住房原来的吸引力逐渐降低。

4)公共租赁住房的转型(1974年至今)

尽管存在着设计、建造、资金和管理等方面的诸多问题,公共租赁住房依然具有其他类型资助项目不具备的优点,如公共租赁住房能够永远面向低收入居民。尽管政府通过各种税收或补贴政策,鼓励私营机构提供保障性租赁住房,但这些项目资助的住房单元只需要在一定期限(通常是20年)内保持廉价和租赁给低收入家庭,超过期限后则可以转为市场住房。

1974年修订的《住房与社区发展法》不仅标志着美国联邦住房政策的重大转型,也标志着公共住房建设的停滞和存量公共住房的更新与转型。20世纪70年代中期以来,新增低收入住房供应主要由联邦政府向私营公司提供补贴,刺激私营公司开发建设可支付住房。联邦政府拨款主要用于存量公共住房的维护和更新。特别是20世纪80年代以来,除了继续为存量公共住房和20世纪60~70年代建成的私营保障性住房提供运营补贴外,美国住房和城市发展部不再为低收入租赁住房提供大规模的建设资本和运营补贴。随着保障性住房政策向需求侧补贴模式倾斜,目前政策重心放在对低收入家庭提供租金补贴的租房券项目上。

公共住房建设和运营的目标也在这一时期发生变化,政府不再强调公共住房项目只能面向贫困家庭,而是把防止贫困集中和促进多种收入群体的居住融合作为目标。1974年修订的《住房与社区发展法》规定:"应确保在一段合理的时期内,每个公共住房工程都会包含不同收入水平的家庭,避免低收入家庭和有严重社会问题家庭的集中。"1998年颁布的《质量住房和工作责任法》进一步规定,公共住房项目中收入低于地区收入中值30%的租户不能超过40%。

此外,存量公共住房的大规模改造被提上议事日程。1993年推出"希望六号"计划,对衰败的、高层、高密度和居住隔离的公共住房进行改造与再开发,代之以小规模、低密度和收入融合的居住社区。"希望六号"计划尽管显著提升了公共住房的形象,改善了公共住房质量,但实际上却减少了低收入住房的供给。根据施瓦兹的统计,1993~2003年,217个"希望六号"再开发工程改造了9.45万个公共住房单元,提供了9.51万个新的住房单元。其中,约一半作为保障性住房,供应给极低收入住户并接受政府的运营资助,而其他住房单元成为按市场价格销售的自有住房或租赁住房,目的是促进社区居民收入多样化和消除贫困集中。

从不同的统计数据看,公共租赁住房的供应数量在1994年达到高峰,有约140万个单元,到2004年下降了12%。2003年,57.5%的公共住房房龄超过30年,37.6%介于15~30年之间。虽然很多人把公共住房和高层建筑联系在一起,但是2003年高层电梯住房只占公共住房总量的30%,在大城市这个比例更高一些。由于此后公共住房的拆除和再开发,目前该比例更低。低层联排住房占25%。其他建筑类型包括多层无电梯公寓住房、双联住房以及独栋住房。但是，不管采用哪种建筑类型，公共住房的设计一般很少与周边环境相协调。目前，美国约有120万个家庭居住在公共住房中，分别由3300个地方公共住房管理局经营管理。

政府一方面支持房地产业的发展，拉动经济的增长；另一方面针对着居民的承受能力，出台优惠政策。1995年，住房和城市发展部提出改革计划，将美国联邦政府的住房政策调整为：减少无家可归者，增加住房供应，减少居住迁徙中的种族障碍，更新严重衰败的公共住房和衰落社区。在保障性住房政策方面，改革计划的核心则是将各类项目进行整合，从而更好地进行政策绩效评估。

目前，联邦政府在公共住房项目上的财政投入主要用于存量公共住房的维修，约占联邦资助的租赁住房供应量的18%。通过向营利性或非营利性机构提供利率优惠、财政补贴或税收优惠，鼓励机构参与低收入出租房供应，这些出租房占全部联邦政府出租房数量的42%。租房券项目所资助的住房单元数约占全部联邦政府资助租赁住房的1/4，包括浅度补贴和第8条款深度补贴等各类需求侧补贴项目。

此外，地方政府在保障性住房政策中的作用逐渐增强。州和地方政府20世纪70年代之前只是扮演联邦住房政策实施者和公共住房项目管理者的角色，1980年以来，联邦政府在住房领域的预算减少并逐渐实行权力下放，州和地方政府被认为具有更充分的信息和更好的能力，有效利用各种资源解决当地的保障性住房问题，州和地方政府设立的住房信托基金成为保障性住房建设的主要资金来源，并且州和地方政府通过立法和规划手段，鼓励营利性和非营利性机构提供廉价住房（陈寒冰，2018：78-82）。

2.公共租赁住房项目的基本运作模式

1）资金来源

美国1937年颁布的《联邦住房法》确立了公共租赁住房项目的基本模式：租金由联邦政府出一部分，地方政府出一部分，社会公益组织出一部分，租户出一部分，保障公共租赁住房的正常运作。最早的资金模式是地方公共住房管理局发行债券，筹集公共住房的建设资金，联邦政府对地方债券进行担保，债券的本息由联邦政府支付，公共住房的营运成本由房租支付。从实际运行中发现，尽管地方债券得到联邦政府的担保，但债券利率仍然高于一般性国债利率，对于政府来说并不是最经济的融资方式。因此，1987年以后，联邦政府转由通过一般性国债方式筹集资金，以资本基金的方式资助地方政府公共住房的建设或更新。

到20世纪60年代为止，该系统一直运行良好。不过，后来运营费用的增长逐渐超过了租户的收入水平。一方面，随着公共住房的老化、通货膨胀和维修费用的增加，导致运营成本不断上升；另一方面，公共住房居民变得越来越贫穷，收入水平下降。最初，无论住户是否有实际支付能力，房租依然持续上涨。于是，住户房租支出占其收入的40%就不足为奇了。为了避免攀升的房租与住户收入拉开太大的距离,很多住房管理机构停止了对住房的修缮与维护。很明显,公共出租房最初的运营补助方式无法发挥积极作用了。

20世纪60年代末70年代初,为了解决这一问题,国会对公共住房法案进行了多次修订,规定公共住房的最高房租不得超过住户收入的25%(后来提高到30%)。政府为了补偿房租降低而不足以支付的运营费用,设立了新的运营补助,很快运营补助就成为公共住房项目的重要组成部分。1969年联邦政府运营补助为1490万美元,1979年上升到7.2亿美元,1993年为25亿美元,2003年为35亿美元,2008年则达到45亿美元,2003年运营补助约占一个普通公共住房管理局运营预算的一半。尽管这样,公共住房长期以来一直受已达到使用寿命的设备更换和其他系统更新资金缺口的困扰。

2)租金标准的设置

公共租赁住房租金设置最初规定以支付公共住房运营与维护成本为标准。但是现实操作中发现,这一租金标准仍然超出许多贫困家庭的支付能力,特别是随着公共住房老化,运营成本逐渐增加,而公共住房租户越来越贫穷,导致房租攀升超过低收入家庭的支付能力。因此,公共租赁住房的租金规定逐步调整为不超出租户家庭的支付能力,联邦政府则对租户实际支付租金与运营成本的差额提供补贴。

3)保障对象及分配机制

美国的公共租赁住房主要面向通过资格审批的低收入家庭、老年人和残疾人口。低收入家庭资格审批由地方公共住房管理局完成,主要考虑以下指标:

(1)家庭年收入水平,住房项目所在县或市区的家庭收入中位数的80%为低收入家庭,50%以下为极低收入家庭;

(2)是否具有美国公民或合法移民身份;

(3)是否为家庭、老年人或者残障人士;

(4)是否具有良好的租房记录。

公共住房的分配采取家庭书面申请、地方公共住房管理局审批的方式。申请者须填写申请人及家庭成员基本信息、就业状况、联系方式、家庭收入、住房状况等信息,以及老年人、残障人士或军人等需优先考虑的特殊情况,并需递交相应证明材料。地方管理局负责审批申请的材料,制定当地的住房分配政策(陈寒冰,2018:82-83)。

公共住房是全国最贫穷、最脆弱人群的住所。因为住房产业相关人士的反对,公共住房项目不能与私人住房市场相竞争,这意味着符合公共住房申请条件的家庭收入,必须远远低于能在私人住房市场上购买住房的最低收入标准。极低收入家庭的聚集被公认为是产生许多严重公共住房问题的根源,包括这些家庭难以承担运营成本,以及贫困集中会引发其他一些相关问题。"起初,公共住房是面向贫穷的工薪家庭,他们收入微薄,但非常努力奋斗,偶尔也会失业,而且有相当一部分人获得公共资助,他们都积极争取过上更好的生活"。第二次世界大战之后,公共住房中"湮没的中产阶级"越来越少。一方面,当租户的收入水平超过公共住房最高收入上限时,租户不能继续待在公共住房,必须立刻迁出;另一方面,联邦住房管理局的房贷保险推动了低成本房屋置业率的快速增长,从而使得数百万工薪家庭能够在郊区购买价位适中的住房。如此一来,公共住房居民的平均收入持续下跌,1950年为全国平均收入的57%,1960年为41%,1970年为29%,到20世纪90年代中期则不足20%(施瓦兹,2012:147-148)。2009年,全国公共住房居民的年均收入为1.3万美元,远低于联邦贫困线,只有17%的居民收入超过2万美元。公共住房居民最常见的收入来源是残疾人或退休人员的社会保险和养老金,这表明其中绝大多数是残疾人和老年人。1/3的住户是老年人,其中有38%还是残疾人,另外20%的住户是年龄在60岁以下的残疾人。41%的住户家中有年龄不到18岁的儿童,39%的居民年龄低于18岁,其中14%的居民不到6岁。从种族方面来看,白人约占居民总数的一半,其次是黑人,拉美裔人(包括白种人、黑人和其他人种)占总数的23%(施瓦兹,2012:149-150)。

4)公共住房的管理

公共住房政策的制定、实施、监督最初由美国联邦住房管理局负责,1974年转由新成立的美国住房和城市发展部负责。地方管理局负责日常的运营和管理,大部分公共租赁住房的设计、建造和管理均由地方公共住房管理局负责和监督。该机构通常由州立法设立,其执行委员会成员通常由地方行政长官任命。

5)项目选址

最初的立法在一定程度上影响了公共住房的选址,公共住房较多地坐落在低收入群体和少数族裔集中居住的社区。1935年,巡回上诉法庭裁定联邦政府不拥有征地权,因此,联邦政府授权地方政府组建地方性公共住房管理局,作为地方政府的一个部门,享有为公共住房征地的权力和是否修建公共住房的决定权。所有希望利用联邦资源开发低收入住房的城市和社区会申请和实施公共住房项目,没有类似规划的地方政府没有义务必须实施该项目,这也就解释了为什么大量公共住房聚集在中心城区和由工薪阶层居住的郊区,远离富裕的郊区。2000年,65%的公共住房位于中心城区,位于郊区的公共住房仅占17%,尽管租赁住房市场约有一半位于郊区。

白人社区一般反对在其社区内进行任何公共住房开发。即使要开发,也只会提供给低收入白人住户。来自黑人社区的当选官员通常也更希望公共住房建在自己的社区而不是族裔混杂的地区,这不但能为低收入黑人提供必要的住房,还能保护和加强黑人官员的政治基础。如此一来,公共住房中的种族隔离程度变得非常高,往往位于最贫穷、种族隔离最严重的人口普查区。近 1/3 的公共住房位于贫困率高于 40% 的人口普查区内,只有 1.5% 的少数族裔居住在少数族裔住户比例低于 10% 的人口普查区(施瓦兹,2012:151–152)。

6)公共住房设计和建筑质量

公共住房通常是很容易辨认的。不论是高层还是低层,很多公共住房的外观都与其周围的住房有着显著差异。公共住房的居住密度通常较高,一般与周围的景观相隔离,几乎没有装饰和配套便利设施。因此,与其他租赁住房相比,公共住房的质量常常差很多。

公共住房设计和设施方面的不足,在一定程度上是由于项目建设方面的严格资金限制。为了不超出项目极低的建设预算,公共住房建造往往追求成本最小化,建筑材料是次等的,施工也是粗糙的。在某些城市,公共住房被视为一种恩惠,在决定谁有资格入住时,往往是根据申请人的人际关系和政治关系,公共住房项目管理欠佳。在华盛顿特区、芝加哥、新泽西和新奥尔良等一些城市,联邦政府采取干涉措施,接管了公共住房管理局,并任命独立的管理者整顿公共住房市场秩序。

7)对美国的公共租赁住房政策的反思

公共租赁住房是美国最广为人知的低收入住房资助项目,但是逐渐为人诟病且过去 30 年不断萎缩,主要原因是贫困集聚、高犯罪率、建筑衰败、管理不当等问题,这些问题与政策设计和实施机制不无关联。施瓦兹从租户选择、项目区位、工程设计和建筑质量以及日常管理等方面对公共住房项目存在的问题进行了剖析。

(1)分配原则和退出机制的设计加剧了贫困集聚

公共租赁住房设立之初是为受经济大萧条影响的工薪家庭提供住宿的临时援助项目。因此,在分配机制上向低收入的工薪家庭倾斜,希望他们通过勤劳的工作,逐渐改善收入、购买住房并搬出公共租赁住房。因此,公共租赁住房项目通常都设置了一定的退出机制,当租户收入超过公共住房允许的最高收入时必须立刻搬出。

这一退出机制的副作用是导致公共租赁住房中的中产阶级家庭越来越少和极低收入家庭过度集中。1965 年公共住房政策调整,将有资格申请公共住房的家庭收入界定为不超过地区家庭收入中位数的 50%,租户支付租金则为其收入的 25%(后来改为 30%),进一步加剧了公共住房项目贫困集中。

公共住房准入规定强调贫困家庭优先分配的原则,以及公共住房的选址机制和退出机制等规定带来的贫困集中、公共住房衰败等现象,在英国、加拿大以及其他的国家也先后出现。这些国家在 20 世纪 60 年代纷纷将保障性住房的建设和修缮与旧城更新、社区融合等政策目标相结合,并在租金设置原则上作了相应的调整。

(2)项目选址和实施机制加剧了居住隔离与贫困集聚

在项目选址上,公共住房大量集中在低收入、少数族裔聚居的美国大都市区中心城区或者是工薪阶层居住的郊区。通常来说，郊区富裕社区抵制公共住房的建设。在贫困的少数族裔集中的社区，居民和政府官员有更大的意愿在当地建设公共住房，这加剧了城市贫困集中化、种族隔离等社会问题。

（3）过低的建设标准和维护资金配套标准加剧了住房衰败与居住隔离

公共住房项目受到严格的资金限制，影响了建筑外观设计、建设质量和基本设施的配套，这使得公共住房通常密度较高，建筑质量较差，配套设施缺乏，在外观上明显区别于周边的商品住房，与周围的景观隔离。这一方面恶化了城市居民对公共住房的印象，另一方面增加了住房建成后的维修费用。由于公共住房经营管理通常效率低下，且不能及时维护和修缮建筑与设施，进一步加剧了公共住房项目的贫困集中度和居住隔离状况（陈寒冰，2018：84-85）。

3. 租房优惠券

美国租房优惠券采取两种形式：租金凭单和住房优惠券，是面向美国低收入群体、规模最大的住房补贴计划。租房券能够帮助低收入家庭在自由市场上获得住房，租房券不仅成本低，而且住房和区域由租户选择，范围更广。租金凭单填平实际租金和家庭收入的30%之间的差额，适用于所有租金低于公平市场租金的住房。住房优惠券的面值与公平市场租金和家庭收入的30%之间的差额相等，适用于符合最低物理标准的一切住房。要获得补贴，租赁住房必须满足一定的条件：房屋租金一般不能超过租房券计划所规定的最高限额；租赁住房必须满足建筑质量及面积上的一定标准，以防出现质量缺陷或者居住空间过于狭小的问题；业主必须愿意参与租房券计划，同意相关部门对住房进行质量检查，办理必要的手续以及接受政府支付的租金补贴。两种补贴计划都使需求曲线向外移动，在短期内使市场价格上升。

1）租金凭单：法规第8条款

虽然租房券20世纪30年代在立法辩论中首次被提出，但直到20世纪70年代，租房券才真正成为美国住房政策的一部分。1974年《房屋及社区发展法案》建立了第一个全国租房券计划，也就是第8条款存量住房计划，要求地方住房管理机构筹备住房援助计划（Housing Assistance Plans，HAPs），一方面是新增建设和修缮计划内的住房补贴；另一方面是实施租房券计划。

获取资助的基本条件和资助额度是：收入低于地区收入中值80%的家庭发放房屋租赁证。租赁证弥补了调整后家庭收入的25%（后来提高至30%）与公平市值租金（Fair Market Rents，FMRs）的差额。公平市值租金是每年不断更新的，选取2600多个住房市场作为计算的样本。公平市值租金最初被定义为根据房屋面积大小调整后计算得出的新近租屋租金中位数（施瓦兹，2012：201-202）。

在法规第8条款计划中，贫困家庭收到租金凭单（优惠券），帮助他们支付住房租金。大多数租金凭单发放给低于本地区收入中值50%的收入非常低的家庭。1997

年大约 92 万户家庭收到租金凭单。凭单接受者选择住房要受到两方面的限制：第一，出租住房在大小和质量方面必须符合最低标准；第二，家庭支付的租金不能比公平市场租金更高，公平市场租金是由 HUD 为标准低收入住房所规定的合理租金。符合标准的低收入家庭在缴纳租房租金时，支付其收入的 30%，其余的由租金凭单支付，弥补低收入家庭租金支出与实际租金之间的差额：

$$补贴 = 实际租金 - 0.30 \times 收入$$

凭单计划令人意想不到的效应之一是相当少的家庭搬迁到以公平市场租金承租的房子里。尽管补贴能够弥补所有增加的租金，大多数家庭还是居住在现有的住房里，用补贴来降低住房成本，这个结果表明搬迁成本是相当高的。

美国政府还有一个高级租房券项目，其目的是当享受贷款和税收优惠而提供低租金的私人业主提前偿清贷款，并将房租提高到市场价时，通过高级租房券，住户仍然可以留在原来的房子里。高级租房券与普通租房券的相似之处在于，它们都填补了租户收入的 30% 和房租之间的差额。然而，普通租房券通常不能用于房租超过地区公平市值租金的住房，或是基于公平市场的"费用标准"的住房，但高级租房券可不受公平市值租金的限制。无论房租有多高，它所支付的都是租户收入的 30% 与实际房租之间的差额。但是如果租户迁出了，那么该租房券就不再是高级租房券了，不能用于租金高于公平市场房租的住房。

2）住房优惠券

美国住房优惠券计划是从 1983 年一项试验基础上开始实施的，住房优惠券领取人的资格要求与租金凭单的要求相似，都是针对贫困人群，家庭必须是居住在符合最低质量标准的住房里。住房优惠券和租金凭单之间的重要差别是住房优惠券持有者可以租赁任何符合最低标准的住房。1997 年，大约 40 万户家庭领取了住房优惠券，这些凭单可以在一个大都市地区的任何地方使用，这样接受者能够迁移到靠近工作地点的住区。

住房优惠券的面值取决于家庭收入和公平市场租金：

$$面值 = 公平市场租金 - 0.30 \times 收入$$

住房优惠券计划比租金凭单计划赋予了家庭更多的选择权，可以将更多资金花费在其他商品上，享受住房优惠的家庭还可以租赁比公平市场租金更高的住房消费。与租金凭单计划相反，住房优惠券计划允许家庭在住房上花费其想花费的数额。

1998 年的《住房质量和工作责任法案》将凭证计划和租房券计划合并为一个单独的计划，保留了一部分租房券计划的内容，重新命名为"住房选择租房券计划"（Housing Choice Vouncher Program，HCV）。HCV 授权住房管理机构在公平市值租金的 90%～110% 范围之内设定支付标准，在特定情况下可以超过 120%。另外，为了反映租金水平的内部差异，该法案允许住房管理机构在同一城市设立不同的支付标准——在租金较贵的地区支付标准较高,而在租金较低的地区支付标准较低。该法案允许租房券持有者在美国任何地方使用此券。该法案规定收入极低的家庭(收入低于地区家庭收入中值的30%)每年必须至少获得当年发放的所有租房券的75%。

第8条款凭证项目在1974年设立之后发展得相当迅速。至1980年增长到将近62.5万户,截至2009年租房券资助的家庭超过220万户,超过其他任何联邦住房项目。在所有美国住房和城市发展部资助过的家庭中,租房券计划资助的户数所占的比例从1993年的34%上升到2008年的42%。

住房优惠券的另一种选择是住房津贴。住房津贴是一种现金支付,其金额等于某类家庭收入的30%和公平市场租金之间的差额,此家庭必须占有一套符合最低质量标准的住房,才具备享受住房津贴的资格。当出现以下情形时,住房优惠券和住房津贴等同:两项计划具有相同的住房质量标准;优惠券的面值与津贴支付相等;家庭的租金支出超过优惠券面值。美国联邦政府在试验性住房津贴计划(EHAP)下,进行了大量试验,发现住房津贴导致住房条件提升的家庭比例变化不大,津贴接受者把大部分金钱花费在非住房商品上。

3)租房券持有者的人口特征

与公共住房的住户类似,大多数租房券持有者的人口特征是:收入一般很低,最普遍的收入来源是养老保险、残疾保险或退休金,所占比重达到53%,社会福利与工资薪金所占比重几乎相等;56%的租房券持有者是残疾人或老年人,其中11%是年老且残疾的人;超过一半的租房券持有者不仅家中有儿童,而且几乎都是单身母亲。2009年租房券持有者平均年收入不到1.26万美元,大大低于联邦政府的贫困线;超过45%的家庭年收入不到1万美元,只有16%的家庭年收入超过2万美元。自1998年以来,参与租房券项目的所有家庭中超过75%都是收入极低的家庭。1/3的租房券持有者是单身户,而两人住户和三人住户分别占22%和19%,家庭成员超过三人的住户占24%;超过60%的租房券持有者的住房卧室不超过两间,30%的住房有三间卧室,只有7%的住房有四间或者更多卧室。

与公共住房的住户相比,较少租房券持有者居住在少数族裔人口集中、贫困率较高的地区。租房券持有者所居住的社区平均收入往往高于公共住房。2000年,超过50%的公共住房所在的人口普查区的贫困率不低于30%,而类似情况在租房券项目中占17%。

4)住房优惠券计划的市场效应

住房优惠券将增加普通质量住房的需求。短期内优惠券计划使普通质量住房的需求曲线向右移动,相反,无优惠券的中等收入家庭要为住房支付更高的价格。普通质量住房的供给数量随价格上升而上升。

5）供给侧政策（公共住房）和需求侧政策（住房优惠券）的利弊

从接受者的角度来看，优惠券计划与公共住房相比具有两个优点：第一，优惠券与收入提升相对应，增加了每1美元的住房效用；第二，优惠券允许租房人居住相对便宜的旧住房，这样有更多的收入可以用于其他开支。优惠券计划的弊端在于可能提高住房的价格。

从纳税者和非优惠券接受者的角度看，相对住房优惠券而言，公众对公共住房更为支持。首先，纳税者似乎更关心接受者的住房消费状况，而不一定是他们的效用水平，如果公共住房计划使住房大量增加，它就被看作是一项优秀的计划；其次，在需求侧政策下，非优惠券接受者支付更高的住房价格，而在供给侧政策下支付较低的价格。基于这两点原因，纳税者和非优惠券接受者可能更喜欢公共住房政策而非住房优惠券，即使优惠券接受者在优惠券计划下境况可能变得更好。

4. 金融财政支持工具

美国公共住房建设的融资模式是联邦政府负责住房建设前期的资金投入，地方政府协助联邦政府，收取租金支付住房建设的运营成本。建设资金最早以地方债券形式筹集，联邦政府提供担保，并对本息进行偿付。近些年来，联邦政府主要投资存量保障性住房的修缮与更新，通过一般性国债筹集资本，再向地方政府提供补助基金。联邦政府除了对公共住房修缮、更新提供补贴外，还对极低收入家庭发放额外租金补贴。1968年的《住房与城市发展法》标志着美国联邦政府从直接投资公共住房建设向补贴私营保障性住房建设正式转型，鼓励私营资本参与保障性住房建设。**基本融资模式**是私人开发商从银行或其他金融机构获得贷款，政府对贷款进行担保，并通过补贴，使贷款利率低于市场水平，降低开发贷款成本，鼓励低收入住房的供应。这类项目允许开发商盈利，但是利润水平不能高于政府规定的水平；中低收入租户缴纳租金，支付维护运营成本、开发贷款还款以及一定比例的开发利润。

目前，美国保障性租赁住房供给侧的主要补贴手段是低收入住房税收补贴，开发商或租赁机构在满足低收入租户比例和租金等要求下，享受十年内联邦政府税收减免，以抵偿开发成本。由于是一种间接的补贴，这一税收减免方式不涉及政府发放直接贷款利率补贴，政策执行成本更低，因此被认为是一种更好的激励方式。需要注意的是，保障性住房供应的补贴政策，通常仅要求私营开发商的住房低租金保持一定年限，如利率补贴项目通常要求20年，低收入住房税收补贴项目最初要求15年，后延长至30年。超过规定期限后，税收补贴项目可以收取市场价位的租金，并可以将住房出租给任何家庭。因此，20世纪80年代开始，为了稳定市场上保障性住房的供应量，联邦和州政府都出台新的政策或给予新的税收补贴，从而增加了保障性住房持续供应的政策成本。

1）第 221（d）3 条款——低利率

1961 年，肯尼迪政府设立了针对中等收入家庭的第 221（d）3 条款——低于市场利率项目。该项目让营利性和非营利性开发商可以向私人放贷商申请由联邦住房管理局担保的、低于市场利率（通常为 3%）的住房抵押贷款。随后，放贷商立即将这些贷款卖给房利美。通过这个项目，联邦政府向私人开发商提供了利率为 3% 的贷款，银行在此过程中充当了中介的角色，低于市场利率的贷款让住房所有者降低房租成为可能。据估计"若市场利率为 6.5%，那么利率为 3% 的贷款可以让房租减少 27%"（施瓦兹，2012：180）。

低利率项目主要面向不符合申请公共住房要求的中等收入家庭的租赁补助，申请低利率项目的家庭最高收入不得超过地区收入中值。房租则取决于工程预算，包括利率为 3% 的抵押贷款偿还、运营支出（如保养费、设施使用和税费）以及住房所有者 6% 的利润。项目开发商有的来自营利性机构，有的来自非营利性机构。

低利率项目并不得人心，该项目给公众的印象是只有中等收入人群中最富裕的家庭才能负担该项目的房租；对于中等收入人群中收入更低的家庭而言，低利率贷款并不足以将房租降至他们所能负担的水平。

2）第 236 条款——利息补贴

1968 年，约翰逊政府终止了第 221（d）3 条款，取而代之的是新利息补贴项目——第 236 条款。利息补贴通过降低借款人的负担，让中低收入家庭能够供得起房租。第 236 条款是 1968 年《国家住房法案》中的一部分，与第 221（d）3 条款相似，联邦政府并没有购买房贷，而是每年为开发商提供补贴，使得开发商只需偿还相当于利率为 1% 的抵押贷款，该补贴等于市场利率抵押贷款与利率为 1% 的贷款还款额之间的差额。

为了参与利息补贴项目，开发商必须向私人放贷商申请联邦住房管理局担保的住房抵押贷款（通常利率为 7%），而联邦政府则会提供"降息"，帮助其支付绝大部分债务。由于第 236 条款提供的资助规模更大，它所资助的租赁住房房租比第 221(d)3 条款低，让收入更低的家庭也能负担得起。在第 236 条款中，房租的高低取决于利率为 1% 的贷款、运营费用（如设施、劳动力、维修费等）和住房所有者 6% 的利润。住户支付的房租取"基本房租"调整后收入的 25%（后上升到 30%）中的较大值。运营费用的增加可能导致房租上涨，但上调房租必须得到住房和城市发展部的批准（施瓦兹，2012：181）。

所有收入不高于地区收入中值 80% 的家庭都具备申请项目的资格。联邦政府还为有限数量的低收入家庭提供额外、更多的房租补贴，称为"补充性房租"，用以填补住户调整后收入的 25%（后上升到 30%）与基本房租之间的差额。1974 年颁布的《住房法案》授权住房和城市发展部发放房租补助款（Rental Assistance Payments，

RAP），帮助低收入家庭支付基本房租。到 20 世纪 80 年代中期，大部分补充性房租和房租补助款都归入第 8 条款的租房券项目。到 1983 年里根政府终止该项目时，第 236 条款共计资助了超过 85 万套住房的建设或修缮。

3）低收入住房税收补贴

在低收入住房税收补贴项目中，投资者可以连续 10 年获得税收补贴，但是该住房必须由低收入家庭居住至少 15 年，每年可得到的税收补贴约为"资格基数"的 7%。

与房地产业的其他税收减免政策不同，税收补贴不是自动发放的，而是由指定的州级行政部门（一般为州住房金融管理局）负责审批分配。各州的税收补贴总额取决于各州的总人口数量，2010 年各州的税收补贴额为每人 2 美元，此后该数值每年将依据通货膨胀率进行调整。在每个州的税收补贴中，至少有 10% 必须分配给由非营利机构开发的住房。税收补贴的数额取决于项目的开发成本和低收入住户的比例。计算税收补贴时，首先需要计算项目的总开发成本，再减去土地成本及其他费用，最后得到的数值称为"合格基数"。其次，如果该项目开发的住房不完全是由低收入住户居住，那么需要将低收入住户的比例（或者其居住面积占项目总面积的比例）乘以"合格基数"，得到"资格基数"。最后，如果该项目位于"开发难度较大的地区"，或"符合要求的人口普查区"，则可以在"资格基数"的基础上再乘以 130%，相应地提高"资格基数"。"开发难度较大的地区"是指在都市区或非都市区中，房价与收入比值偏高的地段；"符合要求的人口普查区"是指在所有住户中，至少有 50% 的家庭收入不超过地区收入中值的 60%，或者贫困率至少达到 2% 的地区。1987～2006 年，在所有获得税收补贴的项目中，约有 26% 因为处于"开发难度较大的地区"或"符合要求的人口普查区"，享受 130% 的"资格基数"（施瓦兹，2012：117-118）。

最后得到的"资格基数"再乘以"补贴率"，就得到此后 10 年该项目每年可获得的税收补贴额。对于新建和重大修缮项目，为期 10 年的税收补贴总额是在"资格基数"现值的 70% 的基础上计算出来的。

如果至少有 20% 的住房单元能够为收入不超过地区收入中值 50% 的住户租赁，或者至少 40% 的住房单元为收入不高于地区收入中值 60% 的住户租赁，那么租赁住房的开发项目也有资格申请税收补贴。大多数开发商将税收补贴项目中的绝大多数住房提供给低收入住户，这样不仅可以最大限度地获得税收补贴，还能将部分房屋出租给较高收入住户。

根据项目中获得税收补贴的住房比例，补贴住房可征收的最高房租等于地区家庭收入中值的 50%（或 60%）乘以 30%。需要注意的是，税收补贴项目的房租水平与联邦住房的其他项目不同。税收补贴项目中无论租户实际收入如何，需要缴纳的房租是相同的，部分租户有可能面临超过其收入 30% 的房租负担；在联邦住房的其他项目中,房租不超过其调整后收入的30%,不足部分由政府补贴。

住房开发商一般很少使用税收补贴。相反,他们通常将补贴"出售"给私人投资者,然后将所得的收益用于支付开发过程中的采购费、建造费以及其他支出,投资者获得税收补贴、其他税收收益(如折旧提成)、项目运行产生的现金流,以及最终出售住房的部分资本利得。

虽然联邦法规要求,州住房金融管理局分配给非营利住房机构的税收补贴不低于总额的10%,但实际上非营利机构获得的补贴数额达到23%,以及住房开发总量的21%。但是最近几年,非营利机构开发的项目远远少于营利机构。低收入住房税收补贴项目也存在不足。1990年,作为美国规模最大的非营利住房开发机构之一的帕特里克·克兰西(Patrick Clancy)总裁指出,低收入住房税收补贴项目与其他税收机制一样效率极低,很大一部分补贴消耗在交易费用和投资者利润上,而没有用于实际住房建设,税收补贴项目极度官僚化,申请程序非常复杂。

4)税收激励机制

美国联邦税法为住房投资提供了两种类型的税收激励机制。

第一种类型是鼓励投资者购买为资助租赁住房的开发以及首次购房者的抵押贷款而发行的债券,投资者从这些债券中获得的利息可免交联邦个人所得税。政府可利用这些低利率债券,为低收入购房者和低收入租赁住房开发提供低于市场利率的贷款。

第二种类型鼓励资本投资租赁住房。1987年之前,与租赁住房投资相关的最重要的税收减免是折旧提成(Depreciation Allowance),后来被低收入住房税收补贴项目(Low Income Housing Tax Credit,LIHTC)所替代,政府运用资本投资的税收激励机制来调节私人资源,服务于公共目的——开发中低收入住房。1987年之后,税收激励机制受政府和行政干预更少,所有合格的住房投资都可以获得税收优惠,无需递交申请,但是直接资助项目的资金往往受国会年度拨款额度限制,1987年之前对投资者的税式支出不受此限制。

物业快速折旧(Rapid Depreciation)是美国联邦政府采纳的一种住房政策性工具。私人业主通过物业快速折旧,获得税收减免,即允许房东在房屋完全报废之前扣除住房的全部价值。快速折旧减少了房东赋税的现值,推迟纳税减少了净税收义务。减免税收可以降低房东的成本,这种补偿又以低房租的形式转移给消费者。在充满竞争的环境,所有房东都获得零利润,所以税收减少以低房租的形式转移给了租房者。

2009年联邦政府住房税式支出总额达1817亿美元,其中84%(即1526亿美元)流向了自有房户。迄今为止,规模最大的税收减免是抵押贷款利息免交个人所得税,2009年这些减免额超过所有与住房相关的税收减免总额的50%,并且占自有房户税式支出的近 2/3。自有房户的其他主要税式支出是住房出售所得的免缴资本利得税（占税式支出总额的 19%）和减免房产税（占税式支出总额的 9%）。

虽然抵押贷款利息和房产税减免对所有自有房户都适用，但是高收入自有房户从这些税收激励中的获益远多于低收入自有房户。不同收入群体在房贷利息和房产税减免上的获益程度是不同的，税收减免的数额随着收入的增加而增加，最高收入群体获益最多。年收入超过 75 万美元的自有房户中有超过 60% 的人可以享受房贷利息减免，而年收入为 5 万～7.5 万美元的自有房户该比例只有 30%，年收入不高于 3 万美元的自有房户该比例则不到 2%。

5）发行债券和信托基金

鼓励对出租物业投资的方法之一是让银行给租赁住房提供信贷，但许多银行认为这种项目收益低、风险大。方法之二是利用资本市场对租赁住房投资项目融资。政府可以通过债券资本市场直接融资租赁项目，允许银行发行债券和证券支持租赁住房的建设（如英国的社会住房融资）。美国的低收入住房税收抵免用于鼓励廉价出租房屋，这是一个由政府保证的十年税收信用，鼓励投资者投资于廉价出租资产；地方政府也可以发行免税债券，为租赁住房融资。

住房投资信托基金（Real Estate Investment Trust，REITs）是常用的出租住房融资手段。该基金从投资者手中筹集股本，然后用来购买、开发和管理物业，获取租金收入，并通过股息形式回馈给投资者。个人投资者可以通过购买住房投资信托基金的股票参与投资，股票可以在二级市场进行交易。

5. "希望六号项目"：城市更新与社区发展

城市更新是 1949 年"住房法案"中确立的美国第一个社区发展计划，1973 年停止执行。联邦政府给予地方政府权利和资金，拆除和更新城市中的部分住房，地方机构通过征用 权获得宗地产权，清除"不受欢迎"用途的宗地（例如低收入住房和小型商店），然后建造公共设施或者把地皮卖给私人开发商。联邦政府补偿地方政府费用的 2/3，因此地方机构向开发商收取的费用低于征收和清理宗地的成本。私人开发商获得土地后，一般建造为中等收入和高收入家庭的住房或商业办公建筑。城市更新的结果如下：根据美国国会的社区更新调查结果，总共有 60 万套住房被拆除，迁移了大约 200 万居民，其中大多数是低收入家庭；建造了 25 万套新住房，其中大部分由中等收入和高收入家庭居住；加上新建公共设施和商用设施。更新地区的地产估价增加了 360%。

城市更新既有成本也有收益，它迫使贫困家庭动迁，也为中等收入和富裕家庭提供住房，建造商业办公和公用设施，增加税收收入，为中心城市的贫困居民提供就业机会。

1993 年美国国会启动"希望六号项目"，旨在拆除并重建破旧的公共住房。从

20世纪90年代开始，美国对数百个公共住房工程进行了改造，从而改变了公众对公共住房的一贯印象。破旧的公共住房被小规模的、收入混合型住房替代，设计标准大为提高。

最初"希望六号项目"每年可用资金为3亿~5亿美元（虽然2000年之后缩减到约1亿美元）。从1993年到2007年，"希望六号项目"资助拆除了15万多个破旧的公共住房单元，投资至少61亿美元对247个公共住房项目进行再开发，从而大大改善了公共住房的面貌。到20世纪90年代中期，参与该项目的公共住房管理局将公共住房与其他获得联邦资助的住房结合在一起，扩大了居民的收入分布范围。在设计方面，该项目提倡新城市主义和可防御空间原则。外观单调的传统公共住房被替换成低层、有前门廊、凸窗、"人"字形屋顶的建筑。为了克服很多公共住房开发项目与周边环境相隔离的缺陷，"希望六号项目"在设计时将更新项目与周围社区很好地融合在一起。

为了加强安全性，"希望六号项目"工程设计常常让居民对其住房外的公共用地有更大的控制权。传统公共住房的特色公共用地通常包括走道、停车场和普通的空地，居民在这些地方很容易受到袭击。"希望六号项目"的设计让居民拥有了私人和半私人空间，缩减了不安全的公共用地。"希望六号项目"的服务设施比原先的公共住房更加齐全，公寓通常装有洗碗机、中央空调、洗衣机和烘干机，公共服务设施的建设大大增强了"希望六号项目"对高收入住户的吸引力。

"希望六号项目"对公共住房的管理也进行了改革，公共住房管理局往往将"希望六号项目"工程的经营权以签订合同的形式授予私人管理公司。与绝大多数公共住房高度集中的经营模式不同，大多数"希望六号项目"都是独立运行的。每一个项目有独立的运营预算，每个工程的实际运营成本和业绩都是单独记录的。这种方法在其他许多租赁住房市场上比较常见，私人投资者要求采用这种运作方式来加强自身投资的安全性。

"希望六号项目"使公共住房的面貌焕然一新，某些项目的建筑设计还获得了嘉奖，如福特基金和哈佛大学美国政府创新奖。"希望六号项目"为私人投资者和贷款人创造了一个新的市场，这些投资者发现收入混合、多渠道融资的公共住房是一个极佳的投资机会（施瓦兹，2012：163-166）。与十年前相比，如今的公共住房较少分布在最贫穷、种族隔离最严重的社区，只有少数家庭被分配到大型项目开发的公共住房中居住，住房的建筑质量也提升至较高水平，大大降低了住户对联邦资助的依赖程度。萨德和费舍尔（转自：施瓦兹，2012：174）在对公共住房项目进行评价时指出了以下几点：

（1）位于极度贫困（贫困率不低于40%）社区的公共住房比例从1995年的43%下降到2008年的26%；

（2）规模最大的住房，包括大部分高层住房，基本上都被拆除了，只留下纽约4.8万个住房单元属于大型公寓（拥有至少500个住房单元）；

（3）5%以上的公共住房达到住房和城市发展部的建筑质量要求，而且有至少40%被认为建筑质量非常高；

（4）目前只有19%有儿童的公共住房住户的主要收入来源是社会福利，在1997年该比例高达35%。

在"希望六号项目"下，一些城市拆除了绝大多数的高层及规模较大的公寓型公共住房。这些住房大部分规模较大、疏于修缮，所处社区犯罪率和贫困率较高。

2000年，芝加哥获得联邦政府的特别批准，发行债券筹集资金，对所有高层家庭型公共住房进行为期10年（后延长为15年）的再开发。再开发项目利用联邦公共住房补助款、"希望六号项目"基金以及其他资金来源偿还债券的本金和利息。在联邦政府的准许下，芝加哥于2000年2月启动了所谓的"改革计划"，拆除了全市几乎所有高层多户公共住房和部分中低层建筑。芝加哥希望通过该计划的实施，到2014年建成或重建约2.5万个公共住房单元，其中6000个单元为收入混合型住房：1/3是公共住房、1/3是获得其他项目（如低收入住房税收补贴项目）资助的住房、1/3是以市场价出租的自有住房；另外9400个单元将会更新成独立的公共住房；剩下的9500个单元提供给老年人居住。到2007年12月31日，芝加哥住房管理局已经建设或更新了1.6万个单元，约完成了计划的64%。原先居住在公共住房的住户，假定签订了租约而且没有违反租约，便能够获得租房券，在私人市场上寻找住房，或搬入其他联邦资助的住房项目开发的住房中。

社区发展计划的住房项目计划为联邦住房计划提供了补充，不同之处在于联邦住房计划提供公共住房、补贴新建筑、发放住房优惠券等，社区发展基金用途更广，社区发展计划还支持经济发展项目，推动地方经济增长。联邦社区发展规划避免了城市更新项目中的许多问题，新项目在小范围内执行，只动迁少数居民，而且非常重视为低收入家庭提供住房。大量的社区发展依托"社区发展街区许可基金"（Community Development Block Grants，CDBG）。CDBG基金于1974年建立，最初的目的是通过向中低收入人群提供满意的住房、合适的居住环境和增长的经济机会，构建一个稳固的城市社区。CDBG基金主要分配给具有以下特征的城市：存在相对较老且拥挤的住房，贫困率高，经济增长慢；基金用于改善住房、扶持公共服务、促进经济发展和清理宗地用于新发展。另一项目"城市发展许可基金"（UDAG）用于平衡社区发展中的私人投资，政府提供少量的补助，促使不盈利的私人发展项目逐渐转化为盈利项目。社区发展许可基金的项目分为四类（阿瑟·奥莎利文，2015：401）。

(1) 改善住房

修整和提升建筑物品质，建造新的低收入住房等地方性项目。

(2) 更新基础设施

改善街道、公路、水利和排水设施性能的工程。

(3) 发展就业

推动经济增长和创造就业机会的项目。

(4) 扶持性的公共服务设施

扶持对老年人、无家可归者和儿童的公共服务。

4.5 我国保障性住房供给制度

20世纪80年代初，我国启动城镇住房制度改革。1998年停止住房实物分配，推行住房分配货币化，由此住房市场进入快速发展的轨道，多数家庭住房条件明显改善。在推进住房市场化的同时，我国政府一直探索面向城镇中低收入住房困难家庭的住房保障制度，实行分类住房供应体系。近年来，我国建成了世界上最大的住房保障体系，人民群众住房条件显著改善。城镇人均住房建筑面积由1949年的8.3m^{2}提高到2018年的39m^2，累计建设各类保障性住房和棚改安置住房8000多万套，帮助2亿多群众解决了住房困难。

4.5.1 我国保障性住房制度的变迁

我国保障性住房制度历程可分为以下几个阶段。

1. 完全福利分房

中华人民共和国成立后，我国逐步建立了社会主义公有制为主体，实物分配、低租金的福利性城镇住房制度。住房建设统一按国家基本建设投资计划进行安排，各级政府和国有企事业单位住房建设资金的90%以上靠中央政府财政拨款，单位自筹少量资金，单位住房建设需纳入国家基本建设计划，受基本建设规模的控制。新建住房以低租金分配给职工居住，住房成为一种福利待遇，维修也由国家负责。从1958年至1977年的20年中，在"先生产，后生活""先治坡，后置窝"等"左"的思想指导下，住房基本建设投资受到削减。到1978年时我国城镇人均居住面积已由中华人民共和国成立初期的4.5m^{2}降至3.6m^2，住房供给不足成为严重的社会问题（魏丽艳，2014：31-32）。这一阶段的住房政策基本特征有以下几方面。

1) 住房由政府统一供应

住房的需求主体为企事业单位，一般只有企事业单位的正式职工才可以分得到住房。

2）住房无偿分配

国家拿出部分财政收入给企事业单位修建住房，然后按级别、工龄、年龄、居住人口辈数、人数、有无住房等一系列条件分配。

3）低租金

单位职工象征性地支付房租，租金远远低于建筑和维修成本。

4）住房不得转让

住房作为福利，以实物形式分配给职工，不得转让。

由于建房投入资金受到国家财力的限制，所建住房的面积、数量远远不能满足城市居民的住房需求。部门利益很难打破，有悖于社会公平，福利分房很容易滋生腐败。单位为了拿地，凭借其职权与相关部门作交换，造成一定的负面性效果。

2. 国家安居工程与经济适用房

1991年6月国务院发布《关于继续积极稳妥地进行城镇住房制度改革的通知》（国发〔1991〕30号），第一次提出经济适用房的理念，要求"住房建设应推行国家、集体、个人三方面共同投资体制，积极组织集资建房和合作建房，大力发展经济实用的商品住房，优先解决无房户和住房困难户的住房问题。"可以看出，此时提出经济实用的商品住房就是之后经济适用房概念的前奏，即经济适用房概念是经济实用的商品住房表达的简约化。1994年国务院发布《关于深化城镇住房制度改革的决定》（国发〔1994〕43号），明确住房政策改革的目标：建设与市场经济体制相适应的新城镇住房制度，住房供应体系以经济适用房为主导，经济适用房是一种由"政府提供政策优惠，限定建设标准、购买对象和销售价格，具有保障性质的政策性商品房"。1995~1997年，我国短暂地实施了国家安居工程，1998年为应对亚洲金融危机，拉动经济增长，国务院正式提出住房制度货币化改革，逐步建立起以廉租房、经济适用房和商品住房为主的多层次住房供应体系，并发展住房金融，培育和规范住房交易市场。

1998年国务院颁布《关于进一步深化城镇住房制度改革加快住房建设的通知》（国发〔1998〕23号），显示保障住房政策的转变，对不同收入家庭实行差别住房供应的政策，确立以经济适用房为主体的多层次住房供应体系，即最低收入家庭租赁由政府或单位提供的廉租住房，中低收入家庭购买经济适用住房，其他收入高的家庭购买、租赁市场价商品住房。"廉租住房可以从腾退的旧公有住房中调剂解决，也可以由政府或单位出资兴建。"2003年，国家发改委将经济适用房的供给对象由"中低收入家庭"变为"中等偏下收入家庭"，明确将房地产业定位成国民经济的支柱产业，经济适用房由原来的保障性住房和住房供应主体地位变成"有保障性质的政策性商品住房"。由于投资不足，保障性住房市场进一步萎缩。随着住房供给的市场化程度日趋加强，商品房房价不断走高，中低收入家庭住房难的问题逐步显现。2004年后有相当长一段时期，我国住房政策的核心是抑制商品房价格的快速上涨。2005年，国务院要求各地要落实规范和发展经济适用住房、廉租住房，继续大力发展中低价位、中小套型普通商品住房，明确规定中低价位、中小套型普通商品住房（含经济适用住房）和廉租住房的年度土地供应量不得低于居住用地土地供应总量的70%等政策，住房政策重心开始向社会保障性住房倾斜。

3. 保障性供给的回归

2007年8月，国务院办公厅发布《关于解决城市低收入家庭住房困难的若干意见》（国发〔2007〕24号），明确住房问题是重要的民生问题，提出建立健全以廉租住房制度为重点、多渠道解决城市低收入家庭住房困难的政策体系，改进和规范经济适用住房制度，将经济适用住房保障对象由以前的"中低收入家庭"调整为"低收入家庭"，廉租房由"最低收入家庭"扩展到"低收入家庭"，释放出住房调控从产业政策向公共政策回归的信号。同时，财政部先后出台《中央廉租住房保障专项补助资金实施办法》《廉租住房保障资金管理办法》等文件，从资金上对廉租住房进行规范和保障。同年10月，党的十七大报告指出"健全廉租住房制度，加快解决城市低收入家庭住房困难"为今后主要任务；12月建设部组建住房保障与公积金监督管理司（也称"住房制度改革办公室"）。2008年3月，建设部改名为住房和城乡建设部，中央政府完成了对职能的调整工作，保障性住房供给成为今后政府工作的一个重点（表4-4）。

我国经济适用房和廉租房的主要政策　　　　表4-4

住房类型	时间	主要政策要点
经济适用房保障政策	1994年	国务院颁布《关于深化城镇住房制度改革的决定》，确定"建立以中低收入家庭为对象，具有社会保障性质的经济适用房供应体系"的住房制度改革思路
	1994年	建设部、财政部等部门联合颁布《城镇经济适用房住房建设管理办法》，将经济适用房定义为："由相关部门向中低收入家庭的住房困难户提供按照国家住房建设标准而建设的价格低于市场价的普通住房"
	1998年	国务院颁布《关于进一步深化城镇职工住房制度改革加快住房建设的通知》，明确提出深化城镇住房制度改革的重要目标，即停止住房实物分配，逐步实现住房分配货币化以及建立和完善以经济适用房为主的多层次城镇住房供应体系

续表

住房类型	时间	主要政策要点
经济适用房保障政策	1998年	建设部等部门印发《关于大力发展经济适用住房的若干意见》，强调加快住房建设，促使住宅业成为新的经济增长点，不断满足中低收入家庭日益增长的住房需求
	1999年	建设部发布了《已购公有住房和经济适用住房上市出售管理暂行办法》，对已购经济适用房上市交易的条件、程序、必备文件、具体政策等进行了明确规定
	2004年	建设部、国家发改委等部门颁布施行《经济适用住房管理办法》，对经济适用房政策加以规范，指导各地经济适用房管理，严格控制在中小套型，中套住房面积控制在 $80m^2$ 左右，小套住房面积控制在 $60m^2$ 左右
	2007年	国务院印发《关于解决城市低收入家庭住房困难的若干意见》，将经济适用住房套型标准建筑面积控制在 $60m^2$ 左右；经济适用住房供应对象限定为城市低收入住房困难家庭，并与廉租住房保障对象衔接
	2007年	建设部、国家发改委等部门颁布施行《经济适用住房管理办法》，进一步对经济适用房政策加以规范，指导各地经济适用房管理。经济适用住房单套的建筑面积控制在 $60m^2$ 左右。建住房〔2004〕77号同时废止
	2010年	《关于加强经济适用住房管理有关问题的通知》，严格建设管理，规范准入审核，严格执行经济适用住房单套建筑面积标准控制在 $60m^2$ 左右的要求
廉租住房政策	20世纪90年代初期	为解决辖区内流动人口日趋增多、居住困难的问题，深圳市建成全国第一个为城市低收入家庭和打工者居住的廉租房住房小区，其他大城市相继效仿
	1998年	国务院在《关于进一步深化城镇职工住房制度改革加快住房建设的通知》中，正式提出建立廉租房供应体系，向最低收入家庭出租政府或单位提供的廉租房
	1999年	建设部颁布了《城镇廉租住房管理办法》，对廉租房制度给予了具体的规定
	2003年	建设部、财政部等部门发布《城镇最低收入家庭廉租住房管理办法》，进一步明确了保障标准、保障方式和保障对象，1999年颁布的《城镇廉租住房管理办法》同时废止
	2005年	建设部、国家发改委颁布《城镇廉租住房租金管理办法》，为规范城镇廉租房租金管理进行了明确的规定
	2006年	财政部等下发《关于切实落实城镇廉租住房保障资金的通知》，建立多渠道的资金筹措机制，住房公积金增值收益严格按照规定用于保障城镇租住房制度建设，5%左右的土地出让净收益
	2007年	国务院印发《关于解决城市低收入家庭住房困难的若干意见》，全国廉租住房制度保障范围要由城市最低收入住房困难家庭扩大到低收入住房困难家庭，新建廉租住房套型建筑面积控制在 $50m^2$ 以内

续表

住房类型	时间	主要政策要点
廉租住房政策	2007年	建设部常务会议通过《廉租住房保障办法》，对廉租住房的保障对象、保障方式、保障资金及房屋来源、申请核准以及监督管理等方面作出明确规定，2003年发布的《城镇最低收入家庭廉租住房管理办法》同时废止
	2013年	国务院批转国家发改委《关于公共租赁住房和廉租住房并轨运行的通知》，从2014年起，各地公共租赁住房和廉租住房并轨运行，并轨后统称公共租赁住房

资料来源：作者整理

从2008年3月至2010年6月，住房和城乡建设部先后密集出台政策法规，《关于加强廉租住房质量管理的通知》《2009—2011年廉租住房保障规划的通知》《关于加强廉租住房管理有关问题的通知》《关于加强经济适用住房管理有关问题的通知》《关于加快发展公共租赁住房的指导意见》和《关于做好住房保障规划编制工作的通知》等文件从多个角度对保障性住房的供给给予政策支持（陈寒冰，2018：35）。到2010年年底，全国城镇累计用实物保障方式解决了近2200万户、用发放廉租住房租赁补贴的方式解决了近400万户城镇中低收入家庭的住房困难。

城市房价的持续上升对普通工薪阶层、新就业毕业生及农民工产生了显著的负面影响，这部分人既不符合廉租房的申请条件（或没有当地户口，或收入水平不够低），同时又买不起经适房，成为所谓的"夹心层"。针对这类人群，保障房体系增加了一个类型——公共租赁住房（简称公租房）。2010年住建部印发《关于加快发展公共租赁住房的指导意见》（建保〔2010〕87号），指出公租房的保障对象是城市中具有本地户口的中等偏下收入住房困难家庭，有条件的地方可以扩展到外来务工人员。至此，我国保障性住房的种类已由最初的2种扩展为5种，即：廉租房、公共租赁房（公租房）、经济适用房（经适房）、限价商品房（或称"两限房"，限价房）和棚户区改造安置房（棚改房），形成全方位、多层次城镇住房保障体系的建设。其中，廉租房和经济适用房出现时间较早，公共租赁房的全面建设始于2010年，正逐步成为我国住房保障体系的主体。住房政策的变化主要体现在两个方面：一是产权从卖到租卖的结合，由最初进行购买的经济适用房到目前的共有产权住房和只租不卖的廉租房、公租房；二是覆盖人群的扩大，从最初的低收入家庭到目前的中低收入家庭，从户籍人口到非户籍人口。

2011年，国家统计局等八部委发布《关于建立保障性安居工程统计制度的通知》(国统字〔2011〕57号),保障性安居工程的统计类别包含廉租住房、公共租赁住房、经济适用住房、限价商品住房和棚户区改造等五类。由于产权问题争议较大,2013年起各地逐渐取消了经济适用房建设。2014年,调整保障住房层次,把公共租赁住房和廉租住房并轨,统称公共租赁住房。公共租赁住房是政府为解决中低收入群体居住问题而推出的政策性保障性住房,地方政府制定符合本地实际的公共租赁住房的制度和标准。一些地方政府不仅新建公共租赁住房,还通过购买或租赁市场上符合要求的新房或二手房作为公共租赁住房来源。在此基础之上,2015年"十三五"规划报告进一步明确公共租赁住房建设的方向,再次强调把公共租赁住房扩大至非户籍人口,实现公共租赁货币化。部分地区探索住房建设用地供应的新途径和新模式。北京、上海等地依据相关规定,开展集体土地建设保障性住房的试点。

2007年国务院印发《关于解决城市低收入家庭住房困难的若干意见》(国发〔2007〕24号),将经济适用住房套型标准根据经济发展水平和群众生活水平,建筑面积控制在 $60m^2$ 左右;经济适用住房供应对象限定为城市低收入住房困难家庭,并与廉租住房保障对象衔接。

从2011年至2015年,"十二五"期间计划建设3600万套保障性住房,到期末全国保障住房与居住民生性住房覆盖面达到20%左右,力争使城镇中等偏下和低收入家庭住房困难问题得到基本解决、新就业职工住房困难问题得到有效缓解、外来务工人员居住条件得到明显改善(2011年9月《国务院办公厅关于保障性安居工程建设和管理的指导意见》总体要求)。"十二五"规划期间,全国累计开工建设城镇保障性安居工程4033万套、基本建成2878万套,每年超额完成保障房任务。2011~2015年,分别计划开工城镇保障性安居工程1000万、720万、630万、700万和740万套,计划基本建成300万、500万、470万、480万和480万套,实际上分别开工1043万、768万、673万、745万和803万套,基本建成432万、590万、589万、551万和715万套,均超过原来的计划面积。为了顺利完成保障房建设任务,中央政府和地方政府都大力支持保障房建设。"十二五"期间中央累计安排保障性安居工程专项补助资金高达9665.48亿元,年均达到1933.10亿元。此外,2013~2015年间中央财政另外投入配套基础设施建设资金2975.47亿元。地方政府也加大住房保障投入,2010~2017年,地方财政住房保障支出逐年增加,年均达到4516.44亿元。2016年住房保障支出达到顶峰,6338.77亿元,是2010年的3倍多,占地方财政一般公共预算支出比例高达46.67%,是2010年23.42%的近2倍(倪鹏飞,2019:201)。

4.5.2 我国保障性住房体系

我国国民经济和社会发展的"十二五"规划纲要提出了住房保障体系框架，即对城镇低收入住房困难家庭，实行廉租住房制度；对中等偏下收入住房困难家庭，实行公共租赁住房保障；对中高收入家庭，实行租赁和购买商品住房相结合。住房保障对象包括城镇中等偏下和低收入住房困难家庭、新就业无房职工和在城镇稳定就业住房困难的外来务工人员。保障方式分为发放租房补贴和供应保障性住房两种方式。保障性住房种类包括廉租住房、公共租赁住房、经济适用住房、棚户区改造安置住房和限价商品住房等多层次的城市保障性住房体系（国统字〔2011〕57号）（表4-5、图4-2）。经济适用住房是住房改革初期的主导政策，1991年就出现了，之后内容不断优化；1998年加强住房市场的货币化后，提出为最低收入阶层提供廉租住房；2010年启动公共租赁住房；2014年住建部开始试点共有产权住房（经济适用住房），经济适用住房改为部分产权的保障性住房，将政府所拥有的产权显化之后，称为共有产权住房；公共租赁住房和廉租住房为租赁式保障住房，将住房低价租赁给中低收入家庭，2013年公共租赁住房和廉租住房并轨管理。限价商品房操作复杂，在实践中实施较少。棚户区改造安置住房在整个保障性住房总量之中所占比例较大，但属于定向供应给拆迁户。2019年，建保〔2019〕55号文件明确提出完善主要由配租型的公租房和配售型的共有产权住房构成的城镇住房保障体系。在工作机制方面，中央政府主要负责拟订财税、信贷、土地等政策并指导实施，提供资金补助；实行省级政府负总责、市县政府抓落实；地方政府拟订建设计划并组织实施，保障性住房建设按市场机制运作。国办发〔2011〕45号文件要求政府通过土地、税收、财政、金融等优惠性政策，对廉租住房、公共租赁住房、经济适用住房和棚户区改造安置住房，免收城市基础设施配套费等各种行政事业性收费和政府性基金，激励社会资源，保证保障性住房政策的实施，实现保障性住房供需平衡。

我国城镇保障住房的类别   表4-5

类型	定义	资金来源	运营模式	保障对象	建筑面积	时间
廉租房	为最低收入家庭供给的租金相对低廉的保障性住房	政府财政预算；公积金增值收益；土地出让净收益；社会捐赠的资金；其他渠道筹集资金；税费减免	只租不售；租金补贴为主；实物配租为辅	城镇最低收入住房困难家庭（1999年）；2007年扩大到低收入住房困难家庭	不超过当地人均住房面积的60%（2003年），新建廉租房控制在50m²以内（2007年）	1998年启动，2013年廉租住房和公共租赁住房并轨

续表

类型	定义	资金来源	运营模式	保障对象	建筑面积	时间
公共租赁房	解决住房困难的"夹心层"群体的保障性住房	土地划拨或出让、租赁、作价入股；政府财政预算；公积金增值收益；土地出让净收益；地方政府债券；其他渠道筹集资金；税费减免	只租不售，政府确定租金；谁投资谁所有；政府投资的公共租赁住房可委托企业代建，政府逐年回购；新建普通商品住房按比例配建	城镇中低收入居民和新市民	$60m^2$ 以内（2010、2019年），以 $40m^2$ 左右的小户型为主（2011年）	2010年启动，2013年公共租赁住房和廉租住房并轨
经济适用房	以较低价格向城镇住房比较困难家庭出售的普通商品住房	采取划拨、出让等方式供应土地；土地出让净收益；房产开发商投资；税费减免	税费减免；5%以下的微利；政府指导价出售；部分产权	城镇中低收入住房困难家庭，2007年改为低收入住房困难家庭	$60m^2$ 左右（2007、2011年）	1991年
共有产权住房	个人与政府按出资比例，共同拥有住房产权	市场化运作	出让土地；部分产权	中低收入住房困难家庭	以中小套型为主	2014年住建部开始试点
棚改安置房	定向供应给拆迁户的安置住房	中央和地方政府财政补贴；建设用地支持；土地出让净收益；税费减免	政府主导、市场运作、住户参与	城市中低收入家庭	—	2004年试点
限价商品房	控制土地出让价格，限定销售价格和套型面积的商品住房	市场化资本	以房价定地价；限套型、限房价、竞地价、竞房价；市场化运作模式	具有住房支付能力的中等收入家庭	套型建筑面积 $90m^2$ 以下	2006年

资料来源：作者整理

2011年国务院（国办发〔2011〕45号）提出到"十二五"期末，全国保障性住房覆盖面达到20%左右，要求大力推进以公共租赁住房为重点的保障性安居工程建设。《光明日报》2019年8月15日报道：1994年至2007年，全国共建设廉租住房、经济适用住房等保障性住房1000多万套；自2008年大规模实施保障性安居工程以来，到2018年年底，全国城市保障性安居工程合计开工约7000万套，其中公租房（含廉租住房）1612万套、经济适用住房573万套、限价商品住房282万套、棚改安置

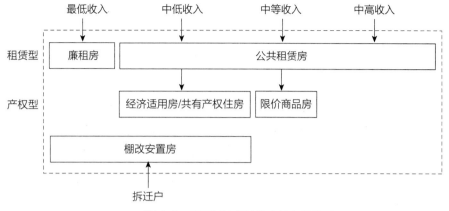

图 4-2 我国城镇保障住房的主要类别

资料来源：作者自绘

住房 4522 万套，合计约 2 亿住房困难的群众通过城市保障性安居工程，**实现了改善住房条件的梦想。**

> 国务院办公厅关于保障性安居工程建设和管理的指导意见（国办发〔2011〕45 号）
> 一、总体要求和基本原则
> （一）总体要求……到"十二五"期末，全国保障性住房覆盖面达到 20% 左右，力争使城镇中等偏下和低收入家庭住房困难问题得到基本解决，新就业职工住房困难问题得到有效缓解，外来务工人员居住条件得到明显改善。
> 二、大力推进以公共租赁住房为重点的保障性安居工程建设
> （一）重点发展公共租赁住房。公共租赁住房面向城镇中等偏下收入住房困难家庭、新就业无房职工和在城镇稳定就业的外来务工人员供应，单套建筑面积以 $40m^2$ 左右的小户型为主，满足基本居住需要。租金标准由市县人民政府结合当地实际，按照略低于市场租金的原则合理确定……
> ……公共租赁住房项目采取划拨、出让等方式供应土地，事先要规定建设要求、套型结构等，作为土地供应的前置条件……
> 城镇低收入住房困难家庭较多、小户型租赁住房房源不足的地区，要加快建设廉租住房，提高实物配租比例。逐步实现廉租住房与公共租赁住房统筹建设、并轨运行。
> （二）根据实际情况继续安排经济适用住房和限价商品住房建设。规范发展经济适用住房，严格执行建设标准，单套建筑面积控制在 $60m^2$ 以内。**房价较高的城市，要适当增加经济适用住房、限价商品住房供应。**
> （三）加快实施各类棚户区改造。棚户区（危旧房）改造要坚持政府主导、市场运作，发挥多方面积极性，改造资金由政府适当补助，住户合理负担……

三、落实各项支持政策

（一）确保用地供应

……严禁改变保障性住房建设用地用途，擅自改变用途的，要依法从严处理。

（二）增加政府投入

……住房公积金增值收益在提取贷款风险准备金和管理费用后，全部用于廉租住房和公共租赁住房建设。土地出让收益用于保障性住房建设和棚户区改造的比例不低于10%。中央代发的地方政府债券资金要优先安排用于公共租赁住房等保障性安居工程建设。公共预算支出安排不足的地区，要提高土地出让收益和地方政府债券资金安排比重。

……

（四）加大信贷支持

……公共租赁住房建设贷款利率下浮时其下限为基准利率的0.9倍，贷款期限原则上不超过15年。

（五）落实税费减免政策

对廉租住房、公共租赁住房、经济适用住房和棚户区改造安置住房，要切实落实现行建设、买卖、经营等环节税收优惠政策，免收城市基础设施配套费等各种行政事业性收费和政府性基金。

……廉租住房、公共租赁住房的租赁合同，应当载明租金、租期以及使用要求。公共租赁住房租赁合同期限一般为3～5年。租赁合同期满后承租人仍符合规定条件的，可以申请续租。经济适用住房和限价商品住房购买不满5年的，不得上市交易。经济适用住房配售时，要明确界定政府与购买人的资产份额，并按照政府回购、适当兼顾保障对象合法权益的原则，确定经济适用住房出售所得价款的分配比例。限价商品住房的上市交易收益调节办法，由市县人民政府制定。

依据国办发〔2011〕45号文件，全国各地方政府全面落实中央的保障性住房政策，将住房保障作为改善民生的重中之重，加快建设分层次、多渠道、成系统的住房保障体系，逐步解决中低收入家庭住房困难问题，改善居民居住条件，提升居住品质。2011年，上海市政府提出廉租住房、经济适用住房、公共租赁住房和动迁安置房"四位一体"的住房保障体系，鼓励探索更多的保障性住房供给方式。适时调整保障性住房准入标准，确保符合条件的廉租住房申请家庭应保尽保，逐步扩大经济适用住房保障范围，积极发展公共租赁住房，加快建设动迁安置房，"十二五"期间预计新增供应各类保障性住房100万套（间）左右（表4-6）。至2016年2月，上海市政府发布《上海市共有产权保障住房管理办法》，共有产权住房经过7年试点，从经适房管理体系中独立出来，同廉租房、公共租赁住房、征收安置房一起构成上海新的"四位一体"的住房保障体系。

专栏 4-1 "四位一体"住房保障体系

廉租住房：主要面向低收入住房困难家庭，包括租金配租和实物配租两种形式。到"十二五"期末，预计新增供应廉租住房 7.5 万户。

经济适用住房：主要针对中低收入住房困难家庭。"十二五"期间，预计新增供应经济适用住房 40 万套。

公共租赁住房：主要针对部分青年职工、引进人才和来沪务工人员等群体的阶段性居住困难，包括公共租赁住房和单位租赁住房两类。"十二五"期间，预计新增供应公共租赁住房 18 万套（间）。

动迁安置房：主要针对市政动迁和部分旧区改造家庭。"十二五"期间，预计新增供应动迁安置房 35 万套。

推进旧区改造和旧住房综合改造。坚持"拆、改、留、修"并举，全面实施旧区改造新机制和政策，继续推进旧区改造和旧住房综合改造。"十二五"期间中心城区完成 350 万 m^2 左右二级旧里以下房屋改造，完成 5000 万 m^2 旧住房综合改造。扩大旧住房综合改造范围，逐步对 20 世纪 70 年代以前建造的老公房实施综合维修。积极推进郊区城镇的危旧房改造。

提高住宅建设品质。完善住宅规划、设计、建设、验收等标准，广泛应用先进技术和理念，加大装配式工业化住宅、全装修住宅的推进力度，积极发展节能省地环保型住宅，不断提高住宅科技含量，推动住宅品质迈上新台阶。

（资料来源：上海市"十二五"规划（2011—2015 年）第十章"创造安居乐业的人民生活"节选，2012 年）

上海市"十二五"保障性住房供给规划（2011—2015 年）　　表 4-6

类型	单位（万套）	人口覆盖率（%）
廉租住房	7.5	0.8（1.3）
经济适用住房	40	4.1（7.0）
公共租赁住房	18	1.9（3.1）
动迁安置房	35	3.6（6.1）
总计	100.5	10.4（17.5）

注：以上海市 2015 年人口为标准，括弧外为提供保障性住房所住人口与上海市常住人口（约 2415 万人）的比例，括弧内为与上海市户籍人口（约 1433 万人）的比例，每套住房按户均人数约 2.5 人计算。
资料来源：上海市"十二五"规划（2011—2015 年）第十章"创造安居乐业的人民生活"节选，2012 年

4.5.3 我国保障性住房类型

1. 廉租住房

1998年我国提出经济适用房为主的多层次城镇住房供应体系，其中最低收入家庭租赁由政府或单位提供的廉租住房。1999年建设部下发关于廉租住房的第一个专门的正式法令性文件《城市廉租住房管理办法》（建设部70号令），对廉租住房的概念、房源、租金标准、建设面积控制标准以及申请审批制度等方面作出了原则性规定，这标志着为城镇低收入者服务的保障性住房制度正式形成。2003年12月建设部、财政部、民政局等部门共同发布《城镇最低收入家庭廉租住房管理办法》（国家税务总局令第120号），保障城镇最低收入家庭的基本住房需要，要求地方政府根据当地经济社会发展的实际情况，因地制宜，建立城镇最低收入家庭廉租住房制度。该办法深化了廉租住房来源、住房保障面积、物业管理和督查等几方面的内容。

2006年建设部发布《关于城镇廉租住房制度建设和实施情况的通报》（建住房〔2006〕63号）指出，截至2005年年底，全国累计用于最低收入家庭住房保障的资金为47.4亿元，已有32.9万户最低收入家庭被纳入廉租住房保障范围。其中，租赁补贴约9.5万户，占保障总户数的28.9%；实物配租4.7万户，占保障总户数的14.3%；租金核减18.2万户，占保障总户数的55.3%；其他方式保障4796户，占保障总户数的1.5%。北京、上海、河北等省（市）基本实现了对符合条件的最低收入家庭应保尽保（表4-7）。

但是廉租住房制度建设还存在一些突出问题：

（1）部分地区对廉租住房制度建设重视不够；

（2）没有建立稳定的廉租住房资金来源渠道，部分城市财政预算安排资金不足；

（3）廉租住房制度覆盖面小，一些符合条件的最低收入家庭不能及时得到保障；

（4）部分城市廉租住房制度不完善，一些城市没有建立严格的申请审批程序。

2006年我国部分城市廉租住房实施情况一览表 表4-7

名称	已享受廉租住房保障户数（户）					资金来源（万元）			
	住房保障户数	租赁住房补贴	实物配租	租金核减	其他	资金来源	财政预算	公积金增值收益	其他
全国合计	328625	94883	47217	181729	4796	474414.54	200018	150660	123737
北京	14351	3032	319	11000	—	33929	—	33929	—
天津	26600	—	1200	23000	2400	89300	6700	42500	40100
河北	21333	14750	506	6077	—	1052	848	105	98
辽宁	38283	2877	3996	31410	—	8702	5450	2252	1000
上海	45079	17768	311	27000	—	27844	22152	5692	—

续表

名称	已享受廉租住房保障户数（户）					资金来源（万元）			
	住房保障户数	租赁住房补贴	实物配租	租金核减	其他	资金来源	财政预算	公积金增值收益	其他
江苏	20638	5278	2655	12683	22	33334	9184	13291	10859
浙江	6847	2471	1017	2087	1272	44215	13185	18447	12583
福建	3808	249	1401	2158	—	11200	10000	1200	—
山东	12367	4467	921	6979	—	15099	7919	7160	20
广东	14914	2460	8310	3428	716	68654	54101	380	14173

资料来源：建住房〔2006〕63号文件

2007年8月，国务院印发《关于解决城市低收入家庭住房困难的若干意见》（国发〔2007〕24号），明确提出住房问题是重要的民生问题。二十多年来，我国住房制度改革不断深化，城市住宅建设持续快速发展，城市居民住房条件总体上有了较大改善，但是城市廉租住房制度建设相对滞后，经济适用住房制度不够完善，政策措施还不配套，部分城市低收入家庭住房还比较困难。因此，需要加快建立健全以廉租住房制度为重点、多渠道解决城市低收入家庭住房困难的政策体系，由此，在廉租住房制度上提出以下几点改进内容：

（1）逐步扩大廉租住房制度的保障范围。

2007年年底前，所有设区的城市要对符合规定住房困难条件、申请廉租住房租赁补贴的城市低保家庭基本做到应保尽保；2008年年底前，所有县城要基本做到应保尽保；"十一五"期末，全国廉租住房制度保障范围要由城市最低收入住房困难家庭扩大到低收入住房困难家庭。

（2）限制新建廉租住房建筑面积。

新建廉租住房套型建筑面积控制在$50m^2$以内，主要在经济适用住房以及普通商品住房小区中配建，并在用地规划和土地出让条件中明确规定建成后由政府收回或回购；也可以考虑相对集中建设。

（3）确保廉租住房保障资金来源。

地方各级人民政府要根据廉租住房工作的年度计划，切实落实廉租住房保障资金：一是地方财政要将廉租住房保障资金纳入年度预算安排；二是住房公积金增值收益在提取贷款风险准备金和管理费用之后全部用于廉租住房建设；三是土地出让净收益用于廉租住房保障资金的比例不得低于10%，各地还可根据实际情况进一步适当提高比例。

（4）多渠道改善农民工居住条件。

用工单位要向农民工提供符合基本卫生和安全条件的居住场所。农民工集中的开发区和工业园区，应按照集约用地的原则，集中建设向农民工出租的集体宿舍，但不得按商品住房出售。城中村改造时，要考虑农民工的居住需要，在符合城市规划和土地利用总体规划的前提下，集中建设向农民工出租的集体宿舍。有条件的地方，可比照经济适用住房建设的相关优惠政策，政府引导，市场运作，建设符合农民工特点的住房，以农民工可承受的合理租金向农民工出租。

2007年9月建设部常务会议通过《廉租住房保障办法》，对廉租住房的保障对象、保障方式、保障资金及房屋来源、申请核准以及监督管理等方面进一步作出明确规范，2003年的《城镇最低收入家庭廉租住房管理办法》同时废止。自2007年开始，廉租房建设被赋予较为重要的地位。中央加大了对廉租房建设和市场投放量的督导力度，从土地供应、财政投入、土地出让收入返还等方面着手确保完成每年度的廉租房和其他保障性住房建设计划。2007年廉租住房建设资金达145亿元，是1998~2006年投入资金总和的1.3倍，其中中央政府支出51亿元，地方政府支出94亿元，共有95万户家庭获得廉租住房保障；2008年廉租住房保障资金首次写入政府工作报告，当年中央财政安排保障性安居工程支出181.9亿元；2009年累计投入廉租房资金达330亿元。

根据2013年《关于公共租赁住房和廉租住房并轨运行的通知》（建保〔2013〕178号）的规定，从2014年起，各地公共租赁住房和廉租住房并轨运行，并轨后统称公共租赁住房。廉租住房并入公共租赁住房后，地方政府原用于廉租住房建设的资金来源渠道，调整用于公共租赁住房（含2014年以前在建廉租住房）建设。原用于租赁补贴的资金，继续用于补贴在市场租赁住房的低收入住房保障对象。

1）廉租房的概念

廉租房指政府以租金补贴或实物配租的方式，向符合城镇居民低生活保障标准且住房困难的家庭提供的社会保障性住房（1999年，建设部70号令），2007年保障对象调整为城市低收入住房困难家庭。城市低收入住房困难家庭，是指城市和县人民政府所在地的镇范围内，家庭收入、住房状况等符合地方政府规定条件的家庭。廉租房的分配形式以租金补贴为主，实物配租和租金减免为辅。租金补贴是指地方政府向申请廉租住房保障的城市低收入住房困难家庭发放的租赁住房补贴，由其自行承租住房；实物配租是指地方政府向申请廉租住房保障的城市低收入住房困难家庭提供住房，并按照规定标准收取租金；租金核减是指产权单位按照当地政府规定，在一定时期内对现已承租公有住房的城镇最低收入家庭给予租金减免。

2）廉租住房的房源

实物配租的廉租住房来源主要包括：

（1）政府新建、收购的住房；

（2）腾退的公有住房；

（3）社会捐赠的住房；

（4）其他渠道筹集的住房。

早期廉租住房通过购、建、换、套等方式获得足够的房源。"购"是收购一般的空置商品房，"建"是新建部分一般商品住房，"换"是利用差价换置空余公房，"套"即用现有的住房，套换出可以满足不同家庭需要的住房。2000年之后要求廉租住房建设用地应当在土地供应计划中优先安排，在申报年度用地指标时单独列出，采取划拨方式，保证供应。同时，规划布局考虑城市低收入住房困难家庭居住和就业的便利。廉租住房建设应当坚持经济、适用原则，提高规划设计水平，满足基本使用功能，按照发展节能省地环保型住宅的要求，推广新材料、新技术、新工艺。

3）廉租住房的建设面积控制与租金标准

廉租住房标准一般为低标、经济、适用、配套。低标即是低标准的经济适用住房；配套就是要厨房间、卫生间、阳台等基本齐全；租金标准要适当，既要不增加租住户的生活困难，同时还要考虑到政府的财政支出能力。1999年建设部70号令规定城镇最低收入家庭人均廉租住房保障面积标准不超过当地人均住房面积的60%，廉租住房的面积标准、装修标准和具体管理办法由各地政府制定，从全国各大、中城市现在运行的情况看，各城市的标准不一，一般的人均使用面积在6～10m^2之间。

2007年提出，廉租住房应当符合国家质量安全标准；采取配套建设与相对集中建设相结合的方式，主要在经济适用住房、普通商品住房项目中配套建设；新建廉租住房单套的建筑面积控制在50m^2以内，根据城市低收入住房困难家庭的居住需要，合理确定套型结构；配套建设廉租住房的经济适用住房或者普通商品住房项目，应当在用地规划、国有土地划拨决定书或者国有土地使用权出让合同中，明确配套建设的廉租住房总建筑面积、套数、布局、套型以及建成后的移交或回购等事项。

廉租住房租金标准由维修费、管理费两项因素构成；单位面积租赁住房补贴标准，按照市场平均租金与廉租住房租金标准的差额计算。

4）住房资金来源

购买或建设廉租住房需要大量的资金，只有建立稳定的资金来源，才能保证住房供应。2006年7月财政部等下发《关于切实落实城镇廉租住房保障资金的通知》，要求建立多渠道的资金筹措机制，把各种渠道筹集的资金集中起来，专门用于廉租住房的建设。具体的资金渠道有以下几种。

（1）财政拨款

通过加大财政的支持力度，增加针对城镇廉租住房保障资金，中央和地方各级政府必须每年都要在财政预算中列支城镇廉租住房标准支出。地方财政根据本地区城镇最低收入家庭住房需求状况及财政承受能力，安排一定资金，用于保障城镇廉租住房制度建设。

（2）住房公积金增值部分

住房公积金增值收益严格按照规定用于保障城镇廉租住房制度建设，住房公积金增值收益扣除计提住房公积金贷款风险预备金、治理费用等费用后的余额用作城镇廉租住房保障补充资金。

（3）土地出让净收益

2006年提出从土地出让净收益中安排5%左右的资金用于城镇廉租住房建设；2007年提高为土地出让净收益用于廉租住房保障资金的比例不得低于10%。

（4）政府的廉租住房租金收入

（5）专项基金

发动社会团体、慈善机构和社会志愿者，为廉租住房专项基金积极捐赠和募捐，对于捐赠于城镇廉租住房保障的资金，实行税收优惠政策。

5）廉租住房的申请审批制度

申请廉租住房保障，申请人持最低家庭收入证明、住房情况证明、家庭成员身份证和户口簿以及行政主管部门规定的其他证明文件，向房地产行政主管部门提出申请。

申请廉租住房保障，按照下列程序办理：

（1）申请廉租住房保障的家庭，应当由户主向户口所在地街道办事处或者镇人民政府提出书面申请。

（2）街道办事处或者镇人民政府应当自受理申请之日起30日内，就申请人的家庭收入、家庭住房状况是否符合规定条件进行审核，提出初审意见并张榜公布，将初审意见和申请材料一并报送市（区）、县人民政府建设（住房保障）主管部门。

（3）建设（住房保障）主管部门应当自收到申请材料之日起15日内，就申请人的家庭住房状况是否符合规定条件提出审核意见，并将符合条件的申请人的申请材料转同级民政部门。

（4）民政部门应当自收到申请材料之日起15日内，就申请人的家庭收入是否符合规定条件提出审核意见，并反馈同级建设（住房保障）主管部门。

（5）经审核，家庭收入、家庭住房状况符合规定条件的，由建设（住房保障）主管部门予以公示，公示期限为15日；对经公示无异议或者异议不成立的，作为廉租住房保障对象予以登记，书面通知申请人，并向社会公开登记结果。

（6）经审核，不符合规定条件的，建设（住房保障）主管部门应当书面通知申请人，说明理由。申请人对审核结果有异议的，可以向建设（住房保障）主管部门申诉。

住房保障主管部门、民政等有关部门以及街道办事处、镇人民政府，应当综合考虑登记的城市低收入住房困难家庭的收入水平、住房困难程度和申请顺序以及个人申请的保障方式等，确定相应的保障方式及轮候顺序，并向社会公开。对已经登记为廉租住房保障对象的城市居民最低生活保障家庭,凡申请租赁住房货币补贴的,要优先安排发放补贴,基本做到应保尽保。实物配租应当优先面向已经登记为廉租住房保障对象的孤、老、病、残等特殊困难家庭,城市居民最低生活保障家庭以及其他急需救助的家庭。对轮候到位的城市低收入住房困难家庭,建设(住房保障)主管部门或者具体实施机构应当按照已确定的保障方式,与其签订租赁住房补贴协议或者廉租住房租赁合同,予以发放租赁住房补贴或者配租廉租住房。

6)优惠政策与购建、维修和物业管理

对开发建设和购买的廉租住房,地方政府应当在土地、规划、计划、税费等方面给予政策扶持。廉租住房建设免征行政事业性收费和政府性基金,鼓励社会捐赠住房作为廉租住房房源或捐赠用于廉租住房的资金,政府或经政府认定的单位新建、购买、改建住房作为廉租住房,社会捐赠廉租住房房源、资金,按照国家规定的有关税收政策执行。

实物配租的廉租住房的购建、维修和物业管理以及租赁住房补贴的发放,实行城镇最低收入家庭廉租住房资金财政专户专项管理。

经地方政府房地产行政主管部门确定可获得租赁住房补贴的家庭,可以根据居住需要选择承租适当的住房,在与出租人达成初步租赁意向后,报房地产行政主管部门审查;经审查同意后,方可与房屋出租人签订廉租住房租赁合同;房地产行政主管部门按规定标准向该家庭发放租赁住房补贴,并将补贴资金直接拨付出租人。

享受廉租住房待遇的最低收入家庭应当按年度向房地产行政主管部门或者其委托的机构如实申报家庭收入、家庭人口及住房变动情况;房地产行政主管部门应当会同有关部门对其申报情况进行复核;对家庭收入连续一年以上超出规定收入标准的,应当取消其廉租住房保障资格,停发租赁住房补贴,或在合理期限内收回廉租住房,或停止租金核减。最低收入家庭申请廉租住房时违反本规定,没有如实申报家庭收入、家庭人口及住房状况的,由房地产行政主管部门取消其申请资格;已骗取廉租住房保障的,责令其退还已领取的租赁住房补贴,或者退出廉租住房并补交市场平均租金与廉租房标准租金的差额,或者补交核减的租金,情节恶劣的,并可处以 1000 元以下的罚款。

城市低收入住房困难家庭不得将所承租的廉租住房转借、转租或者改变用途。城市低收入住房困难家庭违反前款规定或者有下列行为之一的,应当按照合同约定退回廉租住房:无正当理由连续 6 个月以上未在所承租的廉租住房居住的;无正当理由累计 6 个月以上未交纳廉租住房租金的。城市低收入住房困难家庭的收入标准、住房困难标准等以及住房保障面积标准,实行动态管理,由地方政府每年向社会公布一次。

7）上海市廉租住房政策

2001年10月，上海市长宁和闸北两区率先试点廉租房制度，2个月以后，廉租房制度在上海市全面推开。到2003年6月底，经过两年多的探索，上海市已基本建立了一套可操作的廉租住房运作机制和操作程序。上海廉租房针对低保和居住"双困"家庭，相对于上海的总人口，受惠面比较小。随着城市经济不断发展，上海市政府不断完善本市住房保障体系，扩大廉租住房受益面，提升本市的廉租住房部分政策标准。如《上海市人民政府关于调整本市廉租住房申请条件和配租标准的通知》（沪府发〔2011〕48号）规定如下。

（1）申请条件

同时符合下列条件的本市城镇居民家庭，可以申请廉租住房：

A. 申请家庭成员之间具有法定的赡养、抚养或者扶养关系，且共同生活。

B. 申请家庭成员在本市实际居住，具有本市城镇常住户口满3年，且具有申请所在地城镇常住户口满1年。

C. 申请家庭人均居住面积低于$7m^2$（含$7m^2$）；3人及以上申请家庭人均年可支配收入低于19200元（含19200元）、人均财产低于50000元（含50000元）；2人及以下申请家庭人均年可支配收入低于21120元（含21120元）、人均财产低于55000元（含55000元）。

D. 申请家庭成员在申请前5年内未发生过出售或赠与住房而造成住房困难的行为。同时符合上述条件，且具有完全民事行为能力、年满35周岁的单身人士（包括未婚、丧偶，或者离婚满3年的人士），可以单独申请廉租住房。

（2）配租标准

A. 配租面积

廉租住房配租面积为申请家庭（含单身人士）已有住房面积与廉租住房保障面积的差额面积。廉租住房保障面积按人均居住面积$10m^2$计算。申请家庭（含单身人士）配租面积不足$10m^2$居住面积的，按$10m^2$居住面积计算。

B. 租金补贴标准

租金配租家庭每月每平方米配租面积的基本租金补贴标准，不同区域依据区位补贴不同。中心城区的黄浦、静安、虹口、杨浦、浦东新区等9个区为62元；闵行、宝山、嘉定3个区为50元；金山、松江、崇明等5个区（县）为32元，与中心城区差距近一倍。如果是居住在虹口区的低收入三口之家，租赁建筑面积$50m^2$的一套住房，每月可获得补贴3720元，根据地段不同，基本上可以租到1室1厅或2室1厅的房子。

2013年《上海市人民政府关于调整和完善本市廉租住房政策标准的通知》（沪府发〔2013〕25号）对廉租住房政策标准进行了补充。

（1）申请收入条件放宽

3人及以上申请家庭人均年可支配收入低于25200元（含25200元）、人均财产低于80000元（含80000元），2人及以下申请家庭人均年可支配收入低于27720元（含27720元）、人均财产低于88000元（含88000元）。

（2）实物配租选房面积标准

廉租房源最小按成居室供应。根据供应的房源情况，允许申请家庭在配租面积基础上放宽一定幅度，选择租赁廉租房源。申请家庭的最小选房面积原则上不少于居住面积10m²；最大选房面积原则上不得超过配租面积的1.5倍。

（3）廉租房转为共有产权住房

申请家庭选择经批准可转化为共有产权保障住房（即经济适用住房，下同）的廉租房源，可以按照本市共有产权保障住房供应标准，租赁成套住房。申请家庭租赁居住满一定年限后，具有支付能力并符合共有产权保障住房申请条件的，可以按照共有产权保障住房的有关规定申请购买。

（4）实物配租租金与标准

A. 租金标准

廉租房源租金标准，由实施实物配租的政府指定机构参照住房所在地市场租金的一定比例确定，报同级价格主管部门和住房保障房屋管理部门备案后执行。廉租房源租金标准确定后，在租赁合同期内保持不变。租赁合同期满重新签订租赁合同的，按照届时重新确定的租金标准执行。

B. 自付租金

选择的廉租房源面积未超过配租面积1.5倍的，按照基本租金补贴标准实施补贴的申请家庭，以家庭月可支配收入的5%承担自付租金。选择的廉租房源面积超过配租面积1.5倍的，超过的面积由申请家庭按照廉租房源租金标准的30%承担自付租金。

C. 租金补贴规定

廉租住房实物配租的租金补贴为廉租房源租金标准扣除申请家庭自付租金以外的差额部分。廉租住房实物配租的租金补贴，列入区（县）年度廉租住房资金预算。

D. 自付租金减免规定

对承担自付租金确有困难的申请家庭，政府可以采取制订减免自付租金的条件、审批程序等办法，报市住房保障房屋管理部门备案后实施。

到2017年，《上海市人民政府调整廉租住房部分政策标准》（沪府发〔2017〕93号）将申请廉租住房保障的收入和财产准入标准再次上调为：3人及以上家庭，人均年可支配收入低于39600元（含39600元）、人均财产低于120000元（含120000元）；3人以下或经认定的因病支出型贫困家庭，人均年可支配收入低于43560元（含

43560元)、人均财产低于132000元(含132000元)。

2. 公共租赁房

随着廉租住房、经济适用住房建设和棚户区改造力度的逐步加大,城市低收入家庭的住房条件得到较大改善。但是,部分大中城市商品住房价格较高、上涨过快、可供出租的小户型住房供应不足,一些中等偏下收入住房困难家庭无力通过市场租赁或购买住房的问题比较突出。同时,随着城镇化的快速推进,新职工的阶段性住房支付能力不足,外来务工人员居住条件亟需改善。因此,新的探索随之出现。公共租赁住房于2006年出现于深圳。2009年8月常州市出台公共租赁房试点管理办法。2010年6月,住房和城乡建设部等七部委联合制定的《关于加快发展公共租赁住房的指导意见》(建保〔2010〕87号)出台,正式引入"公共租赁房"的概念,强调发展公共租赁住房,完善住房供应体系,培育住房租赁市场,满足城市中等偏下收入家庭的基本住房需求。2013年12月三部门联合公布《关于公共租赁住房和廉租住房并轨运行的通知》,从2014年起各地公共租赁住房和廉租住房并轨运行,整合政府资金渠道,健全公共租赁住房分配管理制度,合理确定轮候排序规则,统一轮候配租。"十二五"期间,全国累计开工建设公共租赁住房(含廉租住房)1359万套,基本建成1086万套。2016年和2017年全国公共租赁住房基本建成132.01万套和81.56万套。从2017年开始,公共租赁住房分配工作已纳入国家住房保障工作目标责任书,实行目标责任管理(倪鹏飞,2019:200)。至2018年年底,3700多万困难群众住进公租房,累计近2200万困难群众领取公租房租赁补贴。发展公共租赁住房,对于完善住房供应和保障体系、引导合理住房消费、缓解群众住房困难、实现人才和劳动力有序流动、促进城镇化健康发展,具有十分重要的意义。

1)公共租赁住房的概念

公共租赁住房,简称公租房,是解决大中专毕业生新就业职工、进城务工人员等"夹心层"群体住房困难的保障性住房。公租房是对既不符合廉租房要求,又无力购买限价商品房或经济适用房的城镇群体提供的一种保障性住房。公共租赁房打破户籍壁垒,将外来人口纳入保障对象。

符合公租房条件的承租者主要包括三类:

(1)中等偏下收入住房困难家庭,这些家庭的收入条件介于经济适用房标准和廉租房标准之间;

(2)新就业人员,如刚从大学毕业的大学生;

(3)外来务工人员,有稳定职业并在城市居住一定年限。

为降低公共租赁房的建设运营成本,节约资金的投入,财政部和国家税务总局规定免征公共租赁房建设用地和城镇土地使用税,以及印花税、营业税、房产税等一系列优惠政策,切实有效地保障社会弱势群体的利益。

2）四种类型的公共租赁住房

公共租赁住房房源通过新建、改建、收购、在市场上长期租赁住房等方式多渠道筹集，新建公共租赁住房以配建为主，也可以相对集中建设。面向经济适用住房对象供应的公共租赁住房，建设用地实行划拨供应，其他方式投资的公共租赁住房，建设用地可以采用出让、租赁或作价入股等方式有偿使用。单套建筑面积最初要求以 40m² 左右的小户型为主，满足基本居住需求（国办发〔2011〕45 号），2019 年提出实物配租公租房单套建筑面积原则上控制在 60m² 以内（建保〔2019〕55 号）。

在现有住房制度框架下，公共租赁房有四种不同的类型：

（1）采取土地划拨方式，无土地出让金，公共租赁房只具有有限产权，不能进行交易转让；

（2）采取土地出让方式，一次性收取 70 年土地出让金，公共租赁房具有完全产权，理论上可以进行交易转让，但根据只租不售的规定，限制了转让交易；

（3）在开发区、工业园区、高新技术产业和工业企业聚集区，为解决外来就业人员居住问题而建设的"企业职工公租房"或职工公寓，一般采取政府划拨土地、园区企业投资的模式，也可以是企业在其工业用地上兴建职工租赁房，这种类型的公共租赁房还具有解决本地劳动力不足，引进人才，为发展本地经济服务的目的；

（4）在非住房类用地上通过审批许可后建设的公共租赁房，产权不清晰。

为实现城镇居民住有所居目标，利用集体建设用地有效增加租赁住房供应，缓解住房供需矛盾，2016 年国务院办公厅印发的《关于加快培育和发展住房租赁市场的若干意见》提出要积极培育和发展住房租赁市场。2017 年 8 月国土资源部、住房和城乡建设部联合印发《利用集体建设用地建设租赁住房试点方案》，推进第一批在北京、上海、沈阳、武汉、广州等 13 个城市开展利用集体建设用地建设租赁住房试点。以北京市为例，2017 年已确定集体土地租赁住房项目 39 个（建设用地约 203hm²，总建设面积约 321 万 m²），2018 年将继续供应集体土地 200hm² 以上用于租赁房建设（来源：北京市住房和城乡建设委员会网站）（倪鹏飞，2019：200）。

3）公共租赁住房的政策性工具

2011 年 9 月《国务院办公厅关于保障性安居工程建设和管理的指导意见》（国办发〔2011〕45 号），对公共租赁住房提出了相应的建设管理政策和措施。

（1）全方位运用住房政策性工具

综合运用土地供应、资本注入、投资补助、财政贴息、税费优惠、行政管制等政策措施，吸引企业和其他机构参与公共租赁住房建设和运营，多渠道增加公共租赁住房供应。

政府投资的公共租赁住房项目可以委托企业代建，政府逐年回购。公共租赁住房项目采取划拨、出让等方式供应土地，事先要规定建设要求、套型结构等，作为土地供应的前置条件。储备土地和收回使用权的国有土地，优先安排用于保障性住房建设。

新建普通商品住房项目，应当规划配建一定比例的公共租赁住房，具体配建比例和管理方式由地方政府确定。

外来务工人员集中的开发区、产业园区，应当按照集约用地的原则，统筹规划，集中建设单元型或宿舍型公共租赁住房，面向用工单位或园区就业人员出租。

坚持谁投资、谁所有的原则，积极探索公共租赁住房投资回收机制。

（2）落实建设资金来源

地方政府在财政预算安排中将保障性安居工程放在优先位置，住房公积金增值收益在提取贷款风险准备金和管理费用后，全部用于廉租住房和公共租赁住房建设。土地出让收益用于保障性住房建设和棚户区改造的比例不低于10%。中央代发的地方政府债券资金要优先安排用于公共租赁住房等保障性安居工程建设。公共预算支出安排不足的地区，要提高土地出让收益和地方政府债券资金安排比重。

如同其他保障性住房政策一样，政府需要通过直接投资、资本金注入、投资补助、贷款贴息等方式，加大对公共租赁住房建设和运营的投入和税收优惠，支持符合条件的企业通过发行中长期债券等方式筹集资金，专项用于公共租赁住房建设和运营。但是，公租房只租不售，使得公租房建设需要投入大量资金，资金回笼较慢，这使得公租房建设任务艰巨（陈寒冰，2018：38—40）。

（3）企业债券融资和信贷税费支持

符合规定的地方政府融资平台公司可发行企业债券或中期票据，专项用于公共租赁住房等保障性安居工程建设。地方政府融资平台公司发行企业债券，要优先满足保障性安居工程建设融资需要。承担保障性安居工程建设项目的其他企业，也可以在政府核定的保障性安居工程建设投资额度内，通过发行企业债券进行项目融资。对发行企业债券用于保障性安居工程建设的，优先办理核准手续。

在加强管理、防范风险的基础上，银行业金融机构可以向实行公司化运作并符合信贷条件的公共租赁住房项目直接发放贷款。对于政府投资建设的公共租赁住房项目，银行业金融机构可向经过清理整顿符合条件的直辖市、计划单列市及省会城市政府融资平台公司发放贷款，融资平台公司贷款偿付能力不足的，由本级政府统筹安排还款。公共租赁住房建设贷款利率下浮时其下限为基准利率的0.9倍，贷款期限原则上不超过15年。

（4）规划布局优化

保障性住房建设作为城乡规划和土地利用总体规划的重要内容，实行分散配建和集中建设相结合。集中建设保障性住房，应当充分考虑居民就业、就医、就学、出行等需要，加快完善公共交通系统，同步配套建设生活服务设施。保障性住房户型设计要坚持户型小、功能齐、配套好、质量高、安全可靠的要求,贯彻省地、节能、环保的原则,落实节约集约用地和节能减排各项措施,全面推广采用节水型器具,配套建设污水处理和生活垃圾分类收集设施。

公共租赁住房项目规划建设配套商业服务设施,统一管理经营,以实现资金平衡。坚持谁投资、谁所有的原则,积极探索公共租赁住房投资回收机制。

(5)分配和运营监管机制

规范准入审核,严格租售管理。经审核符合条件的家庭,市县人民政府应当在合理的轮候期内安排保障性住房。公共租赁住房租赁合同期限一般为3~5年。租赁合同期满后承租人仍符合规定条件的,可以申请续租。经济适用住房和限价商品住房购买不满5年的,不得上市交易。

2013年12月和次年6月,住建部等多部委分别发布《关于公共租赁住房和廉租住房并轨运行的通知》(建保〔2013〕178号)和《关于并轨后公共租赁住房有关运行管理工作的意见》(建保〔2014〕91号),要求各地从规划建设、资金使用、租金定价,以及分配管理上将原有的廉租房资源纳入到公租房系统,实施统一管理。因此,2013年以后的公租房政策包含原廉租房的相关内容。

2019年住房和城乡建设部等部委发布《关于进一步规范发展公租房的意见》(建保〔2019〕55号)指出公租房保障为维护社会和谐稳定,推进新型城镇化和农业转移人口市民化,增强困难群众获得感、幸福感、安全感发挥了积极作用。但是,公租房发展不平衡、不充分的问题仍很突出,部分大中城市公租房保障需求量大,但保障覆盖面较低,尤其是对住房困难的新就业无房职工、稳定就业外来务工人员的保障门槛较高、力度不够。因此,政府要求完善住房市场体系和住房保障体系,解决城镇中低收入居民和新市民住房问题,更好发挥住房保障在解决群众住房问题中的"补位"作用;加快完善主要由配租型的公租房和配售型的共有产权住房构成的城镇住房保障体系,多渠道满足住房困难群众的基本住房需要;进一步规范发展公租房,努力实现本地区低保、低收入住房困难家庭应保尽保,城镇中等偏下收入住房困难家庭在合理的轮候期内得到保障,促进解决新就业无房职工和在城镇稳定就业外来务工人员等新市民的住房困难。对低保、低收入住房困难家庭和分散供养特困人员,可以实物配租为主、租赁补贴为辅;对中等偏下收入住房困难家庭,可以租赁补贴为主、实物配租为辅。实物配租公租房单套建筑面积原则上控制在$60m^2$以内。合理确定租赁补贴标准,建立动态调整机制,并根据保障对象的收入水平实行分档补贴,支持保障对象租赁到适宜的住房。加大对新就业无房职工、城镇稳定就业外来务工人员的保障力度。实物保障以配租集体宿舍为主,以小户型住宅为辅。新就业无房职工和外来务工人员较为集中的开发区和产业园区,根据用工数量,在产业园区配套建设行政办公及生活服务设施的用地中,可通过集中建设或长期租赁、配建等方式，增加集体宿舍形式的公租房供应，面向用工单位或园区就业人员出租。按照国务院规定开展试点的城市，企业（单位）依法取得使用权的土地，在符合规划、权属不变的前提下，可建设公租房，面向本单位职工出租，促进职住平衡。租赁补贴发放范围、补贴标准等由各地因地制宜确定。制定在商品住房项目中配建公租房的政策，明确配建比例。利用集体建设用地建设租赁住房的试点城市，可将集体建设用地建设的租赁住房长期租赁作为公租房，租赁期限一般不低于5年；鼓励政府将持有的存量住房用作公租房。

对新就业无房职工和城镇稳定就业外来务工人员，政府筹集的公租房主要面向其用人单位定向供应，职工向用人单位提交申请。用人单位依照当地有关规定，协助住房保障等部门对职工保障资格进行审核，对定向供应的公租房进行分配。积极实施政府购买公租房运营管理服务，有条件的地方要逐步推广政府购买公租房运营管理服务，吸引企业和其他机构参与公租房运营管理。明确购买主体，合理确定购买内容，将适合通过政府购买服务方式提供的公租房运营管理服务事项纳入政府购买服务指导性目录。地方政府对列入市县年度计划的公租房项目，需要落实好土地、资金、税费等各项支持政策；依据公租房发展规划和年度建设计划，科学编制土地供应计划，公租房用地应保尽保。落实各项支持政策，对列入市县年度计划的公租房项目，要落实好土地、资金、税费等各项支持政策，确保公租房工作顺利实施。对公租房建设筹集、经营管理所涉及的土地使用税、印花税、契税、土地增值税、房产税、增值税、个人所得税等，以及城市基础设施配套费等政府性基金、行政事业性收费，按规定落实优惠政策。

4）公共租赁住房租金

公共租赁房租金定价可以有三种方法。

（1）以保障目标群体可支付能力为基准的定价方法

考虑保障目标群体的收入及其货币支付能力。在公共住房供给不足的地方，地方政府采用住房补助券的形式，鼓励低收入家庭租赁一般商品住房，在规定租赁面积标准、住房标准的前提下，市场租金和低收入家庭可支付租金缺口部分，由政府以住房券的方式支付，低收入家庭可支付的租金一般为家庭收入的30%左右。

（2）以成本定价的方法

成本定价方法侧重于依据投资主体的供给成本，涵盖建设期的建造成本和物业交付使用后的运营成本。我国保障性住房供给主体一般为房产开发商，城市政府通过政策优惠，刺激开发商供给保障性住房。

（3）市场定价方法

市场定价方法主要以住房市场租金为基准，通过一定的折扣来确定公共租赁房租金，所确定的租金能够反映不同区位、不同品质公共租赁房的租赁价格差异。

采用后两种方法，还要兼顾保障目标群体的可支付能力和公共租赁房供给主体的投资回报。

我国城市公共租赁房的租金较多采用市场租金的定价模式，如上海、北京、深圳等。在具体操作时，通过市场比较法测定公共租赁房所在区位的普通商品住房在某一时期的租金水平，然后根据保障目标群体的货币支付能力和供给主体投资回报，对市场租金进行折减，折减后的租金为公共租赁房的租金水平。由于保障目标群体收入的差异，考虑到住房保障的垂直公平，城市政府根据不同家庭的具体收入状况，给予反向补贴。

上海市房屋管理局关于印发《市筹公共租赁住房准入资格申请审核实施办法》的通知（沪房规范〔2017〕1号）（2017年12月15日）
……
第四条（申请条件）
申请本市市筹公共租赁住房准入资格的单身申请人或申请家庭主申请人应当符合以下条件之一：

（一）具有本市常住户口，且与本市单位签订一年以上（含一年）劳动合同；

（二）持有有效期内《上海市居住证》达到二年以上（之前持有有效《上海市临时居住证》年限可合并计算），在沪连续缴纳社会保险金达到一年以上，且与本市单位签订一年以上（含一年）劳动合同；

（三）持有有效期内《上海市居住证》（或《上海市临时居住证》），在沪缴纳社会保险金，与本市单位签订二年以上（含二年）劳动合同，且单位同意由单位承租公共租赁住房的。

申请本市市筹公共租赁住房准入资格的单身申请人或申请家庭全体成员应当同时符合以下条件：

（一）在本市人均住房建筑面积低于15m^2；

（二）未享受本市廉租住房、共有产权保障住房政策。

公共租赁住房项目——上海市虹口区"中湾公寓"，位于中山北一路775号，临近轨道交通3号线赤峰路站。项目总建筑面积约为4470m^2，底层配建有洗衣房、健身房等便民生活设施，二至六层共有酒店式公寓型公共租赁住房122套，均为一室户，房屋面积为17.12～51.21m^2，月租金1100～3200元。装修配置包括床及床垫、简约床头柜、衣橱、写字桌椅等基本家具，空调、宽带等家电设备以及洗手台、卫生洁具、淋浴房等卫浴设施。项目由上海市虹口公共租赁住房投资运营有限公司负责运营管理事务，上海佳灵杰物业管理有限公司负责物业管理。

3. 经济适用房

1991年我国提出经济适用房的理念，即经济实用的商品住房。1994年明确城镇经济适用住房建设管理办法，经济适用住房是以中低收入家庭、住房困难户为供应对象的普通商品住房。1995年开始从国家层面推行安居工程（经济适用住房）试点。基于国家安居工程的经验，1998年我国中央政府要求通过发展经济适用住房，加快住房建设，促使房地产业成为新的经济增长点。经过十多年的建设，经济适用房解决了城市部分中低收入家庭的居住困难问题。随着我国经济的腾飞和新的住房形势变化，为解决经济适用房实施操作过程中存在的问题，经济适用房的形式逐渐向共有产权住房转化。

1）经济适用房的概念

经济适用房，顾名思义，是既经济又适用的住房，以较低的价格向城镇比较困难的家庭出售。经济性指住房价格适中，对应于中等及低收入家庭的住房负担能力；适用性指住房建筑标准达到配套齐全和安全使用。经济适用住房，是指政府提供政策优惠，限定套型面积和销售价格，按照合理标准建设，面向城市低收入住房困难家庭供应，具有保障性质的政策性住房（2007）。1994年建设部提出的经济适用住房定义是：建设一般通过行政划拨获得土地，享受政府优惠政策，是以保本微利为原则，面向中低收入职工家庭的普通商品房。

1991年6月国务院发布《关于继续积极稳妥地进行城镇住房制度改革的通知》（国发〔1991〕30号），第一次提出经济适用房的理念，要求"住房建设应推行国家、集体、个人三方面共同投资体制，积极组织集资建房和合作建房，大力发展经济实用的商品住房，优先解决无房户和住房困难户的住房问题。"可以看出，此时提出经济实用的商品住房就是之后"经济适用房"概念的先声，经济适用房可以看作是经济实用商品住房的简约表达形式。1994年由建设部、国务院房改领导小组、财政部联合发布的《城镇经济适用住房建设管理办法》，指出经济适用住房是以中低收入家庭、住房困难户为供应对象，并按国家、住房建设标准建设的普通商品住房。经济适用房的价格按建设成本确定，建设成本包括征地拆迁费、勘察设计及前期工程费、建安费、小区内基础设施配套建设费、贷款利息、税金、物业管理费、5%以内的利润等8项因素；适用住房建设用地，原则上采取行政划拨方式供应；住房开发公司每年的建房总量中，经济适用住房要占20%以上；经济适用住房一般应以招标的方式选择施工单位建设。2007年，建设部发布《经济适用住房管理办法》，在一些具体标准上进一步加以明确规范，包括行政划拨土地、事业收费减半、招标建设、限制建筑标准、限定价格、限制交易和限定对象，将对象从中低收入职工家庭调整为城市低收入住房困难家庭。

2）从安居工程到经济适用住房

基于经济适用住房的基本概念，1995年1月国务院住房制度改革领导小组发布

《国家安居工程实施方案》，这是我国改革开放后住房保障体系建设的起点。国家安居工程实行政府扶持、单位支持、个人负担的原则，以大中城市为重点，有计划、有步骤地推进。安居工程方案从1995年开始实施，计划五年内新增安居工程建筑面积1.5亿 m^2，住房直接以成本价优先出售给中低收入家庭、无房户、危房户和住房困难户，另外也在同等条件下优先出售给离退休职工、教师中的住房困难户。安居工程建设所需的资金主要由地方财政承担。从1995年到1997年年底，国家安居工程建设项目总投资625亿元，其中银行信贷资金250亿元，建设规模7159万 m^2。至1998年2月，安居工程住房竣工5021万 m^2，解决65万户居民和职工的住房问题。国家安居工程的实施，推动了住房新体制的制度建设，为建立经济适用住房供应体系探索了道路。

国家安居工程实施方案 [国务院住房制度改革领导小组（1995年1月20日）]

……

（三）实施国家安居工程的城市按国家贷款资金和城市配套资金4∶6的比例提供配套资金。城市配套资金可从城市住房基金、单位住房基金、住房公积金、售房预收款和其他房改资金中筹集。

三、国家安居工程的规划和建设

……

（三）要努力降低国家安居工程住房的建设成本。凡用于国家安居工程的建设用地，一律由城市人民政府按行政划拨方式供应。地方人民政府相应减免有关费用。市政基础设施建设配套费用，原则上由城市人民政府承担；小区级非营业性配套公建费，一半由城市人民政府承担，一半计入房价。

（四）国家安居工程的规划、设计、施工均应通过招标投标方式确定，严禁转包。国家安居工程的开发建设不得赢利。

四、国家安居工程住房的出售和管理

（一）国家安居工程住房直接以成本价向中低收入家庭出售，并优先出售给无房户、危房户和住房困难户，在同等条件下优先出售给离退休职工、教师中的住房困难户，不售给高收入家庭。

（二）国家安居工程住房的成本价格由征地和拆迁补偿费、勘察设计和前期工程费、建安工程费、住房小区基础设施建设费（小区级非营业性配套公建费，一半由城市人民政府承担，一半计入房价）、1%～3%的管理费、贷款利息和税金等7项因素构成。

（三）实施国家安居工程城市的各有关银行，要建立个人购房抵押贷款制度。个人首次付款的比例要达到房价的40%以上，还款期限不超过10年。

(四）要搞好国家安居工程住房的售后服务，带动、促进现行房屋管理体制的改革。国家安居工程住房各项售后服务，应由物业管理公司承担。

基于国家安居工程的经验，1998年7月国务院发布《关于进一步深化城镇住房制度改革加快住房建设的通知》（国发〔1998〕23号），要求通过发展经济适用住房，加快住房建设，促使房地产业成为新的经济增长点。1998年下半年开始停止住房实物分配，建立和完善以**经济适用房为主的多层次城镇住房供应体系**，最低收入家庭租赁由政府或单位提供的廉租住房，中低收入家庭购买经济适用住房，其他收入高的家庭购买、租赁市场价商品住房；政府制定了一系列配套政策措施，包括建设计划、土地政策、税收政策和金融政策等，推动经济适用房建设。经济适用住房建设用地实行行政划拨，享受政府扶持政策，以3%以下的微利价格向中低收入家庭出售；地方政府土地管理部门根据土地利用总体规划、城市总体规划和经济适用住房年度建设计划，编制经济适用住房建设用地年度计划；新建成的经济适用住房，要严格执行建设部制定的《城市新建住房小区管理办法》（建设部令第33号），全面推行社会化、专业化、市场化的物业管理新机制；建立住房共用部位、设备和小区公共设施的专项维修资金，并按照规定使用。

为了贯彻落实国发〔1998〕23号文件精神，数天之后，1998年7月，建设部等部门印发《关于大力发展经济适用住房的若干意见》的通知（建房〔1998〕154号），强调加快住房建设，促使住宅业成为新的经济增长点，不断满足中低收入家庭日益增长的住房需求。经济适用住房建设坚持统一规划、合理布局、综合开发、配套建设的原则，严格执行国家《城市居住区规划设计规范》；地方政府土地管理部门需要根据土地利用总体规划、城市总体规划和经济适用住房年度建设计划，编制经济适用住房建设用地年度计划，并在地方年度土地供应计划中统筹安排；经济适用住房的建设用地实行行政划拨方式供应，依法办理用地手续；新建的经济适用住房价格构成包括以下8项因素：建设用地的征地和拆迁补偿、安置费、勘察设计和前期工程费、建安工程费、住宅小区基础设施建设费（含小区非营业性配套公建费），以上4项之和为基数的1%~3%的管理费、贷款利息、税金、百分之三以下的利润；新建成的经济适用住房全面推行社会化、专业化、市场化的物业管理新机制。

3）经济适用住房管理办法

经济适用房作为城市住房市场化改革的一项主要政策工具，旨在通过政策倾斜，扩大住房供给、调节房地产投资结构和启动市场有效需求，它是基于中国尚不健全的住宅市场发展阶段而作出的一种政策选择。经济适用房的大量入市有效地平抑了住房的价格。2007年，建设部等部门联合发布《经济适用住房管理办法》，进一步作出了重要的管理规范。

（1）供应对象

经济适用住房所针对的城市低收入住房困难家庭，是指地方政府所在地的范围内，家庭收入、住房状况等符合政府规定的低收入条件的家庭。经济适用住房供应对象要与廉租住房保障对象相衔接。

（2）供应计划

经济适用住房建设用地以划拨方式供应。经济适用住房建设用地应纳入当地年度土地供应计划，在申报年度用地指标时单独列出，明确经济适用住房建设规模、项目布局和用地安排等内容，确保优先供应。

（3）财政金融优惠

经济适用住房建设项目免收城市基础设施配套费等各种行政事业性收费和政府性基金。经济适用住房项目外基础设施建设费用，由政府负担。经济适用住房建设单位可以在建项目作抵押向商业银行申请住房开发贷款。

购买经济适用住房可提取个人住房公积金和优先办理住房公积金贷款。

（4）组织方式

严禁以经济适用住房名义取得划拨土地后，以补交土地出让金等方式，变相进行商品房开发。经济适用住房单套的建筑面积控制在 $60m^2$ 左右。地方政府应当根据当地经济发展水平、群众生活水平、住房状况、家庭结构和人口等因素，合理确定经济适用住房建设规模和各种套型的比例。

经济适用住房建设按照政府组织协调、市场运作的原则，可以采取项目法人招标的方式，选择具有相应资质和良好社会责任的房地产开发企业实施，也可以由地方政府确定的经济适用住房管理实施机构直接组织建设。在经济适用住房建设中，应注重发挥国有大型骨干建筑企业的积极作用。

经济适用住房项目可采取招标方式选择物业服务企业实施前期物业服务，也可以在社区居委会等机构的指导下，由居民自我管理，提供符合居住区居民基本生活需要的物业服务。

经济适用住房的价格以保本微利为原则。其销售基准价格及浮动幅度，由有定价权的价格主管部门会同经济适用住房主管部门，依据经济适用住房价格管理的有关规定，在综合考虑建设、管理成本和利润的基础上确定并向社会公布。房地产开发企业实施的经济适用住房项目利润率按不高于 3% 核定。地方政府直接组织建设的经济适用住房只能按成本价销售，不得有利润。

（5）住房管理

经济适用住房管理应建立严格的准入和退出机制。经济适用住房由地方政府按限定的价格，统一组织向符合购房条件的低收入家庭出售。经济适用住房供应实行申请、审核、公示和轮候制度。地方政府应当制定经济适用住房申请、审核、公示和轮候的具体办法,并向社会公布。

城市低收入家庭申请购买经济适用住房应同时符合下列条件:

A. 具有当地城镇户口;

B. 家庭收入符合地方政府划定的低收入家庭收入标准;

C. 无房或现住房面积低于地方政府规定的住房困难标准。

经济适用住房供应对象的家庭收入标准和住房困难标准,由地方政府根据当地商品住房价格、居民家庭可支配收入、居住水平和家庭人口结构等因素确定,实行动态管理,每年向社会公布一次。经审核公示通过的家庭,由地方政府经济适用住房主管部门发放准予购买经济适用住房的核准通知,注明可以购买的面积标准。然后按照收入水平、住房困难程度和申请顺序等因素进行轮候。

符合条件的家庭,可以持核准通知购买一套与核准面积相对应的经济适用住房。购买面积原则上不得超过核准面积。购买面积在核准面积以内的,按核准的价格购买;超过核准面积的部分,不得享受政府优惠,由购房人按照同地段同类普通商品住房的价格补交差价。居民个人购买经济适用住房后,应当按照规定办理权属登记。房屋、土地登记部门在办理权属登记时,应当分别注明经济适用住房、划拨土地。

(6) 有限产权

经济适用住房购房人拥有有限产权。购买经济适用住房不满5年,不得直接上市交易。购房人因特殊原因确需转让经济适用住房的,由政府按照原价格并考虑折旧和物价水平等因素进行回购。购买经济适用住房满5年,购房人上市转让经济适用住房的,应按照届时同地段普通商品住房与经济适用住房差价的一定比例向政府交纳土地收益等相关价款,具体交纳比例由地方政府确定,政府可优先回购。购房人也可以按照政府所定的标准向政府交纳土地收益等相关价款后,取得完全产权。已经购买经济适用住房的家庭又购买其他住房的,原经济适用住房由政府按规定及合同约定回购。政府回购的经济适用住房,仍应用于解决低收入家庭的住房困难。已参加福利分房的家庭在退回所分房屋前不得购买经济适用住房,已购买经济适用住房的家庭不得再购买经济适用住房。个人购买的经济适用住房在取得完全产权以前不得用于出租经营。

经济适用房政策的实施,保证多数人在改革后可以经过努力而"买得起房",极大地推动了1998年以来的住房体制改革。以北京为例,作为全国经济适用房建设规模最大的城市,大多数经济适用房与相同地段、相近档次的商品住房市场价格相比,单价便宜15% ~ 30%。

4) 市场化运作

作为一种政策工具,中央政府强调经济适用房"市场化运作"的特点。换言之,经济适用房政策是在为了推进完善住房市场机制的前提下,提出的一项旨在扩大中低价位住房产品供给的政策。经济适用住房同样是商品房,应该按市场规律运作,用市场经济的方法组织建设,通过招标投标竞争,降低成本、提高质量、提高效益。因此,政府职能部门主要从事经济适用住房的组织协调工作,鼓励经济实力强、管理水平高、社会信誉好的房地产开发企业参与经济适用住房的开发建设。在这种背景下,经济适用房的生产、销售几乎全部掌握在房地产开发企业手中。在市场竞争优先与利润最大化的资本运作原则下,该政策在之后的几年中出现了很多问题,饱受诟病。例如,在生产环节上导致双轨制和不公平竞争,在销售环节上形成了劫贫济富,没有达到扶助低收入者的目的等。从事经济适用房开发的企业,从主观上诱导高收入阶层来购买,在客观上就会提高建筑标准,扩大建筑面积。当经济适用房满足了中等偏高收入家庭的需要,高收入阶层也会想方设法挤入经济适用房的消费群,从而使财政补贴效益流失,最终转化为开发商的生产者剩余和少数中等偏高或高收入阶层的消费者剩余,那些真正应该享受到财政补贴的、居住困难的中等偏低收入阶层却反而会被排斥在受益范围之外。事实上,在该政策运行几年后,经济适用房的房价持续攀高,与商品房的售价差距日益缩小(图4-3)。2003年8月,国务院发布《关于促进房地产市场持续健康发展的通知》,明确指出房地产业是国民经济的支柱产业,提出"完善住房供应政策,调整住房供应结构,逐步实现多数家庭购买或承租普通商品住房"。这不同于1998年《关于进一步深化城镇住房制度改革加快住房建设的通知》中关于"建立和完善以经济适用房为主的多层次城镇住房供应体系"和"中低收入家庭购买经济适用住房"的提法,表明当时我国住房供应政策发生了一定的转变,供应重点某种程度上从经济适用住房转向普通商品住房,意在通过逐渐减少经济适用房的供给,最终取消住宅市场双轨制,提高住宅市场化程度。2003～2007年,经济适用房

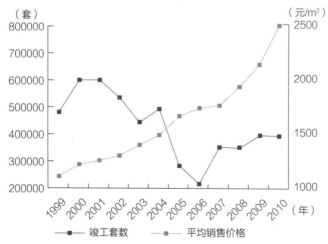

图4-3　1999～2010年经济适用房开发建设竣工套数及平均销售价格
资料来源:《中国统计年鉴》,2011年

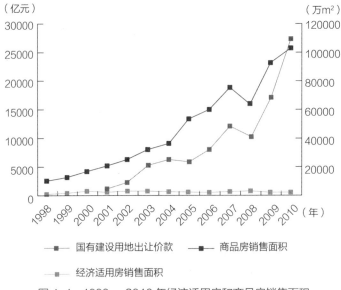

图 4-4 1999～2010 年经济适用房和商品房销售面积
资料来源：《中国统计年鉴》，2011 年

的建设规模呈明显下降趋势，直到 2007 年"地产新政"之后，才作为平抑房价的政策工具重新受到决策层的重视（图 4-4）。经济适用房销售面积占所有商品房销售面积的比例，2000 年达到 20.18%。但是之后经济适用房投资逐渐下降，而非经济适用的商品房投资和销售快速提升，到 2010 年经济适用房销售面积占所有商品房销售面积的比例只有 2.62%，相比 10 年前，下降了近 9 倍（图 4-5）。

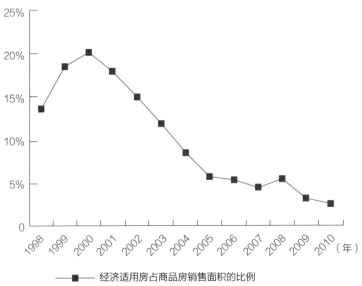

图 4-5 1999～2010 年经济适用房占商品房销售面积的比例
资料来源：《中国统计年鉴》，2011 年

5）经济适用房的特点

截至 2008 年年底，全国已有 500 多万户家庭通过经济适用房解决了住房问题，其中公务员和事业单位的职工占据较高的比例。

经济适用房在开发建设上具有以下特点。

（1）住房标准和供应对象限定

面对经济适用住房发展的滞后和相关问题的质疑，2007 年国务院印发《关于解决城市低收入家庭住房困难的若干意见》（国发〔2007〕24 号），将经济适用住房套型标准根据经济发展水平和群众生活水平，建筑面积控制在 $60m^2$ 左右，供应对象限定为城市低收入住房困难家庭，并与廉租住房保障对象衔接。

（2）土地划拨与税费优惠

享受政府的优惠减免政策，经济适用住房与廉租住房、棚户区改造、老旧小区整治一样，免收城市基础设施配套费等各种行政事业性收费和政府性基金，廉租住房和经济适用住房建设用地实行行政划拨方式供应。

（3）微利

限制开发商的利润幅度，要求开发商获取微利，一般是 3%～5%。开发商按成本构成加微利算出住房出售价格，报政府有关主管部门审核批准后，才可以向中低收入家庭销售。

（4）部分产权

经济适用住房属于政策性住房，购房人拥有有限产权。购买经济适用住房不满 5 年，不得直接上市交易，购房人因各种原因确需转让经济适用住房的，由政府按照原价格并考虑折旧和物价水平等因素进行回购。购买经济适用住房满 5 年，购房人可转让经济适用住房，但应按照届时同地段普通商品住房与经济适用住房差价的一定比例向政府交纳土地收益等价款，具体交纳比例由城市人民政府确定，政府可优先回购。购房人向政府交纳土地收益等价款后，也可以取得完全产权。2011 年，我国推出公共租赁房制度，保障性住房提倡购租并举，经济适用房的部分产权显化为共有产权。

（5）经济社会功能

有利于增加住房供给，拉动住房消费需求；调节住房投资及产品结构，增加小户型及低价位住房，抑制房价水平的上升；保证重点工程拆迁顺利。

经过多年的开发建设，我国已形成一定存量的经济适用房，对增加住房供给、缓解住房短缺、解决中低收入家庭的住房问题等方面发挥了较好的作用，有效发挥了住房保障的功能。

4. 共有产权住房

经济适用住房属于政策性住房，购房人拥有有限产权。购房人转让经济适用住房时应按照届时同地段普通商品住房与经济适用住房差价的一定比例向政府交纳土地收益等价款。共有产权住房是将出让土地与划拨土地之间的价差和政府给予经济适用房的其他优惠政策，显化为政府出资，构成政府产权，因此，在管理模式上与经济适用住房有一定的差异。

2007年江苏省淮安市试点共有产权房，首创与市场接轨的共有产权经济适用房模式，中低收入住房困难家庭购房时可按个人与政府的出资比例，共同拥有房屋产权。2010年上海市共有产权保障住房开始启动试点，致力于解决城镇中等及中等偏下收入住房困难家庭的住房问题。2014年12月住房和城乡建设部印发《关于试点城市发展共有产权性质政策性商品住房的指导意见》（建保〔2014〕174号），在北京、上海、深圳、成都、淮安、黄石6个城市推进共有产权住房试点。各城市的共有产权房制度的实施有所差异，各有创新。例如，上海市把共有产权房纳入到保障房体系只针对户籍人口开放，北京市的共有产权房未被纳入到保障房体系且向户籍、非户籍居民开放，成都市将经济适用住房和限价商品住房等并轨为共有产权住房并纳入到购置型保障房体系。共有产权房制度的发展可以满足先租后售、先买部分产权后租、先买后住等多元化需求。此外，共有产权房还满足养老需求。乐成恭和家园是北京市首个，也是全国唯一一个共有产权、居家养老示范社区，不受北京现行普通商品房限购政策影响，用户可以与普通商品房一样出租、出售，价格由买卖双方自主确定，收益也将归卖方所有。但是，使用者必须为60岁以上老人，养老企业与购房者按照5%和95%的比例共同持有房屋份额，以此确保医疗和养老用地性质不变。2017年9月住房和城乡建设部印发《关于支持北京市、上海市开展共有产权住房试点的意见》，支持北京市、上海市深化发展共有产权住房试点工作。上海市截至2016年年底已供应类似经济适用房属性的共有产权保障住房8.9万套。北京市2017年7月开始推广"共有产权住房"，计划在2017~2021年间提供25万套共有产权房（倪鹏飞，2019：199）。

1）共有产权住房的概念

"共有产权房"指中低收入住房困难家庭购买保障性住房时，依个人与政府的出资比例共同拥有的住房产权。共有产权房的保障对象是针对一些既不属于保障对象，又买不起商品房的"夹心层"群体。在申请通过后，保障对象与地方政府签订合同，约定双方的产权份额及保障房将来上市交易的条件和所得价款的分配份额。中低收入住房困难家庭购房时，可按个人与政府的出资比例，共同拥有住房产权，共有产权房的购买人随着收入的增加，可以申请购买政府部分的产权。自房屋交付之日起5年内购买政府产权部分的，按原供应价格结算；5年后购买政府产权部分的，按届时市场评估价格结算。房屋出售时与此类似，出售所得按购房家庭与政府的产权比例进行分配。当购买者经济情况发生变化，家庭收入高于政府规定标准，进入高收入群体时,政府也无需强制其搬出,而是对政府产权部分收取市场租金。"共有产权房"作为经济适用房的变化形式,显著特点在于价格形成机制。"共有产权房"用地性质由划拨改为出让,销售价格计算也等同于商品房,房价实际上是"随行就市"。

2)共有产权住房的基本要求

2017年,住房和城乡建设部颁布《关于支持北京市、上海市开展共有产权住房试点的意见》(建保〔2017〕210号)文件,提出加快推进住房保障和供应体系建设,满足群众基本住房需求,实现全体人民"住有所居"目标,促进社会公平正义,保证人民群众共享改革发展成果。发展共有产权住房,是加快推进住房保障和供应体系建设的重要内容,以满足新市民住房需求为主要出发点,建立购租并举的住房制度为主要方向,以市场为主满足多层次需求,以政府为主提供基本保障,通过推进住房供给侧结构性改革,加快解决住房困难家庭的基本住房问题。共有产权住房应以中小套型为主,建立完善的共有产权住房管理机制,包括配售定价、产权划分、使用管理、产权转让等规则,确保共有产权住房是用来住的,不是用来炒的。同时,明确相关主体在共有产权住房使用、维护等方面的权利和义务。

房屋产权可以按照两种比例实现共有:个人与政府的产权比例为7:3,个人承担的价格相当于同期经济适用房的价格;对仍无力购买的特殊困难家庭,可按5:5的产权比例进行购买,个人承担的价格相当于同期经济适用房的70%。

同年,住房和城乡建设部、国土资源部颁布《关于加强近期住房及用地供应管理和调控有关工作的通知》(建房〔2017〕80号),要求继续发展公租房、共有产权房。各地要转变公租房保障方式,实行实物保障与租赁补贴并举,推进公租房货币化。超大、特大城市和其他住房供求矛盾突出的热点城市,要增加公租房、共有产权房供应,扩大公租房保障范围,多渠道解决中低收入家庭、新就业职工和稳定就业的外来务工人员的住房问题。

2018年住房和城乡建设部颁布《关于进一步做好房地产市场调控工作有关问题的通知》(建房〔2018〕49号),提出热点城市要提高住房用地比例,住房用地占城市建设用地的比例建议按不低于25%安排;大幅增加租赁住房、共有产权住房用地供应,确保公租房用地供应,力争用3~5年时间,**公租房、租赁住房、共有产权住房用地在新增住房用地供应中的比例达到50%以上**。同时,开展利用集体建设用地建设租赁住房、共有产权住房的试点。

3)"淮安模式"与"上海模式"

(1)淮安模式

2006年9月在我国经济适用房改革中出现共有产权的理念,即运用现代产权法则,建立"政府与受助个人按份共有产权的经济适用房制度"(简称"共有产权制度"),实现住房保障制度创新的设想。2007年8月,江苏省淮安市开始试点,核心内容是中低收入住房困难家庭购房时，可按个人与政府的出资比例，共同拥有房屋产权。共有产权的用地由划拨改为出让，将出让土地与划拨土地之间的价差和优惠政策显化为政府出资，形成政府产权。政府在出让土地之初，就在土地价格上作出一定让步，差价则作为政府收购共有产权房的资金，通常一个楼盘预留 5% ~ 10% 的共有产权房。与经济适用房相同，购房者存在一定的条件约束：购房者在 5 年内可以按照原始价格购买政府拥有的产权，5 年后按照市场价格购买；5 年内政府产权不收房租，5 年后按照廉租房收取对应产权的租金。

"淮安模式"中市场机制和政府保障同时发挥作用，共有产权住房以出让土地方式建设，房屋配售价格与普通商品住房的市场价挂钩，个人和政府分别出资形成共有产权。共有产权的模式下，购房者拥有其所属产权的全部权利，可以抵押、转卖。非完全产权房在市场上交易完成，政府与下一位购房者共享产权。"淮安模式"具有一定的创新意义：为中小城市做好"住者有其屋"解决弱势群体住房有着指导作用；为淮安市经济发展、吸纳人才、增加城市活力作出"后勤"保证；在申购、交易、增购、物业管理、权益管理过程中有多方面创新，可为全国住房制度改革借鉴。

（2）上海模式

上海市共有产权保障住房自 2010 年开始启动试点，致力于解决城镇中等及中等偏下收入住房困难家庭的住房问题。2013 年 10 月末，上海共有产权保障房开始摇号选房，2013 年一共筹集了大约 3 万套房源。2014 年颁布《上海市共有产权保障住房（经济适用住房）准入标准和供应标准》（沪府发〔2014〕53 号），主要准入标准和供应标准如下：

上海共有产权房保障住房的准入门槛（2014）

一、准入标准

同时符合下列标准的本市城镇居民家庭，可以申请购买共有产权保障住房：

（一）家庭成员在本市实际居住，具有本市城镇常住户口连续满 3 年，且在提出申请所在地的城镇常住户口连续满 2 年。

（二）家庭人均住房建筑面积低于 $15m^2$（含 $15m^2$）。

（三）3 人及以上家庭人均年可支配收入低于 7.2 万元（含 7.2 万元）、人均财产低于 18 万元（含 18 万元）；2 人及以下家庭人均年可支配收入和人均财产标准按前述标准上浮 20%，即人均年可支配收入低于 8.64 万元（含 8.64 万元）、人均财产低于 21.6 万元（含 21.6 万元）。

（四）家庭成员在提出申请前 5 年内未发生过住房出售行为和赠与行为，但家庭成员之间住房赠与行为除外。

同时符合上述标准，具有完全民事行为能力的单身人士（包括未婚、丧偶或者离婚满 3 年的人士），男性年满 28 周岁、女性年满 25 周岁，可以单独申请购买共有产权保障住房。

对符合规定条件的共有产权保障住房申请对象，可以调整住房面积核算方式。具体办法，由市住房保障和房屋管理局另行制订。

二、供应标准

对申请购买共有产权保障住房的，按照下列标准供应：

（一）单身申请人士，购买一套一居室。

（二）2 人或者 3 人申请家庭，购买一套二居室。

（三）4 人及以上申请家庭，购买一套三居室。

2016 年 10 月 14 日晚间，上海市住建委等部门公布《上海市共有产权保障住房供后管理实施细则》。2018 年 9 月出台《关于进一步完善本市共有产权保障住房工作的实施意见》（沪府办规〔2018〕27 号），要求坚持以居住为主、以市民消费为主、以普通商品住房为主，扎实推进本市"四位一体"、租购并举住房保障体系，扩大共有产权保障住房保障范围。

共有产权保障住房聚焦两类人群：本市户籍中等或中等偏下收入住房困难家庭，加大供应力度，应保尽保；常住人口中在本市创业、稳定就业的人员，尤其是各类人才、青年职工，重点解决持证年限较长、学历层次高、符合本市产业发展导向、为本市经济社会发展作出贡献的居住证持证人住房困难问题。在本市无房、已婚、长期稳定工作并正常缴纳社保且符合共有产权保障住房收入和财产准入标准的非户籍常住人口，纳入本市住房基本保障范围，具体实施办法如下。

（1）基本准入条件

持有《上海市居住证》且积分达到标准分值（120 分）、在本市无住房、已婚、在本市连续缴纳社会保险或者个人所得税满 5 年以及符合本市共有产权保障住房收入和财产准入标准，同时符合这些条件的非本市户籍居民家庭，可申请本市共有产权保障住房。

（2）定价

与本市户籍居民共有产权保障住房采取同一标准，即实施政府定价，且购房人产权份额应当不少于 50%。

（3）申请审核

原则上按照本市户籍居民共有产权保障住房相关规定执行，并根据居住证持证人的特点，作如下规定：居住证持证人应当以家庭为单位提出申请，且家庭限于申请人、配偶及其未婚子女；居住证持证人应当在单位注册地所在街道（乡镇）社区事务受理服务中心提出申请。

（4）供后管理

居住证持证人购买共有产权保障住房必须用于家庭自住，住房保障机构不收取政府产权份额部分租金。

居住证持证人取得不动产权证未满5年，不得转让共有产权保障住房或购买商品住房。因特殊情形，确需转让共有产权保障住房的，该共有产权保障住房由区住房保障机构依申请程序回购。居住证持证人取得不动产权证满5年，并同期在本市累计缴纳社会保险或者个人所得税满5年，自有产权份额部分，可向其他符合购买共有产权保障住房条件的居住证持证人转让或由区住房保障机构回购。

共有产权保障住房由区住房保障机构回购的，回购价格为原销售价款加按照中国人民银行同期存款基准利率计算的利息。

截至2020年4月，上海市共有产权保障住房已累计完成签约11.5万套，同年9月上海市分批启动本市户籍第八批次和非沪籍第二批次共有产权保障住房申请受理。

5. 棚改安置房

我国棚户区包括城市、国有工矿（含煤矿）、林区、垦区棚户区等。棚户区的主要特点是安全隐患多、建筑密度大、房屋质量差、使用功能不完善、基础设施不配套。居住在棚户区里的多数为低收入家庭及外来务工人员。2004年，辽宁省在全国率先启动棚户区改造。之后，由点到面，全国各类棚户区改造全面展开。目前，城中村改造、旧住宅小区综合整治也纳入了改造范围。

棚户区改造采取由政府主导、市场运作、住户参与的方式，中央政府在财政投入、建设用地、税费和信贷等方面给予支持，引导地方政府实行财政补贴、税费减免、从土地出让净收益中安排一定资金等支持政策，允许棚户区改造项目配套建设一定比例的商业服务设施和商品住房，吸引社会力量参与棚户区改造。在安置方面，实行实物安置与货币补偿相结合，充分尊重群众意愿。

2009年《关于推进城市和国有工矿棚户区改造工作的指导意见》（建保〔2009〕295号）等相关文件陆续印发，棚改工作全面启动。棚改安置房是一类特殊的保障房，一般带动一级土地开发，改造地块最终变为价值较高的商业用地，商业上的盈利可以保证拆迁户的安置房得以落实，这符合地方政府、开发商、拆迁户三方利益，不存在积极性不足的问题。拆迁安置房定向供应给拆迁户，保障群体覆盖面相对较小，但是在各类保障性住房中占比较高，因为棚改安置房的建设难度要小于其他类型的保障房（图4-6）。2008~2013年，全国各类棚户区共开工改造1580万户，切实解决了棚户区原居民的住房困难。2015年12月底，全国开工783万套保障住房，基本建成772万套，完成投资1.54万亿元，其中棚改安置房开工601万套，占全国开工保障住房的比例为76.77%。从2016年到2020年8月，全国开工改造各类棚户区2300多万套，超额完成目标任务，约5000万居民从脏乱差的棚户区搬进了宽敞明亮的安置房。

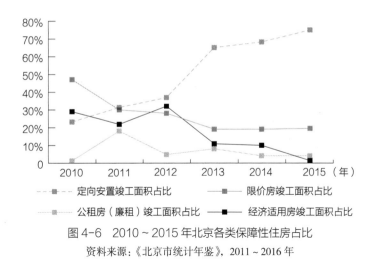

图4-6 2010~2015年北京各类保障性住房占比
资料来源:《北京市统计年鉴》,2011~2016年

6. 限价房

2006年5月国务院办公厅发布《关于调整住房供应结构稳定住房价格意见的通知》(国办发〔2006〕37号),要求各地方政府"优先保证中低价位、中小套型普通商品住房(含经济适用住房)和廉租住房的土地供应,其年度供应量不得低于居住用地供应总量的70%。土地供应在限套型、限房价的基础上,采取竞地价、竞房价的办法,以招标方式确定开发建设单位"。由此开启了限价房的概念。

依据"限套型、限房价、竞地价、竞房价"的要求,表明限价房是介于经济适用房与市场化商品房之间的一种"政策性商品房"。限价商品房按照"以房价定地价"的思路,采用政府组织监管、市场化运作的模式,在土地挂牌出让时就限定房屋价格、建设标准和销售对象,政府对开发商的开发成本和合理利润进行测算后,设定土地出让的价格范围,从源头上对房价进行调控。由于地方政府未全额收取土地出让收益,限制了限价房的产权转让。限地价竞房价政策的出让方式,一般来说,是在事先确定地价的情况下,以商品住房售价"价低者得"的原则,确定最终的竞得者。

限价房是政府在一定时期内调控住房市场和住房供需矛盾的有效手段,限价房的销售价格实行政府定价,定价原则按照比周边同类商品住房低20%~25%确定,销售价格在预售时向社会公布,公布价格应为该限价房楼盘的最高价。但是限价房产权的制约产生了一定的问题,限价房销售价格下浮折扣,是基于土地竞拍时开发地块周边商品房的销售价格,是一个固定数值。如果开发过程中,商品房价格持续上涨,限价房价格保持不变,限价房与附近地段商品房价格的价差将会变大。但是如果商品房价格下跌,且下跌幅度甚至超过限价房的下浮折扣,就会使限价房的购买者承受较大的经济损失。由于行政手段的干预,限价房的销售价格不能自动适应市场价格的调整,因此,限价房建设在全国范围内并不是很普遍(陈寒冰,2018:42)。

4.5.4 我国保障性住房建设的问题与挑战

我国住房制度改革,使得城镇居民住房条件得到前所未有的改善,我国住房市场得到了长足发展,公有住房的比例大幅下降,城镇居民人均住房建筑面积增长较快,从 1979 年的人均住房面积不足 $3.8m^2$ 提高到 2018 年的人均住房建筑面积 $39.0m^2$,住房成套率为 82.44%,住房环境、功能以及综合配套水平都有了较大提高,保障性住房由开始的单一经济适用房,向廉租房、公租房和共享产权住房等多方向保障层次发展。1994 年至 2007 年,全国共建设廉租住房、经济适用住房等保障性住房 1000 多万套。2008 年至 2018 年,大规模实施保障性安居工程,全国城镇保障性安居工程合计开工约 7000 万套。截至 2018 年年底,通过购买经济适用住房等配售型保障房,5000 多万买不起商品住房、又有一定支付能力的城镇中低收入群众有了合适住房,实现了稳定居住。棚户区改造这项"暖心工程"有效改善困难群众住房条件。截至 2018 年年底,上亿居民"出棚进楼",为提升人居环境、缓解城市内部二元矛盾、提升城镇综合承载能力、促进社会和谐稳定发挥了重要作用。公租房"兜底"保障,成为社会的安全网、稳定器。截至 2018 年年底,3700 多万困难群众住进公租房,还有累计近 2200 万困难群众领取了公租房租赁补贴。经济适用住房等配售型保障房建设,为推进住房制度改革、拉动住房消费、改善住房供应结构发挥了重要作用。尽管取得了骄人的成绩,但是目前保障性住房政策仍然存在一些问题。

1. 保障性群体需求数量较大

目前我国的住房问题突出体现在部分低收入居民和外来打工者的住房还很困难,主要包括以下几个群体。

1)"双困"家庭

"双困"家庭是指收入在最低生活线以下且住房困难的家庭。全国仍有一定数量的"双困"家庭,有的蜗居在破损的棚屋内,有的住集体宿舍,也有的一家分住几个地方,生活极其不方便。其中,大多数家庭的人均居住面积不足 $5m^2$,居民迫切要求改善居住条件和环境。

2)特殊群体

特殊群体包括孤老、烈属、残疾人等,他们的居住条件比较差,居住面积不大。由于自身条件的特殊性,这一群体迫切要求政府帮助改善居住条件和环境。

3)"新贫困群体"

"新贫困群体"是指在经济发展过程中,由于经济体制转轨、产业结构调整,加上自身由于工作和生活的不顺利或其他原因而成为贫困阶层的居民,包括国企下岗职工,一些破产、停产、半停产企业的职工,以及一些低收入的离退休人员等,他们的生活状况和居住状况还较为困难(姚玲珍,2003:365)。

4)新市民

公共租赁房面向大中专毕业生新就业职工、进城务工人员等"夹心层"群体，保障群体过大，尽管2010年以来政府用于保障性住房的资金逐年增长，但是在一些城市这些新市民群体数量巨大，对可支付性住房的供给需求较高。

2. 保障性住房供给有限

经济适用房曾承担保障性住房供应主体的角色。1998～2003年，全国经济适用住房累计竣工面积4.77亿m^2，解决了600多万户中低收入家庭的住房问题（魏丽艳，2014：40-41）。但到2004年，全国经济适用住房投资出现负增长，占住房开发投资的比重由2003年的9%下降到6.8%，不少地方甚至停止建设经济适用房。2005年，经济适用住房投资额为519亿元，占住房开发投资比重下降到4.8%，为1998年以来最低。1999年保障性住房竣工套数占全部住宅的比例达到24.92%，2000年提升至28.21%，之后逐年下降，到2010年比例仅为6.63%，不仅是相对比例下降，绝对值也下降，2000年保障性住房竣工60万套，到2010年不到40万套，而其中40%以上为动迁安置房。这样便导致部分城市，特别是一些大中城市，符合当地居民需求的保障性住房供应严重不足。

保障性住房整体规模过小，对平抑住房价格的作用微弱。经济适用住房供给过程中存在政策的执行变形与错位的问题，如经济适用房建设标准失控，对中低收入家庭形成挤出效应；经济适用房销售对象失控，经济适用房主要满足了中等偏上家庭的需要；政府对经济适用房价格监控失灵，因供给有限而需求量大，开发商3%的利润率无法得到有效控制，价格被不断推动上涨，中低收入家庭承担不起经济适用房的"高房价"；经济适用房的操作缺乏必要的监督机制，诱发政企间的交易和寻租行为，使经济适用房不断突破标准。直到2007年对经济适用房的单套建筑面积进行限定之后，这种情况才得到一定程度的改观（图4-7、图4-8）。

3. 部分政策失灵

随着棚户区改造、旧城区改造和城中村改造项目的加码，市场中的廉价租赁房源逐步减少，同时房租上涨，由此降低了居民，尤其是新市民的可支付能力。向非户籍人口开放的公租房制度在执行过程中倾向于人才，因此出现租赁市场的夹心层。保障房房源结构失衡，长效性保障房少，这将增加长期住房保障压力。只发挥一次性保障功能的产权式保障性住房多，长期多次发挥住房保障功能的租赁型保障房少。大部分产权式保障性住房尚未进行封闭式运营，再次上市时转化为普通商品住宅，直接降低保障房覆盖率（倪鹏飞，2019：204）。

保障性住房中的廉租房建设资金主要来自中央财政补助和地方财政预算，包括中央财政拨款、地方土地出让金净收益的10%和有限的住房公积金增值净收益。与资金需求相比，资金缺口巨大。

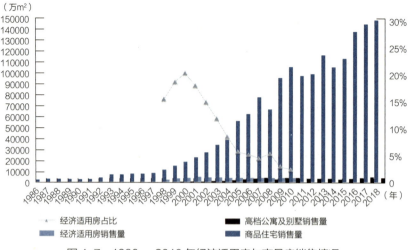

图4-7 1986~2018年经济适用房与商品房销售情况

资料来源:《中国统计年鉴》,2019年

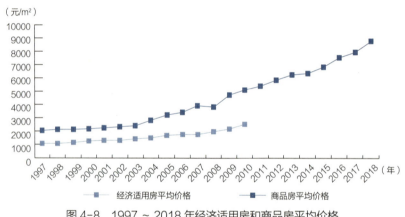

图4-8 1997~2018年经济适用房和商品房平均价格

资料来源:《中国统计年鉴》,2019年

由经济适用房、廉租房、公共租赁房、共享产权住房为主组成的保障性住房供应体系,以地方政府行政化方式运作为主,在地方政府财力约束下,保障性住房供应难以持续扩大。城市土地资源稀缺,地方政府面临商品房出让金和保障性住房划拨用地的两难选择:前者能够带来大量的土地出让收益和房地产税收;后者体现政府在住房保障方面的社会责任,但不仅损失土地收益和税收收入,还会给地方财政带来资金支出压力。目前,公共租赁房只租不售的规定,更是迫使地方政府不断投入和沉淀财政资金。

受各种因素影响,2003~2006年经济适用住房的建设规模呈现下降趋势。1998~2000年之间,保障性住房在所有住房投资中占比略有提高,为6%~8%。然而,2000年之后,保障性住房在所有住房投资中占比持续下降,到2007年时,只有不到5%,这在一定程度上导致了保障性住房的建设与供应不足(图4-9、图4-10)。

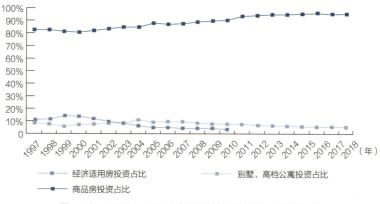

图 4-9 1990～2018 年我国城市住房结构投资变化

资料来源:《中国统计年鉴》，2019 年

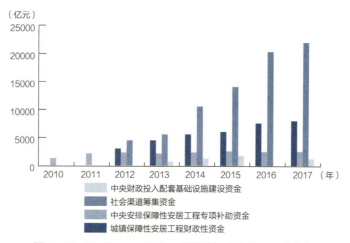

图 4-10 2010～2017 年不同保障性住房投资资金变化

资料来源:《中国统计年鉴》、wind、住房和城乡建设部网站，转引自：中国社会科学院财经院．中国城市竞争力第17次报告（主题报告）[R]. 2018：202

4. 金融配套政策相对不足

在保障性住房的投资建设中，发达国家利用金融、财政等手段推动公共住房的有效供给。例如，美国、日本等国家通过金融创新，利用政策性银行信贷解决保障性住房建设资金不足的问题，有效发挥了金融杠杆的调节作用。目前，我国国家开发银行正在积极接入保障性住房的资金融资，为保障性住房建设筹集资金，但是要保证市场化融资的顺利进行，还必须建立和完善保障性住房建设的配套金融和信贷政策来拓宽资金融通渠道。

对于低收入家庭来说，由于目前公积金贷款中没有专门针对低收入家庭发放的更低息或无息贷款，尚未建立政策性住房抵押贷款风险担保机制，造成低收入家庭难以从公积金受益，而且还因为公积金存款利率要低于同期银行储蓄利率，会损失部分利息收益。住房公积金基金运行效率低下，公积金闲置率高。从制度设计上来看，公积金制度将两类人群排斥在外：一是没有（固定）单位的城市居民（包括非正规就业者）；二是进城务工的农民工。从缴存情况看，比较稳定和规范的是行政事业单位和效益好的国有企业，有的效益好的单位将住房公积金作为避税工具。

5. 新建集中保障性住房区位不佳

在选择新建集中保障性住房时，考虑到地价和规模因素，这些新建集中住房常常处于地理位置较为偏远、地价较低的地域，住区周边环境欠佳，配套设施不齐全，交通不便。这样导致部分分到经济适用房或回迁安置房的居民，不得不在市区距工作较近的地点租房，或者在远离中心城区的郊区居住，增加了上班路途的经济成本和时间机会成本。

思考题：

1. 保障性住房政策的理论依据是什么？保障性住房的保障标准应该包含哪些指标？
2. 保障性住房的一般政策性工具有哪些？
3. 世界上有何可借鉴的保障性住房经验，可用于中国保障性住房的建设？
4. 我国保障性住房体系包含哪些内容？在实施上存在哪些优缺点？如何运用保障性住房的一般政策性工具分析我国改革开放以来的保障性住房政策？

延伸阅读：

1. （美）阿瑟·奥莎利文. 城市经济学 [M]. 周京奎，译. 北京：北京大学出版社，2015.（第 15 章）
2. 阿列克斯·施瓦兹. 美国住房政策 [M]. 陈立中，译. 北京：中国社会科学出版社，2012.（第一章～第九章）
3. 陈寒冰. 城镇保障性住房制度研究 [M]. 武汉：武汉大学出版社，2018.（第一章～第五章）
4. 魏丽艳. 社会保障性住房供给机制及方式研究 [M]. 北京：中国社会科学出版社，2014.（第三章）

第 5 章

中国城市住房政策演变

从 1949 年至今,伴随我国从建立社会主义计划经济体制到转型为社会主义市场经济体制,城市住房制度及其政策也相应地发生转变,总体上看可分为四个阶段,即:1949～1977 年依托社会主义计划经济体制的福利住房制度阶段,1978～1997 年计划经济向市场经济转型期间的福利住房与商品房双轨制阶段,1998～2006 年加快市场经济发展的住房市场化阶段,以及 2007 年以来回归住房福利倾向的住房保障与市场调控并重阶段。

5.1 福利住房制度阶段（1949～1977 年）

1949 年以后,作为新生的社会主义国家,我国社会制度由原来的半殖民地半封建社会向社会主义社会转变,实行社会主义计划经济。由于国际封锁和国内意识形态斗争,我国经济发展走了弯路。在住房制度上,实行福利住房制度,主要由国家和不同单位承担住房的投资、建设、分配、维护和管理职责,住房被视为纯粹的福利品,不具有商品属性。这个阶段又可以分为公私住房共存和住房公有化两个时期。

5.1.1 公私住房共存时期（1949～1957 年）

中华人民共和国成立之初,我国面临复杂的国际政治环境,生产生活资料严重短缺。在社会改革上,政府选取新民主主义向社会主义过渡的渐进式社会变革路线,1949～1957 年间为国民经济恢复和第一个五年计划时期,城市住房发展相对稳定,城市住房投资占基本建设投资总额的比重保持在 9% 左右。"一五"期间住房竣工面积占基本建设投资房屋竣工总面积的35.5%，城市住房状况得到一定程度的改善。但是，由于住房历史欠账太多，加上城市人口快速增长，城市住房仍然供不应求。这一时期逐步发展起来的住房制度设计与技术规范为以后三十年我国城市住房的发展奠定了基础。

1. 中华人民共和国成立初期的社会经济背景

1）中华人民共和国成立前的住房危机

从1840年鸦片战争到1949年中华人民共和国成立期间，我国多灾多难，签订了多个不平等条约，持续的战争使得国民经济处于崩溃的边缘。鸦片战争前我国是一个主权独立自主的国家，农业经济占主导地位。1840年英国发动侵略我国的鸦片战争，1842年清政府被迫签订《南京条约》，从此我国开始从封建社会沦为半殖民地半封建社会。1856年第二次鸦片战争爆发，英、法、美、俄四国强迫清政府签订《天津条约》，英法联军强迫清政府签订中英、中法《北京条约》，使我国丧失更多的领土和主权。鸦片战争后国内阶级矛盾空前激化，1851～1864年为太平天国运动时期。1883年中法战争、1894年甲午中日战争爆发，战后清政府被迫签订《中法新约》和《马关条约》，帝国主义列强在我国强占"租地"，划分势力范围，我国民族危机空前加深。1900年夏，八国联军侵略我国，一年后清政府被迫签订《辛丑条约》。1912年元旦清朝灭亡，中华民国成立，社会仍然动荡不安，军阀割据。1924年1月至1927年7月为第一次国内革命战争时期。1927年8月至1937年7月为第二次国内革命战争时期。1931年，日本发动侵略我国东北的"九一八"事变，于1932年建立"伪满洲国"。1937年7月，日军进攻卢沟桥，全面抗日战争开始。经过14年艰苦奋战，到1945年8月，日本政府宣布无条件投降。1946年，夏国民党军队向解放区发动进攻，内战全面爆发。1949年10月1日，中华人民共和国成立。此时，战争遗留下千疮百孔的国民经济，通货膨胀严重，住房极为短缺。在上海，一边是成片的棚户区，数百万人流离失所（图5-1）；另一边是一些财阀占据大量住房，趁机发国难

图5-1 1949年上海贫民窟分布

资料来源：吕俊华，彼得·罗，张杰.中国现代城市住宅（1840—2000）[M].北京：清华大学出版社，2003：99

财。即便是中华人民共和国成立以后，受到1950~1953年朝鲜战争的波及和西方列强的制裁，国际环境恶劣，国内面临国民党军队反攻的威胁，新政权还不是非常稳定。因此，中国当时的首要任务是求生存和求发展，"备战、备荒、为人民"。

2）建立高度集中的计划经济体制

从1949年到1952年，是中华人民共和国建立后的经济恢复时期，政府面临的主要任务是：平抑物价，抑制通货膨胀，保证基本生活消费品的供给，尽快解决住房问题。国民经济恢复工作顺利完成后，在苏联的经济和技术援助下，自1953年伊始，我国依托第一个五年计划，通过计划经济体制的建立和运行保障，力图快速实现社会主义工业化。由此，奠定了新中国早期城市住房发展的两个基础：住房建设服务于工业化和学习苏联的住房建设模式。对苏联模式的模仿强化了中央权利高度集中的计划经济体制，即企业和地方的人、财、物及产、供、销由中央有关部门统一管理，重工业优先发展。城市住房的建设、分配与管理也采取集中管理的办法，从而为福利住房体制奠定了基础。

3）重工业优先发展

按马克思主义经济学的原理，扩大再生产的过程中"增长最快的是制造生产资料的生产资料的生产，其次是制造消费产品的生产资料的生产，最慢的是消费产品的生产"。住房是消费产品，增长最慢，因此，新中国强调消费让位于生产，"先生产、后生活"，多快好省地建设社会主义现代化国家。优先发展制造生产资料的行业，实施重工业优先发展战略，集中力量和资源快速发展钢铁、冶金、机械和能源、化工等重工业，从而带动整个国民经济的发展。在这种高积累、低消费的政策下，客观上造成城市住房长期低投入、低水平和低标准建设，城市住房建设一直处于从属地位。

"一五"期间工业总产值实际年均增长184%，其中，1957年生产资料的生产比1952年增长210.7%，年均增长25.4%，在工业生产总值中的比重由1952年的35.5%提高到1957年的45%，经济政策的效果非常明显。在基本建设投资分配上，五年间全国基本建设投资共5884亿元，用于工业部门的投资占52.4%，其中重工业占88.8%。五年施工的工矿建设单位达1.0万个以上，围绕这些工业项目，社会主义工业化的基础在"一五"期末已初步成型，包括全民所有制和集体所有制的社会主义工业在整个工业中的比重由1952年的44.8%提升到1957年的72.8%。随着经济主体的一元化，我国通过实行全行业公私合营对资本主义工业进行改造，到1957年，资本主义工业在工业总产值中的比重已不到0.1%。与此同时，城市住房建设的投资主体和住房所有权也越来越趋向于一元化的公有制（吕俊华等，2003：109-111）。

4）住房拥挤

这个时期城市住房可分为城市旧住房和新建公有住房。城市旧住房仍然是城市居民解决居住问题的一个主要途径，住房拥挤仍然是一个严峻的问题。中华人民共和国成立前,我国绝大多数城市居民尤其是大城市工人阶级的住房条件恶劣,如上海 1930 年 2 层带庭院的一套住房平均居住了 15.08 人,居住在这种条件下的工人家庭人数达到 15.44 万人,还有更多的工人家庭居住条件更差,有 12.40 万人居住在 1 层的草屋顶拥挤环境之中(表 5-1)。中华人民共和国成立后,1949 年西安市人均居住面积仅为 $3.2m^2$,到 1954 年,虽然总的居住面积增长了 23%,但是人口增加更快,增加了 75%,导致人均居住面积降至 $2.3m^2$(图 5-2)。1955 年北京旧住区调查发现,调查区域内工人家庭人均居住面积为 $4.51m^2$,人均居住面积为 $5m^2$ 的家庭占 77%。整个北京市人口居住水平更低,人均居住面积仅为 $2.69m^2$。部分原因是旧城区出租房仍以私房为主,合院或里弄住房出租后分由几家合住;缺乏城市基础设施的建设,用水、供电、厕所等设施条件都很差。

1930 年上海工人住房条件　　　　　　　　　表 5-1

住宅类型	每户居民数	居民总数(万人)	占比(%)
2 层,带庭院	15.08	15.44	20.4
2 层,无庭院	12.95	23.40	30.9
1 层,瓦屋顶	8.8	24.40	32.2
1 层,草屋顶	6.17	12.40	16.4

资料来源:Reynolds,1981. 转引自:Ya Ping Wang, Alan Murie. Housing Policy and Practice in China[M]. Palgrave Macmillan UK,1999:49

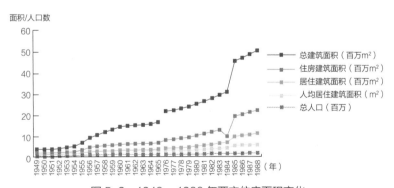

图 5-2　1949~1988 年西安住房面积变化

资料来源:西安房管局,1989. 转引自:Ya Ping Wang, Alan Murie. Housing Policy and Practice in China[M]. Palgrave Macmillan UK,1999:90

城市新建公有住房的居住水平也不高,人均居住面积在 $4~7m^2$ 左右,而且根据单位性质不同,居住水平有所差别。中央直属部门的住房水平要比厂矿企业高,一般都有较完备的基础设施和生活服务设施,但是厨厕一般为几户合用或每层、每楼集中设置。虽然条件比旧城区要好,但是"一五"时期由于执行"合理设计,不合理使用"的设计政策，造成原本为远期一户使用的一套大面积住房由几户家庭共同使用，给住户的生活带来很多不便。

为了解决中华人民共和国成立后即面临的住房极度短缺问题，我国在新兴工业城市和城市的外围工业区兴建了一批半临时性的成片行列式低层住房或宿舍式楼房，在资金有限的条件下通过快速建造，尽可能容纳更多的家庭，新住房采取了最为简单和方便施工的设计。住房以一层为主，每户按家庭成员人数的不同分配1~3间房，厨房、厕所、浴室等设施大多数是合用。许多城市结合城市基础设施和环境改善，进行贫民窟的更新，如北京的龙须沟、陶然亭的疏浚整理。从1949年到1956年，上海的自来水管增加了249%，新建1000多处供水点，其中大多数位于贫民住房区。

2. 社会主义住房体制

中华人民共和国成立初期，随着社会主义公有制的建立，逐步形成了新的社会主义住房体制，即住房的所有权以全民所有为主体，新的住房生产、分配和维护由政府和单位统一负责，实行低工资、低租金，单位职工拥有住房使用权。

1）住房公有化与租金管制

公有住房主要来自两个方面：中华人民共和国成立后，新政府接收国民党政府财产，接管没收帝国主义国家、官僚资本家等的财产，在此基础上形成公有房资产，由政府管理调配；其次，城市政府对住房进行投资，这期间90%以上城市新建住房投资来自政府，投资主体逐步趋向一元化。

对于城市私有住房，新政府最初认为这种资本性质的房屋所有权应当与除官僚资本以外的其他私人资本所有权一样受到保护。1949~1956年期间住房私有制不变，政府鼓励出租，同时对房租进行管制。直到1956年，政府提出《关于目前城市私有房产基本情况及进行社会主义改造的意见》，开始私有住房的公有化。此后，全国城市私有住房在城市房屋总量中所占的比重一直呈下降趋势。到1978年，全国城市私有房屋的比例为9.9%。

2）住房配给与住房补贴

中华人民共和国成立初期，经济基础薄弱，生活资料匮乏，新政府对干部和部分城市居民沿袭战时供给制或半供给制的办法，将消费品的供给分为若干等级，以保证基本消费品的供给，住房也是其中的消费品之一。工业化政策开始实施以后，城市执行低工资、低消费政策，居民基本消费品实行配给和补贴制度，逐步形成以低房租为特征，住房的产量、标准、消费量、分配等都由政府决定的住房制度。

"一五"之前，旧城区的城市建设以环境卫生改善、基础设施建设为主；"一五"计划开始后，在建设社会主义工业城市和变消费性城市为生产性城市的原则指导下，围绕重点建设的工业城市，新的市政设施建设相对集中于新建工业城市和一些重点城市的城郊新建工业区。为缩短工人上下班的交通距离和充分利用城市基础设施，新的工人居住区——工人新村布置在新兴工业城市和重点城市外围工业附近，成为这个时期城市住房建设的主要方式。以上海市为例，1957年居住房屋总面积比1950年增加了480多万平方米，其中工人住房占了57.5%。

3）居住与工作相组合的"单位制社会"

中华人民共和国成立后，国家面临着建设社会主义宏伟目标与社会落后现实之间的矛盾，党和政府希望依靠自上而下的行政手段和群众运动方式，推动社会大规模的重组，迅速实现社会主义。1956年5月国务院颁布《关于加强新工业区和新工业城市建设工作几个问题的决定》，强调"为了使新工业城市和工人镇的住房和商店、学校等文化设施建设经济合理，应逐步实现统一规划、统一设计、统一投资、统一建设、统一分配和统一管理。"在新工业区项目建设中，城市和项目建设单位各有分工，项目主管部门不仅负责建设新厂区，还包括生活区内外专用的基础设施、道路和房屋，地方政府投资建设的其他公共使用的市政基础设施、道路与公共服务设施，由此形成住房建设"条块分割"的投资体制。在这种体制下，各企事业和政府工作单位负责建设各自的职工住房。在流程上，首先，各单位上报申请，经审批后列入部门年度基本建设计划；然后，获得上级部门划拨的资金，土地由地方政府无偿划拨，单位内部成立专门的机构负责职工住房的建设与分配。每个单位无论有多大人口规模，都需要建立一整套生活福利设施，以满足职工的基本生活需要，这样就形成了居住与工作相组合的"单位制社会"，这里的单位是对社会组织或企业的通称。单位制的特点如下。

（1）"自给自足"的社区

住房与社区生活相结合，单位制社会整体表现为一定层级的蜂巢状组织，每一个组织高度相似，生产与生活"自给自足"，如同一个"小社会"，不同的组织之间没有本质的区别，整个城市由这些"单位社会"组成。

（2）工作生活就近安排

"单位制社会"内职工上下班方便，在城市郊区的新建工业区，一般在工厂选址初期就把生活区考虑进去，厂区与生活区相毗邻，生活区内的基本设施配套比较齐全，从食堂、工会俱乐部到幼儿园、中小学，直到职工医院。在旧城区，单位兴建生活区时也尽量靠近工作地点，但是由于获得完整的土地相对比较困难，居住与工作往往相分离，但是可以利用城市文化娱乐和医疗卫生设施，或者几个相邻的不同单位生活区共建一套公共服务设施。

（3）社会流动性差

从物质资源到劳动力均由计划安排，所有生产要素被计划体系约束，导致社会流动性差，生产要素的效率达不到最大化。

（4）"条块分割"

企事业单位与地方政府分开管理，地方政府没有足够的资金建设城市文化、娱乐和卫生等公共服务设施。少量住房由地方政府的城市房管部门建造，作为单位职工住房的补充。

4）直管公房与自管公房

从开发建设、管理方式和所有权上，城市住房主要由直管公房、自管公房和私房组成。**直管公房**是由城市政府房管部门直接管理的住房。早在1948年12月，中共中央就颁发了《关于城市中公共房产问题的决定》，设立城市公共房产管理委员会，下设公房管理处，统一管理和分配城市公有房屋。1956年，中央成立了城市服务部，下设城市住房管理局，主管城市住房工作。**自管公房**是由单位负责管理的住房。新建住房主要分配给国营单位的职工，非国营单位的职工一般租住旧房，住房条件的差别由单位的性质决定。

直管公房由于租金标准过低，房屋年久失修，一直处于"租不养房"的状态，而且基础设施缺乏，房少人多，住房条件和环境状况普遍较差。"大杂院"是这类住房的一个典型代表，原来由一户大家庭居住的四合院或里弄中的一套住房被接管后，往往成为一个单位的宿舍，由许多家庭合住，造成很多干扰和不便，很多"大杂院"没有厕所等基本的生活设施。公有住房采取低租金，收费标准一方面参照建造成本，另一方面参照职工的收入水平。由于私有住房租金管制，且私有住房不断公有化，导致私有住房供给萎缩，修缮私有住房的积极性不高，私有住房质量逐年下降（吕俊华等，2003：117-119）。

3. 小区规划与标准化

在住区规划建设上，首先运用了来自美国的邻里单位概念，之后学习苏联的小区规划，并对住房的面积和配套设施进行统一的标准化约束和管理。

1）邻里单位

邻里概念在中华人民共和国成立之前就被介绍到我国。随着大规模城市住房建设，如何组织生活配套设施和管理成为住区规划设计不可回避的问题，一些项目尝试引入邻里单元规划设计新住区。与相应的行政系统协调，新住区一般分为三级或四级结构。在住房投资不足的条件下，新住房大都没有供暖设施，建筑布局利用最基本的自然条件，行列式被大量采用，住房南北朝向，平行排列，还拥有施工方便、用地节约、管线造价低的优点。1951年开始修建的上海曹杨新村就是采取邻里单位的形式，整个居住区总面积94.63hm^2，从中心到边缘约1.6km，步行只需7～8min，中心布局公共建筑，与自然环境结合，整个曹杨新村由8个村组成，每个村的规划结构分为三级，即村、街坊和集居组合。行政组织分为相应的四级：街道委员会（63400人）、村委会（8000～10000人）、工区（2000人）和居民小组（300～500人）

（图5-3）。为节约成本，5户共用一处厨房和一个厕所。尽管现在看住房面积较小，户均居住面积为15～20m² 左右（图5-4），设施配置较低，但是与之前的工人居住状况相比，已经是天壤之别，最早建成的一村只有劳动模范工人才有资格入住。然而，苏联的居住区规划思想引入之后，由于意识形态的原因，曹杨新村被视为体现资本主义城市规划思想受到了批判（吕俊华等，2003：124）。

图5-3 曹杨一村规划总平面图

资料来源：吕俊华，彼得·罗，张杰.中国现代城市住宅（1840—2000）[M].北京：清华大学出版社，2003：123

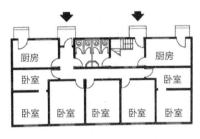

图5-4 曹杨新村规划单体

资料来源：吕俊华，彼得·罗，张杰.中国现代城市住宅（1840—2000）[M].北京：清华大学出版社，2003：123

2）小区规划

进入第一个国民经济五年计划后，因为经济、技术和意识形态的原因，苏联的社会主义工业化模式成为我国学习的对象。在城市住房建设上，来自苏联的小区规划被广泛应用，作为社会主义意识形态在城市空间和社会结构上的体现。刘宾·托聂夫（1958：23）在"城市住房区的规划与建筑"一文中指出：社会主义大城市应按照小区来组织人民的社会政治生活，配置相应的社会主义文化教育和生活供应等方面的完整服务系统。1957年开始，北京市城市总体规划正式提出以30～60hm²的小区作为组织城市居民生活的基本单位，城市中出现了完整建设的居住小区。然而，对采取行列式还是周边式街坊发生了争论，周边式街坊有利于节约用地，形式完整，公共建筑布置方便，以此为细胞，可以构造形式完整的街道、广场及城市形象，同时周边式小区也代表了苏联意识形态的先进性，象征社会主义社会的精神和秩序。在引进初期，我国国情被忽视，小区布局采用周边式街坊布局，建筑沿街布置，住房既有南北朝向，也有东西朝向，服务性公共建筑布置在居住区的中心，轴线突出，形式主义倾向明显。然而，这种居住区内有较多的东西朝向住房，存在日照、通风和沿街噪声干扰等很多问题，整齐、严肃的气氛并不完全适于居住环境。

3）标准化设计

随着社会主义工业化建设的推进，苏联住房工业化思想引进我国，住房工业化包括设计标准化、构件工厂化和施工装配化，优点是加快修建速度、降低造价和节约劳动力，至此，标准设计的概念出现在我国城市住房规划设计领域，帮助弥补了"一五"时期我国建筑设计和施工技术人员不足的缺陷，提高了效率。

我国东北地区最先引进苏联的住房标准设计方法，1952年就在苏联专家的指导下开始标准设计。到1953年，东北地区利用标准设计施工的住房面积占同期建筑总任务的34%。自1955年开始，国家建委委托建筑工程部和城市建设部分别组织制定工业与民用建筑设计标准，住房建筑设计标准由城市建设部负责，并按照东北、华北、西北、西南、中南、华东六个地区分区编制。住房建筑设计标准的主要原则是按照标准构件和模数原则设计标准单元，通过标准单元的组合变化形成不同的住房建筑，最终形成多样化的群体。居住单元是最基本的细胞，由共用一个楼梯的几户家庭组成，优点是平面紧凑、管线集中、造价减低，保证较高的建筑密度。中间、尽端和转角户型的不同外形和套型，可以组成不同长短、外形和层数的组合体，满足多样性要求，构件标准化和工厂化，加快建筑速度。建筑主要是砖混结构，标准设计包含建筑结构、给水排水、采暖、电气、照明等全套内容。

标准设计方法带有明显的计划经济色彩，国家制定的定额指标体系是住房标准设计的依据，定额指标体系通过对住房人均面积或户均面积和造价的规定，使国家可以很精确地确定住房投资建设的规模与产出。在标准设计方案的基础上形成标准图集，成为所有城市住区规划建设和构件生产的依据，这决定了这段时期的住宅规模、形制和住区空间形态。

随着住房标准设计的引进，苏联的定额指标体系、内廊单元式平面也被引入我国，苏联住房定额为人均 $9m^2$ 居住面积，而我国居住水平计划为人均 $4m^2$ 左右，因此，我国在实践中提出"合理设计、不合理使用""远近结合，以远期为主"，即按远期的标准设计，近期标准过高的住房暂时由几家合住（吕俊华等，2003：124–126）。1955年年初，为了在严峻经济形势下继续执行国家重工业优先的发展政策，国家开始压缩非生产性基本建设的投资规模，要求非生产性建设至少要比预算降低造价15%，这导致了这个时期住房投资的显著下降。按照新要求，国家建筑工程部对住房标准设计进行调整，居住面积定额由原来人均 $6\sim 9m^2$ 下降到了 $4\sim 5m^2$（表5-2）。

1950～1979年上海居住面积定额　　　　　　　表 5-2

年份	每栋房屋平均层数	每户建筑面积（m²）	厨房
1950～1953 年	2～3	27.5	共享
1954～1958 年	3～4	27	共享
1959～1966 年	4～5	34.3	共享
1967～1974 年	5～6	37.1	独用
1975～1984 年	5～6	42.5	独用

资料来源：《上海统计年鉴》，1989 年

为了寻求与国情的结合，我国住房设计开始新的尝试，分为两个方向。

1）标准设计与国情结合

原有标准设计的主要问题是朝向和通风，在合住情况下，有些家庭分在朝北的一间，终年不见阳光，不便于房间对流通风，转角单元黑房间面积多。标准设计的单元组合平面中相对较为合理的是 2-2-2 平面，即每个单元由三个两室户组成，其中两侧的两户各有一间朝南和朝北的居室，中间一户两间居室都是南向。在此基础上，新的设计把中间的一户设计为合用，两侧的两户小面积改为独住，这样每家都至少有一间朝南的居室，每户基本上都有朝南的阳台。

2）探索新的类型

随着住房标准的下降和对合住现象的反思，"双百"方针时期开始出现独门独户住房的设想，外廊式布局将交通走廊安置在住房平面的北侧，每套住房占据一个或多个同进深的开间，沿走廊方向并列放置。每套住房南端设置居室，北端靠近走廊的位置设置厨房、厕所。外廊形式适用于一或两居室，保证每家都有朝南的居室和良好的通风（吕俊华等，2003：133-134）。

5.1.2　住房公有化时期（1958～1977 年）

随着生产资料私有制的社会主义改造基本完成，摆在革命者面前的是如何建设一个新社会。"一五"时期的经济建设成就使政府深受鼓舞，对重工业为主的发展政策充满信心。另一方面，国际、国内形势发生变化。1960 年前后，我国国际外交环境恶化，与苏联关系趋于紧张，同时面对资本主义国家的敌视态度。在国内意识形态上，"左倾"思想逐渐占据上风，开始推动"大跃进"和"文化大革命"运动。在经济政策上更加强调重工业优先的经济发展导向，社会积累主要用于工业生产，消费受到控制。住房作为非生产资料，居于次要地位，服从于生产建设，投资比例逐渐减少。住房建设强调节约原则，鼓励降低住房建设标准和人均居住标准，减少住房对生产资料的消耗。

1. "大跃进"与"人民公社化"（1958～1965年）

新的经济成就使得政府对于国家发展形势甚为乐观，导致工业生产的"大跃进"和人民公社的社会实验，将我国经济带入泥潭。此后，虽然政府从1961年开始进行经济调整工作，但是"左倾"意识形态仍然浓厚。这一时期城市居民整体住房条件提高不大。如：从1958年到1965年的8年间，上海住房存量只增加了442.3万 m^2，其中约60%来自新建住房，其他增量大多来自旧住房的搭建或插建。工人新村——新工房占所有住房存量的17%。期间上海市人均居住面积一直维持在 $3.8m^2$ 左右，由于新建住房按照人均居住面积 $4～4.5m^2$ 建设，因此旧住房中实际居住水平大约人均 $3.6m^2$，考虑到普遍存在的搭建、插建，实际居住状况更差，几家合住与几代同堂的现象较为普遍。

1) 基建"大跃进"

1957年11月《人民日报》发表社论，提出"大跃进"的口号。1958年5月党的八大二次会议正式通过"鼓足干劲、力争上游、多快好省地建设社会主义"的社会主义建设总路线，号召全党和全国人民，争取在15年或者更短时间内，主要工业产品产量赶上和超过英国。会上通过了第二个五年计划，提出一系列不切实际的任务和指标。会后，全国各条战线迅速掀起了"大跃进"的高潮，各地纷纷提出工业"大跃进"和农业"大跃进"的不切实际的目标，片面追求工农业生产和建设的高速度，造成经济工作中的急于求成、急躁冒进和灾难性的后果。

住房在国民经济建设中仍然处于次要地位，前一时期初步建立的城市福利住房体制得到延续和加强。"大跃进"要求住房建设进一步为工业生产让步，住房设计中节约原则走向极端，这个时期基建"大跃进"，建造了一大批质量低劣的住房。

2) "人民公社"集体化生活

马克思认为资本主义生产方式是造成城乡矛盾、大城市病的根源，社会主义社会的城市与农村应该相互融合，"人民公社"思想就是在此理论基础上建立的，带有共产主义色彩，意图通过新的社会组织形态消灭城乡差别。

人民公社运动首先在我国农村展开，在"左倾"意识形态的引导下，农村人民公社化的发展异常迅速。1958年7月提出人民公社的概念，8月底中共中央政治局会议通过《关于在农村建立人民公社问题的决议》，9月底建成26.5万个公社，99.1%的农户入社。"人民公社"初期实行按需分配，工资制度被供给制取代，因为工资制被认为是资本主义等级制度的体现。1960年3月，中央要求各地放手发动群众在城市中试验组织各种形式的人民公社，7月底，全国大中城市中已建成1000多个城市人民公社，参加人数占城市总人口的77%。"人民公社"在空间上具有如下特点。

（1）功能综合

由于强调消灭城乡差别，要求城市居民点"工、农、商、学、兵"结合，生产与生活结合，一些小工业被引入居民点，组织家庭妇女和老弱病残者参加劳动。居民点分布会议室，满足居民随时参加政治活动的需求。为体现全民皆兵的思想，一些居民点内还设置了练兵场。

（2）强调集体化生活

在社会主义生产资料公有制基础上，社会化大生产要求人们的生活也要集体化，人民公社内强调集体生活和集体劳动、妇女解放和家务劳动的社会化。例如：居民统一在食堂就餐，各户住房不设厨房；各户的洗缝补也由集体劳动完成；家庭妇女被组织参加街道工业，照顾托幼和老人的工作也由街道办统一组织等。城市人民公社的基本单位规模为2000人左右，这是按照使用同一公共食堂的合适人数确定的。

1964年，随着大庆"干打垒"精神与经验向全国推广，大庆矿区生活区开始尝试人民公社思想的一些新的规划方法：生产单位与生活区相邻，方便职工上下班；每个生活区都有一部分农田，组织家属参加农业劳动，为职工家庭提供食物。"干打垒"是一种简易的筑墙方法，在两块固定的木板中间填入黏土。相比砖混结构，"干打垒"房屋建造快、造价低，大庆油田在很短的时间内缓解了住房问题。大庆是一座平地建起的城市，这种工业与农业生产相结合、自给自足的组织方式，既方便生产，又满足职工的基本生活需求，在当时看来，在某种程度上这种模式代表了社会主义理想的生活组织模式。

贵州省贵阳市南明区"河滨城市人民公社"于1960年2月成立，社员7万多人、1.0万多户，80多个公共户单位。公社成立后，按照上级指示，以大力发展生产为主，组织和服务于城市人民生活。当时人们对公社的认识简单，好像公社建立就能向社会主义迈进一大步，加上办事处工作基础好，在那种大干快上精神的鼓舞下，大伙的劲头更大，夜以继日地工作。到处是轰轰烈烈、热气腾腾的景象，街道上兴办了一批企业，如汽修厂、五金厂、马板车厂、纸盒厂、淀粉厂、缝纫厂等。这些企业当时的经济效益都比较好，还节余70多万元上交区财政，这在当时是个不小的数字。在组织服务群众方面，公社办了服务站、托儿所、幼儿园、医院、保健所、学校、食堂、商店、敬老院等，这些服务行业不但为辖区居民群众服务，更是为双职工解除他们的后顾之忧。当时在公园南路等路段兴办了街道食堂，法院街食堂还是一家很不错的公共食堂，办在文化路的托儿所还被评为全国先进托儿所。

人民公社的特点："一大二公"，具体是指，第一，人民公社规模大，人多（几千户、一万户、几万户），工农商学兵，农林牧副渔；第二，人民公社公有化程度高，就是比合作社更要社会主义，人民公社要兴办公共食堂、托儿所、缝纫组，全体劳动妇女都可以得到解放。人民公社是政社合一，那里将逐步没有政权……城市人民公社是当时"左"的思想指导下进行的试验。1961年下半年，贵阳市南明区根据上级指示,城市人民公社只保留牌子,恢复原河滨联合办事处的管理体制。到1962年8月,贵阳市南明区的城市人民公社化运动宣告终结。(https://view.news.qq.com/a/20140213/007552.htm)

3)城乡二元社会结构

"一五"期间城乡二元经济结构基本形成。"大跃进"时期打破人口流动的限制政策,1957年我国农村劳动力人口有1.93亿,到1958年农村劳动力人口减少了3800多万,城市人口迅速增长,国家负担加重。"一五"期末,为控制城市人口快速增长,巩固城乡二元经济结构,1958年1月,中共中央国务院发布《中华人民共和国户口登记条例》,开始实行严格的户籍管理制度,将居民户口分为农业户口和非农业户口两大类,规定一般情况下农业户口不可以改变身份,成为非农业户口的城镇居民。到1964年精简城市人口的目标基本完成后,国务院批转公安部文件,进一步严格限制户口由农村向城镇的迁移。在此基础上,逐步形成了我国特有的制度化城乡二元社会结构。

城乡二元社会结构是由一系列制度促成的,城镇住房制度是其中之一,即城镇居民享有获得公有住房分配的权利和住房补贴,农村居民住房消费由自己负担,二元制也是改革开放后农村流动人口在城市遭遇不平等待遇的根本原因。

4)低标准建设、基建压缩与私房改造

"大跃进"时期住房建设提倡节约,降低每平方米住房的造价,减少使用钢材等紧缺材料。由于不顾安全,盲目降低住房建筑主要构件的数量和标准,使这个时期的住房质量低、标准低,后来被归纳为"矮、窄、薄"住房,给居民生活带来了极大的不便和隐患。

从1958年到1965年的8年间,住房建设投资只占基建总投资的4.82%,远远低于"一五"期间9%的水平。但是"大跃进"期间基本建设投资大幅度增加,实际竣工住房面积1.53亿m^2,比"一五"时期增加62%(吕俊华等,2003:150)。另一方面,"双百"方针以来在反思学苏中形成的结合国情、民情的住房设计思想,尤其是调整整顿时期注重调查研究的风气,给住房设计再次注入了客观求实的精神。

1956年起,政府开始推动城市私有住房的社会主义改造,改造手段包括公私合营、国家经租和赎买等,房主可分享一定比例的租金收益。该政策面临诸多阻力,直到1964年7月,政府正式宣布私人性质的租赁住房不再存在,基本完成私房改造任务。1966年进入"文化大革命"时期,国家政治和社会结构失序,城市私有住房被政府大量没收或接管,一些被认定为资本主义家庭的住房被红卫兵非法占用。

2. "文化大革命"与房管体制破坏（1966～1978年）

从1966到1976年，席卷全国的"文化大革命"对国家的社会、政治、经济发展造成了严重破坏，城市规划和房产建设管理机构一度瘫痪。1960年11月第三次全国计划会议上提出"三年不搞城市规划"。1967年撤销国家房产管理局，城市维护费用被大量挪用，城市房屋、市政设施和公用事业设备普遍失修，危房增多。

由于这段时期人口与土地问题凸显，一些大城市开始建设高层住房，增加土地利用的强度，住房主要在旧城零碎地块上"见缝插针"式地建设，"三五"期间城市住房竣工面积还不到"二五"时期的一半。20世纪70年代初，邓小平主持中央工作后，政府着手恢复城市规划的制订与审批，改善城市建设管理，住房投资有所恢复，在基本建设投资中所占比例在5%上下波动，但是1970年滑至2.6%的中华人民共和国成立以来的最低点。

由于住房建设发展缓慢，城市居民居住状况没有明显变化，人均居住面积维持在4m^2左右的水平。20世纪70年代前后建造的城市住房一般每户建筑面积为27～35m^2，相当于居住面积14～18m^2，平均每人居住面积3.5～4m^2；厨房大多数为合用，平均每户2.5～3.5m^2；给水排水有楼外集中、每层集中、隔层集中等几种方式；厕所主要为室外旱厕、每层集中。"文化大革命"后期，标准提高后情况略有改善（吕俊华等，2003：173-175）。

3. 改进住房设计标准

随着设计标准和原则的转变，住房设计对苏联内廊单元式设计标准进行了改进，按照我国的气候条件、经济和生活水平与要求进行合理化处理。例如，住房单元五开间改造成六开间，四个两室户，朝南的房间全部为居室，中间的两户居室全部朝南，可以由两户合住，两侧的两户各有一间居室朝南朝北，分配给人口较多的家庭居住，保证每户都至少有一间居室朝南。1958年北京的8014住房设计标准虽然使用2-2-2住房单元的基本布局，但是房间面积明显变小，大居室面积为13～14m^2，小居室的面积在9m^2左右，厅的面积很小，没有餐厅、客厅之分，但基本上可以做到独门独户（图5-5～图5-7）（吕俊华等，2003：155-156）。

1973年国家建委颁发的《对修订住房、宿舍建筑标准的几项意见》中规定：住房平均每户建筑面积34～37m^2，严寒地区36～39m^2；宿舍住房以楼房为主，大中城市为4～5层；单方造价南方、北方和严寒地区分别控制为每平方米不超过55、65、80元。这个标准比1966年的标准有大幅度提高，同时住房面积控制从居住面积改为建筑面积。从住房标准上看，独门独户、满足家庭使用要求的小面积住房思想被普遍接受，但是由于每户面积偏低，所以住房单元类型以短外廊为主，一般是一梯四个两室户，厕所合用，厨房单独使用，平面类型保证每户朝向与通风，节约分摊的每户面宽，节约用地。

图 5-5 短外廊住宅单元平面

资料来源：吕俊华，彼得·罗，张杰.中国现代城市住宅（1840—2000）[M].北京：清华大学出版社，2003：155

图 5-6 1958 年 8014 住宅单元平面

资料来源：吕俊华，彼得·罗，张杰.中国现代城市住宅（1840—2000）[M].北京：清华大学出版社，2003：155

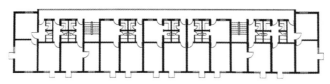

图 5-7 上海外廊式住宅平面

资料来源：吕俊华，彼得·罗，张杰.中国现代城市住宅（1840—2000）[M].北京：清华大学出版社，2003：156

5.1.3 福利住房制度阶段的住房政策特征

从 1949 至 1977 年这一段时期，我国经济发展总体上处于颠簸和不稳定状态，1958 年开始的"大跃进"和 1966～1976 年的"文化大革命"尤其具有破坏性，加之对现代化梦想的追求，强调先工作后生活，住房建设受到相对的忽视。到 1970 年年末，我国城市出现严重的"房荒"问题，严重影响职工正常的工作、生活和休息。"全民福利"的住房制度既没能够达到该政策的初衷，又给国家财政带来了很大的负担，这段时期我国城市住房具有如下特征。

1. 低水平福利住房

基于社会主义计划经济的意识形态，这一段时期市场经济在我国基本被消灭，住房建设也是按照计划经济来安排，城镇住房转变为职工福利性质，即：住房产权公有、实物分配、低租金使用；政府和职工单位承担职工住房建设、分配、管理和维修养护的责任；国有土地使用权行政划拨，无偿、无限期提供，不允许自由流转。房地产业没有被当作一种资源和经济发展要素，没能有效调节社会资源，住房短缺问题一直没有合理解决。

由于政府财政投入不足，住房供不应求，住房福利政策解决住房问题的成效并不明显。1980 年全国总人口 9.6 亿，城镇 3400 个，城镇化率为 19.39%，城镇人口 1.1 亿，其中设市城市 190 个，人口 7600 万。中华人民共和国成立 30 年以来，全国城镇新建住房建筑面积 4.93 亿 m^2，人均居住面积由 1950 年的 4.5m^2 下降到 20 世纪 70 年代末的 3.6m^2（人均建筑面积 6.7m^2）。尽管租金低，房租占家庭收入的比例只有个位数。参照 1981 年的数据（表 5-3），公房在所有住房中占比约为 82.2%，其中地方政府所有的直管公房占比 28.7%，单位所有的自管公房占比 53.5%，私房占比为 17.8%。1985 年第一次全国住房普查显示，当时全国城镇户均居住面积上升为 22.78m²，平均 3.74 人/户，人均居住面积为 6.1m²，在大城市的许多地区人均居住面积更低。全国城镇 21.2% 的居民人均居住面积低于 4.0m²，其中无房家庭有 120 多万户，住房拥挤家庭多达近 1000 万户（表 5-4）。

1981 年年底我国城市房屋保有量 表 5-3

住宅保有量		所有产权（百万 m²）	住宅	
			面积（百万 m²）	占比（%）
公有产权		1410	584	82.2
其中	本地政府	280	204	28.7
	工人单位	1130	380	53.5
私有产权		130	126	17.8
全部保有量		1540	710	100

资料来源：《中国经济年鉴》，1983 年

1985 年全国住房条件和住房问题普查 表 5-4

A. 人均居住面积	户数（千）	占比（%）
2m² 以下	1417	5.4
2～4m²	4127	15.8
4～6m²	7264	27.8
6～8m²	5826	22.2
8～10m²	3230	12.3
超过 10m²	4330	16.5
总户数	26194	100
B. 有问题的家庭总数	7541（28.8%）	100
没有合适的住房	870	11.5
结婚后没有独立的家	308	
非住宅建筑	209	
临时住房	267	
与亲戚住在一起	86	

续表

B. 有问题的家庭总数	户数（千）	占比（%）
不方便（共用一个房间）	3165	42.0
三代同堂	369	
父母和成年子女	1591	
长大了的兄弟姐妹	729	
两个家庭	89	
其他	387	
过于拥挤	3506	46.5
2m² 以下	568	
2~4m²	2938	

资料来源：国家统计局，1989. 转引自：Ya Ping Wang, Alan Murie. Housing Policy and Practice in China[M]. Palgrave Macmillan UK，1999：110

由于"文化大革命"期间住房建设严重滞后，1978 年全国城镇人均住房建筑面积反而较 1950 年下降 20%，缺房户占比达 47.5%。随着改革开放后住房建设加快，到 1985 年城镇人均居住面积增长至 6.1m²，但缺房户依然高达 28.79%（表 5-5）。其中，婚后无房、暂住非住宅建筑、暂住临时简易房、暂住亲友房等"无房户"占比 3.2%；三代同室、父母成年子女同室、成年兄妹同室、二户同室等"不便户"占比 10.4%；人均居住面积 4m² 以下的拥挤户占比 12.8%。全国城市缺房户共 323 万户，占居民总户数的 17%。

1985 年我国城镇住房普查情况　　　　表 5-5

项目	情况	项目	情况
普查户数	2619.41 万	户均建筑面积	48.82m²
常住人口	9777.17 万	户均使用面积	34.42m²
家庭规模	3.74 人/户	户均居住面积	22.78m²
总建筑面积	127866.4 万 m²	套均建筑面积	56.24m²
总使用面积	90154.30 万 m²	人均使用面积	9.22m²
总居住面积	59661.20 万 m²	人均居住面积	6.10m²
成套住宅总建筑面积	46420.65 万 m²	住房困难户	754.11 万
成套住宅套数	825.47 万	困难户比率	28.79
住宅成套率	36.30		

资料来源：国家统计局，1989 年

2. 住房投资匮乏

由于公房制度长期实行无偿分配和低租金的福利体制，住房的投融资机制被严重扭曲。1952~1978年，我国包括农村住房在内的住房总投资仅占同期基本建设投资的7.5%，占GDP的0.7%。有限的住房建设资金和持续增长的职工数量之间的矛盾导致住房严重短缺，住房供给面积和建造质量普遍处于较低水平。低租金导致维护资金不足，老旧住房缺乏整修，建筑质量和居住环境偏差。住房投资严重不足导致全国主要城市都面临住房严重短缺。

危房棚户改造慢，各城市都有一批危房急待维修，许多城市还有旧社会遗留下来的棚户没有得到改造。上海市当时人口1098万，其中100多万人住在共500万m^2的棚户内；广州市还有3000多户"水上居民"没有上岸；哈尔滨的"三十六棚""十八拐"，青岛的"菜市场"，西安的"豫民巷"，北京的"南营房""北营房"等地方，居住条件十分恶劣。

3. 租不养房

公有住房的房管部门一直强调"以租养房"的原则，但由于城镇居民实际生活水平降低，工资水平低，房租不断调低，城市住房租金低于维护成本，导致住房长期缺乏必要的维护和修缮。例如，北京市房管部门直管公房平均房租水平由1957年的每平方米2.2元左右下降到1958年的每平方米1.2元左右。湖南省长沙市公房平均租金1951年为每平方米0.24元，占平均家庭收入的12.6%。尽管1956年房租有所上涨，但所占平均家庭收入下降为10.4%。1977年房租进一步下降，仅占平均家庭收入的2.2%（表5-6）。

1951~1980年湖南省长沙市公房平均租金变化　　表5-6

年份	月平均租金（元/m^2）	房租占家庭收入的比例（%）
1951年	0.24	12.6
1952年	0.28	12.6
1953年	0.32	12.7
1954年	0.37	13.7
1956年	0.31	10.4
1958年	0.29	6.6
1963年	0.26	5.5
1973年	0.19	5.9
1977年	0.095	2.2
1979年	0.095	1.9
1980年	0.095	1.4

资料来源：Huang, et al, 1991. 转引自：Ya Ping Wang, Alan Murie. Housing Policy and Practice in China[M]. Palgrave Macmillan UK，1999：97

4. 低住房建设标准

为减少钢材等紧缺材料的使用，公有住房建设标准和单位造价一再降低，出现"干打垒"这样造价低廉的建筑类型，人均住房面积不断减小。如何降低造价成为住房建设标准和住房设计的核心问题，有关合理分室、分户问题的讨论推动了各种小面积住房的研究（表5-7、图5-8）。从政府行政管制的设计标准上看，"一五"时期提出的"目前4m²、近期6m²、远期9m²"居住面积标准，实际上被1957年提出的人均居住面积4m²所取代。尽管在当时，这一时期建造的相当数量的房屋解决了部分市民急需住房的问题，但是由于标准较低，加之家庭人口增加，导致居住拥挤。

1981年我国住房建设标准　　　　　　　　　　　表5-7

类别	平均建筑面积（m²）	目标社会群体
Ⅰ	42~45	a）在新工业企业工作的工人
Ⅰ	50	b）在新工业区和偏远工业区的工人
Ⅱ	45~50	c）城市居民 d）在旧工业企业工作的工人 e）县级政府、文化卫生研究、设计机构的官员和一般工作人员
Ⅲ	60~70	f）讲师、助理研究员、工程师、医生等同级专业人员 g）县处级领导干部
Ⅳ	80~90	h）教授、首席工程师、主治医师及其他同等级专业人员 i）省部级领导、局级领导及其他同级别领导干部

资料来源：国家城市建设局，1981. 转引自：Ya Ping Wang, Alan Murie. Housing Policy and Practice in China[M]. Palgrave Macmillan UK，1999：123

5. "单位制社会"

由于资源限制和强调生产优先于生活，住房建设形成了"条块分割"的投资体制，各个企事业和政府工作单位负责建设各自的职工住房。因此，每个单位无论规模大小，都需要建立一整套生活福利设施，这样就构成了这段时期我国所独特的居住与工作相组合的"单位制社会"，一个单位就构成了一个"大院"，院内生产与生活功能"自给自足"，居民共享生活福利设施，彼此之间相互熟悉；院外则"相互隔离"，不能共享生活福利和公共设施。

公有住房被视为福利，根据职工所属的单位性质、级别身份、工作年限等进行住房分配。不同单位之间的住房福利存在着水平差异，单位分为国营和非国营两种主要类型，前者主要是中央、省市、区县的各机关部门以及不同层级的全民所有制厂矿企业，后者主要是集体所有制单位，在生产、经营、销售、上缴利税和分配上两个系统各不相同。个人福利条件的差别不是由个人收入决定，而是由单位的性质决定。国营单位的干部职工住房是列入国家年度财政计划，由国家统一投资与建设

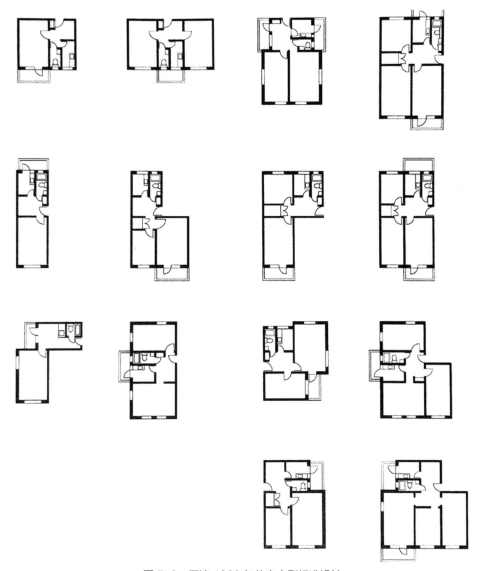

图 5-8 天津 1980 年住宅户型标准设计

资料来源：吕俊华，彼得·罗，张杰. 中国现代城市住宅（1840—2000）[M]. 北京：清华大学出版社，2003：213

分配；非国营单位的职工不享受分配新建住房。国家财政主导城市住房的投资与建设，城市新增住房主要由国家财政拨款，国家根据生产单位上缴利润的多寡或行政事业单位的级别决定向其拨付其资金的额度，建造住房所需土地由政府无偿划拨。据 1983 年的调查，北京市中央级单位职工的人均住房投资为 1880 元，人均居住面积为 $8.29m^2$，而市级单位分别为 490 元和 $5m^2$。公有住房的流转基本限于单位内部，职工调离工作或换房时，需腾退原住房。另外，单位以外的居民几乎被排除在住房分配体系之外。

同一单位内部的住房福利也存在基于级别身份不同产生的垂直差异。1955年9月,我国在实行军衔制的同时,在全国实行行政级别工资制,行政级别从1级到24级,工资等级一直延续到20世纪80年代末。刚就业的职工一般为20多元,普通办事员为23、24两级,工资分别为50元和45元;较高级别的副处长为14~16级,工资为113~141元。当时城市居民一般每人每月平均生活费为8、9元,40元左右月薪可以支撑一个五口之家。薪金制工资等级制度确立后,中央制定了相应的住房等级标准,成为此后各单位住房建设与分配标准的依据,城镇新建住房的分配基本按等级供给。

尽管存在水平和垂直差异,但是总体上不同家庭住房均处于一种短缺状态。有些工人说:"中华人民共和国成立以来,我们在政治上、经济上都翻了身,就是住房没有翻身。"迅速改善居住条件已经成为广大群众的迫切要求。

5.2 双轨制住房供给阶段(1978~1997年)

随着改革开放和全面恢复经济建设,住房制度进入改革阶段,依靠市场来配置资源,实现住房的福利和商品双重属性。这个渐近性的推进过程可以分为三个阶段:1980~1987年的试点阶段、1988~1993年的起步阶段和1994~1997年的深化阶段。作为过渡性阶段,这个时期福利体制与市场化改革同时存在,住房新、旧制度"双轨"并行。

5.2.1 住房改革试点阶段(1978~1987年)

为寻求解决住房问题的办法,中央政府不断探索新的城镇住房政策,先后试行了"私人建房、全价出售""补贴出售""提租增资",以及"提租不补贴"和"住房公积金"等措施,逐步将福利住房推向商品化住房和社会化管理,加速城镇住房制度改革。

1. 私人建房与公房出售(1978~1981年)

1978年9月,中央政府召开城市住房建设会议,国务院批转国家建委《关于加快城市住房建设的报告》,国务院总理谷牧在会上传达了邓小平有关住房问题的指示,指出解决住房问题可以路子宽些,"譬如允许私人建房或者私建公助,分期付款,把个人手中的钱动员出来。"由此开启了我国城镇住房制度改革的先河。1980年4月2日,邓小平同志发表关于建筑业和住房问题的讲话,指出:"从多数资本主义国家看,建筑业是国民经济的三大支柱之一,这不是没有道理的。过去我们很不重视建筑业,只把它看成是消费领域的问题。建设起来的住房,当然是为人民生活服务的。但是这种生产消费资料的部门,也是发展生产、增加收入的重要产业部门。要改变一个观念，就是认为建筑业是赔钱的。应该看到，建筑业是可以赚钱的，是可以为国家增加收入、增加积累的一个重要产业部门。在长期规划中，必须把建筑业放在重要的地位。建筑业发展起来，就可以解决大量人口就业问题，就可以多盖房，更好地满足城乡人民的需要。关于住房问题，要考虑城市建设住房、分配房屋的一系列政策。城镇居民个人可以购买房屋，也可以自己盖。"这段话表明住房性质可以从根本上改变，即从福利性的公共产品转变为私人拥有的自有住房，这为我国房地产业和住房市场发育提供了指导思想。

在理论研究的推动下，住房管理体制的改革也开始起步。1980年6月，中共中央和国务院批转《全国基本建设工作会议汇报提纲》，正式提出实行住房商品化政策，"准许私人建房、私人买房、私人拥有自己的住房"，这是对中华人民共和国成立后把住房看做福利品的传统观念的一次重大颠覆。从此，住房制度改革在各地逐步展开。邓小平指示：1985年城市平均每人居住面积要达到$5m^2$。据初步匡算，190个城市要实现平均每人居住面积$5m^2$的目标，7年共需建造4.34亿m^2建筑面积，其中包括补还"欠账"、旧房拆迁面积补偿、城市净增人口及居住区内配套建设（如新建住区内的基层商业服务网点、托儿所和人防工程等）的建筑面积。造价平均按每平方米100元计算，需投资434亿元。加上居住区内的道路、给水、排水、供暖、供电等设施建设费用，按住房及配套建设投资总额的10%计算，需投资43亿元。总计7年共需投资477亿元，平均每年68亿元。报告提出，为了实现上述目标，有些地方可以组织华侨用侨汇建设私人住房；有条件的城市和工矿区可以试行"自建公助""分期付款"的办法，鼓励组织和个人集资建房，尽量不占或少占良田。按国家建委《关于厂矿企业职工住房、宿舍建筑标准的几点意见》，每户平均建筑面积一般不超过$42m^2$。如采用大板、大模等新型结构，可按$45m^2$设计，降低住房造价5%。上海市委决定，今后每年要建造住房100万m^2，1985年争取达到平均每人居住面积$5.5m^2$。

1980年7月26日，国务院发布了《关于中外合营企业建设用地的暂行规定》，指出"中外合营企业用地，不论新增土地，还是利用原有企业的场地，都应当计收场地使用费"，"场地使用费可以作为我国合营者投资的股本"。城市土地有偿使用，改变了人们长期形成的土地无偿使用的传统观念，开始利用经济手段促进住房资源的合理利用，提高了城市土地利用效益，增加了国家和地方政府财政收入，拓宽了城市基础设施建设资金来源的渠道。这些改革措施的实施，推动了房地产业的成长。

为了盘活民间资金，使政府资金回流，政府推出"公建私助"，机关和企事业单位在建房资金不够的情况下，先由单位建房，再由职工私人补助资金，部分干部职工每平方米出20多元，就可圆住房梦。1979年试行新建住房向职工出售的政策，1980年4月将公有住房出售与私人建房结合推行。对于私人建房，主要采取四种形式:"民建公助""公建民助""互助自建"以及"自筹自建"。私人建房与公有住房全价出售,充分调动了各方积极性,在一定程度上减轻了国家负担,缓解了城镇住房困难的窘境,同时也暴露出一些问题:新建住房出售量占同期新建住房总量的比例依然很小,全价售房价格高,大部分人支付困难,许多人对购房抱着观望态度。

2. 补贴出售(1982～1985年)

在公有住房全价出售的政策下,发生了一些矛盾:职工工资水平偏低,未表现出很大的购房积极性;政府以土建成本价售房导致资金无法迅速回笼;低租金制度未曾被触及。在总结成本价出售住房的基础上,1982年国务院批准国家建委、城建总局提交的《关于城市出售住房试点工作座谈会情况的报告》,自此以土建成本价出售新建住房的办法基本停止,国家开始试行补贴出售政策,即由政府、单位、个人三者各负担1/3的"三三制"售房原则,售价确定仍然以土建成本价为标准,但公共设施建设费用、建筑税和能源交通费不计入成本,价格大致在每平方米150～200元之间,个人负担部分仅相当于家庭年收入的2倍。1982年国务院选择江苏常州、河南郑州、湖北沙市、吉林四平四个城市进行"优惠售房"试点。改革的主要内容是对新建住房试行补贴出售,对原有住房折价出售。个人购买住房,一般来说,要支付售价的1/3,其余2/3由建设单位补贴。四个城市的试点对当时的住房制度冲击很大,虽存有争议,但也取得了突破性进展。1984年,国务院在总结试点经验的基础上,进一步将试点工作扩大到京津沪三个直辖市,同时由各省、自治区自行确定省、自治区内的扩大试点城市。下面是常州市的实施执行情况,该方案出台后,首批出售158套住房,第一天登记认购的就有450户之多,10天内登记认购的逾千户。截至1985年年底,常州市共出售新建住房1657套,计92156m²。

1983年1月17日,常州市人民政府批转了市建委、市房管局《关于在我市试行对私人补贴出售住房的请示报告》。该方案的主要内容是:政府或各单位投资新建的住房,都可以补贴售给个人;凡是市区正式户口的本市干部、职工以自住为目的,均可申请购买住房,无房户、拥挤户、不方便户和其他特殊需要户,可以优先购买;新建住房出售给个人均执行全市统一售价,成本价与个人出资的差额由政府或企事业单位承担;私人购买住房,由本人支付售价(全市均暂定为每平方米建筑面积150元)的1/3,其余部分由政府或企事业单位补贴,补贴部分,属于机关团体和文教卫体等行政事业单位(不包括有利润收入的单位)的职工,由政府承担,有利润收入的企事业单位投资建造的住房,出售给本单位职工(包括退休职工),补贴部分由本单位承担;个人购买住房可采取一次付款或分期付款两种办法,一次付款的,可再享受20%的优惠,分期付款的,首次支付不少于50%,余款还款年限最长为5年。个人购买的补贴出售住房,产权归购买者所有,由市房管部门发给住房产权证书,受国家法律保护；分期付款者，待房款交清后发给产权证书，买房人负责住房室内及设备的维修，住房楼的外山墙、屋顶、楼梯、外走廊、给水排水主管道、垃圾井等公共部位为共有产权，买房人按住房建筑面积交纳公共部位维修费。（资料来源：http：//www.360doc.com/content/18/0423/15/47925379_748083218.shtml）

补贴出售公有住房不仅受到急需用房群体的欢迎，而且冲击了低租金无偿分配制度。公有住房补贴出售打破了城镇职工依靠国家分配住房的思想束缚，推动了城市住房制度的改革，为部分可能长期分配不到住房的职工解决了住房问题，缓解了国家财政紧张的局面。然而，这些试点验证了职工有购房需求和一定支付能力，也暴露出在旧公房低租金制未触动的情况下，租买比价不合理，使得公房体制内部分人群对自购住房兴趣不高，售房对于住在公房且住房条件较好、租金低的人来说，有损其利益；补贴售房改革让地方政府和单位背负上过重的财政负担。因此，1985年10月国务院房改领导小组负责人在全国房改试点城市座谈会上宣布，停止补贴出售公有住房的试点。

1984年召开的中国共产党第十二届三中全会，通过了《中共中央关于经济体制改革的决定》，确立了社会主义经济是有计划的商品经济，在理论上突破了把计划经济与商品经济对立起来的传统观念。在有计划的商品经济理论的指导下，把住房制度改革和住房经济发展推进到了一个新的阶段。

1984年以来，依据城市土地所有权和使用权分离的理论，深圳经济特区借鉴香港土地使用制度的经验，在坚持城市土地国家所有的前提下，按照土地所有权和使用权分离的原则，将城市国有土地使用权，按照一定的年期，出让给土地使用者，一次收取使用年期内的全部租金。取得土地使用权的土地受让者，可以对有限的土地使用权进行转让、出租和抵押。在这种思想指导下，深圳特区以协议、招标、拍卖三种出让方式，出让国有土地使用权。在深圳特区城市土地使用制度改革的推动下，1988年，福州、海口、广州、上海、天津等城市相继推出出让城市土地使用权的试点，城市土地使用权市场逐步发育。

3. 提租补贴（1986～1987年）

前几年住房政策探索一直未曾触及低租金与低工资制度，低租金未激发职工的住房购买欲望，低工资也是职工住房购买能力的一大障碍。1985年工资制度改革出台，要求机关事业单位实行以职务工资为主的结构工资制，企业实行工资总额与经济效益挂钩（图5-9）。1978年上海年平均工资仅为672.56元，相当于每月56.04元。1984～1986年间，年平均工资增长幅度在20%左右（图5-10）。1986年国务院住房制度改革领导小组提出"提高工资、变暗补为明补、变实物分配为货币分配、以提高租金促进售房"的整体房改思路，国家开始改革低租金住房政策，试行

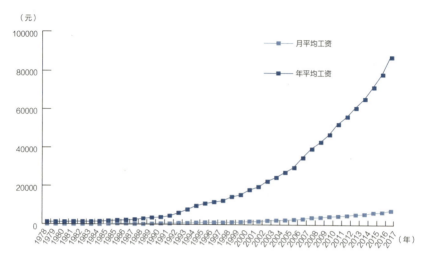

图 5-9　1979~2017 年我国职工工资变化

资料来源：《中国统计年鉴》，2018 年

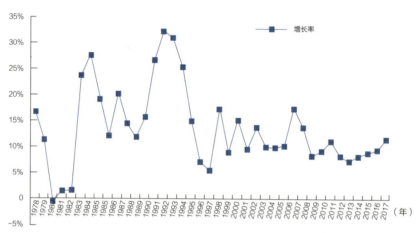

图 5-10　1979~2017 年上海工资增长率变化

资料来源：《上海统计年鉴》，2018 年

提租补贴的住房方案。1986 年国务院成立"住房制度改革领导小组"和"领导小组办公室"，确定住房制度改革重点在于逐步提高房租。改革从烟台、唐山、蚌埠、常州以及江门等试点城市先行，租金按准成本起步，月租金由原来的每平方米使用面积 0.07~0.08 元提高到 1.0 元以上，相当于由维修费、管理费、折旧费、投资利息和房产税 5 项因素构成的成本租金的 70%~80%。公房按包含建筑造价、征地和拆迁补偿费的标准价出售。试点城市试行反映效果良好，一些用户认为购买新房更划算。

1987 年国务院印发《城镇住房改革试点工作座谈会纪要》，明确提出住房制度改革不能仅靠财政，还需要金融手段。同年 12 月，经国务院同意中国人民银行批准，我国第一家住房储蓄银行在烟台成立，专门经营住房信贷，主要办理住房和其他房产生产、流通领域的存贷业务和投资开发业务，以及居民住房专项储蓄存款及个人买房长期低息抵押贷款业务，提租补贴的相关金融措施推动了住房商品化。

然而，住房投资资金来源依然沿袭依靠国家与单位积累资金的筹资机制，据测算，1978年各类住房补贴为47.2亿元，相当于职工收入总额的7%，国民生产总值的1.3%。1988年住房补贴总额为583.7亿元，相当于职工收入总额的16%，国民生产总值的4.2%。1988年住房补贴是1978年的11.4倍，而当年国家财政收入总额不过才2587.82亿元，财政赤字是80.49亿元。整个20世纪80年代，各级政府与单位对城镇职工给予的住房补贴平均为国民生产总值的3.17%，加上城镇住房建设投资，合计占国民生产总值的13.86%。这个期间提供住房福利的责任更多地从国家转向企业，国有企事业单位的自筹资金占到城镇住房建设投资的60%~70%，这对企业来说是很大的负担，严重制约了经济发展。福利住房分配制度在20世纪80年代继续延续和扩张，公房出售和提租这些改革措施不但不能从根本上解决住房危机，反而还扩大了原来的不公平。

5.2.2 住房改革分期分批推行（1988~1993年）

这一阶段是住房制度改革全面推行的起步阶段。1988年全国范围内出现了严重的通货膨胀，零售物价总指数上升了18.5%，银行储备开始下滑，国家财政无力承担提租增资的启动资金，住房制度改革实际执行中出现了出售公房回笼资金的情况，售价低廉。据不完全统计，这一年全国共出售旧公房654万m^2，每平方米仅回收资金65.7元。

在试点基础上，1988年年初国务院召开了第一次全国住房制度改革工作会议，通过了《关于在全国城镇分期分批推行住房制度改革的实施方案》，提出城镇住房制度改革的目标是：按照社会主义有计划的商品经济的要求，实现住房商品化。从改革公房低租金制度着手，将实物分配逐步改变为货币分配，由住户通过商品交换，取得住房的所有权或使用权，使住房这个大商品进入消费品市场，实现住房资金投入产出的良性循环，从而走出一条既有利于解决城镇住房问题，又能够促进房地产业、建筑业和建材业发展的新路子。该方案明确提出从1988年起，用3~5年的时间在全国城镇分期分批实行住房低租金制度改革，通过财政、税收、工资、金融、物价和住房管理等方面的配套改革，改变资金分配体制，把包括住房在内的住房开发、建设、经营、服务、消费纳入社会主义有计划的商品经济大循环，为实现住房商品化奠定基础。住房制度改革的主要政策内容如下。

（1）调整公房租金

租金标准按住房的折旧费、维修费、管理费、投资利息和房产税五项因素计算，以全国测算，每平方米使用面积月租金平均约为 1.56 元。

（2）发放住房券

给住公房的职工发住房券。按全市职工平均使用面积、每平方米平均新增租金和职工平均发券工资基数，计算出住房券发券额占工资的比例，即发券系数。发券系数乘职工本人计券工资基数，就是职工应得的住房券金额。发券系数控制在 25% 以内，发放的住房券总额与新增加的租金总额持平。

（3）建立住房基金

1988 年国家和企业、事业单位用于新建的职工住房资金达 200 多亿元，加上为维修、管理现有住房 24 亿 m^2，每年支出几十亿元，以及单位发给职工的住房消费补贴等总数约 300 亿元。住房制度改革所需资金采取暗补改明补的原则，立足于现有资金的转化，把围绕住房生产、经营、消费的资金集中起来，建立城市、企业事业单位、个人三级住房基金。城市住房基金从市财政原来用于住房建设、维修和房租补贴的资金，当地提取的住房建筑税、房产税及出售直管住房回收的资金中筹集。企业和事业单位的住房周转基金，从原来用于住房建设、维修、房租补贴资金，预算外收入按一定比例提取的住房折旧费、大修理基金，以及从后备基金、福利基金、结余的奖励基金分离出来的部分，都要纳入住房周转基金。职工个人购、建房基金，从个人结余的住房券和企业用于职工其他消费支出的节余部分中筹集。

（4）住房多交租

对少数因为提高房租而增加支出较多的生活困难户，可视其家庭人均面积的不同情况，对新增加的租金实行一定时期内（如三年内）减、免、补助的政策，全市补助金额最多不得超过发放住房券总额的 5%，资金来源从城市住房基金中统筹。

（5）公有住房出售

合理确定住房售价。新建住房按标准价出售，标准价包括住房本身建筑造价、征地和拆迁补偿费。其他公共设施建设费用、建筑税和能源交通重点建设基金等不摊入标准售价之内。砖混结构的单元套房，每平方米建筑面积售价一般不能低于 120 元。

（6）金融支持

配套改革金融体制，调整信贷结构，成立住房储蓄银行。对于购买公有住房的家庭，一次付清出售房款的，产权单位予适当优惠；无力一次付清的，先付不少于房价 30% 的现款，剩下部分可向银行申请长期低息抵押贷款。留利多的企业单位，可以根据条件给低收入的职工贴息。贷款期限根据职工的偿还能力和贷款金额而定，新房一般不超过 15 年，最长不超过 20 年，旧房最长不超过 10 年。购房户每月还本付息，除以住房券抵交外，还应拿出占家庭工资收入 10%~15% 的现金。

（7）先卖后租

各单位的新建住房尽可能做到大部分出售，小部分出租，主要租给低收入者。

旧房要有计划优先出售给原住户。职工买到住房后，产权归个人所有，包括使用、继承和出售，出售的增值部分，本人只能分得相当于原来所付房价占当时综合造价比例的部分。

（8）税收优惠

经营单位向职工个人出售的商品住房，可免缴建筑税、营业税。职工个人第一次购买公有住房，免交契税。从当地全面推行住房制度改革时起，三年之内的住房建筑税和房产税留给城市作为住房基金。

1991年6月，国务院召开第二次全国住房制度改革工作会议，发布《关于继续积极稳妥地进行城镇住房制度改革的通知》（国发〔1991〕30号），提出住房制度改革是经济体制改革的重要组成部分，其根本目的是要缓解居民住房的困难，不断改善住房条件，正确引导消费，逐步实现住房商品化，发展房地产业。从几年来的实践情况看，这项改革有利于逐步实现住房资金的良性循环，改善城镇居民的住房条件，有利于调整消费结构和产业结构，克服住房领域的不正之风，有利于发展房地产业、建筑业和其他相关产业。国发〔1991〕30号要求按照国家、集体和个人共同负担的原则，提出分步提租、交纳租赁保证金、新房新制度、鼓励集资合作建房、住房投资多样化、公房以产权形式出售等多种形式，推进住房制度改革的思路。

（1）分步提租

合理调整现有公有住房的租金，有计划、有步骤地提高到成本租金。

（2）出售公有住房

凡按市场价购买的公房，购房后拥有全部产权。职工购买公有住房，在国家规定住房面积以内，实行标准价，购房后拥有部分产权，可以继承和出售；超过国家规定住房标准的部分，按市场价计价。

（3）新房新制度

新竣工的公有住房，实行新房新租、先卖后租、优先出售或出租给无房户和住房困难户等办法。凡住房迁出腾空的旧公有住房（不包括互换房），应视同新建公有住房，实行新制度。

（4）鼓励集资合作建房

住房建设应推行国家、集体、个人三方面共同投资体制，积极组织集资建房和合作建房，大力发展经济实用的商品住房，优先解决无房户和住房困难户的住房问题。地方政府在用地、规划、计划、材料、信贷、税收等方面给予扶持。对个人自建住房，需加强规划和用地管理。各城镇的旧城改造、拆迁安置等，都应结合住房制度改革进行。

（5）住房投资多样化

通过多种形式、多种渠道筹集住房资金，地方政府要建立住房基金。各单位出售公有住房回收的资金，一律存入当地政府指定的金融机构，作为单位的住房基金，用于住房建设和维修，不得挪作他用。

发展住房金融业务。开展个人购房建房储蓄和贷款业务，实行抵押信贷购房制度，从存贷利率和还款期限等方面鼓励职工个人购房和参加有组织的建房。

同年，国务院办公厅转发《关于全面推进城镇住房制度改革意见的通知》（国办发〔1991〕73号），提出按照社会主义有计划的商品经济的要求，从改革公房低租金制度着手，将现行公房的实物福利分配制度逐步转变为货币工资分配制度，由住户通过商品交换（买房或租房），取得住房的所有权或使用权，使住房这种特殊商品进入消费品市场，实现住房资金投入产出的良性循环。建议直辖市、各省会（自治区首府）城市、沿海城市和有条件的城镇在1992年年底以前率先进行全面配套的住房制度改革；其余的城市和城镇凡是有条件的，力争在1992年年底以前起步。国办发〔1991〕73号提出分三步的行动方案：

（1）近期："八五"计划期间的目标以改变低租金、无偿分配为基本点，公房租金计租标准力争达到实现简单再生产的三项因素（维修费、管理费、折旧费）的水平，逐步增加家庭收入中住房消费支出的比重；紧紧围绕"解危""解困"，重点解决危险住房和人均居住面积在 3～4 m^2 以下的住房困难户以及无房户的住房问题，使人均居住面积达到 7.5 m^2，住房成套率达到40%～50%；房改方案正式出台的城市，要建立城市、单位和个人三级住房基金，并使之合理化、固定化、规范化，保证住房建设有稳定的资金来源，通过改革奠定机制转换的基础。

（2）十年目标：到2000年，公房租金计租标准要努力达到包括五项因素（维修费、管理费、折旧费、投资利息和房产税）的成本租金水平；住房成套率达到60%～70%，城镇人均居住面积达到 8 m^2，群众居住条件和居住环境得到明显改善；发展房地产市场，建立和健全住房资金的融资体系。

（3）长期目标：住房租金计租标准要达到包括八项因素（在前述五项因素基础上再增加土地使用费、保险费和利润）的商品租金水平；住房成套率大大提高，每户有一套舒适的住房；健全房地产市场，完善住房融资体系，完成住房商品机制的转换，实现住房商品化、社会化。

1992年10月召开的中国共产党第十四次代表大会，把建立社会主义市场经济体制作为社会主义经济体制改革的目标模式，并对社会主义市场经济体制进行全面的阐述。我国的改革开放取得突破性进展，出现跳跃式的经济增长，房地产业也成为这个时期经济增长的热点，但是，住房开发投资增长过快，产业内部投资结构不合理，出现住房空置的现象。住房投资过度，房价高涨，政府住房补贴严重不足，房改难以推进。1993年各地又一次出现低价出售公房的风潮，售出公房300万 m^2，平均价格仅为130元/m^2。1993年年底国务院叫停公房出售，1994年年初停止审批地方性房改方案，以售带租的房改也到此宣告终结。

上海在全国房改总方案指导下，借鉴新加坡的成功经验，建立了具有中国特色的**住房公积金制度**，为职工住房建设提供资金来源，缓解住房供给短缺带来的矛盾。自 1992 年起，北京、天津、武汉、南京等地相继效仿上海住房公积金制度，城镇居民的住房面积和质量大幅度提高，推动了住房商品化的发展。

5.2.3 双轨制（1994～1997 年）

经过 16 年的住房市场化改革，虽然住宅市场化水平不断提高，但住宅发展的市场机制远未建立。1994 年开始，中央政府决定将城市住宅市场化进一步推进。在渐进式的改革过程中，政府的政策主导方向也逐渐清晰起来，主要包括两点：其一，国家不再包揽城市住房供给的责任，满足住宅需求应靠政府、企业和个人三方共同的力量；其二，在改革的过程中，政府应该采取一切措施，提高住宅自有率，摆脱公有住房的财政负担。1994 年 7 月 5 日《中华人民共和国城市房地产管理法》的颁布，使得住宅发展的市场机制以法律形式加以确认。自此，市场机制已经开始在住宅发展中发挥资源配置作用。该法律明确规定，国家依法实行国有土地有偿、有限期使用制度；房地产权利人的合法权益受法律保护；土地使用权出让，是指国家将国有土地使用权在一定年限内出让给土地使用者，由土地使用者向国家支付土地使用权出让金的行为；土地使用权出让，可以采取拍卖、招标或者双方协议的方式；依法取得的土地使用权，可以依照本法和有关法律、行政法规的规定，作价入股、合资、合作开发经营房地产；房地产转让、抵押时，房屋的所有权和该房屋占用范围内的土地使用权同时转让、抵押；国家实行土地使用权和房屋所有权登记发证制度。

1994 年 1 月国务院颁布《关于实行分税制财政管理体制的决定》，提出改革财政管理体制是经济体制改革的重要内容。现行财政包干体制，在过去的经济发展中起过积极的作用，但随着市场在资源配置中的作用不断扩大，弊端日益明显，中央财政收入比重不断下降，弱化了中央政府的宏观调控能力。因此，需要提高中央财政收入的比重，通过中央财政对地方的税收返还和转移支付，扶持经济不发达地区的发展和老工业基地的改造。分税制财政管理之后，地方政府财政收入相对减少。分税制将国有土地有偿使用收入给予地方税，刺激了 2000 年之后地方政府的土地财政现象。

> 国务院关于实行分税制财政管理体制的决定（1994 年 01 月 01 日起施行）
> ……分税制改革的原则和主要内容是：……根据事权与财权相结合原则，将税种统一划分为中央税、地方税和中央地方共享税，并建立中央税收和地方税收体系，分设中央与地方两套税务机构分别征管。

......中央固定收入包括:关税,海关代征消费税和增值税,消费税,中央企业所得税,地方银行和外资银行及非银行金融企业所得税,铁道部门、各银行总行、各保险总公司等集中交纳的收入(包括营业税、所得税、利润和城市维护建设税),中央企业上交利润等。外贸企业出口退税,除1993年地方已经负担的20%部分列入地方上交中央基数外,以后发生的出口退税全部由中央财政负担。

地方固定收入包括:营业税(不含铁道部门、各银行总行、各保险总公司集中交纳的营业税),地方企业所得税(不含上述地方银行和外资银行及非银行金融企业所得税),地方企业上交利润,个人所得税,城镇土地使用税,固定资产投资方向调节税,城市维护建设税(不含铁道部门、各银行总行、各保险总公司集中交纳的部分),房产税,车船使用税,印花税,屠宰费,农牧业税,对农业特产收入征收的农业税(简称农业特产税),耕地占用税,契税,遗产或赠予税,土地增值税,国有土地有偿使用收入等。

中央与地方共享收入包括:增值税、资源税、证券交易税。增值税中央分享75%,地方分享25%......

1994年国务院发布《关于深化城镇住房制度改革的决定》,进一步促进住房商品化和住房建设的发展,提出城镇住房制度改革的根本目的是:建立与社会主义市场经济体制相适应的新的城镇住房制度,实现住房商品化、社会化。该决定再次强调把住房投资由国家、单位统包的体制改变为国家、单位、个人三者合理负担;各单位建设、分配、维修、管理住房的体制改变为社会化和专业化的体制;把住房实物分配的方式改变为以按劳分配为主的货币工资分配方式;建立以中低档收入家庭为对象、具有社会保障性质的经济适用房供应体系和以高收入家庭为对象的商品房供应体系;发展住房金融和住房保险,建立政策性和商业性并存的住房信贷体系;建立规范化的住房市场和发展社会化的房屋维修、管理市场,逐步实现住房资金投入产出的良性循环,促进房地产业和相关产业的发展。主要内容如下。

(1)社会化的住房建设和分配体系

把住房建设投资由国家、单位统包的体制改变为国家、单位、个人三者合理负担的体制;把各单位建设、分配、维修、管理住房的体制改变为社会化、专业化运行的体制;把住房实物福利分配的方式改变为以按劳分配为主的货币工资分配方式。建立规范化的住房交易市场和发展社会化的房屋维修、管理市场,逐步实现住房资金投入产出的良性循环,促进房地产业和相关产业的发展。

(2)分层供应体系

构建两个体系:建立以中低收入家庭为对象、具有社会保障性质的**经济适用住房**供应体系,以及以高收入家庭为对象的商品房供应体系。

发展住房金融和住房保险，建立政策性和商业性并存的住房信贷体系；大力发展住房交易市场和社会化的房屋维修、管理市场，加快经济适用住房建设，到20世纪末初步建立起新的城镇住房制度，使城镇居民住房达到小康水平。

（3）住房公积金制度

所有行政和企事业单位及其职工按照"个人存储、单位资助、统一管理、专项使用"的原则交纳住房公积金，建立住房公积金制度。住房公积金由在职职工个人及其所在单位，按职工个人工资和职工工资总额的一定比例逐月交纳，归个人所有，存入个人公积金账户，用于购、建或大修住房，职工离退休时，本息余额一次结清，退还职工本人。目前，单位和个人住房公积金的缴交率分别为5%，已超过这个比例的可以不变。外商投资企业及其中方职工的住房公积金缴交率，由各省、自治区、直辖市人民政府确定。职工的住房公积金本息免征个人所得税。住房公积金政策的实施有利于住房资金的积累、周转和政策性抵押贷款制度的建立，提高职工购、建住房能力，促进了住房建设。

（4）租金提升

到2000年，住房租金原则上应达到占双职工家庭平均工资的15%。租金水平已达到或超过折旧费、维修费、管理费、贷款利息、房产税5项因素成本价格的，按成本租金或市场租金计租。住房在规定标准之内的职工家庭，用规定的个人合理负担部分加上全部住房补贴，仍不足支付房租的，差额可由其所在单位适当给予补助。

（5）出售公有住房

城镇公有住房除市（县）以上人民政府认为不宜出售的外，均可向城镇职工出售。职工购买公有住房要坚持自愿的原则，新建公有住房和腾空的旧房实行先售后租，并优先出售给住房困难户。向高收入职工家庭出售公有住房实行市场价，向中低收入职工家庭出售公有住房实行成本价，成本价包括住房的征地和拆迁补偿费、勘察设计和前期工程费、建安工程费、住房小区基础设施建设费、管理费、贷款利息和税金等7项因素。旧房的成本价按售房当年新房的成本价进行折扣（折旧年限一般为50年）计算，使用年限超过30年的，以30年计算；售房单位应根据购房职工建立住房公积金制度前的工龄给予工龄折扣。

职工以市场价购买的住房，产权归个人所有，可以依法进入市场，按规定交纳有关税费后，售房收入归个人所有。职工以成本价购买的住房，产权归个人所有，一般住用5年后可以依法进入市场，在补交土地使用权出让金或所含土地收益和按规定交纳有关税费后，收入归个人所有。

职工以标准价购买的住房，拥有部分产权，即占有权、使用权、有限的收益权和处分权，可以继承。职工以标准价购买的住房，一般住用5年后方可依法进入市场，在同等条件下，原售房单位有优先购买、租用权，原售房单位已撤销的，当地人民政府房产管理部门有优先购买、租用权。标准价按负担价和抵交价之和测定,一套 56m² 建筑面积标准新房的负担价,1994 年为所在市(县)双职工年平均工资的 3 倍,经济发展水平较高的市(县)高于 3 倍;抵交价按双职工 65 年(男职工 35 年,女职工 30 年)内积累的由单位资助的住房公积金贴现值的 80% 计算。

(6)经济适用住房建设

经济适用住房建设用地,原则上采取行政划拨方式供应,在计划、规划、拆迁、税费、信贷等方面对经济适用住房建设项目予以政策扶持。住房开发公司每年的建房总量中,经济适用住房要占 20% 以上,对离退休职工、教师和住房困难户应予以优先分配。

(7)合作建房

发展住房合作社,鼓励集资合作建房,加快城镇危旧住房改造。

该文件发布后,各城市租金改革和公房出售加快,住房自有率迅速提高,住宅建设特别是经济适用房建设加快,住房公积金制度在各大中城市普遍建立,初步形成了住房供应体系和住房金融体系,职工购买商品房较以前踊跃,住房市场有了较大的发展。作为这一时期标志性的政策举措,安居工程和住房公积金制度,对中国的住宅体系影响深远。

1995 年 1 月,国务院住房制度改革领导小组发布《国家安居工程实施方案》,这是我国改革开放后住房保障体系建设的起点。经济适用房制度作为安居工程的发端,是为了满足中低收入群体拥有自主产权住房的需要而产生的。作为中国"可负担住宅"计划的第一个政策项目,称作"安居工程"。它和随后出现的经济适用房工程都是为中低收入职工住房提供普通住宅,不同的是安居工程以"成本价"出售,重点解决中低收入家庭中的住房困难户的住房需要,优先出售给无房户、危房户和住房困难户,另外在同等条件下优先出售给离退休职工、教师中的住房困难户;经济适用住房以"微利价"出售给广大的中低收入家庭。

安居工程方案从 1995 年开始实施,计划 1995 ~ 2000 年,每年提供 2500 万 m² 的住宅面积,五年内新增安居工程建筑面积 1.5 亿 m²。然而,到 1999 年,232 个立项城市中有一半左右已经放弃了这个项目。即使仍然进行的城市,完成的建筑面积也远远没有完成预期计划。1995 ~ 2000 年,只完成了 1500 万 m² 的建筑面积,仅仅占同期中国城市住宅总需求的 5%。安居工程接受来自中央和地方政府的双重补贴,前者主要通过给购买方提供贷款的方式来进行补贴,后者无偿提供土地和基础设施建设,减免相关项目税费,并提供必要的公共服务设施。如此一来,安居工程的建造地点往往极其偏远,相关配套公共设施严重欠缺。同时,安居工程所建房屋质量令人担忧。由于设定了利润上限,利润率只维持在 3% ~ 15%,在扣除成本后,如土地平整支出、设计费用、建筑费用、基础设施费用、管理费用、银行贷款利息和税费，实际理论上留给开发商的仅仅约 3% 的利润空间。为了扩大利润率，住宅开发中的偷工减料可想而知。

1994～1997 年，虽然福利性住房实物分配并未停止，但按照市场机制的住宅发展总量逐步增加且已达到较大的规模，1994～1997 年形成了 20 年房改的第一次热潮，安居工程的推出和住房公积金制度的初步建立，标志着住宅市场化改革向前迈进了一大步。1999 年商品住宅竣工面积达 1229.2 万 m^2，与市场机制对应的住宅政策也在住宅发展中不断发挥作用。

5.2.4 住宅标准与大型住区建设

1. 住宅标准

在住房体制改革带动下，新的住区如雨后春笋般出现，从 1979 年到 1982 年的四年时间，全国城镇建成住宅 3.1 亿 m^2，占中华人民共和国成立以来所建住宅建筑面积的 37%，1983 年年底城镇居民人均居住面积回升至 4.6m^2，之后城镇居民人均居住面积逐年提升。与此同时，住区规划在人均用地、住宅标准、配套和布局上进行新的探索。

1981 年政府规定四类不同住宅标准：一类住宅，42～45m^2，适用于厂矿企业职工；二类住宅，45～50m^2，适用于一般干部；三类住宅，60～70m^2，适用于中级职称的知识分子和正副县级干部；四类住宅，80～90m^2，适用于高级职称的知识分子和厅局级干部。为满足居民不同家庭结构、家庭活动和电器布置的需求，住宅设计的原则是"住得下，分得开，住得稳"，这意味着住宅在较小的面积下，具有适当、灵活的空间划分，保证每户至少一间主要房间向阳。

在住房商品化政策引导下，在面积标准上同时引入"套型"的概念，设置独用的厨房、卫生间和相应设备。1985～1986 年全国范围展开房屋普查，在 3977 万户城镇居民中，62.56% 有独用厨房，6.48% 为共用厨房，其他为自建或使用过道的临时厨房；24.23% 有独用厕所，9.85% 为合用厕所，其他为使用街巷公共厕所；57.35% 有独用自来水，15.85% 为共用自来水；仅有 6.23% 的户数配置洗浴设备；拥有起居室、卧室、厨房、厕所、走道或客厅的成套住房仅占总数的 24.29%。因此，旧住房成套率的改造提上日程，新住房则按照"套型"，满足基本的独用设施要求。

为节约用地，更多的住宅采取高层建筑，20 世纪 70 年代我国最初的高层建筑都是板式高层，每层采用长廊式平面，以提高电梯的利用率；20 世纪 70 年代末和 20 世纪 80 年代初出现板式和塔式两种不同的住宅形式。在节约用地上，除了提高层数，另一个重要措施是加大住宅进深，从之前的 8～10m 提升至 10～12m。为了获得采光，住宅内部设置天井，但是内天井在使用上有很多不便之处，很多内天井与次要房间如厨房相结合，排烟排气朝向天井，厨房串味严重，且底层住户采光效果差。

针对商业网点和公共服务设施不足的问题，1980年颁布了《城市规划定额指标暂行规定》，规定了居住区级和居住小区级的公建指标，包括公共建筑的一般规模和千人指标，为居住区规划的合理配套提供依据。为改变"文化大革命"期间行列式住宅的单调形象，住区规划在满足规划结构、住宅日照和通风的基础上，运用不同形式的住宅进行组合，通过高低长短等形体要素和围合方式，形成特色。

2. 大型住区建设

从20世纪70年代末起，为了解决居民住宅问题，各地开始统一规划、综合开发建设大型住宅区。例如，上海曲阳新村占地77.72hm²，规划人口8万人。1979年8月破土动工；1993年年底，新村基本建成，共建有高层住宅34幢，多层住宅241幢，建筑面积91.19万m²，拥有完善的三级公建配套服务。社区设一级中心服务网点，分东、西两部分。东部为文化商业中心，配置曲阳文化馆、曲阳图书馆、大型综合百货商店及曲阳医院等；西部为行政管理中心，配置街道办事处、派出所、邮电局、储蓄所等行政管理服务机构，以及可以容纳3280名观众的虹口体育馆。街坊小区（约2~3个居委会范围）设二级服务店，有3000m²左右的商业中心，设菜场、百货店、粮油店、理发店等。每个居委会范围设三级服务网点，安排便民商店用房，供应居民日常生活必需品。居住区建有曲阳污水处理厂，雨、污水泵站，35kV变电站，并配有高压供水泵站。由此，曲阳新村成为上海市第一个没有化粪池、多层住宅屋顶没有水箱的新型住房区。在住宅户型设计上，依托预制构件，采用4.5m大开间、大进深的小面积住宅设计，平均每户建筑面积51m²。除布置床位、家具外，尚可布置一小块会客空间，每户小方厅内设壁柜0.75m²；且一面墙不设门洞，可布置单人床或放桌椅作为吃饭间。六层朝北退进，这样房屋建筑可缩小3m左右，节约用地。基本户型为带有小方厅的一室半户，主居室净面积13m²，次居室净面积9m²，小方厅净面积7.5m²，总居住面积32m²，可供两代人居住；尽端套间主居室净面积13m²，次居室净面积分别为8.4m²和6.8m²，小方厅净面积7.5m²，总居住面积约40m²，可供三代人居住；屋顶为一室户，居室净面积13m²，小方厅净面积7.0m²，总居住面积约22m²，可供新婚夫妇带一老人居住（蔡镇钰，1986）。

1985年北京市政府正式颁布《关于新建居住区和居住小区公共设施配套建设定额指标》，明确城市统一开发建设及住宅区配套建设的基本要求。如：北京方庄新区规划人口规模7.75万人，用地规模147.6万m²，每个街区边长70m左右，是当时全国一次性整体开发规模最大的住宅区项目，采取先地下、后地上的一次性规划建设，以高层住宅为主，容积率高，建筑密度低。与"大院"模式相比，统建住区打破了单位划地建房，住区内部设施"小而全"的现象，实现了配套设施的统一规划、统一建设；受到西方规划思想的启发，统建住区中规划了大面积的开放绿地，改善了居住环境（图5-11）（邓卫等，2012）。

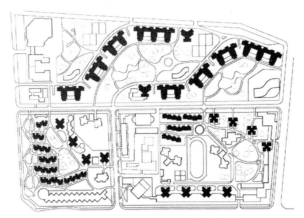

图 5-11 北京方庄新区芳城园规划平面

资料来源：吕俊华，彼得·罗，张杰.中国现代城市住宅（1840—2000）[M].北京：清华大学出版社，2003：234

5.2.5 双轨制阶段的住房政策特征

这段时期总的特征是伴随社会主义计划经济向社会主义有计划的商品经济的渐进式转型，住房政策呈现出双轨制特征，发展方向是将实物分配逐步转变为货币分配，推动住房商品化和市场化的步伐，缓解居民住房困境。

1. 提升住房自有产权率

经过近二十年的改革开放和向市场经济转型，加之各种鼓励住房产权的措施，我国城市居民的住房条件大为改善。从 1980 年到 1997 年，尽管全国总人口由 9.6 亿增长为 12.36 亿，城镇人口由 1.1 亿增至 3.7 亿，城镇化率由 19.39% 增长为 31.91%，但是全国城镇住房条件由 1978 年的人均居住面积 $3.6m^2$ 提升至 1997 年的人均住宅建筑面积约 $9.0m^2$。

在住房供给端，政府鼓励多方投资和多种建造形式，包括"民建公助""公建民助"，以及"自筹自建"；发展住房合作社，鼓励集资合作建房和多主体住房投资。在住房需求侧，调整公房租金，实行提租不补贴、提租补贴、补贴出售，以及推行住房金融改革，包括住房券和公积金等措施。住房是一种重要的市场经济商品，将旧的符合基本住房条件的公房推向市场，有利于政府腾挪资金和精力，从公共福利住房的沉重"包袱"中"解脱出来"，同时改变居民福利住房的观念，通过自我积蓄，解决住房困顿的问题，让住房资金投入产出形成良性循环。

2. 住房新旧制度"双轨制"

在住房实物福利分配的方式转变为货币工资分配方式的过程之中，受资金和意愿约束，职工所在单位和地方政府成为城市新的住房建设投资主体。由于不同单位间所能获取的资源和途径不一样，住宅福利的横向不公平进一步加深，1988～1995 年收入分配的两极分化加剧，同一时期的住房补贴分配加剧了这种不公平，前 10% 的人享受了 41% 的住房补贴。

在住房政策目标上，形成中低收入和高收入家庭住房差异化的供应体系，包括以中低收入家庭为对象、具有社会保障性质的经济适用住房供应体系和以高收入家庭为对象的商品房供应体系。住房开发企业每年的建房总量中，经济适用住房要占20%以上；经济适用住房建设用地，原则上采取行政划拨方式供应。

福利分房制度的打破使城镇居民在住房与就业上有了更多选择余地。在福利分房制度下，职工获得住房的主要甚至唯一途径是单位分配公房。一旦离开原就职单位，住房也要交还原单位。市场化改革打破了这种束缚，新建商品房市场、二手房市场以及租房市场规模扩大使得人们更容易找到合适的住房，因此，职业选择更为自由，劳动力资源配置的效率得到了提高。

3. 建立以住房公积金为代表的住房金融工具

实施住房公积金制度，促进职工转换住房观念，提高住房消费支付能力，培育住房金融服务业和推动住房市场发展。所有行政和企事业单位及其职工交纳住房公积金，用于购、建、大修住房，职工的住房公积金本息免征个人所得税。

4. 居住区综合开发

由于市场化的政策导向，前期的"大院"住区模式开始逐渐消亡。城市住宅建设由零星分散建设向集中统建转换，国家、地方及企事业单位自筹资金的新（改）建住宅，逐步演变为城市土地的综合开发，向配套齐全的居住区或小区开发转变，住房的"单位福利制"开始转向"社会化和商品化"制度，住房的开发建设要素利用效率得到提升。

5.3 住房市场化阶段（1998～2006年）

1997年，东南亚金融危机爆发，我国为了应对危机，亟需扩大内需，把房地产业尽快培育成为新的经济增长点。当时正值政府换届，1998年年初朱镕基当选国务院总理后，宣布住房制度改革新政，停止"实物分房"，实行住房分配商品化、货币化，同时辅以社会化保障措施。

1998年，国务院召开了第四次全国住房制度改革工作会议，以国发〔1998〕23号文件为标志确立以市场运作为主的住房体系，涉及住房的生产、分配、交易、金融、物业管理等方面，以实现扩大内需和拉动经济的战略目的。1999年年底，住房分配全部货币化正式实施，居民住房消费能力迅速释放，住房成为消费热点和投资热点，有力地促进了房地产业的发展，使之成长为国民经济的支柱产业。2002年土地招拍挂政策进一步明晰后，部分城市房价上涨过快，由此中央政府展开了宏观市场调控，相继出台一系列的调控政策，抑制商品房价格，并不断调整和完善经济适用住房和廉租住房政策。

5.3.1 住房产业化（1998～2003年）

1998年是我国住房制度改革和住房事业发展的关键时间节点，这一年5月，人民银行颁布《个人住房贷款管理办法》，为住房分配货币化提供金融支持。随着房地产业大发展，银行贷款成为住房开发和住房消费的主要资金来源；同年7月，国务院下发《关于进一步深化城镇住房制度改革加快住房建设的通知》（国发〔1998〕23号），要求1998年下半年开始停止住房实物分配，逐步实行住房分配货币化，建立和完善以**经济适用房为主的多层次城镇住房供应体系**，最低收入家庭租赁由政府或单位提供的廉租住房，中低收入家庭购买经济适用住房，其他收入高的家庭购买、租赁市场价商品住房，就此宣告福利分房制度的终结和新的住房制度改革全面实施。国发〔1998〕23号文件还首次提出了廉租住房的概念以及廉租住房建设与租金的规定。至此，涉及住房的供应、市场、分配、金融、物业管理、中介、行政管理和调控等七个体系的改革全面启动，以市场供应为主的住房供应体系快速建构，以往那种渐进式的房改被推进到蜕变阶段，全国城镇住房建设规模大幅扩大，住房经济的重要地位日益显现。这促使职工和企业之间的住房纽带被切断，"单位制"社会解体，住房制度进入全新的市场化时代。1998年尤其是2000年以后，我国住宅商品房销售面积与销售额快速上升。

> 国务院关于进一步深化城镇住房制度改革加快住房建设的通知（国发〔1998〕23号）
>
> 一、指导思想、目标和基本原则
>
> ……稳步推进住房商品化、社会化，逐步建立适应社会主义市场经济体制和我国国情的城镇住房新制度；加快住房建设，促使房地产业成为新的经济增长点，不断满足城镇居民日益增长的住房需求……停止住房实物分配，逐步实行住房分配货币化；建立和完善以经济适用住房为主的多层次城镇住房供应体系；发展住房金融，培育和规范住房交易市场……
>
> 二、停止住房实物分配，逐步实行住房分配货币化
>
> （四）1998年下半年开始停止住房实物分配，逐步实行住房分配货币化……停止住房实物分配后，新建经济适用住房原则上只售不租。职工购房资金来源主要有：职工工资，住房公积金，个人住房贷款，以及有的地方由财政、单位原有住房建设资金转化的住房补贴等。
>
> （五）全面推行和不断完善住房公积金制度。到1999年年底，职工个人和单位住房公积金的缴交率应不低于5%，有条件的地区可适当提高……
>
> （六）停止住房实物分配后，房价收入比（即本地区一套建筑面积为60m^2的经济适用住房的平均价格与双职工家庭年平均工资之比）在4倍以上，且财政、单位

原有住房建设资金可转化为住房补贴的地区，可以对无房和住房面积未达到规定标准的职工实行住房补贴。

三、建立和完善以经济适用住房为主的住房供应体系

（七）对不同收入家庭实行不同的住房供应政策。最低收入家庭租赁由政府或单位提供的廉租住房；中低收入家庭购买经济适用住房；其他收入高的家庭购买、租赁市场价商品住房……

（八）调整住房投资结构，重点发展经济适用住房（安居工程），加快解决城镇住房困难居民的住房问题。新建的经济适用住房出售价格实行政府指导价，按保本微利原则确定。其中，经济适用住房的成本包括征地和拆迁补偿费、勘察设计和前期工程费、建安工程费、住房小区基础设施建设费（含小区非营业性配套公建费）、管理费、贷款利息和税金等7项因素，利润控制在3%以下……降低征地和拆迁补偿费，切实降低经济适用住房建设成本，使经济适用住房价格与中低收入家庭的承受能力相适应，促进居民购买住房。

（九）廉租住房可以从腾退的旧公有住房中调剂解决，也可以由政府或单位出资兴建。廉租住房的租金实行政府定价。

四、继续推进现有公有住房改革，培育和规范住房交易市场

（十一）……继续推进租金改革。租金改革要考虑职工的承受能力，与提高职工工资相结合……

（十二）……进一步搞好现有公有住房出售工作，规范出售价格。从1998年下半年起，出售现有公有住房，原则上实行成本价，并与经济适用住房房价相衔接。要保留足够的公有住房供最低收入家庭廉价租赁……

五、采取扶持政策，加快经济适用住房建设

（十四）……经济适用住房建设用地应在建设用地年度计划中统筹安排，并采取行政划拨方式供应。

（十五）……控制经济适用住房设计和建设标准，大力降低征地拆迁费用，理顺城市建设配套资金来源，控制开发建设利润。停止征收商业网点建设费，不再无偿划拨经营性公建设施……

（十七）……可以继续发展集资建房和合作建房，多渠道加快经济适用住房建设。……

六、发展住房金融

……

住房新制度中包含住房货币化补贴、公积金贷款和商业贷款实施优惠利率等内容。1999年4月《住房公积金管理条例》颁布实施，将住房公积金管理纳入规范化、

法制化的轨道。2002 年 3 月进行条例修订，对公积金管理机构与职责、缴存、提取、适用、管理和监督等诸方面作出进一步明确规定。1998～2003 年间可以说是城镇住房制度改革的"突围"时期，各级地方政府相继出台操作层面的政策，大大推动了住房商品化、货币化改革，市场机制开始发挥重要作用，单位实物福利分房成为了历史，住房消费成为了居民的自主选择消费，商品住房市场构成住房市场的主体。

随着商品房建设与销售快速增长，商品房开发用地变得越来越紧俏和稀缺。自 2001 年年底开始，许多城市基于经营城市的理念，通过出让土地获取地方政府的财政收入。2002 年中华人民共和国国土资源部令第 11 号《招标拍卖挂牌出让国有土地使用权规定》中第四条规定：商业、旅游、娱乐和商品住房等各类经营性用地，必须以招标、拍卖或者挂牌方式出让。由此，计划经济时期住房土地划拨的方式基本被限制，同时也将除开发商外的其他主体建造房屋的可能性给"堵死"了，招标、拍卖或者挂牌促成了房价快速上涨。在一系列政策的支持下，居民住房消费的集中释放或"井喷"，反过来激发了全国各地的住房投资热潮。这期间住房开发投资持续高速增长，增幅高于同期固定资产投资。2001 年出现波峰，住房投资增长率达到 27.3%。2003 年出现另一个波峰，增长率攀升至 30.3%。

通过城镇住房制度改革深入推进、住房建设步伐加快、住房消费有效启动，居民住房条件有了较大改善。以住房为主的房地产市场不断发展，对拉动经济增长和提高人民生活水平发挥了重要作用。同时，住房市场发展还不平衡，一些地区住房供求的结构性矛盾较为突出，住房价格和投资增长过快；住房市场服务体系尚不健全，住房消费还需拓展；住房开发和交易行为不够规范，对住房市场的监管和调控有待完善。2003 年 6 月国家发改委等部门联合下发《关于下达 2003—2004 年经济适用住房建设投资计划的通知》，将经济适用住房的供应对象由"中低收入家庭"收缩为"中等偏下收入家庭"；同年 8 月国务院发布《关于促进房地产市场持续健康发展的通知》（国发〔2003〕18 号），指出房地产业关联度高，带动力强，已经成为国民经济的支柱产业，要求更大程度地发挥市场在资源配置中的作用，促进消费，扩大内需，拉动投资增长，保持国民经济持续快速健康发展。国发〔2003〕18 号文件提出完善多层次住房供给体系，将市场化的商品住房分为"普通商品房"和"豪华商品房"两大类，多数家庭购买或承租普通商品住房；经济适用房由"住房供应主体"改为具有保障性质的政策性商品住房。通过土地划拨、减免行政事业性收费、政府承担小区外基础设施建设、控制开发贷款利率、落实税收优惠政策等措施，切实降低经济适用住房建设成本。对经济适用住房，要严格控制在中小套型，严格审定销售价格；增加普通商品住房供应，根据市场需求，采取有效措施加快普通商品住房发展，提高普通商品住房在市场供应中的比例。对普通商品住房建设，调控土地供应，控制土地价格，清理并逐步减少建设和消费的行政事业性收费项目，多渠道降低建设成本；建立和完善廉租住房制度，最低收入家庭住房保障原则上以发放租赁补贴为主，实物配租和租金核减为辅；控制高档商品房建设，各地根据实际情况，合理确定高档商品住房和普通商品住房的划分标准；搞活住房二级市场，清理影响已购公有住房上市交易的政策性障碍，鼓励居民换购住房；加大住房公积金归集和贷款发放力度，完善个人住房贷款担保机制，发展住房信贷，强化管理服务；改进规划管理，发挥城乡规划的调控作用，在城市总体规划和近期建设规划中，合理确定各类住房用地的布局和比例，优先落实经济适用住房、普通商品住房、危旧房改造和城市基础设施建设中的拆迁安置用房建设项目，合理配置市政配套设施。

5.3.2 市场调控（2003~2006年）

从2003年下半年开始，住房全面市场化后部分地区的房地产业投资过热、房价上涨过快现象十分明显，上海、杭州等长三角地区的房价涨幅超过10%，部分刚性住房需求难以满足，造成住房供给相对短缺。从宏观经济角度看，我国当时面临投资性增长与流动性过剩的双重压力，住房问题由单纯的"供给结构不合理"扩展至宏观层面的经济泡沫与金融风险。此外，住房"过度"市场化也引致另外一些问题，地方政府热衷于出让土地，大规模拆迁和征用农地导致一些社会冲突。这个时期住房政策的核心目标是期望通过适当的调控，缓解供求关系的矛盾，减轻金融系统的风险压力。调控政策分为供给与需求两个方面，前者包括调控住房土地供应、住房户型，严控住房开发的信贷条件；后者包括提高贷款首付比重、提高二手住房交易税费等措施。

为了调整供给结构，2003年11月建设部审议通过，五部委签发并于2004年3月开始执行《城镇最低收入家庭廉租住房管理办法》（建设部等五部委120号令），新办法提出城镇最低收入家庭廉租住房保障方式应当以发放租赁住房补贴为主，实物配租、租金核减为辅，并明确城镇最低收入家庭廉租住房资金的来源实行财政预算安排为主、多种渠道筹措的原则。2004年4月建设部颁发《经济适用住房管理办法》（建住房〔2004〕77号），将经济适用房明确界定为"是政府提供政策优惠，限定建设标准、供应对象和销售价格，具有保障性质的政策性商品住房"，并对经济适用房的审批、优惠政策、开发建设、价格确定、交易和售后管理等方面作出相应的规定。2004年《关于继续开展经营性土地使用权招标拍卖挂牌出让情况执法监察工作的通知》（国土资发〔2004〕71号）要求从2004年8月31日起，所有经营性的土地一律都要公开竞价出让，各省区市不能再以历史遗留问题为由采用协议方式出让经营性国有土地使用权。国土资发〔2004〕71号文件还规定，2004年8月31日以后，开发商必须及时足额缴纳土地出让金，而且如果在两年内不开发该土地的话，政府可以收回土地。所谓"8·31大限"就是指这一天新的全国土地政策将正式实施，也被舆论认为是我国"地产界的土地革命"和"阳光地政",从此商品住房用地只能通过招、拍、挂获得。地方财政受益,房价增速加快。

> 国土资源部、监察部关于继续开展经营性土地使用权招标拍卖挂牌出让情况执法监察工作的通知(国土资发〔2004〕71号)
> ……
> 二、明确政策,各地要严格执行经营性土地使用权招标拍卖挂牌出让制度。2002年7月1日《招标拍卖挂牌出让国有土地使用权规定》实施后,除原划拨土地使用权人不改变原土地用途申请补办出让手续和按国家有关政策规定属于历史遗留问题之外,商业、旅游、娱乐和商品住房等经营性用地供应必须严格按规定采用招标拍卖挂牌方式,其他土地的供地计划公布后,同一宗地有两个或两个以上意向用地者的,也应当采用招标拍卖挂牌方式供应……在2004年8月31日前将历史遗留问题界定并处理完毕。8月31日后,不得再以历史遗留问题为由采用协议方式出让经营性土地使用权。

随着住房供给的市场化程度日趋加强,商品房房价不断走高,中低收入家庭住房难问题逐步显现。2005年年初,我国第一次把"重点抑制住房价格过快上涨""继续整顿和规范"住房市场写进了国务院政府工作报告中。2005年3月国家发改委发布《城镇廉租住房租金管理办法》,5月建设部和民政部发布《城镇最低收入家庭廉租住房申请、审核及退出管理办法》,对廉租住房制度的具体实施细节作了更为详细的调整。同年,国务院办公厅《关于切实稳定住房价格的通知》(国办发〔2005〕8号)和《关于做好稳定住房价格工作意见的通知》(国办发〔2005〕26号)以及《关于调整住房供应结构稳定住房价格意见的通知》(国办发〔2006〕37号)文件要求各地要落实规范和发展经济适用住房、廉租住房,优先保证中低价位、中小套型普通商品住房(含经济适用住房)和廉租住房的土地供应,其年度供应量不得低于居住用地供应总量的70%,住房政策重心开始向社会保障性住房倾斜。

然而,作为保障性住房主体的经济适用房和廉租住房,由于主要依靠地方财政,出现了投入不足、实施乏力的情况(图5-12)。2008年新华社在报道全国两会时,曾指出:

> ……截至2006年年底,全国实际享受过廉租住房政策的家庭仅26.8万户,仅占400万户低保住房困难家庭的6.7%,占低收入住房困难家庭的2.7%,占全国城市家庭的0.1%……在国家宏观调控开始后,多次强调加快城镇廉租住房制度建设和规范发展经济适用住房,着力解决城市中低收入家庭住房困难,也制定了很多相关

的政策和措施,但在各地的实际操作中并没有很好地落实……目前廉租房、经济适用住房普遍存在供应不足的问题,适用对象、户型和房价等方面存在失控现象……"政府的住房社会保障责任没有完全落到实处,一些地方政府片面追求GDP快速增长,把住宅与房地产业当作拉动经济、增加财政收入的重要手段,只重视房地产的商品属性,而忽视了住房的保障品属性。"(http://www.gov.cn/govweb/2008lh/content_913429.htm)

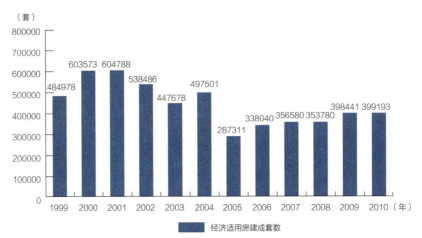

图5-12 1999~2010年我国经济适用房建成套数统计
资料来源:《中国统计年鉴》,2011年

2006年5月国务院转发建设部等部门《关于调整住房供应结构稳定房价意见的通知》(国办发〔2006〕37号),出台稳定房价、整顿住房市场秩序等六项措施,促进房地产业健康发展,提出有步骤地解决低收入家庭的住房困难,重点发展满足当地居民自住需求的中低价位、中小套型普通商品住房,提出9070的新建住房结构比例,中低价位、中小套型普通商品住房(含经济适用住房)和廉租住房的年度土地供应量不得低于居住用地供应总量的70%,套型建筑面积90m^{2}以下住房(含经济适用住房)面积所占比重,必须达到开发建设总面积的70%以上。优先保证廉租住房的土地供应,落实廉租住房资金筹措渠道。规范发展经济适用住房,解决建设和销售中存在的问题,严格执行经济适用住房管理的各项政策。

在市场化竞争的推动下,住区规划设计手法越来越丰富,规划理念和环境品质成为住区产品开发的卖点,市场上呈现出多样和不同类型的住区形态,规划更加注重人性化设计,关注生态环境、人文环境,提倡精细化设计,讲求生活品质。同时,对不同人群的生活行为模式也展开了深入的研究,不断推出高品质的住区案例。住区规划设计从计划经济的供给模式转向需求驱动模式,逐步建立市场化和社会化的住房生产、流通与消费体系,引入市场化的物业管理。

1992年之后房地产市场中出现了数量众多的"大盘"住区,这些住区往往位于城市新区和城市外围,土地获取相对容易。住区内部设施齐全、环境优美、物业完善,房价相对较低,尽管在相当长的一段时间内住区外部城市基础设施不足。例如,"华南板块"是在广州市快速城市化过程中,逐渐发展而成的以大型楼盘为主导的楼盘集聚区。其中,位于广州市番禺区市广路的"祈福新邨"占地7500亩,常住人口达20万人,相当于一个开发商建了一座"城市"。祈福新邨1991年开始建设,所在的钟村地块当时是一片荒地,没有三通一平(通电、通路、通水、土地平整),被迫"自力更生"。新邨内规划了20多个组团,从早期别墅、三至六层的洋房,到高层住宅,户型丰富多样,银行、邮电局、派出所、消防局、大型现代化肉菜市场、超市、大型商场、快餐店及食街等一应俱全,被誉为"中国第一邨"。作为配套,祈福集团投资兴建多个为业主服务的公共设施:1992年,祈福新邨会所开业;1996、1998年集团分别投资2.3亿和1.5亿元建成学校,开办有祈福英语实验学校、祈福新邨学校等多所私立学校以及毓秀小学、毓贤学校等公立学校,为业主提供从幼儿园到高中一条龙服务;2002年投资10亿元兴建三级甲等医院——祈福医院,设42个科室以及床位3000张;斥资4000万元建设污水处理厂,将每日小区内产生的生活废水全部处理后或排放或循环利用;提供社区巴士,每天有逾千班次24小时的巴士来往于广州、深圳及往返港澳等地;自建社区消防队;拥有祈福月子中心、祈福护老公寓、多间国际星级标准的酒店,8万多平方米度假俱乐部以及高端会所,满足消费者娱乐康体一体化的需求;打造"祈福缤纷世界",集吃、喝、玩、乐、游、娱、购为一体,包括高端写字楼、大型购物等多种业态的230万 m^2 城市综合体。同时,祈福新邨集体还拥有国家一级管理资质,人性化管家服务,智能化安防守护,禁止业主装外防盗网破坏建筑外形,并进行社区活动策划,每年有大大小小几十个节日,如达人秀、芒果节、中秋、春节晚会、音乐会、水上乐园同乐日、亲子绘画、社区电影、各类义诊等,为业主提供优质服务,多次卫冕广州市销售冠军。

在祈福新邨开发数年后,以星河湾、华南碧桂园、广州雅居乐花园为代表的千亩大盘不断涌出,形成大盘房地产开发模式。这些"大盘"住区往往以休闲旅游为规划特色,打破住区纯居住模式,将休闲度假的概念引入住区规划理念之中。然而,先行规划管理的缺失导致各种规模的楼盘遍地开花,不但占用了大量耕地,而且各个楼盘均以占据具有良好自然环境和便捷交通区位的土地为开发策略,彼此封闭割据,阻碍了地区级道路连通和公共服务设施配套,影响了地区的进一步发展。

随着商品房市场的持续发展,开发商成为住房开发主体,不同楼盘的定位和价格差异,以及封闭围墙的管理,造成城市一定程度上的居住阶层化与居住隔离。新建封闭住区的出现有多种原因,包括:应对快速城市化带来的大量人员流动,构筑安全"堡垒";提供当地"稀缺"的公共服务设施和城市基础设施,保护住区内部人员的设施使用权,形成住区内与住区外的隔离。住房价格是居住隔离的决定因素,住房价格受楼盘的区位、周边基础设施、人文环境、交通便利程度等影响。因此,城市高档住区普遍位于城市中心,交通便利,经济资本雄厚、社会阶层较高的人群居住,享用更多的城市社会资源;与之相反,城市低端住区一般是设施老化的老旧住区,或者城中村和城市边缘地带,居住条件较为恶劣,甚至出现"蚁族"和"蜗居"的居住形式。从住区形态来看,受到居住隔离现象的影响,不同阶层的住区从居住建筑面积、容积率、区位、生活服务设施、物业管理模式以及住区室外空间环境和社区氛围等都具有较大的差别。由于城市历史沉淀、经济社会发展、城市规划等原因,中心城区依然有相当数量的旧住房没有更新改造;改造后的旧城住区往往又演化成为了新兴的"富人区",从而导致了豪宅与蜗居、高楼大厦与简陋旧宅、设施齐全与设施落后等隔离现象的并存(邓卫等,2012)。

5.3.3 住房市场化阶段的住房政策特征

1998年住房改革切断了职工单位实物福利分房的渠道,与此同时,个人住房消费的积极性被调动起来,配合住房货币化补贴和个人购房抵押贷款的支持,居民住房消费集中大量地释放出来,商品住房成为住房市场的主体,其原因之一是我国城市化率不断提升,越来越多的人从乡村移居城市,产生更多的城市住房需求;其次,成功的经济改革致使我国的人均GDP和家庭收入快速增长,促成了住房产业的产销两旺,也不断推高了住房价格。为实现住房供求平衡,中央政府采取多种措施,对住房市场进行宏观调控,运用供求双向调节,抑制商品房价格。此阶段呈现出如下特征。

1. 住房成为支柱产业

随着我国社会主义市场经济体制不断完善,工业化、城市化进程加速推进,房地产业高速成长,人均住房消费持续提升,居民居住水平不断提高(图5-13)。2006年我国总人口为13.14亿,城镇人口5.77亿,城镇化率为44.34%。全国城镇新建住房建筑面积5.58亿m^2,人均居住面积由1997年的17.80m^2提升为2006年的27.1m^2(表5-8)。

1999～2018年城镇新建住宅面积和人均住宅面积变化　　表5-8

年份	城镇新建住宅面积(万m^2)	城镇人均住宅建筑面积(m^2)
1999年	50000.00	19.40
2000年	51000.00	20.30
2001年	54000.00	20.80
2002年	59800.00	22.80
2003年	55000.00	23.70
2004年	56900.00	25.00

续表

年份	城镇新建住宅面积（万 m²）	城镇人均住宅建筑面积（m²）
2005 年	53417.04	26.10
2006 年	55830.92	27.10
2007 年	60606.68	30.10
2008 年	66544.80	30.60
2009 年	72677.40	31.30
2010 年	78743.88	31.60
2011 年	92619.90	32.70
2012 年	99424.96	32.90
2013 年	101434.99	33.40
2014 年	107459.05	—
2015 年	100039.10	35.10
2016 年	106127.71	36.60
2017 年	101486.41	36.90
2018 年	93550.11	39.00

资料来源：《中国统计年鉴》，2019 年

住房开发投资占固定资产投资和占国内生产总值的比重呈稳步上升趋势（图 5-14～图 5-16），1986 年以住房为主体的房地产开发投资总额占国内生产总值的比重仅为 1%，1998 年这一数字为 4.28%，到 2006 年高达 9.26%。房地产开

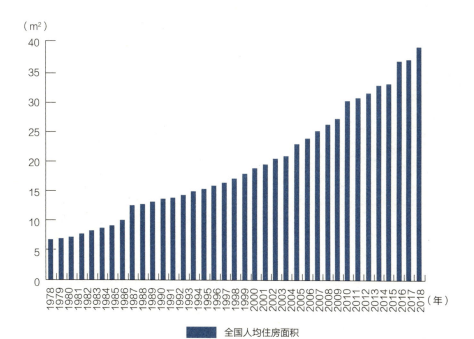

图 5-13　1978～2018 年上海人均住房面积变化

资料来源：《上海统计年鉴》，2019 年

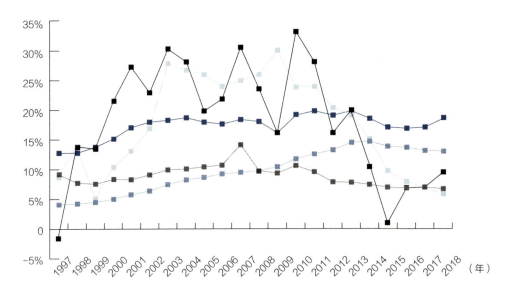

图 5-14 1997~2018年我国房地产开发投资增长率和占国内生产总值的比重
资料来源：《中国统计年鉴》，2019 年

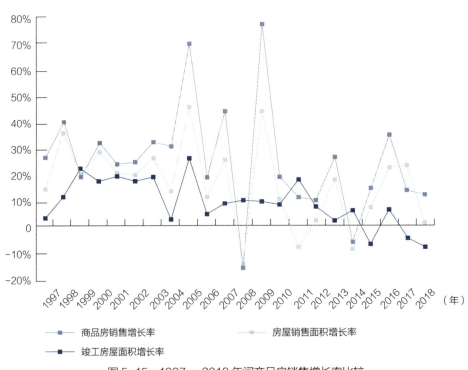

图 5-15 1997~2018年间商品房销售增长率比较
资料来源：《中国统计年鉴》，2019 年

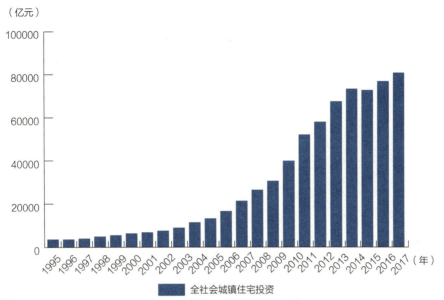

图 5-16　1995～2017 年城镇住房开发投资增长趋势
资料来源：《中国统计年鉴》，2011、2018 年

发投资占全社会固定资产投资比重，从 1998 年的 12.72% 上升为 2006 年的 17.64%（表 5-9、表 5-10）。2000～2006 年全社会固定资产投资增长率、房地产开发投资增长率均高于 GDP 增长率，房地产开发投资增长率基本上高于全社会固定资产投资增长率。2000～2010 年，房地产业为高速增长时期，房地产开发投资增长率超过 20.0%，奠定了房地产国民经济支柱产业的地位。

1997～2018 年我国国内生产总值、全社会固定资产投资和房地产开发投资情况　表 5-9

项目 年份	GDP 总量（亿元）	GDP 增长率（%）	全社会固定资产投资 总量（亿元）	全社会固定资产投资 增长率（%）	房地产开发投资 总量（亿元）	房地产开发投资 增长率（%）	房地产开发投资占全社会固定资产投资比重（%）	房地产开发投资占 GDP 比重（%）
1997 年	78973	9.3	24941.1	8.8	3178.37	−1.2	12.74	4.02
1998 年	84402.3	7.8	28406.2	13.9	3614.22	13.7	12.72	4.28
1999 年	89677.1	7.6	29854.7	5.1	4103.2	13.5	13.74	4.58
2000 年	99214.6	8.4	32917.7	10.3	4984.05	21.5	15.14	5.02
2001 年	109655.2	8.3	37213.5	13.0	6344.11	27.3	17.05	5.79
2002 年	120332.7	9.1	43499.9	16.9	7790.92	22.8	17.91	6.47
2003 年	135822.8	10	55566.6	27.7	10153.8	30.3	18.27	7.48
2004 年	159878.3	10.1	70477.4	26.6	13158.25	28.1	18.67	8.23
2005 年	183084.8	10.4	88773.6	26.0	15909.24	19.8	17.92	8.69
2006 年	209407	10.7	109870.0	23.9	19382.00	21.8	17.64	9.26

续表

项目 年份	GDP 总量（亿元）	GDP 增长率（%）	全社会固定资产投资 总量（亿元）	全社会固定资产投资 增长率（%）	房地产开发投资 总量（亿元）	房地产开发投资 增长率（%）	房地产开发投资占全社会固定资产投资比重（%）	房地产开发投资占GDP比重（%）
2007 年	270092.3	14.2	137323.9	24.8	25288.80	30.5	18.42	9.36
2008 年	319244.6	9.7	172828.4	25.9	31203.20	23.4	18.05	9.77
2009 年	348517.7	9.4	224598.8	30.0	36241.80	16.1	16.14	10.40
2010 年	412119.3	10.6	251683.8	23.8	48259.40	33.2	19.17	11.71
2011 年	487940.2	9.6	311485.1	23.8	61796.89	28.1	19.84	12.66
2012 年	538580	7.9	374694.7	20.3	71803.79	16.2	19.16	13.33
2013 年	592963.2	7.8	446294.1	19.1	86013.38	19.8	19.27	14.51
2014 年	643563.1	7.4	512020.7	15.2	95035.61	10.5	18.56	14.77
2015 年	688858.2	7	561999.8	9.8	95978.85	1.0	17.08	13.93
2016 年	746395.1	6.8	606465.7	7.9	102580.61	6.9	16.91	13.74
2017 年	832035.9	6.9	641238.4	7.0	109798.53	7.0	17.12	13.20
2018 年	919281.10	6.7	645675.0	5.9	120263.51	9.5	18.63	13.08

资料来源：《中国统计年鉴》，2019 年

1997～2018 年间商品房竣工面积和销售额增长率比较　　　　表 5-10

年份	竣工房屋面积（万 m²）	竣工房屋面积增长率（%）	房屋销售面积（万 m²）	房屋销售面积增长率（%）	商品房销售额（亿元）	商品房销售增长率（%）
1997 年	15819.70	3.00	9010.17	14.00	1799.4763	26.10
1998 年	17566.60	11.04	12185.30	35.24	2513.3027	39.67
1999 年	21410.83	21.88	14556.50	19.46	2987.87	18.88
2000 年	25104.86	17.25	18637.10	28.03	3935.4423	31.71
2001 年	29867.36	18.97	22411.90	20.25	4862.7517	23.56
2002 年	34975.75	17.10	26808.30	19.62	6032.3413	24.05
2003 年	41464.06	18.55	33717.60	25.77	7955.6627	31.88
2004 年	42464.87	2.41	38231.60	13.39	10375.7069	30.42
2005 年	53417.03	25.79	55486.20	45.13	17576.1325	69.40
2006 年	55830.92	4.52	61857.10	11.48	20825.9631	18.49
2007 年	60606.68	8.55	77354.70	25.05	29889.1189	43.52
2008 年	66544.80	9.80	65969.80	−14.72	25068.183	−16.13
2009 年	72677.40	9.22	94755.00	43.63	44355.1695	76.94
2010 年	78743.90	8.35	104764.60	10.56	52721.24	18.86
2011 年	92619.94	17.62	96528.40	−7.86	58588.86	11.13
2012 年	99424.96	7.35	98467.50	2.01	64455.79	10.01
2013 年	101434.99	2.02	115723.00	17.52	81428.28	26.33

续表

年份	竣工房屋面积（万 m²）	竣工房屋面积增长率（%）	房屋销售面积（万 m²）	房屋销售面积增长率（%）	商品房销售额（亿元）	商品房销售增长率（%）
2014 年	107459.05	5.94	105188.00	-9.10	76292.41	-6.31
2015 年	100039.10	-6.90	112412.00	6.87	87280.84	14.40
2016 年	106127.71	6.09	137540.00	22.35	117627.05	34.77
2017 年	101486.41	-4.37	169407.82	23.17	133701.31	13.67
2018 年	93550.11	-7.82	171654.36	1.33	149972.74	12.17

资料来源：《中国统计年鉴》，2019 年

2. 抑制房价收入比

2003 年以来，我国城市住房实物分配的福利体制已经进入收尾和终止阶段，货币化住房分配、市场化和社会化供给体系基本建立。在改革取得成绩的基础上，也积累了诸多矛盾。伴随着工业化、城市化和经济社会转轨的"矛盾凸显期"，居民住房矛盾进一步加剧。一方面，相对于城镇居民人均可支配收入，房价涨幅过快，中国历年房地产价格指数统计显示（图 5-17），2003～2007 年，全国住宅销售价格同比涨幅分别约为 57%、94%、84%、64% 和 82%，全国商品房竣工面积、销售面积和销售额均呈快速增长态势。另一方面，商品房供给结构失衡，表现为中小户型、中低价位普通商品住房和经济适用住房供应不足，首次置业者、城市中低收入家庭的住宅消费面临着沉重的压力。如果住房套型面积按 60m² 计算，1998～2007 年全国平均住房价格收入比高于 5.0（表 5-11、图 5-17）。如果住房套型面积按市场主流房型 90m² 计算，全国平均住房价格收入比将高于 7.5，大城市中低收入阶层的房价收入比更高。部分地区住房市场供应结构性矛盾突出，针对中低收入阶层的保障性住房不足。

1997～2018 年我国城镇居民人均可支配收入与商品房平均销售价格的变化　表 5-11

年份	人均GDP（元）	城镇居民人均可支配收入（元）	城镇居民人均可支配收入增长率（%）	商品房平均销售价格（元/m²）	商品房平均销售价格增长率（%）	住房价格收入比	城镇平均家庭人口数（人）
1997 年	6481	5160.30	6.64	1997	10.6	5.9	3.09
1998 年	6860	5425.10	5.13	2063	3.3	7.6	3.07
1999 年	7229	5854.00	7.91	2053	-0.5	7.0	3.04
2000 年	7942	6280.00	7.28	2112	2.9	6.7	2.96
2001 年	8717	6859.60	9.23	2170	2.7	6.3	2.97
2002 年	9506	7702.80	12.29	2250	3.7	5.8	2.94
2003 年	10666	8472.20	9.99	2359	4.8	5.7	2.91

续表

年份	人均GDP（元）	城镇居民人均可支配收入（元）	城镇居民人均可支配收入增长率（%）	商品房平均销售价格（元/m²）	商品房平均销售价格增长率（%）	住房价格收入比	城镇平均家庭人口数（人）
2004年	12487	9421.60	11.21	2778	17.8	6.1	2.90
2005年	14368	10493.00	11.37	3168	14.0	6.3	2.88
2006年	16738	11759.00	12.07	3367	6.3	5.7	2.89
2007年	20494	13785.80	17.24	3864	14.8	5.9	2.85
2008年	24100	15780.76	14.47	3800	−1.7	5.0	2.90
2009年	26180	17174.65	8.83	4681	23.2	5.7	2.86
2010年	30808	19109.44	11.27	5032	7.5	5.1	3.10
2011年	36302	21810	14.13	5357	6.5	4.9	3.02
2012年	39874	24565	12.63	5791	8.1	4.7	3.02
2013年	43684	26467	7.74	6237	7.7	4.7	2.98
2014年	47005	28843.9	8.98	6324	1.4	4.4	2.97
2015年	50028	31194.8	8.15	6793	7.4	4.2	3.10
2016年	53680	33616.2	7.76	7476	10.1	4.3	3.11
2017年	59201	36396.2	8.27	7892	5.6	4.3	3.03
2018年	64644	39250.8	7.84	8737	10.7	4.5	3.00

注：住房套型面积按60m²计算，居民收入按城镇居民人均可支配收入，人均可支配收入=（家庭总收入−交纳的所得税−个人交纳的社会保障支出−记账补贴）/家庭人口。

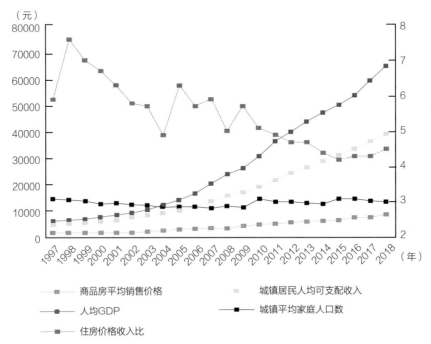

图5-17　1997~2018年商品房价格增长率与城镇居民人均可支配收入增长率比较

资料来源：《中国统计年鉴》，2019年

为了控制房价和调整住房供给结构，政府在供给侧和需求侧分别采取了一定的行政管制措施。在供给侧，国办发〔2006〕37号文件要求重点发展满足当地居民自住需求的中低价位、中小套型普通商品住房，规定9070的新建住房结构比例，中低价位、中小套型普通商品住房（含经济适用住房）和廉租住房的年度土地供应量不得低于居住用地供应总量的70%，套型建筑面积90m^2以下住房（含经济适用住房）面积所占比重，必须达到开发建设总面积的70%以上。优先保证廉租住房的土地供应，落实廉租住房资金筹措渠道；规范发展经济适用住房，解决建设和销售中存在的问题，严格执行经济适用住房管理的各项政策。在需求侧，有区别地调整住房消费信贷政策。为抑制房价过快上涨，从2006年6月1日起个人住房按揭贷款首付款比例不得低于30%，中低收入群众购买自住住房且套型建筑面积90m^2以下的仍执行首付款比例20%的规定。

3. 多层次住房供应体系

1998年住房制度改革确立的住房制度架构由两部分组成：住房分配货币化制度与多层次住房供应体系。由此，建立以经济适用房为主的多层次城镇住房供应体系：最低收入家庭租赁由政府或单位提供的廉租住房，中低收入家庭购买经济适用住房，其他收入高的家庭购买、租赁市场价商品住房。2003年，国发〔2003〕18号文件提出完善多层次住房供给体系，对经济适用房的作用进行调整，提出最低收入家庭租住廉租住房，以发放租赁补贴为主，实物配租和租金核减为辅；商品住房分为"普通商品房"和"豪华商品房"两大类，多数家庭购买或承租普通商品住房；经济适用房由"住房供应主体"变为具有保障性质的政策性商品住房，供应对象由"中低收入家庭"收缩为"中等偏下收入家庭"。

5.4 住房保障与市场调控并重阶段（2007年至今）

在住房市场化改革导向下，商品房市场得到长足发展，价格持续大幅度上涨，脱离普通居民家庭住房消费支出能力，以廉租房、经济适用房为主的保障性住房供给严重不足。2007年开始，住房政策全面向保障性住房倾斜，开始全面建设和完善住房保障体系，住房政策目标调整为：由保证住房自有化优先的"居者有其屋"转向保障居住权的"住有所居"。2010年以后政策更偏向构建以政府为主提供基本保障、以市场为主满足多层次需求的住房供应体系。对城镇低收入和中等偏下收入住房困难家庭，实行租售并举、以租为主，提供保障性住房满足基本住房需求。同时，稳定增加商品住房供应，大力发展二手房市场和住房租赁市场，推进住房供应主体多元化，满足市场多样化住房需求。

5.4.1 住有所居

2007年8月,国务院办公厅公布《国务院关于解决城市低收入家庭住房困难的若干意见》(国发〔2007〕24号),指出住房问题是重要的民生问题,需要始终把改善群众居住条件作为城市住房制度改革和房地产业发展的根本目的,把解决城市低收入家庭住房困难作为住房制度改革的重要内容和政府公共服务的一项重要职责,加快建立、健全以廉租住房制度为重点、多渠道解决城市低收入家庭住房困难的政策体系,健全城市廉租住房制度以及改进和规范经济适用住房制度。国发〔2007〕24号文把"保障性住房"提到前所未有的高度,是我国住房改革历程中的一个新的里程碑,同时也释放了住房调控从产业政策向公共政策回归的信号,标志着我国住房制度改革的关注重心开始转向城镇低收入群体,确立保障最低收入家庭居住权的廉租住房制度在保障性住房政策议程中的主体地位(赵民等,2009)。虽然廉租房早在1998年就被纳入了"多层次住房体系",但直到2007年,其建设资金才被强制列入地方政府的财政预算。国发〔2007〕24号文件包含以下重要内容。

(1) 建立健全城市廉租住房制度

加快建立健全以廉租住房制度为重点、多渠道解决城市低收入家庭住房困难的政策体系,以城市低收入家庭为对象,进一步建立健全城市廉租住房制度,改进和规范经济适用住房制度,加大棚户区、旧住房区改造力度,力争到"十一五"期末,使低收入家庭住房条件得到明显改善,农民工等其他城市住房困难群体的居住条件得到逐步改善。

逐步扩大廉租住房制度的保障范围,城市廉租住房制度是解决低收入家庭住房困难的主要途径。2007年年底前,所有设区的城市要对符合规定住房困难条件、申请廉租住房租赁补贴的城市低保家庭基本做到应保尽保。2008年年底前,所有县城要基本做到应保尽保。"十一五"期末,全国廉租住房制度保障范围要由城市最低收入住房困难家庭扩大到低收入住房困难家庭。

健全廉租住房保障方式,城市廉租住房保障实行货币补贴和实物配租等方式相结合,主要通过发放租赁补贴,增强低收入家庭在市场上承租住房的能力。多渠道增加廉租住房房源,采取政府新建、收购、更新以及鼓励社会捐赠等方式增加廉租住房供应。小户型租赁住房短缺和住房租金较高的地方,城市人民政府要加大廉租住房建设力度。新建廉租住房套型建筑面积控制在 $50m^2$ 以内,主要在经济适用住房以及普通商品住房小区中配建,并在用地规划和土地出让条件中明确规定建成后由政府收回或回购。也可以考虑相对集中建设。积极发展住房租赁市场,鼓励住房开发企业开发建设中小户型住房面向社会出租。

确保廉租住房保障资金来源,地方各级人民政府要根据廉租住房工作的年度计划,切实落实廉租住房保障资金:一是地方财政需要将廉租住房保障资金纳入年度预算安排;二是住房公积金增值收益在提取贷款风险准备金和管理费用之后全部用于廉租住房建设;三是土地出让净收益用于廉租住房保障资金的比例不得低于10%,各地还可根据实际情况进一步适当提高比例。

(2)改进和规范经济适用住房制度

规范经济适用住房供应对象,经济适用住房供应对象为城市低收入住房困难家庭。合理确定经济适用住房标准,经济适用住房套型标准根据经济发展水平和群众生活水平,建筑面积控制在 $60m^2$ 左右。各地根据实际情况,每年安排建设一定规模的经济适用住房。房价较高、住房结构性矛盾突出的城市,要增加经济适用住房供应。

严格经济适用住房上市交易管理,经济适用住房属于政策性住房,购房人拥有有限产权。购买经济适用住房不满5年,不得直接上市交易,购房人因各种原因确需转让经济适用住房的,由政府按照原价格并考虑折旧和物价水平等因素进行回购。购买经济适用住房满5年,购房人可转让经济适用住房,但应按照届时同地段普通商品住房与经济适用住房差价的一定比例向政府交纳土地收益等价款,具体交纳比例由城市人民政府确定,政府可优先回购;购房人向政府交纳土地收益等价款后,也可以取得完全产权。

(3)推进旧住房区综合整治

对可整治的旧住区力戒大拆大建。以改善低收入家庭居住环境和保护历史文化街区为宗旨,遵循政府组织、居民参与的原则,积极进行房屋维修养护、配套设施完善、环境整治和建筑节能改造。加快集中成片棚户区的改造。

(4)多渠道改善农民工居住条件

用工单位需要向农民工提供符合基本卫生和安全条件的居住场所。农民工集中的开发区和工业园区,应按照集约用地的原则,集中建设向农民工出租的集体宿舍,但不得按商品住房出售。城中村改造时,需要考虑农民工的居住需要,在符合城市规划和土地利用总体规划的前提下,集中建设向农民工出租的集体宿舍。有条件的地方,可比照经济适用住房建设的相关优惠政策,政府引导,市场运作,建设符合农民工特点的住房,以农民工可承受的合理租金向农民工出租。

(5)落实解决城市低收入家庭住房困难的经济政策和建房用地

廉租住房和经济适用住房建设、棚户区改造、老旧小区整治一律免收城市基础设施配套费等各种行政事业性收费和政府性基金;廉租住房和经济适用住房建设用地实行行政划拨方式供应,切实保证土地供应;社会各界向政府捐赠廉租住房房源的,执行公益性捐赠税收扣除的有关政策;社会机构投资廉租住房或经济适用住房建设、棚户区改造、老旧小区整治的,可同时给予相关的政策支持。

（6）确保住房质量和使用功能

提高规划设计水平，在较小的户型内实现基本的使用功能。为满足发展节能省地环保型住宅的要求，推广新材料、新技术、新工艺。

（7）完善配套政策

落实解决城市低收入家庭住房困难的经济政策和建房用地，廉租住房和经济适用住房建设用地实行行政划拨方式供应。重点发展中低价位、中小套型普通商品住房，增加住房有效供应。城市新审批、新开工的住房建设，套型建筑面积 90m² 以下住房面积所占比重，必须达到开发建设总面积的 70% 以上。廉租住房、经济适用住房和中低价位、中小套型普通商品住房建设用地的年度供应量不得低于居住用地供应总量的 70%。

2007 年 9 月和 12 月，建设部等部门分别联合下发了《廉租住房保障办法》和《经济适用住房管理办法》。《廉租住房保障办法》对廉租住房的保障对象、保障方式、保障资金及房屋来源、申请核准以及监督管理等方面作出了明确规定，将经济适用房重新界定为"是指政府提供政策优惠，限定套型面积和销售价格，按照合理标准建设，面向城市低收入住房困难家庭供应，具有保障性质的政策性住房"，对经济适用房的供地建设和各项税费优惠政策、建设和价格管理、进入和退出管理等作出了较为详细的规定。为了更好地保障和改善民生，2008 年国务院机构改革，将"建设部"改为"住房和城乡建设部"，以强化住房政策的执行力，提升公共资源的运用效率。

2008 年年初美国次贷危机爆发引发全球性金融危机，面对严峻的宏观经济形势和房地产业滑坡，2008 年 12 月 20 日国务院办公厅发布《关于促进房地产市场健康发展的若干意见》（国办发〔2008〕131 号），将提振住房市场与改善居民基本住房条件结合起来，刺激房地产业和过敏经济的发展。主要规定了以下措施。

第一，加大保障性住房建设力度。

争取用 3 年时间基本解决城市低收入住房困难家庭住房及棚户区改造问题；多渠道筹集建设资金，各级政府都要加大对保障性住房建设的投入力度，商业银行要对符合贷款条件的保障性住房建设项目加大信贷支持力度；开展住房公积金用于住房建设的试点。

第二，进一步鼓励普通商品住房消费。

加大对自住型和改善型住房消费的信贷支持力度，对住房转让环节营业税暂定一年实行减免政策。

第三，支持房地产开发企业积极应对市场变化。

引导房地产开发企业积极应对市场变化，支持房地产开发企业合理的融资需求，取消城市房地产税。

5.4.2 房价泡沫与调控

2008年的住房刺激政策效应在2009年得到释放，加上其他一些因素的作用，2009年我国楼市经历了一个急转向上的行情，地价与房价重新出现了过快上涨的势头，投机性购房再度活跃，人们对房价上涨的预期明显增强（图5-18）。在这种状况下，2010年我国的住房市场调控政策发生了再一次的转变，调控方向从防控住房市场的过冷转变到防控住房市场的过热。

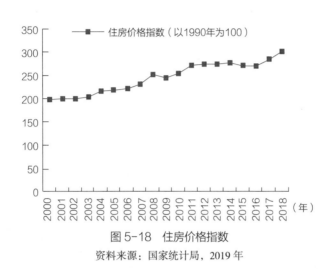

图 5-18　住房价格指数
资料来源：国家统计局，2019 年

总体来看，房地产市场仍然存在价格泡沫风险和结构性风险。首先，从房价收入比角度来看，2016年我国主要城市的房价收入比远超主要国际城市水平，出现房价泡沫迹象。在全球房价收入比排名前十位的城市中，中国城市占据8席，在房价收入比排名前二十位的城市中，中国城市占据16席，在房价收入比排名前四十位的城市中，中国城市总共占据20席，其中，北京、深圳、上海的房价收入比位居国内外主要城市前三位。其次，从库存去化周期的角度来看，过高的库存去化周期问题已经得到明显缓解，但仍有再次反弹的风险。从2011年开始，中国房地产市场的库存去化周期不断上升，房地产库存去化周期由2011年的9.28个月上升到2015年的20.96个月。之后，伴随着去库存政策的落地，中国房地产市场库存去化周期开始趋于下降，由最高点的20.96个月快速下降到2017年的11.58个月，基本恢复到合理水平，但2018年的库存去化周期又有所上升。再次，房地产市场存在结构性风险，不同层级城市房价分化加剧。2001年一二三四线城市的房价收入比分别是9.65、7.42、5.82、5.78，2016年房价收入比分别为16.18、7.13、5.29、4.87，分别上升73.8%、-3.9%、-9.1%、-15.7%。从中可以得出，一线城市房地产市场持续走强，房价收入比快速上升，远远超出合理区间，房地产泡沫风险大；二三四线城市的房价收入比则不升反降，层级越低的城市，房价收入比下降幅度也就越大。

在中国城市化进程中，房地产不断发展壮大，2000年以来房地产开发投资占全社会固定资产投资比重一直在15%以上。从对经济增长的贡献度来看，2000年至2013年期间房地产开发投资对经济增长的贡献度尽管存在波动，但多年来基本维持在10%以上。然而，从2018年开始，房地产对宏观经济增长的正向拉动效应出现拐点。房地产市场存在价格泡沫风险和结构性风险，房地产金融风险正在快速积累，中国经济房地产化日益明显。一方面，社会资金和银行贷款中相当一部分流入了房地产行业，根据央行2019年发布的《2018年金融机构贷款投向统计报告》显示，2018年年末，人民币房地产贷款余额38.7万亿元，同比增长20%，全年增加6.45万亿元，占同期各项贷款增量的39.9%，房地产开发贷款余额10.19万亿元，同比增长22.6%，增速比上年末高5.5个百分点。另一方面，2018年年以来，制造业企业面对国内外严峻的经济形势、房地产的高回报以及制造业发展的不确定性，投资房地产成为重要的选择。房地产对经济增长的影响存在倒"U"关系，即正向的拉动效应与负向的挤出效应。当房价水平较低时，房地产对经济增长的正向拉动效应超过负向挤出效应，此时房地产的发展有利于经济增长；当房价水平过高时，房地产对经济增长的负向挤出效应将超过正向拉动效应，此时房地产的发展将不利于经济增长。研究发现，房地产对经济增长负向效应超过正向效应的临界房价收入比为9。随着房价收入比的提高，房地产对经济增长的正向拉动效应不断变小、负向挤出效应不断增大，拐点处的房价收入比为9左右。按照2018年中国商品房平均销售价格来计算，2018年中国房价收入比为9.3，这意味着房地产对经济增长的负向效应将超过正向效应。企业最终会在生产性投资与非生产性投资之间权衡，并将更多资源投入到房地产投资性资产中，抽空生产性投资和创新性投资，形成错配效应。同时，低效率的实体生产者将会因为无法负担提升的要素成本，逐渐增加房地产投资比重，最终退出实体经济生产，剩下效率较高生产者留在实体经济内，形成筛选效应。(《中国城市竞争力第17次报告（主题报告）》，2017年)

针对全国部分城市房价、地价出现过快上涨、投机性购房再度活跃的势头（图5-18、表5-12、表5-13），为稳定房价和促进房地产市场平稳健康发展，从2010年到2013年，我国先后密集性地出台多项住房市场调控政策，这种状况类似于2003~2006年我国住房政策的变化。2010年4月发布《关于坚决遏制部分城市房价过快上涨的通知》（国发〔2010〕10号）；2011年1月发布《关于进一步做好房地产市场调控工作有关问题的通知》（国办发〔2011〕1号）；2011年7月国务院总理温家宝主持召开国务院常务会议，专题研究部署房地产市场的调控工作并形成五条政策意见；2013 年 2 月发布《关于继续做好房地产市场调控工作的通知》（国办发〔2013〕17 号）。具体调控措施主要包括：严格实施差别化住房信贷、税收政策和住房限购措施，坚决抑制投机投资性购房等不合理住房需求，合理引导住房需求；加大保障性安居工程建设力度，增加普通商品住房及用地供应，增加住房有效供给；优化住房供应结构，加大中小套型普通商品住房及其用地的有效供给，充分发挥财税、金融政策的调节作用，鼓励自住型住房消费，遏制投机投资性购房；加强市场监测监管和预期管理，完善房地产市场信息披露制度，推进城镇个人住房信息系统建设；稳步推进房地产税收制度改革，增加住房保有环节税负，减轻住房建设和交易环节税负，区别对待个人购买普通住房与非普通住房、首次购房与非首次购房、购买年限长短等因素，实行不同的税率标准以及贷款的首付款比例和利率，逐步开展个人住房房产税改革试点等。这些措施在总体上取得了一定成效，抑制了住房价格的快速上升。

不同年份上海城市不同收入家庭的房价收入比　　　　表 5-12

年份	平均值	收入位于后 10% 的家庭	10%~20%	20%~40%	40%~60%	60%~80%	80%~90%	收入位于前 10% 的家庭
1995 年	8.00	17.10	13.00	11.00	9.00	7.40	5.90	4.30
1996 年	8.60	17.90	13.90	11.80	9.50	7.70	6.40	4.60
1997 年	8.00	17.00	12.90	10.70	8.70	7.20	5.90	4.40
1998 年	8.00	17.50	12.90	10.80	8.90	7.30	6.00	4.40
1999 年	6.60	12.60	10.40	9.20	7.20	6.20	5.00	3.20
2000 年	6.70	11.90	11.00	8.70	7.40	6.10	5.00	3.50
2001 年	6.80	13.20	11.20	10.10	8.00	6.20	5.00	3.00
2002 年	7.90	16.20	13.50	11.30	8.80	7.30	6.00	3.40
2003 年	8.10	19.20	15.30	12.80	9.40	7.40	5.60	3.50
2004 年	9.10	19.80	—	14.30	10.70	7.90	—	4.70
2005 年	8.60	19.60	—	13.30	10.30	7.60	—	4.40
2006 年	8.10	18.20	—	12.50	10.20	7.30	—	4.10
2007 年	8.40	18.30	—	13.20	9.70	7.20	—	4.40
2008 年	7.40	16.40	—	11.20	8.70	6.70	—	3.90

资料来源：2009 年《上海统计年鉴》，年鉴中 2004 年以前的数据与 2004 年及以后的数据分组方式不同，转引自：Chen J., Hao Q.J., Stephens M. Assessing Housing Affordability in Post-Reform China：A Case Study of Shanghai[J]. Housing Studies, 2010：25（6）：889

2000～2014年上海市部分年份商品房销售与出租面积　　表5-13

类别 年份	商品房销售面积（万 m²）			商品房销售额（亿元）			商品房出租面积（万 m²）		
		住宅	别墅/高档公寓		住宅	别墅/高档公寓		住宅	别墅/高档公寓
2000年	1557.87	1445.87	53.44	555.45	480.97	32.65	358.38	59.29	37.43
2005年	3158.87	2845.7	449.38	2161.3	1906.05	10.98	889.63	94.44	61.55
2010年	2055.53	1685.35	341.71	2959.94	2395.35	852.62	1262.47	85.72	76.18
2014年	2084.66	1780.91	257.24	3499.53	2923.44	859.54	1142.46	72.16	60.39

资料来源：《上海统计年鉴》，2019年

5.4.3 购租并举

2008年以来，新建商品住房成交面积增加，保障性安居工程建设进度加快，这对于促进住房消费和投资，实现保增长、扩内需、惠民生的目标发挥了重要作用，有助于提振信心、活跃市场、解决低收入家庭住房困难问题。但是随着房地产市场的回升，2009年部分城市出现房价上涨过快等问题，需要加强和改善房地产市场调控，稳定市场预期，促进地产市场平稳健康发展。基于自有住房率高、人均住房居住面积大为改观的现实，我国住房政策转向调整住房供应结构，加大保障性安居工程建设力度，在保障性住房的供给上，增加廉租房、经济适用房和普通商品住房的供应规模，强化公共租赁房的作用。

公共租赁住房最早于2006年在深圳出现，2009年公共租赁住房的概念开始在全国普及，2010年的"国办发〔2010〕4号""国发〔2010〕10号"和2011年的"国办发〔2011〕1号"文件均明确要求增加公共租赁住房的供应。

2010年国务院办公厅颁布《关于促进房地产市场平稳健康发展的通知》（国办发〔2010〕4号），提出商品住房价格过高、上涨过快的城市，要切实增加限价商品住房、经济适用住房、公共租赁住房供应；增加住房建设用地有效供应，提高土地供应和开发利用效率。各地要根据房地产市场运行情况，把握好土地供应的总量、结构和时序，城市人民政府要在城市总体规划和土地利用总体规划确定的城市建设用地规模内，抓紧编制住房建设规划，重点明确中低价位、中小套型普通商品住房和限价商品住房、公共租赁住房、经济适用住房、廉租住房的建设规模，并分解到住房用地年度供应计划，落实到地块，明确各地块住房套型结构比例等控制性指标要求，房价过高、上涨过快、住房有效供应不足的城市，要切实扩大上述五类住房的建设用地供应量和比例。通过城市棚户区改造和新建、改建、政府购置等方式增加廉租住房及经济适用住房房源，着力解决城市低收入家庭的住房困难；加快建设限价商品住房、公共租赁住房，解决中等偏下收入家庭的住房困难。

2010年《国务院关于坚决遏制部分城市房价过快上涨的通知》(国发〔2010〕10号)主要内容如下。

(1) 建立考核问责机制

稳定房价和住房保障工作实行省级人民政府负总责、城市人民政府抓落实的工作责任制。住房和城乡建设部、监察部等部门要对省级人民政府的相关工作进行考核,加强监督检查,建立约谈、巡查和问责制度。对稳定房价、推进保障性住房建设工作不力,影响社会发展和稳定的,要追究责任。

(2) 实行更为严格的差别化住房信贷政策

对购买首套自住房且套型建筑面积在 90m² 以上的家庭(包括借款人、配偶及未成年子女,下同),贷款首付款比例不得低于30%;对贷款购买第二套住房的家庭,贷款首付款比例不得低于50%,贷款利率不得低于基准利率的1.1倍;对贷款购买第三套及以上住房的,贷款首付款比例和贷款利率应大幅度提高,具体由商业银行根据风险管理原则自主确定。

(3) 调整住房供应结构

编制和公布住房建设规划,明确保障性住房、中小套型普通商品住房的建设数量和比例。住房和城乡建设部门要加快对普通商品住房的规划、开工建设和预售审批,尽快形成有效供应。保障性住房、棚户区改造和中小套型普通商品住房用地不低于住房建设用地供应总量的70%,并优先保证供应。房价过高、上涨过快的地区,要大幅度增加**公共租赁住房**、经济适用住房和限价商品住房供应。

(4) 加快保障性安居工程建设

确保完成2010年建设保障性住房300万套、各类棚户区改造住房280万套的工作任务。住房和城乡建设部、国家发改委、财政部等有关部门要尽快下达年度计划及中央补助资金;住房和城乡建设部要与各省级人民政府签订住房保障工作目标责任书,落实工作责任;地方人民政府要切实落实土地供应、资金投入和税费优惠等政策,确保完成计划任务。

2011年1月《国务院办公厅关于进一步做好房地产市场调控工作有关问题的通知》(国办发〔2011〕1号)发布,进一步要求落实国发〔2010〕10号文件的内容,对保障性安居工程建设提出了要求。具体包括以下方面。

(1) 落实地方政府责任

2011年各城市人民政府要根据当地经济发展目标、人均可支配收入增长速度和居民住房支付能力,合理确定本地区年度新建住房价格控制目标,并于一季度向社会公布。各地要继续增加土地有效供应,进一步加大普通住房建设力度;继续完善严格的差别化住房信贷和税收政策,进一步有效遏制投机投资性购房;加快个人住房信息系统建设,逐步完善房地产统计基础数据;继续做好住房保障工作,全面落实好年内开工建设保障性住房和棚户区改造住房的目标任务。

（2）加大保障性安居工程建设力度

2011年全国建设保障性住房和棚户区改造住房1000万套。各地要通过新建、改建、购买、长期租赁等方式，多渠道筹集保障性住房房源，逐步扩大住房保障制度覆盖面。增加公共租赁住房供应，运用土地供应、投资补助、财政贴息或注入资本金、税费优惠等政策措施，合理确定租金水平，吸引机构投资者参与公共租赁住房建设和运营；鼓励金融机构发放公共租赁住房建设和运营中长期贷款；鼓励房地产开发企业在普通商品住房建设项目中配建一定比例的公共租赁住房，并持有、经营，或由政府回购。完善土地出让方式，大力推广"限房价、竞地价"方式供应中低价位普通商品住房用地。

（3）合理引导住房需求

各直辖市、计划单列市、省会城市和房价过高、上涨过快的城市，在一定时期内，要从严制定和执行住房限购措施。原则上对已拥有1套住房的当地户籍居民家庭、能够提供当地一定年限纳税证明或社会保险缴纳证明的非当地户籍居民家庭，限购1套住房（含新建商品住房和二手住房）；对已拥有2套及以上住房的当地户籍居民家庭、拥有1套及以上住房的非当地户籍居民家庭、无法提供一定年限当地纳税证明或社会保险缴纳证明的非当地户籍居民家庭，要暂停在本行政区域内向其售房。

2011年3月中央政府"十二五"（2011—2015年）规划纲要提出重点发展公共租赁房，逐步使其成为保障性住房的主体，加快构建以政府为主提供基本保障、以市场为主满足多层次需求的住房供应体系，提出"十二五"期间建设3600万套保障房的目标任务，具体包括：

（1）对城镇低收入住房困难家庭，实行廉租住房制度；对中等偏下收入住房困难家庭，实行公共租赁住房保障；对中高收入家庭，实行租赁与购买商品住房相结合的制度。加大保障性安居工程建设力度，基本解决保障性住房供应不足的问题。

（2）多渠道筹集廉租房房源，完善租赁补贴制度。加快各类棚户区改造，规范发展经济适用住房。

（3）完善土地供应政策，增加住房用地供应总量，优先安排保障性住房用地，有效扩大普通商品住房供给。

（4）稳定投入机制，加大财政资金、住房公积金贷款、银行贷款的支持力度，引导社会力量参与保障性住房建设运营；健全差别化住房信贷、税收政策，合理引导自住和改善性住房需求，有效遏制投机投资性购房。

（5）落实地方政府责任和问责机制，把保障基本住房、稳定房价和加强市场监管纳入各地经济社会发展的工作目标，由省级人民政府负总责，市、县级人民政府负直接责任。

（6）加快制定基本住房保障法,修订完善《城市房地产管理法》等相关法律法规。完善住房公积金制度,加强管理和扩大覆盖范围。加强市场监管,规范住房市场秩序。加快住房信息系统建设,完善信息发布制度。

2011年9月《国务院办公厅关于保障性安居工程建设和管理的指导意见》（国办发〔2011〕45号）中,明确规定"大力推进以公共租赁住房为重点的保障性安居工程建设"。2012年住房和城乡建设部发布了《公共租赁住房管理办法》,2013年年底住房和城乡建设部、财政部、国家发展和改革委员会三部门联合下发了《关于公共租赁住房和廉租住房并轨运行的通知》（建保〔2013〕178号）,要求"从2014年起,各地公共租赁住房和廉租住房并轨运行,并轨后统称为公共租赁住房",从而使公共租赁住房的保障对象涵盖原廉租住房的保障对象和原公共租赁住房的保障对象。

2011~2015年的五年期间,地方政府每年完成的保障性住房都在550万套以上,2012~2014年三年完成的保障性住房面积占到当年住房竣工面积比重的27%以上。2014年3月政府颁布《国家新型城镇化规划（2014—2020年）》,进一步强化住房社会政策导向,指出新型城镇化的核心是人的城镇化,强调要把进城落户农民完全纳入城镇住房保障体系,采取廉租住房、公共租赁住房、租赁补贴等多种方式改善农民工居住条件,尽力消除或减少户籍歧视,进一步扩大公共租赁住房供给规模,对现有公共租赁住房供给的空间布局提出优化要求。

改革开放以来,我国住房租赁市场不断发展,在加快改善城镇居民住房条件、推动新型城镇化进程等方面发挥了重要作用,但市场供应主体发育不充分、市场秩序不规范、法规制度不完善等问题仍较为突出。2016年《国务院办公厅关于加快培育和发展住房租赁市场的若干意见》（国办发〔2016〕39号）明确在住房制度上,建立购租并举为主要方向,健全以市场配置为主、政府提供基本保障的住房租赁体系,推动实现城镇居民住有所居的目的;在服务对象上,在城镇稳定就业的外来务工人员、新就业大学生和青年医生、青年教师等专业技术人员,凡符合当地城镇居民公租房准入条件的,应纳入公租房保障范围,非本地户籍承租人可按照《居住证暂行条例》等有关规定申领居住证,享受义务教育、医疗等国家规定的基本公共服务;在资源供给上,政府在年度住房建设计划和住房用地供应计划中对租赁住房予以安排,引导土地、资金等资源合理配置;在金融上,公租房货币化,公租房保障方式采用实物保障与租赁补贴并举,支持公租房保障对象通过市场租房,政府对符合条件的家庭给予租赁补贴,承租人可以提取住房公积金支付房租,允许将商业用房等按规定更新为租赁住房。主要内容如下。

（1）建立购租并举的住房制度

健全以市场配置为主、政府提供基本保障的住房租赁体系。支持住房租赁消费,促进住房租赁市场健康发展。到2020年,基本形成供应主体多元、经营服务规范、租赁关系稳定的住房租赁市场体系，推动实现城镇居民住有所居的目标。

（2）培育市场供应主体

发展住房租赁企业，充分发挥市场作用，调动企业积极性，通过租赁、购买等方式多渠道筹集房源，提高住房租赁企业规模化、集约化、专业化水平，形成大、中、小住房租赁企业协同发展的格局，满足不断增长的住房租赁需求，住房租赁企业享受生活性服务业的相关支持政策。鼓励住房开发企业开展住房租赁业务，引导住房开发企业与住房租赁企业合作，发展租赁地产。规范住房租赁中介机构；支持和规范个人出租住房。落实鼓励个人出租住房的优惠政策，鼓励个人依法出租自有住房。

（3）鼓励住房租赁消费

完善住房租赁支持政策，落实提取住房公积金支付房租政策，简化办理手续。非本地户籍承租人可按照《居住证暂行条例》等有关规定申领居住证，享受义务教育、医疗等国家规定的基本公共服务。

（4）完善公共租赁住房

推进公租房货币化，转变公租房保障方式，实物保障与租赁补贴并举。支持公租房保障对象通过市场租房，政府对符合条件的家庭给予租赁补贴；提高公租房运营保障能力。鼓励地方政府采取购买服务或政府和社会资本合作（PPP）模式，将现有政府投资和管理的公租房交由专业化、社会化企业运营管理，不断提高管理和服务水平。在城镇稳定就业的外来务工人员、新就业大学生和青年医生、青年教师等专业技术人员，凡符合当地城镇居民公租房准入条件的，应纳入公租房保障范围。

（5）支持租赁住房建设

鼓励新建租赁住房，将新建租赁住房纳入住房发展规划，合理确定租赁住房建设规模，并在年度住房建设计划和住房用地供应计划中予以安排，引导土地、资金等资源合理配置，有序开展租赁住房建设。允许将商业用房等按规定更新为租赁住房，土地使用年限和容积率不变，土地用途调整为居住用地，调整后用水、用电、用气价格应当按照居民标准执行。

（6）给予税收优惠和提供金融支持

对依法登记备案的住房租赁企业、机构和个人，给予税收优惠政策支持。落实营改增关于住房租赁的有关政策，对个人出租住房的，由按照5%的征收率减按1.5%计算缴纳增值税……对个人出租住房所得，减半征收个人所得税；对个人承租住房的租金支出，结合个人所得税改革，统筹研究有关费用扣除问题。支持符合条件的住房租赁企业发行债券、不动产证券化产品。稳步推进住房投资信托基金（REITs）试点。

2016年12月中央经济工作会议提出：促进房地产市场平稳健康发展，坚持"房子是用来住的、不是用来炒的"的定位，综合运用金融、土地、财税、投资、立法等手段，加快研究建立符合国情、适应市场规律的基础性制度和长效机制，既抑制房地产泡沫，又防止房价出现大起大落。2017年10月，十九大报告延续了这一思路，再次强调"坚持房子是用来住的、不是用来炒的定位"，要求"加快建立多主体供给、多渠道保障、租购并举的住房制度，让全体人民住有所居"。具体措施如下：

第一，通过扩大自持住房地块的比例、引导存量商用住房转租赁住房、利用集体建设用地建设租赁住房等多元化的措施，在租赁方面实现多元和多渠道供应。

第二，在产权方面大力发展共有产权住房，使其成为"高端有市场、中端有支持、低端有保障"的重要组成部分。部分产权的购买方式可以降低居民获得住房的成本，减少居民对金融杠杆的过分依赖。

住房保障制度由"保基本"向"促发展"转变。随着国家中心城市的建设升级和竞争的白热化，全国多个二线城市上演"抢人战"，满足安居需求的人才公寓成为其亮点。从2017年起，厦门市高标准推进"保障房地铁社区"建设，面向厦门市高层次及骨干人才申请家庭和社会申请家庭。北京市中关村创客小镇、魔方公寓、YOU+、领鹰等长租公寓受到白领人士的青睐。租赁服务业将成为新热点，保障房管理将不断引入市场机制。市场化的保障房租赁服务业正式上线，将成为新的增长点。2018年11月住房和城乡建设部、财政部联合印发《关于印发推行政府购买公租房运营管理服务试点方案的通知》，确定在安徽等8个省（自治区）开展政府购买公租房运营管理服务试点。此外，企业十分看好租赁服务业前景。由开发商、地产中介、酒店集团等经营的"长租公寓"都已形成一定规模，阿里巴巴、腾讯、京东、房地产中介公司、行业协会等企业参与租房租赁平台建设，中信银行、中国银行等多家银行密集进军租赁金融服务业。随着大量保障房的完工和入住，保障房小区管理、二手交易等一系列管理问题面临新的挑战，政府官员将引进市场机制进行管理（倪鹏飞，2019：203）。

5.4.4 住房保障与市场调控并重阶段的住房政策特征

随着我国社会主义市场经济体制不断完善，国民经济高速增长，以及工业化、城镇化进程的加速推进，居民人均收入和人均消费持续提升，居民居住水平不断提高。依据2019年的《中国统计年鉴》数据，2018年年末全国总人口为13.95亿人，城镇672个（直辖市、地级市、县级市数量之和），城镇人口8.31亿，城镇化率为59.58%。尽管从2006年至2018年城镇人口增加了2.55亿人，但同期城市人均住房建筑面积却由27.1m^2提升至39m^2，12年时间增加了11.9m^2，接近每年城市人均住房建筑面积1m^2的增幅（图5-19）。

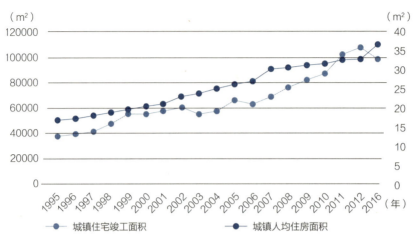

图 5-19 1995～2016 年我国城镇住宅竣工面积与城镇人均住房面积变化趋势
资料来源：《中国房地产统计年鉴》，2017 年

恒大研究所《中国住房存量报告 2019》指出：2018 年全国城市住房存量面积约 276 亿 m^2，全国城镇户均住房建设面积约 $89.6m^2$。到 2018 年年底，全国城市保障性安居工程合计开工约 7000 万套，其中公租房（含廉租住房）1612 万套、经济适用住房 573 万套、限价商品住房 282 万套、棚改安置住房 4522 万套，合计约 2 亿住房困难的群众通过城市保障性安居工程，有效解决了城镇低收入、中等偏下收入家庭以及新就业职工、外来务工人员的住房困难。这一阶段的住房政策具有以下特征。

1. 高中低区别化的住房政策体系

这一时期的住房政策极为强调回归住房保障的政策重心，颁布了大量保障性住房政策文件，努力实现"高端有市场、中端有支持、低端有保障"的住房体系，补充和夯实保障性和支持性的住房政策，建立购租并举的住房制度，健全以市场配置为主、政府提供基本保障的住房租赁体系，推动实现城镇居民住有所居的目标。

在低端保障层面，经济适用住房供应对象收缩为"城市低收入住房困难家庭"；廉租住房制度由保障城镇住房困难的低保家庭扩大到低收入家庭中的住房困难户、农民工等其他城市住房困难群体，成为解决低收入家庭住房困难的主要途径。城市廉租住房保障实行货币补贴和实物配租等方式相结合，主要通过发放租赁补贴，增强低收入家庭在市场上承租住房的能力。

在中端支持层面，大力发展共有产权住房，提高公租房运营保障能力，城镇就业稳定的外来务工人员、新就业大学生和青年医生、青年教师等专业技术人员，凡符合当地城镇居民公租房准入条件的，均纳入公租房保障范围。2017 年北京市明确未来 5 年供应 25 万套共有产权住房的目标将实行全封闭式循环管理，着力满足城镇户籍无房家庭及符合条件新市民的基本住房需求。

经过"十二五""十三五"的规划建设,我国已经建立起多渠道、多元化的住房保障制度体系,从以"砖头补贴"为主的保障性住房模式转化为以"货币补贴"为主,加快棚户区改造,盘活存量商品房资源,发展集体建设用地的租赁房源,推进"租售同权"、产权多元化,积极推进建立多主体供给、多渠道保障、租售并举的住房制度。

租售同权是指租房与买房居民享同等待遇,租房居民在基本公共服务方面与买房居民待遇相同。例如:在儿童教育政策上,2017年广州政府规定:凡是具有本市户籍的适龄儿童少年、人才绿卡持有人子女等政策性照顾借读生、符合市及所在区积分入学安排学位条件的来穗人员随迁子女,其监护人在本市无自有产权住房,以监护人租赁房屋所在地作为唯一居住地且房屋租赁合同经登记备案的,都可由居住地所在区教育行政主管部门安排到义务教育阶段学校(含政府补贴的民办学校学位)就读。租售同权政策极大地提升了租赁住房者的社会福利,有利于对于人才的吸纳,降低人们的买房"热情",不少人买房和换房的目的是为了孩子的教育,现在既然不要买房就可以享受到教育资源,那房子就不需要换了。

2. 重视住房保障

根据房地产经济形势的具体状况,住房市场调控政策表现出一定的灵活性,当房地产市场过热时,调控政策主要发挥房地产市场的抑制性作用;当房地产市场不景气时,相应地调控政策主要发挥刺激性作用。然而,政府在对住房市场进行宏观调控时,住房保障的责任也未放松,住房保障惠及民生取得巨大成效。

第一,城镇低收入家庭住房困难明显缓解,住房保障范围也明显扩大。2005年年底全国仅有32.9万户最低收入家庭被纳入廉租住房保障范围,截至2015年年底全国累计用实物方式解决了近4300万户城镇中、低收入家庭的住房困难,2017年年底公共租赁住房在保家庭1658.26万户、涉及4100多万城镇中低收入住房困难群众。2008年至2017年,累计有9000多万户城镇家庭通过实物分配、货币化补贴等方式获得住房保障。2011年至2017年,全国累计建设公共租赁住房1299万套。

第二,建成5000万套保障性住房,1.5亿低收入人口的住房得到解决。2008年至2017年,全国共开工建设城镇保障性住房和棚户区改造住房6445万套以上,基本建成4901万套以上,2011年至2018年全国城镇保障性安居工程建设总共完成投资11.57万亿元。

第三,大规模的保障性住房和棚户区改造扩大了内需,促进了经济平稳发展。如此大规模的工程带动了经济增长,平均每年提供900万个以上就业岗位。以棚户区改造为例,2013年以来,棚改完成投资7万多亿元,有力地带动了建材、装修、家电等相关产业发展,棚改及相关产业总投资超过15万亿元(倪鹏飞,2019:199-202)。

2014年以来,住房总量短缺的时代结束,"结构性过剩"时代已经到来。作为过去住房市场的发展引擎,城镇化与工业化都处于减速状态,特别是三、四线及以下城市对人口的吸引力正在减弱的同时,却累积了相当多的存量,其中有一部分区位和配套条件差的住宅区可能沦为"鬼城"或空城。对于一、二线城市住房而言,由于人口的大量流入及收入水平的提高等原因,扩大供给仍是一、二线城市楼市的发展主线。此外,虽然从量的方面看,我国城镇商品住房已经出现结构性过剩,但从质的方面看,一部分家庭居住条件仍然较差,狭小公寓、老旧公寓或不成套住宅占存量住房的比重较大。随着人们收入的增长和对生活品质要求的进一步提升,对优质住房的需求还将稳步增长,优质住房仍然具有一定的稀缺性。

与此同时,住房保障惠及住房民生逐渐覆盖更多的阶层和群体。2018 年,农民工数量达到 2.8 亿,但农民工的住房条件和环境极其恶劣,给农民工的生活带来了很多的问题,影响了国家的发展,多数地区还没有真正将农民工纳入住房保障体系范围,让他们分享发展的成果和红利,未来住房惠及民生的重点将转向农民工、新市民。其次,我国进入高质量发展的新时代,驱动经济发展的因素更多地依赖于人才红利的释放,住房保障制度由"保基本"向"促发展"转变,需要更加积极探索各类优秀人才住房困难问题的解决模式、方法和措施,解决人才安居乐业的住房民生问题。

为此,制定了多项偏向民生需求的住房激励政策。在供给侧,在政策上强调低价位、中小套型普通商品住房的有效供应,城市新审批、新开工的住房建设,套型建筑面积 90m^2 以下住房面积所占比重,必须达到开发建设总面积的 70% 以上;廉租住房、经济适用住房和中低价位、中小套型普通商品住房建设用地的年度供应量不得低于居住用地供应总量的 70%;新建廉租住房套型建筑面积控制在 50m^2 以内;经济适用住房"建设面积控制在 60m^2 左右"。廉租住房和经济适用住房建设、棚户区改造、旧住房区整治一律免收城市基础设施配套费等各种行政事业性收费和政府性基金,廉租住房和经济适用住房建设用地实行行政划拨方式供应。土地出让净收益用于廉租住房保障资金的比例不得低于 10%;支持符合条件的住房租赁企业发行债券、不动产证券化产品。

鼓励住房开发企业开发建设中小户型住房面向社会出租。允许商业用房等按规定更新为租赁住房,调整后水、用电、用气价格应当按照居民标准执行。

社会各界向政府捐赠廉租住房房源的,执行公益性捐赠税收扣除的有关政策。社会机构投资廉租住房或经济适用住房建设、棚户区改造、旧住房区整治的,可同时给予相关的政策支持。鼓励地方政府采取购买服务或政府和社会资本合作(PPP)模式,将现有政府投资和管理的公租房交由专业化、社会化企业运营管理,不断提高管理和服务水平。

3. 融资创新

通过社会融资创新突破住房保障的资金瓶颈。

首先,设立专门的金融部门支持棚户区改造。2014年4月2日国务院召开常务会议确定,由国家开发银行成立住宅金融专项事业部,实行单独核算,采取市场化方式发行住宅金融专项债券,向邮储等金融机构和其他投资者筹资,鼓励商业银行、社保基金、保险机构等积极参与,重点用于支持棚改及城市基础设施等相关工程建设。2014年和2015年国家开发银行分别发放棚户区改造贷款4086亿元(2013年的4倍)和7805亿元。

其次,发挥开发性金融支持作用,进行市场化融资。比如,发行债券、理财产品,募集资金。以萧山的"理财产品+券商定向资产管理计划+委托贷款"为例,它是中信银行萧山支行联合中信银行杭州分行贵宾理财部及中信证券为萧山区土地储备中心设计的创新型融资方案,融资金额达12亿元,专项用于城乡街道湖头陈村城中村改造安置房项目,用于支付村民拆迁赔偿,拆迁整理后土地由土地储备中心进行收储、拍卖,土地拍卖资金用于归还委托贷款并兑付到期理财产品。2018年3月1日财政部发布《试点发行地方政府棚户区改造专项债券管理办法》,进一步规范棚户区改造融资行为。2018年1~10月累计发行的地方政府专项债券1.78万亿元,占社会融资的比重为11.07%,同比增长2.16%。

再次,通过PPP项目进一步引进社会资本,加大棚户区改造的融资规模。国发〔2015〕37号文件鼓励棚户区改造创新融资体制机制,推动政府购买棚改服务,推广政府与社会资本合作模式(PPP)。至2019年3月,采取PPP模式的棚户区改造项目数达到3652个,投资额达到6.43万亿元。

最后,通过金融产品创新,加大"棚户区改造"等重点项目的信贷支持力度。2014年4月央行创设抵押补充贷款(PSL),PSL是棚户区改造货币化安置的主要资金来源。为加快PSL资金流速,央行从2016年5月起每月月初对国家开发银行、中国农业发展银行、中国进出口银行发放上月特定投向贷款对应的抵押补充贷款(PSL),支持三家银行发放棚改贷款、重大水利工程贷款、人民币"走出去"项目贷款等。在2014、2015、2016、2017和2018年新增PSL分别为3831亿、6981亿、9714亿、6350亿和6920亿元,截至2019年4月,PSL余额已超过3.54万亿元(倪鹏飞,2019:197-198)。

5.5 老旧小区改造

为低收入家庭提供可支付性住房并不是唯一的挑战,如果缺乏周期性的投资更新住房,保障性住房的品质就会变得越来越差,因此,老旧小区需要持续地进行更新。除了改善老旧小区家庭的住房条件之外,老旧小区改造还涵盖了与住房相关的更为广泛的目标,包括促进邻里社会关系、重新焕发老旧小区的活力和保护历史文化遗存。

5.5.1 老旧小区的主要特征

城镇老旧小区是指城镇建成年代较早、失养失修失管、市政配套设施不完善、社区服务设施不健全、居民改造意愿强烈的住宅小区（含单栋住宅楼）。国务院办公厅《关于全面推进城镇老旧小区改造工作的指导意见》（国办发〔2020〕23号）文件指出，城市老旧小区改造是重大民生工程和发展工程，对满足人民群众美好生活需要、推动惠民生扩内需、推进城市更新和开发建设方式转型、促进经济高质量发展具有十分重要的意义。2020年全国计划新开工改造城镇老旧小区3.9万个，涉及居民近700万户；到2022年，基本形成城镇老旧小区改造制度框架、政策体系和工作机制；到"十四五"期末，结合各地实际，力争基本完成2000年年底前建成的需改造城镇老旧小区改造任务。

我国城镇住宅总量中有近20亿m^2为不成套住宅（杨军，2007）。这些老旧住宅及其所在的小区由于建造年代较早，设计功能不足、设施配套不全、居住拥挤，亟需更新改造。老旧小区一般具有以下主要特征。

1. 居住密度高，住房成套率低

老旧小区一方面人均居住面积较低，居住拥挤。如上海衡山路—复兴路历史文化风貌区内的很多历史街坊由于历史原因，目前仍为七十二家房客，户均居住面积约$30m^2$，远低于上海人均居住面积标准。宁波永寿街伏跗室历史文化街区，院均户数大于15户，户均建筑面积约$30m^2$（2011年数据）。另一方面住房成套率低，缺少独用的厨房、卫生间。基础设施老化严重，存在排水管道堵塞、室内外电线老化现象。由此也导致住宅室内外随意搭建、分割现象突出，影响了旧住宅的历史格局特征。

2. 社会结构变化，外来人口和老龄化现象突出

由于老旧小区本身的居住条件较差，但区位较好，因此转租现象严重，人口流动性大，外来人口和老年群体占据很大的比例。上海衡山路—复兴路历史文化风貌区内的很多历史街坊转租户占1/3~1/2，转租中短租和群租现象较多，剩下的自住户中，老龄化现象严重。2011年，宁波永寿街伏跗室历史文化街区的传统院落中，自住的建筑面积仅占约40%，另外约60%的建筑面积为转租户、空关户。

3. 房屋破损、设施陈旧

旧住宅多数已建设超过50年，甚至100年，其建构筑物的结构破损、腐朽，设施陈旧、简陋现象突出，然而却缺乏日常的维护，房屋墙体、楼梯、门窗、屋顶、地板等的自然破损现象严重，亟需全面维修整治。

上海的旧住宅主要包括二级及以下旧里、多层老旧小区、城中村等类型。
二级旧里包括广式石库门和建筑式样陈旧、设备简陋、屋外空地狭窄、一般无卫生设备和独立厨房的砖木结构老式石库门，是城市更新改造的重点。成片二级以

下旧里的主要改造方式还是征收动迁。但首先要对房屋及街坊进行风貌保护价值甄别，对于有历史保留价值的街坊，未必全部通过动拆迁方式，可以因地制宜实施成套化改造（步高里模式），或者拆落地后原地按原风貌复建，居民回迁（春阳里模式）或搬离（建业里模式），还可采取"抽户抽稀"（承兴里模式）等方法。截至2017年年底，全市尚有各级"旧式里弄" 1109万 m²。

多层老旧小区主要为改革开放前建造的职工工房、工人新村等，一般是砖混结构，层数为4~5层，很多没有独立的卫生间、厨房，居住人口老龄化的问题日益突出。此类老旧小区的更新方式主要包括内部修缮、设施加装（如电梯加装）、成套化改造或拆落地重建。据粗略估算，全市建筑年龄40年以上的此类居住小区约有569个，涉及建筑面积约750万 m²，集中分布在城市中环线以内。

"城中村"地块，是指在城镇建成区或城镇规划区范围内，集体土地被全部或大部分征用，原农村居民全部或大部分转为城镇户口，被城镇建成区包围或基本包围的自然村。近年来上海市"城中村"地块改造对象的主要特征是：区域位置分布在外环周边、老城镇地区，处在城市化包围之中；土地性质以集体建设用地为主，现状为村民宅基地和其他建设用地犬牙交错，相互交织；人口结构为原农村居民大部分或全部转为城镇户口，本地人与外来人口数量比例严重倒挂；环境"脏乱差"，违章搭建现象突出，存在大量社会管理和安全隐患，与周边形态和环境形成反差；相关基础设施和公共服务设施超负荷运行使用（《上海市统计年鉴》，2018年）。

4. 旧住宅产权关系复杂

公私产权混杂，其中公有产权占了相当大的比例。如2011年上海衡山路—复兴路历史文化风貌区的很多历史街坊，居住类遗产中公房占约80%，私房仅占不足10%。根据宁波伏跗室历史文化街区的数据统计，45座文化价值较高的院落中，公房占约70%。公有产权成为居住类遗产的重要特征之一。

公有居住产权制度是在我国特定的历史背景下形成的，在计划经济时期对于满足人民的住房需求起到了很大的作用。然而进入市场经济以来，由于相应制度及管理的原因，所有权与使用权分离带来的责权利不对等，导致房屋状况不利以及居住状况持续恶化。一方面，权责利不对等导致维护修缮力量严重不足，各方保护积极性不高；另一方面，使用权缺乏约束导致频繁转租，加剧了公有住房的衰败。

5. 具有区位和历史价值优势

旧住宅往往位于城市的中心区，交通和公共服务设施资源丰富，土地价值较高。以上海为例，全市建筑年龄40年以上的居住小区集中分布在城市中环线以内。此外，旧住宅往往由于历史悠久、特定的空间形态特征和独特的社会人文特征，具有较高的历史和文化价值，具体体现在：第一，居住类遗产独特的建筑形式、空间形态等物质空间特征；第二，在漫长的历史发展过程中，居民与其所在的物质空间相互作用，社区间居民相互联系，所形成的不断演进的"活"的城乡文化和独特的"人—屋"关系，是人类文明的重要载体；第三，居住类遗产在城乡遗产中数量最多，所占比例最大，是构成城乡遗产的最重要的组成部分。

上海的老旧住区改造，先后经历了 20 世纪 90 年代的"365"危棚简屋改造、"十五"时期的新一轮老旧住区改造以及"十一五"以来的成片二级旧里以下房屋改造，居民住房条件持续得到改善。"十三五"老旧住区改造以城市有机更新的理念，按照"留、改、拆并举，以保留保护为主"的原则，因地制宜，分类施策，优先改造房屋危旧、居住条件困难、安全隐患严重、群众要求迫切的区域，完成中心城区二级旧里为主的房屋改造 240 万 m^2，实施各类旧住房修缮改造约 5000 万 m^2，主要通过成套改造、厨卫改造、全项目修缮等方式实施改造，提高建筑使用功能、安全性能，缓解老旧居住小区市政基础设施陈旧和公共服务配置不足的矛盾，实现既改善旧区居民群众的住房条件，又保护和传承历史风貌和历史文脉。

5.5.2 老旧小区改造类型

老旧小区改造需要从人民群众最关心、最直接、最现实的利益问题出发，并注重历史传承。在改善居住条件、提高环境品质的同时，展现城市特色，延续历史文脉，重点改造 2000 年年底前建成的老旧小区。依据城镇老旧小区改造内容，可分为基础类、完善类、提升类三类。

1. 基础类

满足居民安全和基本生活需求。解决住房的结构性安全问题和基本的厨房、卫生问题，改造提升市政配套基础设施以及小区内建筑物屋面、外墙、楼梯等公共部位维修等，市政配套基础设施改造提升包括小区内部及与小区联系的供水、排水、供电、弱电、道路、供气、供热、消防、安防、生活垃圾分类、移动通信等基础设施，以及光纤入户、架空线规整（入地）等。

2. 完善类

满足居民生活便利和改善型生活需求。涉及环境及配套设施改造建设、小区内建筑节能改造、有条件的楼栋加装电梯等。其中，改造建设环境及配套设施包括拆除违法建设，整治小区及周边绿化、照明等环境，改造或建设小区及周边适老设施、无障碍设施、停车库（场）、电动自行车及汽车充电设施、智能快件箱、智能信包箱、文化休闲设施、体育健身设施、物业用房等配套设施。

3. 提升类

丰富社区服务供给，提升居民生活品质。涉及公共服务设施配套建设及其智慧化改造，包括改造或建设小区及周边的社区综合服务设施、卫生服务站等公共卫生设施、幼儿园等教育设施、周界防护等智能感知设施,以及养老、托育、助餐、家政保洁、便民市场、便利店、邮政快递末端综合服务站等社区专项服务设施。

5.5.3 老旧小区改造目标

老旧小区的更新是综合性的问题,涉及社会、经济、文化、城市景观等多方面,需要统筹考虑如下目标。

1. 满足社会民生诉求

老旧小区内环境普遍不佳,居民居住条件差,安全隐患的整治更是刻不容缓。旧住宅更新的首要任务就是改善居民的生活条件,解决与居民生活最息息相关的问题。在改造形式上,"留、改、拆"并举,采取多种方式实施改造,针对旧住宅的实际情况,合理确定"留、改、拆"的范围和比例,科学确定改造方式,如旧住宅成套率改造、综合整治、拆落地新建等。在安置方式上,满足不同收入阶层居民的实际诉求,采用"货币安置、实物安置"等多种方式,提供原地回搬、异地安置等多种选择方案。要通过科学的规划、合理的政策制定,把社会民生改善真正落到实处。

2. 整合土地资源

老旧小区往往具有良好的区位条件,用地具有较高的经济价值,通过对利用效率日渐低下的土地资源进行重新整合,可以再次挖掘开发潜力。

资金的落实是实施的基础,要充分发挥政府、市场和市民的作用。在强调政府主导的同时,鼓励"政府投入、社会支持、市场运作"多元化资金投入,积极吸收社会化资金,多方面、多渠道筹措改造资金,多方共赢,共同推动老旧小区的更新改造。

3. 延续历史文化风貌和提升整体环境

老旧小区往往由于历史悠久、特定的空间形态特征和独特的社会人文特征,具有较高的历史和文化价值;与此同时,旧住宅是城市肌理和城市景观的重要组成部分。因此,老旧小区的改造需要保护和延续好城市的历史文化风貌,提升城市整体的环境品质。在老旧小区的改造方式上,需要统筹兼顾居住条件改善与历史文化保护,实现双赢。对于具有历史文化价值的老旧小区改造,需要建立常态化保护修缮机制,处理好"政府、市场、个人"这三者的关系。明晰产权关系,引入社会资本参与,制定保护修缮导则,积极探索管理与服务相结合的遗产保护路径,探索推进小规模渐进式的居住改善模式。

5.5.4 老旧小区改造配套政策

1. 加快改造项目审批

结合审批制度改革,精简城镇老旧小区改造工程审批事项和环节,构建快速审批流程,积极推行网上审批,提高项目审批效率。可探索联合审查和一站式审批制度,由有关部门联合审查改造方案,认可后由相关部门直接办理立项、用地、规划审批。不涉及土地权属变化的项目,可用已有用地手续等材料作为土地证明文件,探索是否免于办理用地手续。探索将工程建设许可和施工许可合并为一个阶段,简化相关审批手续。不涉及建筑主体结构变动的低风险项目,实行项目建设单位告知承诺制的,可不进行施工图审查。鼓励相关各方进行联合验收。

2. 完善适应改造需要的标准体系

现行标准规范多是针对新出让土地、新建建筑而设定的,老旧小区改造往往面临着十分复杂的外部环境,在设计过程中要满足现行规范的难度较大。因此,亟待进一步在细化分类基础上,注重实际使用效率,制定更具适用性的标准,在实际方案设计中通过规划研究,在对地块周边不造成影响的前提下,研究适应性的消防、日照、间距、退界等标准规范。

鼓励各地制定本地区城镇老旧小区改造技术规范,明确智能安防建设要求,鼓励综合运用物防、技防、人防等措施满足安全需要。及时推广应用新技术、新产品、新方法。因改造利用公共空间新建、改建各类设施涉及影响日照间距、占用绿化空间的,探索可在广泛征求居民意见的基础上一事一议予以解决。

3. 建立存量资源整合利用机制

合理拓展改造实施单元,推进相邻小区及周边地区联动改造,加强服务设施、公共空间共建共享。加强既有用地集约混合利用,在不违反规划且征得居民等同意的前提下,允许利用小区及周边存量土地建设各类环境及配套设施和公共服务设施。其中,对利用小区内空地、荒地、绿地及拆除违法建设腾空土地等加装电梯和建设各类设施的,探索是否可不增收土地价款。整合社区服务投入和资源,通过统筹利用公有住房、社区居民委员会办公用房和社区综合服务设施、闲置锅炉房等存量房屋资源,增设各类服务设施,有条件的地方可通过租赁住宅楼底层商业用房等其他符合条件的房屋发展社区服务。

城镇老旧小区改造涉及利用闲置用房等存量房屋建设各类公共服务设施的,探索是否可在一定年期内暂不办理变更用地主体和土地使用性质的手续。增设服务设施需要办理不动产登记的,不动产登记机构应依法积极予以办理。

4. 促进居民参与机制

城镇老旧小区改造需要与加强基层党组织建设、居民自治机制建设、社区服务体系建设有机结合。统筹协调社区居民委员会、业主委员会、产权单位、物业服务企业等共同推进改造。搭建沟通议事平台,利用"互联网+共建共治共享"等线上线下手段,开展小区党组织引领的多种形式基层协商,主动了解居民诉求,促进居民达成共识,发动居民积极参与改造方案制定、配合施工、参与监督和后续管理、评价和反馈小区改造效果等。组织引导社区内机关、企事业单位积极参与改造。积极推动设计师、工程师进社区，辅导居民有效参与改造。

结合改造工作同步建立健全基层党组织领导，社区居民委员会配合，业主委员会、物业服务企业等参与的联席会议机制，引导居民协商确定改造后小区的管理模式、管理规约及业主议事规则，共同维护改造成果。建立健全城镇老旧小区住宅专项维修资金归集、使用、续筹机制，促进小区改造后维护更新进入良性轨道。提高社会各界对城镇老旧小区改造的认识，着力引导群众转变观念，变"要我改"为"我要改"，形成社会各界支持、群众积极参与的浓厚氛围。

5. 多元化改造资金

采取政府与居民、社会力量合理共担机制。

1）合理落实居民出资责任

按照谁受益、谁出资原则，积极推动居民出资参与改造，可按照直接出资、使用（补建、续筹）住宅专项维修资金、让渡小区公共收益等方式落实。支持小区居民提取住房公积金，用于加装电梯等自住住房改造。鼓励居民通过捐资捐物、投工投劳等方式支持改造。鼓励有需要的居民结合小区改造，进行户内改造或装饰装修、家电更新。

2）加大政府支持力度

将城镇老旧小区改造纳入保障性安居工程，中央给予资金补助，按照"保基本"的原则，重点支持基础类改造内容。中央财政资金重点支持改造2000年年底前建成的老旧小区，可以适当支持2000年后建成的老旧小区，但需要限定年限和比例。地方政府对城镇老旧小区改造给予资金支持，可以纳入国有住房出售收入存量资金使用范围；统筹涉及住宅小区的各类资金用于城镇老旧小区改造，提高资金使用效率。支持各地通过发行地方政府专项债券筹措改造资金。

3）持续提升金融服务力度和质效

支持城镇老旧小区改造规模化实施运营主体采取市场化方式，运用公司信用类债券、项目收益票据等进行债券融资，但不得承担政府融资职能，杜绝新增地方政府隐性债务。国家开发银行、农业发展银行结合各自职能定位和业务范围，按照市场化、法治化原则，依法合规加大对城镇老旧小区改造的信贷支持力度。商业银行加大产品和服务创新力度，在风险可控、商业可持续前提下，依法合规对实施城镇老旧小区改造的企业和项目提供信贷支持。

4）推动社会力量参与

鼓励原产权单位对已移交地方的原职工住宅小区改造给予资金等支持。公房产权单位应出资参与改造。引导专业经营单位履行社会责任，出资参与小区改造中相关管线设施设备的改造提升；改造后专营设施设备的产权可依照法定程序移交给专业经营单位,由其负责后续维护管理。通过政府采购、新增设施有偿使用、落实资产权益等方式,吸引各类专业机构等社会力量投资参与各类需改造设施的设计、改造和运营;支持规范各类企业以政府和社会资本合作模式参与改造;支持以"平台+创业单元"方式发展养老、托育、家政等社区服务新业态。

5)落实税费减免政策

专业经营单位参与政府统一组织的城镇老旧小区改造,对其取得所有权的设施设备等配套资产改造所发生的费用,可以作为该设施设备的计税基础,按规定计提折旧并在企业所得税前扣除;所发生的维护管理费用,可按规定计入企业当期费用税前扣除。在城镇老旧小区改造中,为社区提供养老、托育、家政等服务的机构,提供养老、托育、家政服务取得的收入免征增值税,并减按90%计入所得税应纳税所得额;用于提供社区养老、托育、家政服务的房产、土地,可按现行规定免征契税、房产税、城镇土地使用税和城市基础设施配套费、不动产登记费等。

5.5.5 老旧小区的改造模式

目前,存量老旧住宅和社区更新诉求大,大量多层老旧住宅存在住宅老化、环境品质不佳、养老、停车等配套设施缺乏等问题,更新改造诉求强烈,但涉及利益主体多,改造成本高,改造与现行规范冲突等难题,因此实施难度高。按照老旧小区更新的主导力量、作用机制不同,老旧小区的更新方式可归纳为以下几种类型。

1. 市场运作的旧区改造

20世纪90年代初,伴随着经济的长期持续增长和人民生活水平的极大提高,中心城区老旧小区基础设施匮乏、居住拥挤、建筑破败的现象日益成为突出的社会问题。居民改造旧住区的呼声强烈,政府为了吸引外资,改善投资环境,兴建市政基础设施,也迫切需要改造旧城,使其与经济发展水平相协调,这两方面因素形成了旧区改造进程加快的内在动力。与此同时,我国的土地使用制度发生重大变革,允许对国有土地使用权进行有限期有偿出让,这从根本上拓宽了旧区改造的投融资渠道,解决了长期束缚旧区改造进程的资金短缺问题。20世纪90年代起,房地产开发热潮兴起,旧住区改造得以以空前的速度规模性展开,一般由政府进行统一的规划,动拆迁形成净地后,通过土地招拍挂出让给开发商,以更高的容积率取得经济平衡。这种方式在很大程度上对城市建设产生了重要的意义:一是优化城市土地利用结构,发挥黄金地段土地级差优势,加快中心城区的旧区改造;二是通过将大量土地出让收入投入到市政基础设施建设上,极大地改善了城市基础设施建设资金匮乏的困难局面;三是推进土地有偿使用制度不断引向深入。但与此同时，城市的特色风貌、社会肌理和文化底蕴也在更新改造中遭到了一定程度的破坏。

2. 政府主导的成套率改造

旧住宅的不成套问题一直是老旧小区存在的重要难题，产生的原因主要有两种：一是住房设计时所造成的不成套；二是住房设计本身是成套的，但由于使用不合理造成不成套，如由于居住困难、两户或多户合用本该由一户独用的煤卫等设施等。有关数据显示，1990 年"七五"期末，上海市住房成套率仅 31.6%，居住的紧张状况可见一斑。因此，改革开放后政府一方面大力建设新住宅区，另一方面对旧住宅进行成套率改造。

20 世纪 50 年代伊始，上海就启动了一系列的旧住宅改造探索，比较有代表性的案例如下：

（1）20 世纪 50 年代，上海闸北区番瓜弄小区的改造，基本为拆除重建；

（2）20 世纪 50 年代至 60 年代，光裕里、榆林里、平凉村等三条里弄改建为临潼新村，拆除石库门围墙，部分建筑增加阳台，变成类似新公寓的住宅；

（3）20 世纪 80 年代初期出现以政府和单位投资，通过对原住宅修补式的改造方式，基本保留承重结构和建筑风格，增加设备，见缝插针地增加居住面积，改善建筑环境质量，如蓬莱路 303 弄的改造，通过对原有平面及竖向空间重新组织、加层等手段，扩大面积，厨卫成套化改造，增加采光通风，提高了人们的居住水平，并对原有建筑风格进行了协调处理；

（4）20 世纪 90 年代以后，上海各区全面开展旧住宅成套改造工作，改造规模和标准逐年提高，在方式方法上也有所创新，在具体的改造方式上，包括拆落地改造（原地回搬）、局部加层改造等。上海市静安区的彭三小区属于政府主导的拆落地成套改造模式（图 5-20、图 5-21）。

图 5-20　彭三小区改造前照片

资料来源：曹立强，陈必华，吴炳怀. 城市不成套危旧住房原地改造方式探索——以上海闸北区彭三小区的实践为例 [J]. 上海城市规划，2013（4）：78-83

图 5-21　彭三小区改造后照片

资料来源：曹立强，陈必华，吴炳怀. 城市不成套危旧住房原地改造方式探索——以上海闸北区彭三小区的实践为例 [J]. 上海城市规划，2013（4）：78-83

彭三小区总用地面积约 8.54hm²，住宅大都建成于 20 世纪 60～70 年代，共有 55 幢，其中有独用厨卫设施的成套住宅 15 幢，居民 590 户；无独用厨卫设施的不成套住宅 40 幢，居民 2001 户，多为两至三户合用一个厨房、三至四户共用一个卫生间、甚至八到十户共用一个倒便器。住宅均为砖混 4～6 层，是当时典型的小梁薄板结构，建筑老化严重。

如何改造这类老旧小区是政府面临的一个现实难题，一方面小区居民迫切希望改善居住条件，但同时，目前这类小区还难以纳入政府的旧改动迁安置范围，而地块高人口密度使得即使靠融资解决前期资金投入问题，腾出土地进行开发的收益也远低于成本的投入。

2007 年起，彭三小区被列为全市旧住宅成套改造项目试点，通过非动迁的原地安置方式，开展分类、分期的旧住房综合改造。考虑到小区面积较大、人口较多等特征，从投资总量、施工组织、居民改造期间的过渡安置以及成本控制的角度综合考虑，小区改造分期进行。同时，针对现状住宅户型、质量、间距的不同情况，本着先易后难、逐步探索的原则，主要采取三种改造方式：第一类是针对成套住宅，进行外部平改坡和内部设施的综合改造；第二类是针对不成套但建筑质量尚可且有距离空间的住宅，实施增加厨卫的改扩建；第三类是针对不成套且建筑质量严重老化的旧住宅，实施拆除重建。

彭三小区原地改造方式实现了居民、社区、政府的多赢，实现了政府以较小投入彻底改善居民居住条件、社区配套和城市环境等多方面的综合效益。具体如下。

——居住条件的改善

改造后居民平均每户约增加 15m² 建筑面积，不成套居民平均每户从 33.5m² 增加到 48.5m²，最小的每户也由原来的平均 15m² 左右增加到 30m² 左右。

——新增保障房房源

改造后，不仅满足原有住户安置，同时增加部分多余套数，由政府以优惠价回购，用于廉租、公租等保障性住房。

——社区公共服务设施的完善

保留和增加与居民生活息息相关的社区级公共服务设施，引入文化馆、老年食堂、活动中心等功能；增加地下停车库；同时增加了小区绿地。

——社区记忆的保留

坚持小规模、渐进式的"有机更新"原则，改造保留了小区原有的主要出入口、主要路网、原有尺度、主要肌理、建筑色彩等，确保了小区原有的生活氛围、人情关系、集体记忆、邻里归属等得到延续。

——社区居民的有效参与

政府成立专门的成套改造办公室，并在社区层面成立实施领导小组，组织房管、规划、设计、街道、公房产权和建设单位等专门人员负责协调推进，和居民不间断地进行互动交流、方案公示、收集意愿、逐户签约，直至最终解决。遇到重大问题，则通过定期的政府联席会议予以确定。

——资金成本的平衡

旧住宅原地改造之所以可行，根源在于资金成本的基本平衡。彭三小区经过改造后可回笼资金的部分主要是新增住宅的可售部分，不足部分市、区两级财政予以补贴。

3. 政府主导的保留修缮

对于具有历史保护价值的旧住宅，在更新改造中要兼顾历史风貌保护和居住条件改善的问题，上海、北京等城市也在加大探索小规模的保留修缮模式，在居民不搬迁的前提下，通过留房留人，以政府资金投入为主，进行厨卫、公共空间改善的小规模改善，在一定程度上改善了居民的居住条件。同时，各地也在探索通过疏散一部分居民，降低居住密度，达到改善居住和历史建筑保护的双重目标。上海步高里属于政府主导的保留修缮模式。

步高里位于上海市黄浦区，是上海市建筑保存较完整、兼具英式联排住宅特色的石库门里弄。建于1930年，占地面积约7000m^2，建筑面积10004m^2，共有11幢建筑、79个单元，均为砖木混合结构。除1号至9号单元作下店上宅之用外，其他单元最早的设计与定位是独门独户住宅。11栋建筑、3.5m宽的主弄和3m宽的支弄，构成了清晰的路网结构，从城市街道到住宅内部，形成了"街面—主弄—支弄—天井—室内"的空间序列。

由于各种历史原因，步高里从建成投入使用开始，几个家庭合住一个单元便是常态，为容纳更多人口，很多单元甚至在前部的前楼后楼之上搭建了阁楼，普遍存在事实上的"假三层"。截至2017年1月，平均每单元居住4.9户，每单元居住12.1人。人口构成主要是本地老年人和外来务工人员。老年人占实际居住人口的30.7%，占常住人口的59.6%；外来务工人员租住者占实际居住人口的48.7%。此外，也有少量外籍人士在此租住。

步高里作为上海市首批优秀历史建筑，市区两级政府主导实施了数次更新改造工程，最突出的两次改造工程是"马桶工程"和"光明工程"。

"马桶工程"。2007年春末启动大规模更新修缮工程。"马桶工程"中，居民支付100元的改造费用，其他费用由政府承担，政府共拨款550万元，市文管会资助100万元。该工程内容包括新式坐便器安装、厨房水电煤设施更新、室内喷淋安装、外墙修复、路面铺设、市政管道整治以及建筑内外的局部维修等。这次修缮工程使居民从此告别拎马桶的日子，因此被称为"马桶工程"。共完成了全弄约 400 户的新式坐便器安装，仅有 15 户居民拒绝安装。

"光明工程"。由于供电设施落后、安全可靠性差，步高里长期存在用电难、管理难、抢修难等问题，不仅无法满足居民日益增长的用电需求，影响居住品质，而且存在一定的安全隐患。2016 年年初，步高里进行了电能计量表前供电设施维护和更新改造工程，由电力公司作为项目实施主体，房管等部门配合，改造资金由市、区两级政府和市电力公司共同筹措，居民未负担任何费用。

由政府主导对步高里实施的更新改造，一定程度上改善了建筑的实用性和居民的居住条件，但仍存在不少亟待解决的问题，包括户均居住面积小、搭建、人口结构、建筑破损等。

4. 政府主导的功能置换

对于具有历史保护价值的旧住宅，以上海新天地为代表，采取留房不留人的征收置换，由政府主导，通过征收、置换等方式，将原有居民整体搬迁，作为商业等功能重新改造开发。上海市徐汇区建业里是政府主导的功能置换的典型案例。

建业里建造于 1930 年至 1938 年，占地约 1.7 万 m^2。分东弄、中弄、西弄三条里弄，共 260 栋建筑，均为砖木结构的 2 层楼房，是典型的石库门里弄。属于上海市级建筑保护单位和上海市第二批优秀历史建筑（图 5-22）。

建业里项目为政府主导，国企实施。采用动拆迁方式，对原有居民进行整体搬迁，对历史建筑重新进行保护、复建和功能业态调整，调整为集精品酒店、高档居住、文化创意沙龙、精品商业于一体的风貌区地标项目（图 5-23）。该项目资金来源于企业资金和银行贷款，共约 11.6 亿元。项目由建业里东区置业公司和建业里房地产发展有限公司共同承担总体开发职能，统一组织实施项目的前期开发和大市政配套工作，并在政府主导下，引进外资参与项目投资，协调推进项目建设。

图 5-22 建业里改造前鸟瞰图
资料来源：徐房集团，2019 年

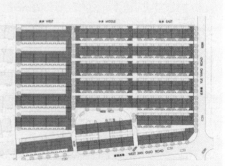

图 5-23 建业里平面布局图
资料来源：徐房集团，2019 年

5. 个体及市场主导的改建搭建和转租转让

旧住宅特有的价值在近年来开始吸引越来越多的市场化力量进入，市场主体因青睐其独特的建筑形式和文化氛围，通过租赁、购买等方式将其转变为个人居所或经营场所。这种模式一般以小规模、自主性的个体性交易行为为主。

1）改建搭建

由于特定的历史原因，旧住宅中居民的住房条件一般较差。部分居民没有能力在外购房，只能继续"蜗居"在此，但房屋面积狭小、厨卫合用、房屋结构老化等恶劣的居住条件对他们的生活造成困扰。在这种情况下，居民往往自主改善居住条件：包括利用所有能动空间进行搭建或空间重新分隔，为适应现代化生活需要进行装修，甚至进行结构性的改建等。

2）转租和转让

以旧住宅为客体，居民与市场之间发生自主交易行为。对于居民（供给方）而言，迫切希望能够置换房屋，改变现有的居住状态，但由于所居住的房屋不可出售（使用权房），因此有经济能力的往往在外自行购房，原房屋则通过转租或转让获利。而对于市场（需求方）而言，主要有两类群体：一类是钟情于这些房屋所具有的历史文化价值和经济价值，以及独特的居住形态，主要包括海外人士、商人、年轻白领等；而另一类则是看中了这些房屋所占据的良好区位，以及相同区位地段内由于房屋老化以及面积狭小等原因而相对较低的租金，主要是外来打工者等。在这个过程中，内部的居民与外部的市场之间发生了交易行为，包括转租和转让。位于上海市黄浦区的田子坊以转租和转让的方式，已经发展成为上海的一处旅游和网红打卡目的地。

田子坊历史上除了部分小型加工厂之外，主要是大量的里弄住宅。里弄住宅在建设之初是典型的中产阶级城市住宅，由于历史的原因，一户居住的房屋由四五户甚至更多户居住，厨房等设施多户共同使用。

田子坊更新改造过程大致可以划分为三个阶段：

第 1 阶段是原工业厂房的改造时期。1949 年后，租界时期留下的工厂用地逐渐形成为国营或集体工厂（图 5-24）。到 20 世纪 90 年代，这些工厂结合上海市中心城区产业结构调整，纷纷"关停并转"。基于将泰康路发展成为文化艺术街的设想，该区街道办事处通过出租空置厂房、招徕艺术家入驻的方式，对上述部分工厂进行改造利用。2000 年前后，以陈逸飞、尔冬强等为代表的知名艺术家入驻，泰康路 210 弄的工业厂房相继被改造成为以画家工作室、画廊以及艺术品交易等为主的创意工厂。这一时期的地区改造以空置的旧工业厂房为载体，主要限于泰康路 210 弄两侧，对周边的里弄住宅地区并未带来大的影响。

第二阶段是周边里弄住宅改造的拉锯战时期。进入 21 世纪后，创意工厂变得一铺难求，规模效应外溢的同时，与之配套的生活服务设施（如咖啡店、酒吧等）开始在与里弄住宅毗邻的原纸杯厂车间庭院开出。与此同时，区政府将田子坊所在的整个片区——打浦桥新新里地区纳入上海市"新一轮旧区改造"范围，准备进行整体拆除重建。2003 年年初，台湾日月光集团获得地块开发权，宣告改造工程正式启动。此时，上海房地产市场发展迅猛，市中心新建住房的房价节节攀升，居民对动拆迁补偿不足极为不满，从而使动拆迁工作难以快速推进。与此同时，由于创意工厂的外溢效应开始加剧，一些居民开始将自住房屋出租给艺术家作为画室和工作室，居民获得租金在他处购置住房以改善居住条件。

第三阶段是作为典范性创意产业园区的发展时期。尽管早在 2005 年田子坊就被授予上海市第一批创意产业集聚区，但当时主要指的是由原工厂区改造的创意工厂地区。随着创意产业向里弄住宅地区的扩展，尤其是 2009 年被评为上海市首批文化产业园区，2010 年被命名为上海世博会主题实践区和国家三 A 级旅游景点等，"田子坊"的外延得到了扩大，并逐步成为蜚声海内外的城市地标。田子坊也不再是单纯的文化创意产业集聚地区，商业、旅游、餐饮、休闲等设施快速增加，在空间挤出效应的作用下，坊内业态格局快速更替，艺术家们无奈搬离。而外来游客、购物者等的数量激增，也使该地区留住的居民的日常生活受到更多的侵扰，商业性设施与继续留住居民之间的矛盾日益加剧（图 5-25）。

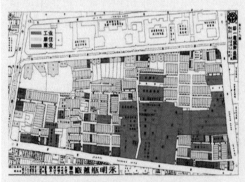

图 5-24　1947 年田子坊空间格局示意
资料来源：孙施文，周宇. 上海田子坊地区更新机制研究 [J]. 城市规划学刊，2015（1）：39-45

图 5-25　2013 年田子坊空间使用示意
资料来源：孙施文，周宇. 上海田子坊地区更新机制研究 [J]. 城市规划学刊，2015（1）：39-45

6. 系统化的社区微更新

在旧住宅更新的同时，各地积极开展系统化的社区微更新。

2016 年至今，上海开展了渐进式、由点及面的社区更新行动，通过统筹政府、社会、市民三大主体，构建自上而下和自下而上相结合的实施机制，主要经历了三个阶段。

第一阶段：点上探索的社区微更新。2016年，从市民最为熟悉的社区出发，探索和实践"社区空间微更新"，以"微设计手法、微更新动作、微实施费用"的方式，推进社区小微空间的针灸式改造，促进城市品质提升。以公众参与的方式，面向社会公开邀请不同专业的设计师、艺术家参与设计，通过"社区宣传动员、试点征集甄选、公开方案征集、专家公众评审、深化实施建设"等五个阶段，探索一条切实改善居民日常生活环境、易操作易实施的"微更新"路径，带动社区自治能力的提高。

第二阶段：系统实践的四大更新行动计划。为了进一步拓展社区更新影响力，在社区微更新工作积累的基础上，拓展更新类型、调动各方参与、形成共同愿景、有效付诸实施，使得社会各方实实在在地体会到社区更新带来的获得感和幸福感，在政府、市场、市民等全社会形成对社区更新的广泛认同，2016年，针对"创新创业，发展经济；历史传承，塑造魅力；品质提升，激活社区；街区重构，悦步生活"等四个上海城市发展的主要短板和市民关注焦点，对应开展"共享社区计划、创新园区计划、魅力风貌计划、休闲网络计划"的四大更新行动计划，开启一场全社会共同参与的城市实践运动。

第三阶段：全面推进"15分钟社区生活圈"社区整体更新。经过前两个阶段的实践探索，社区微更新试点和四大更新行动计划初获成效，社会各方充分认识到社区更新的发展模式是解决上海存量发展背景下修补城市短板、全面提升城市空间品质、实现全域空间治理的必由之路。2018年，为进一步加大社区更新的覆盖面和力度，以街道（镇）为单位，重点聚焦设施短板突出的老旧社区，从散点条线更新提升为区域系统实践，从"单一方式、单个项目"转变为"多方式、多项目"协同推进，推进"15分钟社区生活圈"建设，开启一场全面提升城市品质的共建共治共享行动。工作机制和手段上，一方面，进一步推广社区规划师制度，更好地发动市民群众的公众参与，培育提升社区治理能力，提升社区自治水平；另一方面，进一步依托大数据分析工具，针对区域范围内更广泛的人群，提供更为精准匹配的智慧方案，满足市民更多层次、更多样的需求。

思考题：

1. 1949年以来，我国城市住房政策可以划分为几个大的阶段？每个阶段各有什么特征？

2. 1949年以来，我国自有住房率是如何变化的？与之相伴随的是何种城市住房政策？

3. 现阶段我国城市住房政策体系有什么特点？我国不同收入阶层的住房可支付性情况如何？

4. 居者有其屋与住有所居是什么含义？这些不同理念对我国城市住房政策产生了什么样的影响？

5. 什么是老旧小区？老旧小区更新应该采取何种住房政策？

6. 如何运用微观经济学原理分析我国改革开放以来的住房政策？

延伸阅读：

1. 吕俊华，彼得·罗，张杰. 中国现代城市住宅（1840—2000）[M]. 北京：清华大学出版社，2003.（第四章~第八章）

2. 马光红，陈若星，刘蕾蕾，等. 城市住房：制度、政策与比较[M]. 上海：上海大学出版社，2017.（第一章~第二章）

附录

我国部分住房政策文件

《国务院关于继续积极稳妥地进行城镇住房制度改革的通知》

(国发〔1991〕30号)

我国城镇住房制度改革，自从邓小平同志1980年提出出售公房，调整租金，提倡个人建房买房的改革总体设想以来，逐步在各地展开。1988年2月《国务院关于印发在全国城镇分期分批推行住房制度改革实施方案的通知》(国发〔1988〕11号)和《国务院办公厅关于转发国务院住房制度改革领导小组鼓励职工购买公有旧住房意见的通知》(国办发〔1988〕13号)发出后，各地普遍加强领导，建立工作机构，制定规划，培训干部，拟定方案，积极试点，推进改革。许多城镇采取多种方式调整低租金、出售公有住房、集资建房等改革措施，进一步发挥中央、地方、企业和个人的积极性，不同程度地加快了解决住房问题的步伐，取得了一些成绩和经验。

住房制度改革是经济体制改革的重要组成部分，也是人民群众十分关注的重大问题，其根本目的是要缓解居民住房的困难，不断改善住房条件，正确引导消费，逐步实现住房商品化，发展房地产业。从近几年的实践情况看，开展这项改革，有利于逐步实现住房资金的良性循环，不断改善城镇居民的住房条件；有利于调整消费结构和产业结构；有利于克服住房领域的不正之风，加强廉政建设；有利于发展房地产业、建筑业和其他相关产业。根据党的十三届七中全会精神，今后要动员各方面的力量加快住房建设，把进一步改善居民的居住状况，作为实现我国现代化建设第二步战略目标，是人民生活达到小康水平的重要内容之一。因此，要在贯彻执行国发〔1988〕11号和国办发〔1988〕13号两个文件的基础上，进一步完善住房制度改革的有关政策和措施，按照国家、集体和个人共同负担的原则，积极稳妥，因地制宜，方式多样地继续推行住房制度改革。现就有关问题通知如下：

一、合理调整现有公有住房的租金，有计划、有步骤地提高到成本租金。在起步时，考虑到居民的承受能力，可以采取分步提租的办法。新建公有住房实行新租金标准。对多占住房的，要加收租金。

二、出售公有住房。今后，凡按市场价购买的公房，购房后拥有全部产权。职工购买公有住房，在国家规定住房面积以内，实行标准价，购房后拥有部分产权，可以继承和出售；超过国家规定住房标准的部分，按市场价计价。各城镇的售房价格要加强管理，售房价格由所在省、自治区、直辖市人民政府审批。严禁以过低的价格出售公有住房，违者要追究责任。要切实做好房屋出售后的服务和管理工作。

三、实行新房新制度。为了使新建住房不再进入旧的住房体制，有利于今后住房制度改革的顺利进行，对新竣工的公有住房，实行新房新租、先卖后租、优先出售或出租给无房户和住房困难户等办法。凡住房迁出腾空的旧公有住房（不包括互换房），应视同新建公有住房，实行新制度。

四、住房建设应推行国家、集体、个人三方面共同投资体制，积极组织集资建房和合作建房，大力发展经济实用的商品住房，优先解决无房户和住房困难户的住房问题。各级人民政府要在用地、规划、计划、材料、信贷、税收等方面给予扶持。对个人自建住房，要加强规划和用地管理。严禁以权谋私，违者要严肃查处。各城镇的旧城改造、拆迁安置等，都应结合住房制度改革进行。

五、通过多种形式、多种渠道筹集住房资金，各级人民政府要切实做好住房资金的转化，建立住房基金。各单位出售公有住房回收的资金，一律存入当地政府指定的金融机构，其使用权不变，作为单位的住房基金，用于住房建设和维修，不得挪作他用。

六、发展住房金融业务。开展个人购房建房储蓄和贷款业务，实行抵押信贷购房制度，从存贷利率和还款期限等方面鼓励职工个人购房和参加有组织的建房。

七、加强房地产市场管理。各地人民政府要切实加强对房地产市场的统一管理，搞好治理整顿，认真查处倒卖房地产、牟取暴利的各种非法活动。各城镇的公有和私有住房的出售，须经房地产评估机构根据国家的有关规定进行评估确定。职工拥有部分产权的住房，五年后允许出售，原产权单位有优先购买权，售房收入扣除有关税费后的所得，按国家、集体、个人的产权比例进行分配。

八、在同一市、县内的房改政策、办法和实施步骤应当统一，所有单位，不论隶属关系，都应服从当地人民政府对住房制度改革的统一部署。职工家庭成员在不同市、县工作的（含离退休职工），其所在单位一律按照职工住房所在市、县的房改办法办理。

九、军队的住房制度改革,原则上应与地方同步进行。要根据国家统一制定的政策和规定,结合军队的特点,制定切实可行的方案,经中央军委批准后实行。

十、住房制度改革涉及面广、政策性强,是一项长期的工作。要加强宣传工作,使广大干部和群众充分认识实行住房制度改革的目的、意义和有关政策。各级人民政府的主要负责同志要亲自抓,精心组织,缜密安排,要广泛听取群众对房改方案、政策、措施的意见,集思广益,在实施中及时协调解决住房制度改革中的困难和问题。

十一、各省、自治区、直辖市人民政府要按照本通知的规定,因地制宜,分散决策,抓紧制定实施方案,并报国务院住房制度改革领导小组和国家体改委备案;国务院住房制度改革领导小组要会同体改、建设、财政、计划、金融、劳动、人事、工商、税务、物价、土地和国有资产管理等部门,抓紧制定配套改革措施和实施细则。

各地要严格按照国家有关住房制度改革的统一政策规定执行。如因特殊情况确需突破国家统一规定和政策界限时,须经省、自治区、直辖市人民政府审查同意,由国务院住房制度改革领导小组和国家体改委核报国务院审批。

《城镇经济适用住房建设管理办法》

（建房〔1994〕761号）

第一条 为了建立以中低收入家庭为对象，具有社会保障性质的经济适用住房供应体系，加快经济适用住房建设，提高城镇职工、居民的住房水平，加强对经济适用住房建设的管理，根据《国务院关于深化城镇住房制度改革的决定》，制定本办法。

第二条 国务院建设行政主管部门负责全国经济适用住房的建设管理工作，制定经济适用住房的方针、政策，根据国家住宅建设发展规划制定经济适用住房发展计划，并进行宏观指导。

各省、自治区建设行政主管部门根据国家的方针、政策，制定本行政区域的实施方案，编制经济适用住房的发展计划与规划，指导经济适用住房的建设。

各直辖市、市、县建设或房地产行政主管部门负责制定本地区经济适用住房建设计划、具体实施方案；负责经济适用住房建设计划的实施和管理工作。

第三条 经济适用住房是指以中低收入家庭住房困难户为供应对象，并按国家住宅建设标准（不含别墅、高级公寓、外销住宅）建设的普通住宅。

第四条 中低收入家庭住房困难户认定的标准由地方人民政府确定。

对离退休职工、教师家庭住房困难户应优先安排经济适用住房。

第五条 经济适用住房建设要体现经济、适用、美观的原则，使用功能要满足居民的基本生活需要。

第六条 地方人民政府要在计划、规划、拆迁、税费等方面对经济适用住房的建设制定政策措施，予以扶持。

第七条 地方人民政府根据经济适用住房建设计划，优先安排建设用地。

经济适用住房建设用地的供应原则上实行划拨方式。

第八条 经济适用住房建设资金通过以下几个方面筹集：

（一）地方政府用于住宅建设的资金；

（二）政策性贷款；

（三）其他资金。

第九条 建设或房地产行政主管部门根据每年经济适用住房的建设计划，提出建设资金的使用计划，报当地人民政府批准后执行。

第十条 经济适用住房建设的主管部门按照政企分开的原则，指定或设立专门机构，承担经济适用住房的建设、出售、出租等工作，并对其进行监督和管理；暂不具备条件的地区，可由房地产行政主管部门具体组织实施经济适用住房的建设。

第十一条 经济适用住房一般应以招标的方式选择施工单位建设。

承建单位要按合同规定的工期和成本确保经济适用住房的建设质量。

第十二条　经济适用住房价格由经济适用住房建设的主管部门会同同级物价管理部门按建设成本确定，报当地人民政府审批后执行。

建设成本构成：

（一）征地及拆迁补偿安置费；

（二）勘察设计及前期工程费；

（三）住宅建筑及设备安装工程费；

（四）小区内基础设施和非经营性公用配套设施建设费；

（五）贷款利息；

（六）税金；

（七）以（一）至（四）项费用之和为基数的 1% ~ 3% 的管理费。

第十三条　购房者购买的经济适用住房，按规定办理房屋产权登记手续。

第十四条　各省、自治区、直辖市建设行政主管部门可根据本办法制定实施细则。

第十五条　本办法由建设部负责解释。

第十六条　本办法自发布之日起实施。

《国务院关于进一步深化城镇住房制度改革加快住房建设的通知》
（国发〔1998〕23号）

各省、自治区、直辖市人民政府，国务院各部委、各直属机构：

为贯彻党的十五大精神，进一步深化城镇住房制度改革，加快住房建设，现就有关问题通知如下：

一、指导思想、目标和基本原则

（一）深化城镇住房制度改革的指导思想是：稳步推进住房商品化、社会化，逐步建立适应社会主义市场经济体制和我国国情的城镇住房新制度；加快住房建设，促使住宅业成为新的经济增长点，不断满足城镇日益增长的住房需求。

（二）深化城镇住房制度改革的目标是：停止住房实物分配，逐步实行住房分配货币化；建立和完善以经济适用住房为主的多层次城镇住房供应体系；发展住房金融，培育和规范住房交易市场。

（三）深化城镇住房制度改革工作的基本原则是：坚持在国家统一政策目标指导下，地方分别决策，因地制宜，量力而行；坚持国家、单位和个人合理负担；坚持"新房新制度、老房老办法"，平稳过渡，综合配套。

二、停止住房实物分配，逐步实行住房分配货币化

（四）1998年下半年开始停止住房实物分配，逐步实行住房分配货币化，具体时间、步骤由各省、自治区、直辖市人民政府根据本地实际确定。停止住房实物分配后，新建经济适用住房原则上只售不租。职工购房资金来源主要有：职工工资，住房公积金，个人住房贷款，以及有的地方由财政、单位原有住房建设资金转化的住房补贴等。

（五）全面推行和不断完善住房公积金制度。到1999年年底，职工个人和单位住房公积金的缴交率应不低于5%，有条件的地区可适当提高。要建立健全职工个人住房公积金账户，进一步提高住房公积金的归集率，继续按照"房委会决策，中心运作，银行专户，财政监督"的原则，加强住房公积金管理工作。

（六）停止住房实物分配后，房价收入比（即本地区一套建筑面积为60m^2的经济适用住房的平均价格与双职工家庭年平均工资之比）在4倍以上，且财政、单位原有住房建设资金可转化为住房补贴的地区，可以对无房和住房面积仍未达到规定标准的职工实行住房补贴。住房补贴的具体办法，由市（县）人民政府根据本地实际情况制定，报省、自治区、直辖市人民政府批准后执行。

三、建立和完善以经济适用住房为主的住房供应体系

（七）对不同收入家庭实行不同的住房供应政策。最低收入家庭租赁由政府或单位提供的廉租住房；中低收入家庭购买经济适用住房；其他收入高的家庭购买、租

赁市场价商品住房。住房供应政策具体办法，由市（县）人民政府制定。

（八）调整住房投资结构，重点发展经济适用住房（安居工程），加快解决城镇住房困难居民的住房问题。新建的经济适用住房出售价格实行政府指导价，按保本微利原则确定。其中经济适用住房的成本包括征地和拆迁补偿费、勘察设施和前期工程费、建安工程费、住宅小区基础设施建设费（含小区非营业性配套公建费）、管理费、贷款利息和税金等7项因素，利润控制在3%以下。要采取有效措施，取消各种不合理收费，特别是降低征地和拆迁补偿费，切实降低经济适用住房建设成本，使经济适用住房价格与中低收入家庭的承受能力相适应，促进居民购买住房。

（九）廉租住房可以从腾退的旧公有住房中调剂解决，也可以由政府或单位出资兴建。廉租住房的租金实行政府定价。具体标准由市（县）人民政府制定。

（十）购买经济适用住房和承租廉租住房实行申请、审批制度。具体办法由市（县）人民政府制定。

四、继续推进现有公有住房改革，培育和规范住房交易市场

（十一）按照《国务院关于深化城镇住房制度改革的决定》（国发〔1994〕43号，以下简称《决定》）规定，继续推进租金改革。租金改革要考虑职工的承受能力，与提高职工工资相结合。租金提高后，对家庭确有困难的离退休职工、民政部门确定的社会救济对象和非在职的优抚对象等，各地可根据实际情况制定减、免政策。

（十二）按照《决定》规定，进一步搞好现有公有住房出售工作，规范出售价格。从1998年下半年起，出售现有公有住房，原则上实行成本价，并与经济适用住房房价相衔接。要保留足够的公有住房供最低收入家庭廉价租赁。

校园内不能分割及封闭管理的住房不能出售，教师公寓等周转用房不得出售。具体办法按教育部、建设部有关规定执行。

（十三）要在对城镇职工家庭住房状况进行认真普查，清查和纠正住房制度改革过程中的违纪违规行为，建立个人住房档案，制定办法，先行试点的基础上，并经省、自治区、直辖市人民政府批准，稳步开放已购公有住房和经济适用住房的交易市场。已购公有住房和经济适用住房上市交易实行准入制度，具体办法由建设部会同有关部门制定。

五、采取扶持政策，加快经济适用住房建设

（十四）经济适用住房建设应符合土地利用总体规划和城市总体规划，坚持合理利用土地、节约用地的原则。经济适用住房建设用地应在建设用地年度计划中统筹安排，并采取行政划拨方式供应。

（十五）各地可以从本地实际出发，制定对经济适用住房建设的扶持政策。要控制经济适用住房设计和建设标准，大力降低征地拆迁费用，理顺城市建设配套资金来源，控制开发建设利润。停止征收商业网点建设费，不再无偿划拨经营性公建设施。

（十六）经济适用住房的开发建设应实行招标投标制度，用竞争方式确定开发建设单位。要严格限制工程环节的不合理转包，加强对开发建设企业的成本管理和监控。

（十七）在符合城市总体规划和坚持节约用地的前提下，可以继续发展集资建房和合作建房，多渠道加快经济适用住房建设。

（十八）完善住宅小区的竣工验收制度，推行住房质量保证书制度、住房和设备及部件的质量赔偿制度和质量保险制度，提高住房工程质量。

（十九）经济适用住房建设要注重节约能源，节约原材料。应加快住宅产业现代化的步伐，大力推广性能好、价格合理的新材料和住宅部件，逐步建立标准化、集约化、系列化的住宅部件、配件生产供应方式。

六、发展住房金融

（二十）扩大个人住房贷款的发放范围，所有商业银行在所有城镇均可发放个人住房贷款。取消对个人住房贷款的规模限制，适当放宽个人住房贷款的贷款期限。

（二十一）对经济适用住房开发建设贷款，实行指导性计划管理。商业银行在资产负债比例管理要求内，优先发放经济适用住房开发建设贷款。

（二十二）完善住房产权抵押登记制度，发展住房贷款保险，防范贷款风险，保证贷款安全。

（二十三）调整住房公积金贷款方向，主要用于职工个人购买、建造、大修理自住住房贷款。

（二十四）发展住房公积金贷款与商业银行贷款相结合的组合住房贷款业务。住房资金管理机构和商业银行要简化手续，提高服务效率。

七、加强住房物业管理

（二十五）加快改革现行的住房维修、管理体制，建立业主自治与物业管理企业专业管理相结合的社会化、专业化、市场化的物业管理体制。

（二十六）加强住房售后的维修管理，建立住房共用部位、设备和小区公共设施专项维修资金，并健全业主对专项维修资金管理和使用的监督制度。

（二十七）物业管理企业要加强内部管理，努力提高服务质量，向用户提供质价相符的服务，不得只收费不服务或多收费少服务，切实减轻住房负担。物业管理要引入竞争机制，促进管理水平的提高。有关主管部门要加强对物业管理企业的监管。

八、加强领导，统筹安排，保证改革的顺利实施

（二十八）各级地方人民政府要切实加强对城镇住房制度改革工作的领导。各地可根据本通知精神，结合本地区实际制定具体的实施方案，报经省、自治区、直辖市人民政府批准后实施。建设部要会同有关部门根据本通知要求抓紧制定配套政策，并加强对地方工作的指导和监督。

（二十九）加强舆论引导，做好宣传工作，转变城镇居民住房观念，保证城镇住房制度改革的顺利实施。

（三十）严肃纪律，加强监督检查。对违反《决定》和本通知精神，继续实行无偿实物分配住房，低价出售公有住房，变相增加住房补贴，用成本价或低于成本价超标出售、购买公有住房，公房私租牟取暴利等行为，各级监察部门要认真查处，从严处理。国务院责成建设部会同监察部等有关部门监督检查本通知的贯彻执行情况。

本通知自发布之日起实行。原有的有关政策和规定，凡与本通知不一致的，一律以本通知为准。

中华人民共和国国务院

一九九八年七月三日

《城镇廉租住房管理办法》

（中华人民共和国建设部令第 70 号令）

（1999 年 4 月 19 日建设部第十一次部常务会议通过，自 1999 年 5 月 1 日起施行）

第一条　为建立和完善多层次的住房供应体系，解决城镇最低收入家庭的住房问题，根据《国务院关于进一步深化城镇住房制度改革加快住房建设的通知》，制定本办法。

第二条　城镇廉租住房（以下简称廉租住房）是指政府和单位在住房领域实施社会保障职能，向具有城镇常住居民户口的最低收入家庭提供的租金相对低廉的普通住房。

城镇最低收入家庭的认定标准由市、县人民政府制定。

第三条　国务院建设行政主管部门负责制定廉租住房的方针、政策并指导全国廉租住房的管理工作。

省、自治区人民政府建设行政主管部门、直辖市人民政府房地产行政主管部门负责制定本行政区域内廉租住房的实施办法并指导廉租住房的管理工作。

市、县人民政府房地产行政主管部门负责制定本地区廉租住房的具体实施方案并负责廉租住房的管理工作。

第四条　廉租住房的来源如下：

（一）腾退的并符合当地人民政府规定的廉租住房标准的原有公有住房；

（二）最低收入家庭承租的符合当地人民政府规定的建筑面积或者使用面积和装修标准的现公有住房；

（三）政府和单位出资兴建的用于廉租的住房；

（四）政府和单位出资购置的用于廉租的住房；

（五）社会捐赠的符合廉租住房标准的住房；

（六）市、县人民政府根据当地情况采用其他渠道筹集的符合廉租住房标准的住房。

第五条　廉租住房租金标准实行政府定价。除本办法第四条第（二）项的租金标准可以根据现有公有住房的租金标准和政策确定外，其他来源的廉租住房的租金标准，原则上按照维修费和管理费两项因素确定，以后随着最低收入家庭收入水平的提高而适当提高。

第六条　对开发建设和购买的廉租住房，县级以上人民政府应当在土地、规划、计划、税费等方面给予政策扶持。

第七条　廉租住房必须严格控制面积标准和装修标准。每户最低收入家庭只能租住一处与居住人口相当的廉租住房。廉租住房的面积标准、装修标准和具体管理办法由省、自治区、直辖市人民政府制定。

第八条　承租廉租住房实行申请、审批制度。其程序为：

（一）申请人持最低家庭收入证明、住房情况证明以及省、自治区、直辖市人民政府或其建设行政主管部门、房地产行政主管部门规定的其他证明文件，向市、县人民政府房地产行政主管部门提出申请；

（二）市、县人民政府房地产行政主管部门对申请人的证明文件进行审核，并在适当的范围内公告，无异议的，予以登记；

（三）已登记者按照住房程度和登记顺序等条件，经综合平衡后轮候配租。

第九条　承租廉租住房的家庭，不得将承租的廉租住房转租。违反本规定转租的，由房屋所在地房地产行政主管部门收回转租的房屋，并处以10000元以上30000元以下的罚款。

第十条　承租廉租住房的家庭，应当如实申报家庭收入。不如实申报的，由房屋所在地房地产行政主管部门责令其退房，补交商品房租金和廉租房租金的差额，并处以5000元以上10000元以下的罚款。

第十一条　承租廉租住房的家庭，当家庭收入超过当年最低收入标准时，应当及时报告房地产行政主管部门，并按期腾退已承租的廉租住房；违反规定不及时报告的，责令其退房，补交商品房租金和廉租房租金的差额，并处以5000元以上10000元以下的罚款。

因正当理由不能按期腾退的，经房屋所在地房地产行政主管部门批准，可以在一定期限内续租，房地产行政主管部门应当相应提高其租金；不能按期腾退且无正当理由的，由房屋所在地房地产行政主管部门责令其退房，并处以提高后年租金2~5倍的罚款。

第十二条　房地产行政主管部门工作人员玩忽职守、滥用职权、徇私舞弊、尚不构成犯罪的，依法给予行政处分；构成犯罪的，依法追究刑事责任。

第十三条　本办法由国务院建设行政主管部门负责解释。

第十四条　本办法自1999年5月1日起施行。

《城镇最低收入家庭廉租住房管理办法》

(国家税务总局令第 120 号)

第一条　为建立和完善城镇廉租住房制度,保障城镇最低收入家庭的基本住房需要,制定本办法。

第二条　地方人民政府应当在国家统一政策指导下,根据当地经济社会发展的实际情况,因地制宜,建立城镇最低收入家庭廉租住房制度。

第三条　城镇最低收入家庭廉租住房保障水平应当以满足基本住房需要为原则,根据当地财政承受能力和居民住房状况合理确定。

城镇最低收入家庭人均廉租住房保障面积标准原则上不超过当地人均住房面积的 60%。

第四条　符合市、县人民政府规定的住房困难的最低收入家庭,可以申请城镇最低收入家庭廉租住房。

第五条　城镇最低收入家庭廉租住房保障方式应当以发放租赁住房补贴为主,实物配租、租金核减为辅。

本办法所称租赁住房补贴,是指市、县人民政府向符合条件的申请对象发放补贴,由其到市场上租赁住房。

本办法所称实物配租,是指市、县人民政府向符合条件的申请对象直接提供住房,并按照廉租住房租金标准收取租金。

本办法所称租金核减,是指产权单位按照当地市、县人民政府的规定,在一定时期内对现已承租公有住房的城镇最低收入家庭给予租金减免。

第六条　国务院建设行政主管部门对全国城镇最低收入家庭廉租住房工作实施指导和监督。

省、自治区人民政府建设行政主管部门对本行政区域内城镇最低收入家庭廉租住房工作实施指导和监督。

市、县人民政府房地产行政主管部门负责本行政区域内城镇最低收入家庭廉租住房管理工作。

各级人民政府财政、民政、国土资源、税务等部门按照本部门职责分工,负责城镇最低收入家庭廉租住房的相关工作。

第七条　城镇最低收入家庭廉租住房保障对象的条件和保障标准由市、县人民政府房地产行政主管部门会同财政、民政、国土资源、税务等有关部门拟定,报本级人民政府批准后公布执行。

廉租住房租金标准由维修费、管理费两项因素构成。单位面积租赁住房补贴标准,按照市场平均租金与廉租住房租金标准的差额计算。

第八条　城镇最低收入家庭廉租住房资金的来源，实行财政预算安排为主、多种渠道筹措的原则，主要包括：

（一）市、县财政预算安排的资金；

（二）住房公积金增值收益中按规定提取的城市廉租住房补充资金；

（三）社会捐赠的资金；

（四）其他渠道筹集的资金。

第九条　城镇最低收入家庭廉租住房资金实行财政专户管理，专项用于租赁住房补贴的发放、廉租住房的购建、维修和物业管理等，不得挪作他用。

第十条　实物配租的廉租住房来源主要包括：

（一）政府出资收购的住房；

（二）社会捐赠的住房；

（三）腾空的公有住房；

（四）政府出资建设的廉租住房；

（五）其他渠道筹集的住房。

实物配租的廉租住房来源应当以收购现有旧住房为主，限制集中兴建廉租住房。

实物配租应面向孤、老、病、残等特殊困难家庭及其他急需救助的家庭。

第十一条　政府新建的廉租住房建设用地实行行政划拨方式供应；各级地方人民政府应当在行政事业性收费等方面给予政策优惠；对地方人民政府房地产行政主管部门购买旧住房作为廉租住房，以及实物配租的廉租住房租金收入按照规定给予税收优惠。

第十二条　申请廉租住房的最低收入家庭，应当由户主按照规定程序提出书面申请。

第十三条　市、县人民政府房地产行政主管部门收到申请后，应在15日内完成审核。经审核符合条件的，应当予以公示，公示期限为15日。经公示无异议或者异议不成立的，予以登记，并将登记结果予以公示。

有关部门可以通过入户调查、邻里访问以及信函索证等方式对申请人的家庭收入和住房状况进行核实。申请人及有关单位、组织或者个人应当接受调查，如实提供有关情况。

第十四条　经登记公示无异议或者异议不成立的，对于申请租金核减的家庭，由产权单位按照规定予以租金减免；对于申请租赁住房补贴和实物配租的家庭，由市、县人民政府房地产行政主管部门按照规定条件排队轮候。

市、县人民政府房地产行政主管部门应当根据轮候顺序，对申请人发放租赁住房补贴或者配租廉租住房，并将发放租赁住房补贴和配租廉租住房的结果予以公布。

在轮候期间，申请人家庭基本情况发生变化的，申请人应当及时向有关部门申报；经审核不符合申请条件的，取消轮候。

第十五条　经市、县人民政府房地产行政主管部门确定可获得租赁住房补贴的家庭，可以根据居住需要选择承租适当的住房，在与出租人达成初步租赁意向后，报房地产行政主管部门审查；经审查同意后，方可与房屋出租人签订廉租住房租赁合同；房地产行政主管部门按规定标准向该家庭发放租赁住房补贴，并将补贴资金直接拨付出租人，用于冲减房屋租金。

经市、县人民政府房地产行政主管部门确定可配租廉租住房的家庭，应当与廉租住房产权人签订廉租住房租赁合同。廉租住房承租人应当按照合同约定缴纳租金。

第十六条　享受廉租住房待遇的最低收入家庭应当按年度向房地产行政主管部门或者其委托的机构如实申报家庭收入、家庭人口及住房变动情况。房地产行政主管部门应当会同有关部门对其申报情况进行复核，并按照复核结果，调整租赁住房补贴或者廉租住房。对家庭收入连续一年以上超出规定收入标准的，应当取消其廉租住房保障资格，停发租赁住房补贴，或者在合理期限内收回廉租住房，或者停止租金核减。

房地产行政主管部门应当对享受廉租住房保障的最低收入家庭的收入情况和住房情况定期进行核查。

第十七条　廉租住房申请人对房地产行政主管部门的审核结果、轮候结果、配租结果有异议的，可以向本级人民政府或者上一级房地产行政主管部门申诉。

第十八条　最低收入家庭申请廉租住房时违反本规定，不如实申报家庭收入、家庭人口及住房状况的，由房地产行政主管部门取消其申请资格；已骗取廉租住房保障的，责令其退还已领取的租赁住房补贴，或者退出廉租住房并补交市场平均租金与廉租房标准租金的差额，或者补交核减的租金，情节恶劣的，并可处以1000元以下的罚款。

第十九条　享受廉租住房保障的承租人有下列行为之一的，由房地产行政主管部门收回其承租的廉租住房，或者停止发放租赁补贴，或者停止租金核减：

（一）将承租的廉租住房转借、转租的；

（二）擅自改变房屋用途的；

（三）连续6个月以上未在廉租住房居住的。

第二十条　违反本办法规定，房地产行政主管部门或者其他有关行政管理部门的工作人员，在廉租住房管理工作中利用职务上的便利，收受他人财物或者其他好处的，对已批准的廉租住房不依法履行监督管理职责的，或者发现违法行为不予查处的，给予行政处分；构成犯罪的，依法追究刑事责任。

第二十一条　本办法自2004年3月1日起施行。1999年4月22日发布的《城镇廉租住房管理办法》（建设部令第70号）同时废止。

参考文献

[1] Andrew Philip Beer. Housing Governance in Smith S.J., Elsinga M., O'Mahony L.F., Eng O.S., Wachter S., Wood G. International Encyclopedia of Housing and Home[J]. International Encyclopedia of Housing and Home, 2012.

[2] Berry M. Policy Instruments that Support Housing Supply: Social Housing[J]. International Encyclopedia of Housing and Home, 2012.

[3] Bourne L.S. Geography of Housing[M]// V.H. Winston, Wiley. Distributed in the USA. Halsted Press, 1981.

[4] Cao J.A., Keivani R. The Limits and Potentials of the Housing Market Enabling Paradigm: An Evaluation of China's Housing Policies from 1998 to 2011[J]. Housing Studies, 2014, 29（1）: 44–68.

[5] Chang Y., Chen J. Public Housing in Shanghai: A Tool with Multiple Purposes[M]//The Future of Public Housing. Berlin, Heidelberg: Springer, 2013.

[6] Chen J., Hao Q., Stephens M. Assessing Housing Affordability in Post-Reform China: A Case Study of Shanghai[J]. Housing Studies, 2010, 25（6）: 877–901.

[7] Rodgers H.B. The Levittowners: Ways of Life and Politics in a New Suburban Community[J]. American Journal of Sociology, 1967, 5（3）: 334–336.

[8] The United Kingdom Office of the Deputy Prime Minister.*The Impact of Overcrowding on Health & Education: A Review of Evidence and Literature[J].* Office of the Deputy Prime Minister Publications, 2004.

[9] Wang Y.P., Murie A. Housing Policy and Practice in China[M]. Palgrave Macmillan UK, 1999.

[10] （美）阿瑟·奥莎利文. 城市经济学[M]. 周京奎, 译. 北京: 北京大学出版社, 2015.

[11] Arthur O'Sullivan.Urban Economics[M]. 北京: 中国人民大学出版社, 2019.

[12] 尼斯·迪帕斯奎尔, 威廉·C.惠顿. 城市经济学与房地产市场[M]. 北京: 经济科学出版社, 2002.

[13] 阿列克斯·施瓦兹. 美国住房政策[M]. 陈立中, 译. 北京: 中国社会科学出版社, 2012.

[14] 拉本德拉·贾. 现代公共经济学[M]. 北京: 清华大学出版社, 2017.

[15] 平山洋介. 日本住宅政策的问题[M]. 北京: 中国建筑工业出版社, 2012.

[16] 托尼·奥沙利文. 住房经济学与公共政策[M]. 北京: 人民大学出版社, 2015.

[17] 蔡镇钰.上海曲阳新村居住区的规划设计[J].住宅科技,1986(1):25-29.

[18] 蔡荣生,吴崇宇.我国城镇住房保障政策研究[M].北京:九州出版社,2012.

[19] 曹立强,陈必华,吴炳怀.城市不成套危旧住宅原地改造方式探索——以上海闸北区彭三小区的实践为例[J].上海城市规划,2013(4):78-83.

[20] 曹振良,等.住房经济学通论[M].北京:北京大学出版社,2003.

[21] 陈伯庚.经济理论与房地产研究论文集[M].上海:上海人民出版社,2003:200-209.

[22] 陈寒冰.城镇保障性住房制度研究[M].武汉:武汉大学出版社,2018.

[23] 成思危.中国城镇住房制度改革:目标模式与实施难点[M].北京:民主与建设出版社,1999.

[24] 邓宏乾,等.中国城镇公共住房政策研究[M].北京:中国社会科学出版社,2015.

[25] 构建全民共享的发展型社会福利体系[M].北京:中国发展出版社,2009.

[26] 马光红,田一淋.中国公共住房理论与实践研究[M].北京:中国建筑工业出版社,2010.

[27] 马光红,陈若星,刘蕾蕾,等.城市住房:制度、政策与比较[M].上海:上海大学出版社,2017.

[28] 高波,等.现代房地产经济学导论[M].南京:南京大学出版社,2007.

[29] 黄少安.产权经济学导论[M].济南:山东人民出版社,1995.

[30] 梁斌.中国住房模式选择与政府干预政策研究[M].北京:经济科学出版社,2016.

[31] 刘毅.中国城市住宅政策的市场化演进[M].北京:科学出版社,2015.

[32] 刘志林,李劼.公共租赁住房政策:基本模式、政策转型及其借鉴意义[J].现代城市研究,2010,25(10):21-26.

[33] 吕俊华,彼得·罗,张杰.中国现代城市住宅(1840—2000)[M].北京:清华大学出版社,2003.

[34] 倪虹.国外住房发展报告(2013)[M].北京:中国建筑工业出版社,2014.

[35] 倪鹏飞.中国住房发展报告[M].北京:社会科学文献出版社,2011.

[36] 倪鹏飞.2011—2012年度中国城市住宅发展报告[M].北京:中国建筑工业出版社,2013.

[37] 倪鹏飞.中国城市竞争力报告No.17:住房,关系国与家[M].北京:社会科学文献出版社,2019.

[38] 任泽平,夏磊,熊柴.房地产周期[M].北京:人民出版社,2017.

[39] 施建刚,谢波,朱杰.我国城市住房制度改革及效果评价研究[M].上海:同济大学出版社,2017.

[40] 田东海.住房政策:国际经验借鉴和中国现实选择[M].北京:清华大学出版社,1998.

[41] 魏丽艳.社会保障性住房供给机制及方式研究[M].北京:中国社会科学出版社,2014.

[42] 姚玲珍.中国公共住房政策模式研究[M].上海:上海财经大学出版社,2009.

[43] 熊衍仁,沈绛文.国外住房发展报告[M].北京:中国建筑工业出版社,2015.

[44] 杨军.中国住宅产业化与可持续发展研究——世纪人口、资源、环境可持续发展国际研讨会专辑,2007.

[45] 臧美华. 新中国城市住房发展历程（1949—2016）[M]. 北京：北京古籍出版社，2017.

[46] 中国发展报告2008—2009：构建全民共享的发展型社会福利体系[M]. 北京：中国发展出版社，2009.

[47] 中华人民共和国住房和城乡建设部. 第三次联合国住房和城市可持续发展大会（"人居三"）中国国家报告 [R]. 2015.

[48] 住房和城乡建设部住房改革与发展司，中国城市规划设计研究院. 城市住房发展规划编制指南 [M]. 北京：中国建筑工业出版社，2014.

[49] http：//www.stats.gov.cn/ztjc/ztfx/ggkf40n/201808/t20180831_1620079.html.2018.08.31–2020.09.01.

[50] http：//www.china.com.cn/news/2009–09/28/content-18618671.html.2009. 9. 28–2020.9.1.

[51] 香港房委会 http：//www.housingauthority.gov.hk/sc/flat-application/application-guide/ordinary-families/index.html..2019.04.09–2020.09.01.

[52] http：//www.mohurd.gov.cn/jsbfld/201909/t20190927_242001.html.2019.09.26–2020.09.01.

[53] Glaeser E.L.https：//www.brookings.edu/research/reforming-land-use-regulations. 2017. 4.27–2020.9.01.

后记

　　按照《雅典宪章》的理论，居住是城市的四大功能之一，住房是居住功能的主要载体，同时与城市的其他功能密切相关。面对住房危机，勒·柯布西耶曾提出：要么住房建设，要么革命！听起来似乎很极端，无非是强调住房在城市中的重要性以及当时住房建设的急迫性。因此，自现代城市规划诞生以来，住房一直是城市规划的重要对象和核心内容之一。除了作为城市空间形态的主体之外，住房还可以成为城市文化的代表。改革开放以来，我国政府颁布众多城市住房政策的文件时，一般会配套相关的城市规划政策和措施，这反映了城市规划与住房关系的密切性，然而，目前城乡规划学科还没有一本针对本专业师生的城市住房政策相关教材，这在某种程度上造成部分城市规划专业人员对住房政策了解甚少，在城市空间形态布局时对房价和可支付性的影响因素考量较少。五年前的某一天，同济大学城市规划系主任杨贵庆教授找到我，希望我负责开设一门"城市住房与政策"的课程。在"勉强"应允之后，我就在思忖：城乡规划专业的学生应该学习什么样的住房政策内容？首先，应该了解我国城市住房政策（1949年以后）总体上可分为哪几个阶段，每个阶段主要的城市住房政策内容及其对住房和城市空间形态的影响；其次，城市规划需要特别关注于住房的可支付性，包含住房服务水平、拥挤程度和空间区位分布等，这些要素怎么影响城市规划的空间布局，如何营造一个对城市所有群体友好、可支付和宜居的住区空间形态；再次，如果需要实现这些目标，有哪些可以运用的基本政策性工具，它们各自的优缺点是什么；运用这些政策性工具的作用，需要了解哪些经济学，尤其是微观经济学的知识，了解政策性工具的运行机理；最后是本书总括性的导论，这些要点构成了本书的主要内容。本教材撰写参考了多本/篇中英文相关领域的书籍和文章，在此向这些作者表示感谢！赵民教授对本教材的撰写给予了一定的帮助，与上海城乡规划协会的王剑副秘书长和彭敏学博士等的交流为本书的编写提供了一定的启示。

本书5.5节的主要内容由上海市徐汇区房管局的王丽丽女士负责，其他章节由本人编写并负责统稿，郑佳欣同学参与了本书的资料收集、图表绘制及文字校对的大量工作，周兰同学也参与了本书后期的部分资料整理工作，在此一并致谢！感谢中国建筑工业出版社杨虹主任和编辑对本书出版的督促和悉心帮助。由于经验不足，书中所有纰漏和谬误由本人负责，敬请同仁和读者指正！

李晴

完稿于同济园